21世纪任务驱动型
高职高专国际商务专业规划教材

丛书主编　韩玉珍

INTERNATIONAL COMMERCIAL LAW:
PRACTICE AND CASE

国际商法：实务与案例

陈迎　编著

北京大学出版社
PEKING UNIVERSITY PRESS

图书在版编目(CIP)数据

国际商法:实务与案例/陈迎编著.—北京:北京大学出版社,2012.8
(21世纪任务驱动型高职高专国际商务专业规划教材)
ISBN 978-7-301-20863-2

Ⅰ.①国… Ⅱ.①陈 … Ⅲ.①国际商法—高等职业教育—教材
Ⅳ.①D996.1

中国版本图书馆CIP数据核字(2012)第132344号

书　　　名:国际商法:实务与案例
著作责任者:陈　迎　编著
责 任 编 辑:赵学秀　刘雪飞
标 准 书 号:ISBN 978-7-301-20863-2/F·3225
出 版 发 行:北京大学出版社
地　　　址:北京市海淀区成府路205号　100871
网　　　址:http://www.pup.cn
电　　　话:邮购部62752015　发行部62750672　编辑部62752926
　　　　　　出版部62754962
电 子 邮 箱:em@pup.cn
印　刷　者:**北京富生印刷厂**
经　销　者:新华书店
　　　　　　730毫米×980毫米　16开本　21印张　354千字
　　　　　　2012年8月第1版　**2020年6月第5次印刷**
印　　　数:**10101-12100册**
定　　　价:39.00元

总　　序

高等职业教育肩负着培养生产、建设、服务和管理第一线高端技能型专门人才的重要使命。为此，高等职业院校在教学过程中，应以能力为本位、以就业为导向，把立德树人作为根本任务，着力对学生进行职业道德和职业素质培养，强化职业技能训练，促进学生全面发展。

北京经济管理职业学院的国际商务专业是北京市高职高专教育教学改革试点专业和高职示范专业建设项目，也是教育部《新世纪高职高专教育人才培养模式和教学内容体系改革与建设项目计划》第二批批准立项的《高职高专教育财经类专业人才培养规格和课程体系改革、建设的研究与实践》（Ⅱ15-1）项目中重点研究和推广的优秀专业。该专业教学团队具有较高的教学科研能力和创新精神，2007 年被北京市教委誉为优秀教学团队，2008 年被誉为北京市职业院校创新团队，2009 年被誉为首都教育教学先锋号集体。该团队承担的市级课题《高职国际商务市级试点专业教育教学改革的研究与实践》，获北京市教育教学成果一等奖、教育部国家级教学成果二等奖；《高职国际商务专业系列教材建设与开发》研究成果，获北京市教育教学成果二等奖、院级突出科研成果奖；《"基于职业导向"的高职国际商务专业教学模式创新研究》，获院级科研成果一等奖。在"十一五"期间编写的"21世纪全国高职高专国际商务专业规划教材（共计 13 本，北京大学出版社出版）"，已印刷超过 40 万册，社会反响强烈，影响力极大，解决了当时的市场急需，填补了本专业系列教材空白，创造了很好的社会效益和经济效益。随着我国高等职业教育的改革与发展，国际商务专业教学内容、教学方法及课程改革不断深化。为满足课程改革的需要，该专业教学团队又与北京大学出版社联手合作，编写出版"21 世纪任务驱动型高职高专国际商务专业规划教材"。

这套教材是在我们重新对北京地区国际商务人才需求状况进行调研，分析了国际商务专业特定岗位的典型工作任务及职业能力，并以此构建了以职业能力培养为目标、以国际贸易业务流程为导向、以工作任务（工作项目）为驱动、以工作岗位为模块、以专业技能为基础且兼顾“课”、“证”融合的新的课程体系的基础上编写的。在新的课程体系思想的指导下,该套教材涵盖了国际商务或国际贸易专业的骨干课程,且教材体例突出项目引导、任务驱动,每一个工作项目为一个学习单元,每一个单元中又有若干个工作任务,在完成工作任务及学习中,设有“思一思”、“想一想”、“议一议”、“查一查”,以引导学生主动参与、自主学习;每一个单元后面,又设有“实训案例”和“实训练习”,以便学生能反复训练,举一反三,提高业务操作和知识掌握的熟练度,提高学生考取相关职业资格证书的能力。

这套教材在编写手法上,吸收和保持了前套教材的体例新颖、内容丰富、图表规范、语言精练、通俗易懂、结构完整、引证准确的特点。我们认为高职教育对学生的培养能否取得实效,除教师能力之外,很重要的是有一本好教材。正如一部好电影,首先取决于剧本。“剧本,剧本,一剧之本”。为了突出实用性,我们要求教材开门见山,干净利索,不要拖泥带水;淡化“为什么”,说清“是什么”,强化“怎么做”,突出实用、重在好用。

“21 世纪任务驱动型高职高专国际商务专业规划教材”是身处教学第一线的教师在深入研究高等职业教育思想与本质特征、广泛吸取国内外优秀教材精华的基础上,以创新的意识、大胆的改革和勇于实践的精神,整合优秀的教改成果和自己最熟悉且具有引导力的案例、最擅长且具有实效性的实训方法等,经过集体研讨、反复征求企业专家意见后编写完成的。我们期待这一成果能为推动我国的高职教育作出贡献!国际商务专业教学改革还在不断深入,这套教材的适应性还有待实践检验,我们真诚希望广大读者提出宝贵意见,以促进高职高专国际商务专业建设与改革,以促进这套教材的不断完善。

韩玉珍

2012 年 1 月

前　言

在当今全球经济一体化的大趋势下，我国经济及对外贸易进一步与国际接轨，对国际商务的从业人员的需求也会进一步增大。从事国际商务活动，不仅需要具备较强的专业能力和运作技巧，还必须熟悉相关的法律规则，因此，作为国际商务专业的高职学生，掌握一定的法律知识，并能够自觉地把法律知识运用到商务活动中，是十分必要的，也是必不可少的职业能力。有鉴于此，无论是哪个层次的国际商务专业，一般都会开设国际商法课程，《国际商法：实务与案例》就是为高职国际商务专业学生学习国际商法知识，提高法律素养而编写的教材，同时，本教材还是"任务驱动型"国际商务专业规划教材丛书中的一种。

国际商法是调整国际商事关系的各种法律规范的总和，是一个独立的法律部门。从法律角度讲，国际商法有其特有的理论体系。同时，国际商法又具有很强的实践性，对于国际商务领域的从业人员来讲，他们更注重的是后者。与此相适应，国际商务专业学生学习国际商法的主要目的并不在于获得一套完整的国际商法理论，而是在于所学的知识在今后的工作和继续学习中实用、够用，并能满足学生参加各种职业资格考试的需要，因此，本教材在分析国际商务从业人员的工作岗位、业务流程及职业能力的基础上，充分考虑国际商务专业的高职学生对国际商法理论知识的学习以及实际工作的需求，选取国际商务活动中常见的法律问题为主要内容，以项目导向、任务驱动的模式进行设计，总体目标是通过对典型事件的处理以及相关案例的分析训练，培养学生在法律框架下从事国际商务活动的行为习惯，提升学生的综合职业能力。

《国际商法：实务与案例》设置了九个项目，分别为国际商法认知、创建及管理企业过程中的法律问题、合同订立过程中的法律问题、合同履行过程中的法律问题、产品责任法律问题、票据使用中的法律问题、国际海上货物运输法律问题、商事代理法律问题以及国际商事仲裁法律问题。每个项目下设若干任务，以典型案例及其分析作为任务的引导，以"知识链接与归纳"组织国际商法的基本理论。在完成任务及学习过程中,灵活设置“思一思”、“议一议”、“查一查”等小问题或小案例,引导学生自主学习,自主思考。在每一项目后设置大量“实训案例”、“实训练习”及一些小组活动方案,供学生根据需求进行课后强化训练,巩固知识,并切实有效地把知识转化为运用法律分析、解决实际问题的能力。

本书既可作为高职高专院校学生的学习用书,又可作为国际商务领域从业人员及其他相关人员学习国际商法的参考资料。

本书在编写过程中,参考了有关专家、学者及同仁的研究成果及网上相关资料;得到本丛书总主编韩玉珍教授的指导和督促;本丛书的另外两位作者——魏彩慧和张彦欣老师也给予编者很多帮助和指导;另外,还受到北京大学出版社及其编辑的大力支持,在此一并表示感谢。

限于时间及水平,疏漏之处在所难免,敬请各位专家、学者批评指正。

陈迎

2012 年 8 月

目　　录

项目一

国际商法认知

学习目标

1. **知识目标**

(1) 熟悉国际商法的基本含义和主要内容

(2) 掌握国际商法的渊源

(3) 了解国际商法的历史沿革

(4) 熟悉国际商法的基本原则

2. **能力目标**

(1) 能够理解法律冲突对于国际商务活动的影响

(2) 能够运用商法的基本原则解决商务纠纷

任务 1:认识国际商法

工作任务

一个 19 岁的西班牙留学生 A 在中国的某商场买了一块价格昂贵的瑞士名表。其父母听说后,坚决不同意,要求退货,理由是根据西班牙法律 21 岁为完全民事行为能力人,A 只有 19 岁,未达到法定年龄,属于限制民事行为能力人,其所进行的超出其能力范围的行为应征得监护人的同意,否则无效。

请问:

(1) 本案应适用国际商法吗?

(2) 本案应以何种法律作为准据法,来确定 A 的行为能力?

(3) 此案应如何判决?

操作过程

(1) 本案应适用国际商法。国际商法是调整国际商事关系的法律规范的总称。本案所涉及的社会关系是商事关系,虽然A是自然人,其购买行为是消费行为,但商场是商事主体,所以,A与商场的关系属于商事关系;另外,当事人的国籍与行为地分别属于不同国家,具有国际因素,因此,本案涉及的商事关系属于国际商事关系,可以适用国际商法。

(2) 本案应使用我国的法律为准据法。国际商务活动中,往往允许当事人事先约定适用的法律,在没有约定的情况下,一般按照冲突规范来确定准据法。本案的核心问题是当事人A的行为能力问题。在国际私法理论与实践中,对于自然人的民事行为能力一般适用“属人法”,所谓“属人法”是指与当事人有关的国家的法律。但是对于“属人法”是住所地法还是本国法(即当事人国籍所在地法律),各国法律分歧较大,大陆法系国家多采用本国法,英美法系国家多采用住所地法。但为了保护交易安全,自然人的民事行为能力适用其属人法有一个例外,就是如果根据其属人法无行为能力,但根据行为地法有行为能力,应认定其有行为能力,这也是为了尽量使合同有效。我国《民法通则》对于外国人的民事行为能力没有做出规定,只规定我国公民定居国外的,其民事行为能力可以适用定居国法律。但最高人民法院《关于贯彻执行〈中华人民共和国民法通则〉若干问题的意见(试行)》规定:“外国人在我国领域内进行民事活动,如依其本国法律为无民事行为能力,而依我国法律为有民事行为能力,应当认定有民事行为能力。”本案发生在我国境内,虽然依照当事人本国法,当事人未成年,属于限制民事行为能力人,但根据我国法,当事人具有完全行为能力,所以,应认定当事人有民事行为能力。

(3) 根据我国法律,年满18周岁的成年人为完全民事行为能力人,可以独立进行民事活动。本案中,A已19岁,是完全民事行为能力人,因此,A购买手表的行为有效,其父母不得以A不具有完全民事行为能力为由,要求退货。

知识链接与归纳

一、什么是国际商法

国际商法是调整国际商事关系的法律规范的总称。它的调整对象是国际商事关系,这种关系是各国商事组织在跨国经营中所形成的各种社会关系。

调整某国的国内商事关系的法律规范是国内商法,调整具有国际因素的商事关系的法律规范则是国际商法。所谓“国际因素”包括当事人的营业地分处不同国家;当事人具有不同国籍;商事行为发生在当事人一方或几方所在国以外的国家;商事关系的对象位于当事人一方或几方所在国以外的国家等。

“商事关系”是指人们在实施商事行为的过程中形成的各种社会关系，主要体现为平等的当事人之间因经营性行为而产生的关系。传统意义上的商事行为一般仅是指买卖行为，但随着经济的发展，商业的范围逐渐扩大到各个行业，商事行为的界限变得越来越模糊。另外，从事商事行为的当事人的状态也是商法关注的问题，各国的商法都对商事主体的资格进行规范。所以，严格来讲，“商事行为”是指具有经营资格的当事人所从事的营业性行为。

二、国际商法的主要内容

传统商法主要包括公司法、合同法、买卖法、海商法、保险法、票据法等内容。随着社会和经济的不断发展，新的商事行为必将层出不穷，国际商法的调整范围也会随之发生变化，因此国际商法是一个开放的体系。现代国际商法的调整范围是非常宽泛的，在传统商法的基础上，还包括了技术贸易、服务贸易等众多的国际商事领域。鉴于教学时数、本书篇幅以及与其他课程的衔接等方面的限制，本书只选择对学生而言最基本的国际商法领域进行介绍，包括商事组织法、代理法、合同法、买卖法、产品责任法、运输法、票据法和商事仲裁等内容。

思一思

商务活动中的所有问题是否都属于商法的调整范畴？

三、国际商法的渊源

法的渊源是指法的表现形式，国际商法的渊源即国际商法的表现形式。国际商法有三个主要渊源：一是国际商事条约；二是国际商事惯例；三是各国商法。

（一）国际商事条约（或公约）

所谓国际商事条约，是指两个或两个以上的主权国家所缔结的有关国际商事的协议。国际商事条约对缔约国的当事人具有普遍约束力，是国际商法的重要渊源。国际商事条约的约束力不同于国内法。一般情况下，在处理国际商事问题时，国际商事条约比国内法有优先适用的效力，但有些国际商事条约是允许缔约国的当事人明示排除适用的。如《联合国国际货物买卖合同公约》就规定：双方当事人可以不适用本《公约》，减损本《公约》的任何规定或改变其效力。即缔约国的当事人只要在合同中明确规定不适用《公约》，则在法律没有特别规定的情况下，可以排除《公约》的适用。

目前,在各国政府和一些国际组织的努力下,世界上已制定了许多国际商事条约。内容涵盖国际货物买卖、产品责任、国际货物运输、票据、知识产权保护、国际商事仲裁等方面。随着国际经贸的发展、联合国国际贸易法委员会作用的加强和各国政府的充分协商、谅解,国际商法中的统一法内容会越来越多,其作用也越来越大。

(二) 国际商事惯例

所谓国际商事惯例,指在长期的国际商务活动中,因反复实践而形成的,为广大国际商务当事人普遍接受的,并由某些国际组织或某些商业团体整理编纂成文的规则。例如,国际商会制定的《国际贸易术语解释通则》和《跟单信用证统一惯例》等。国际商事惯例本身并不具有普遍约束力,但是,如果交易双方在合同中约定适用某项商事惯例,该项商事惯例对合同双方当事人就具有法律效力。

议一议

国际商事条约与国际商事惯例有什么区别?

(三) 各国商法

1. 各国商法在国际商务活动中的作用

在统一的国际商法形成之前,调整国际商事关系的实体法是各国商法。目前,虽然已经制定了很多国际商事统一法,但在国际商事领域中,还有许多方面未形成统一法,各国商法在相当长的一个时期内,仍会起到调整国际商事关系的作用。另外,国际商事统一法不是凭空产生的,它的制定必须以各国商法为基础,对某些分歧较大的法律原则进行协调,才能制定出为各国所接受的统一法。为此,国际商事统一法的产生必然要受到各国商法的制约与影响。当然,各国商法在制定和修改的过程中,也会受到商事统一法的影响,例如,我国的《合同法》,就吸收了很多成熟的国际商事统一法的内容。

由于世界上存在为数众多的主权国家,且法律文化传统与社会经济条件等方面都有很大的差异,立法大不相同,因此法律冲突在所难免。所谓法律冲突是指同一行为,根据不同国家或地区的法律制度判断,会得出不同的结果。例如,一份合同根据甲国的法律是成立的,而根据乙国的法律不成立;一个公司在甲国是可以设立的,但在乙国却不能成立。解决法律冲突的方法有两个,即制定统一的实体法和制定冲突规范。如前所述,国际上用双边或多边的国际条约和国际惯例来直接确定当事人权利义务的做法，就是通过直接制定统一的实体法来避免或消除法律冲突。制定冲突规范来调整法律冲突，就是制定国内或国际的冲突规范，只指出适用哪个国家的法律来调整某种涉外民事法律关系当事人的权利义务，而不直接规定当事人的权利义务关系。因此，冲突规范又称法律适用规范、法律选择规范，有的国际条约中称“国际私法规范”。冲突规范由三个要素构成，即类别、联系因素和准据法。类别指属于哪一类法律问题；联系因素是案件的事实和法律体系之间的联系点；准据法就是涉外民商事案件应适用的法律。例如，《中华人民共和国民法通则》第144条规定，不动产的所有权，适用不动产所在地法律。在这个冲突规范中，“不动产的所有权”是类别，“不动产所在地”是联系因素，“不动产所在地法律”是准据法。

在国际商务法律实践中，往往允许当事人在合同中协议选择所适用的法律，但是也存在法律不允许协议或当事人没有达成协议的情况，这时就要依据冲突规范来确定准据法。例如，商务活动的核心问题是合同问题，从各国的立法和司法实践看，在解决合同法律适用问题时，合同订立地、合同履行地、当事人国籍或住所、物之所在地、法院地或仲裁地的法律都是较为常见的选择。

思一思

如何适用某个国家的商法来解决国际商务纠纷？

2. 两大法系及其主要的特点

从国际商法的角度来看，对国际商事关系影响较大的各国法律可以分为两大法系，即以法国法和德国法为代表的大陆法系和以英国法和美国法为代表的英美法系。

大陆法系又称罗马法系、民法法系，是指在罗马法的原则和形式的基础上，以1804年《法国民法典》和1900年《德国民法典》为蓝本，以成文化、法典化为主要特征的法律体系。大陆法系在13世纪形成于西欧，除法国和德国外许多欧洲大陆国家如意大利、西班牙等都属于大陆法系。除此之外，整个拉丁美洲、非洲的一部分国家也属于大陆法国家。另外，在属于英美法的某些国家中，有一些地区属于大陆法系，如英国的苏格兰、美国的路易斯安那州、加拿大的魁北克省等。在亚洲，日本、土耳其等国主动引入大陆法，对本国法律体系进行改造；中国的台湾地区也属于大陆法系。

英美法系又称普通法系,是指以英国中世纪普通法为基础发展起来的,以英国、美国为代表,以判例法为主要特征的法律体系。英美法系首先起源于11世纪诺曼人入侵英国后逐步形成的以判例形式出现的普通法。英美法系的范围,除英国(不包括苏格兰)、美国外,主要是曾是英国殖民地、附属国的国家和地区,如印度、巴基斯坦、新加坡、缅甸、加拿大、澳大利亚、新西兰、马来西亚等。中国香港地区也属于英美法系。

由于历史传统、法律文化等方面的差异,两大法系在很多方面存在着不同。主要表现在:

(1) 从法律渊源来看,制定法是大陆法的主要渊源,判例一般不被作为正式法律渊源,对法院审判无约束力;而判例法则是英美法系的正式法律渊源,即上级法院的判例对下级法院在审理类似案件时有约束力。

(2) 从法典编纂来看,大陆法系的基本法律一般采用系统的法典形式。而英美法系一般不倾向法典形式,其制定法一般是单行的法律和法规。当代英美法系虽然学习借鉴了大陆法系制定法传统,但也大都是对其判例的汇集和修订。

(3) 从法律结构和法律分类来看,大陆法系的基本结构是在公法和私法的分类基础上建立的,传统意义上的公法指宪法、行政法、刑法以及诉讼法;私法主要是指民法和商法;英美法系的基本结构是在普通法和衡平法的分类基础上建立的。从历史上看,普通法代表立法机关(协会)的法律,衡平法主要代表审判机关(法官)的法律(判例法),衡平法是对普通法的补充。在法律的分类方面,英美法系没有严格的部门法概念,即没有系统性、逻辑性很强的法律分类,其法律分类比较偏重实用。

(4) 从法官的作用来看,大陆法系的法官只能遵循制定法的规定办理案件,没有立法权,也就是说法官只能适用法律和解释法律而不能制定法律;英美法系法官在处理案件时遵循先例拘束原则,高级法院的判决中所确立的法律原则或规则对以后的判决具有约束力或影响力。但遵循先例并不是绝对的。在对待先例的问题上有三种做法:①遵循先例。一般来讲,下级法院应当遵循上级法院的判例,上诉法院还要遵循自己以前的判例。②推翻先例。在美国的联邦最高法院和各州最高法院有权推翻自己以前的判决。③避开先例。主要适用于下级法院不愿适用某一先例但又不愿公开推翻它时,可以以前后两个案例在实质性事实上存在区别为由而避开这一先例。

在世界性的法的区域化、一体化的过程中,两大法系之间的差别正在逐渐缩小，以弥补传统方式的不足。英美法国家相继制定了许多成文法，而大陆法国家在司法实践中也往往以上级法院以往的有关判例作为参考，使得判例在很多场合下实际上成了“准法律”。

议一议

假设一家美国公司和一家德国公司签订了一份国际货物买卖合同，因为货物的质量问题发生了纠纷，那么，解决它们之间的纠纷可能会适用哪些法律呢？

四、国际商法的产生与发展

国际商法是随着国际商事交往的产生而产生的。在古罗马时期，商品经济比较发达，商事法律规范也比较丰富。在罗马法后期的万民法中，已有关于代理、冒险借贷、海运赔偿的规定，这些规定构成了古代商法的基本内容。但是古代各国的商事规范比较简单，并与其他法规混杂，因此当时并没有独立的国际商法。

近代国际商法形成于欧洲中世纪的商人习惯法。在11—15世纪，欧洲地中海沿岸的城市国家国际贸易迅速发展。而当时欧洲大陆处于封建法和寺院法的支配下，这些法律不但明令禁止放贷收息、借本经营、商业投机和各种转手盈利活动，连正常的债权让与交易，也被认为是违法的行为。此外，当时的法律不能为商业交易提供必要的保护，这显然不能适应商业发展的需要。商人们为了维护自己的利益，组织了商人的行会组织——商人基尔特。这种组织最初的作用在于通过行业自治和习惯规则协调商人之间的关系，反抗封建法制的束缚，处理商人之间的纠纷。此后，这种组织还起到了制定和编纂习惯规则、组织商事法庭和行使商事裁判权等职能。经过几百年沿用与发展，在中世纪地中海一带形成较为系统的商人习惯法，现代商法的许多制度源于此。例如，现代商法中的商人资格及公示规则、诚实信用原则、商事代理、商事合伙、保险制度、海商制度、票据制度等，在商人法中已具雏形。随着资本主义生产关系的产生，商人的地位上升，反映商品经济关系的商人习惯法逐渐得到各国的确认。

随着欧洲资产阶级革命的成功，社会关系的变革，为了维护资本主义商品经济关系，从19世纪开始，欧洲大陆国家相继开始了大规模的法典制定活动。1807年，法国在拿破仑的主持下，率先制定了《法国商法典》。《法国商法典》的制定开创了大陆法国家民商分立的体制,对世界各国的商事立法影响很大,欧洲一些国家纷纷效仿制定自己国家的商法典。1897 年德国制定了《德国商法典》,该法典共有四篇,31 章 905 条。其中第一篇为商事,包括商人、商业登记、商号、商业账簿、经理权与代理权、商业使用人、代理商、商业居间人等内容;第二篇为商事公司与隐名合伙,包括无限公司、两合公司、股份公司、股份两合公司、隐名合伙等内容;第三篇为商行为,包括总则、商业买卖、行纪营业、承揽运输、仓储营业、运送营业、铁路运送等内容;第四篇为海商,包括总则、船舶所有人及船舶共有、船长、货物运送、旅客运送、冒险借贷、共同海损、海难救助、船舶债权人、海上保险、时效等内容。

该法注重法律的系统性、逻辑性与严密性,其内容与结构比较合理,对其他国家的商事立法产生了很大的影响,某些原来以《法国商法典》为蓝本的国家,都按《德国商法典》的模式来修订本国的商法。日本自明治维新以后,开始近代法典的编纂工作,并于 1899 颁布《日本商法典》。进入 20 世纪以后,法国、德国和日本等国的商法典都进行了多次修改,而且,为了适应经济发展的需要,均制定了许多单行法规,对商法典进行修改和补充。需要指出的是,有些大陆法国家并没有采用法国法和德国法的"民商分立"的方式,而是采用"民商合一"的立法模式,在制定债法时,把民事规范和商事规范都包括在其中。采用民商合一的国家主要有意大利、瑞士、荷兰等国。

英、美、法国家不存在大陆法形式意义上的商法,但在英、美、法国家的法律中存在着大量的商事规范。在英国,商品买卖、公司、票据、保险、海商、破产等方面都制定了单行法律,例如,英国《1893 年货物买卖法》与《1882 年汇票法》在世界上影响很大。美国于 1952 年制定了《统一商法典》,现在已经被大多数州采纳。

如前所述,近代商法产生于中世纪的商人习惯法,其中许多规范普遍被欧洲各国的商人所接受,本身就是具有国际性质的法律。后来由于各国立法,商法成为国内法,各国商法的差别有所增加。这种差异给国际商事活动带来不便,为了减少法律冲突,20 世纪以来,西方国家掀起了商法国际化、统一化的浪潮,并取得可喜的成果。有关国家和国际商事组织制定了一系列国际商事条约和国际商事惯例。这些条约与惯例对各国商法产生了重大影响,许多国家在商事立法中直接引入国际规范,或按国际规范来修改本国的商法。

综上所述,国际商法经历了"国内—国际,再国内—再国际"的历程,统一化是必然趋势。当然,由于各国的经济发展水平以及历史、文化差异等因素的影响,国际商法的全面统一之路将是十分漫长的。

任务2:运用法律原则解决国际商务纠纷

工作任务

(1) J公司是一家经营土特产品的公司,与Y林场签订了一份买卖香菇的合同。由于疏忽,在自己提供的合同文本中把质量条款错写成了"足干、变质、无杂货"。林场在发现了这一条款后,非常高兴,正好有一批变质香菇准备处理,于是全部交付给了J公司。J公司发现后,要求换货,Y林场则以"按合同办事"为由,拒绝换货。

(2) K先生是Z有限责任公司的总经理。该公司董事会给K先生的授权范围是有权自行决定150万元以下的合同的签署,150万元以上的合同则应经董事会讨论通过。一次,K先生与P公司签订了一份180万元的合同,但并没有提前提交董事会讨论。后董事长发现了此事,马上召集董事会讨论,结果董事会认为市场风险太大而没有通过。但是P公司坚持要求履行合同。

请问:

(1) 上述两个案例应如何处理呢?

(2) 上述案例体现了国际商法的哪些原则?

操作过程

(1) 案例(1)中,Y林场的做法欠妥,应当给J公司换货。J公司提供的合同文本明显不合常理,一般情况下应是笔误。而且,一份合同是要经过一定的磋商过程的,在此过程中,J公司没有表现出任何要变质香菇的意图,且从合同的价款上,也能判断出J公司的真实需求。因此,Y林场以"按合同办事"为由,给J公司交付变质香菇,显然不是出于善意,且签订的合同明显不公平。这样的行为是不能得到法律的支持的。

案例(2)中,P公司的要求应当得到支持,Z公司应履行合同。因为Z公司董事会对K先生的职权的限制仅在公司内部有效,而P公司并不知情,因此P公司作为善意的合同当事人,与Z公司签订合同,其合法利益应当得到法律的保护。至于履行合同后Z公司的损失,则应根据Z公司与K先生的劳动合同来解决。

(2) 案例(1)体现了商法中的诚实信用与公平原则

合同当事人在签订和履行合同的过程中,应当重合同,守信用,善意地对待对方,寻求双方利益上的基本平衡,不能欺诈对方,也不能利用对方的疏忽、没有经验等损害对方的利益。

案例(2)体现了保障交易安全的原则。P公司作为善意的合同当事人,不可能知道K先生在公司中的权限,所以,为了保障交易的安全,P公司的利益会得到法律的优先保护。

知识链接与归纳

五、国际商法的基本原则

所谓国际商法的基本原则,是指对于各类国际商事关系具有普遍适用意义的法律规则。尽管各国商法存在一定差异,但由于商法直接反映商事交易的客观规律,具有很强的社会性与国际性,为此,各国商法存在一些共同的基本原则。

(一) 平等交易的原则

所谓平等交易,指在商事交易中,当事人的法律地位平等,在平等的条件下进行交易,以达到公平的目的。平等交易是市场经济的基本要求,参与商事活动的当事人只有具备独立主体的资格,并处于平等的地位上自主经营,才有可能公平竞争,造就一个公平合理的商事交易的环境。

(二) 诚实信用和公平的原则

所谓诚实信用和公平,指当事人应根据交易习惯,按诚实信用和善意的方法进行交易,禁止欺诈和进行不正当交易,以维护交易公平的原则。诚实信用和公平原则是民法的基本原则,同时也是商法的基本原则。诚信和公平原则在商法领域运用十分广泛,在法律没有明确规定或合同没有明确约定时,法院和当事人可以此原则补充法律规定的不足。

议一议

诚实信用是道德原则还是法律原则?

(三) 交易简便迅速的原则

社会经济的发展是通过频繁的商事交易来实现的。商事交易的速度越快,社会经济的发展速度也越快。为了促进社会经济的发展,商法的许多制度都贯穿了交易简便迅速的原则。如在商事合同中,商法对许多合同的内容都有统一的规定,这些规定构成了合同的基本条款,使各类合同定型化(又称为“格式合同”)。这就便于要约相对人可以迅速作出判断,决定是否承诺。目前这种格式合同的使用已相当广泛,例如,在货物买卖业务上使用的销售单与购货单,以及保险业务上使用的各种保险单,海运业务上使用的提单等,均是合同定型化的表现。这种商务做法,大大简化了交易程序,缩短了交易时间,便利了交易的发展。

(四)保障交易安全的原则

保障交易安全是社会对商法的基本要求。商事交易关系到每个当事人的切身利益,只有对这种利益给予有力的保护,商事交易才能进行与发展。商事立法对交易安全的保护,主要体现在某些方面实行强制主义、公示主义、外观主义和严格责任主义的原则。

强制主义原则是指国家为了交易安全的需要,对某些商事行为作强制性的规定。例如,公司章程必须有必要事项的记载;公司议决重要事项必须符合法定程序;各种票据、提单、保险单、保函等商业证券,必须符合法律规定的形式。这些规定对于防止欺诈与不正当的商业行为,维护社会交易的安全,起了很大的作用。

公示主义原则是指交易当事人对于涉及利害关系人利益的营业事实上负有公示告知的义务。这一法律原则的目的在于保护社会交易人和不特定第三人的利益。公示主义原则在商法许多领域都有具体的规定。例如,根据《公司法》的规定,公司设立、增资、减资、解散等均应登记,非经登记,不能发生法律效力。公司决议合并或减少资本时,应向各债权人发出公告。《票据法》规定,票据代理必须明确记载被代理人名称与代理文句;凡实施票据行为者,必须在票据上签名,并须依照票据所载之文义负责,都是公示主义的具体体现。

外观主义原则是指交易行为的效果以交易当事人的外观为准。商法中有很多这类规定。例如,《公司法》规定,公司对公司董事或经理权力的限制,不得对抗善意第三人。《票据法》规定,在解释票据行为人的意思表示的内容时,只能以票据上的文字记载为准。如果票据行为具备法律要求的形式要件,就不问其记载事项是否与事实相符,即使不相符,也只能遵循票据上的文义,而不影响票据行为的效力。这些法律规定也是外观主义原则的体现,其立法精神在于保护社会交易的安全。

严格责任主义原则是指某些从事商事交易行为的人,无论是否有过错对自己的行为所产生的后果,都应当承担责任。例如,《公司法》规定,无限公司及两合公司的无限责任股东,对公司的债务负连带责任。《票据法》规定,票据的发票人、承兑人、背书人及其他票据债务人,对持票人负连带担保责任。当代产品责任法在处理产品责任案件时,普遍实行严格责任原则。凡此种种规定,都加重了商事交易当事人的责任、其立法精神也在于保护社会交易的安全。

能力实训

一、实训案例

甲建筑公司与乙水泥厂签有水泥批量供应合同。双方约定水泥厂全年供应水泥1000吨,分四批用火车发运,运费和货款每过半年必须结清。春节一过,水泥厂就向建筑公司发运了300吨水泥。可是过了3月份,由于进入了水泥销售旺季,市场上水泥供不应求,价格大涨,因此水泥厂直到10月底都没有向建筑公司再发运水泥。为了不影响工程进度。建筑公司被迫到市场上购买了高价水泥410吨,平均每吨水泥多花100多元。10月过后,水泥开始滞销。于是水泥厂于11月初向建筑公司发运水泥200吨。11月底,水泥厂又向建筑公司发运水泥250吨。建筑公司的库容能力仅有400吨,所以建筑公司连忙电告水泥厂"停止发货,去人协商"。水泥厂由于产品积压很严重,在12月初又向建筑公司发250吨水泥。建筑公司无处堆放,只好堆放在火车站,被罚了一大笔款。为了避免更大损失,建筑公司只好将这批水泥降价处理给别人。

请问:

(1) 建筑公司的损失应由谁承担?

(2) 本案中水泥厂的行为是否违反了商法的基本原则?

二、实训练习

1. 单项选择题

(1) 近代国际商法起源于(　　)。

A. 地中海沿岸　　B. 美国

C. 英国　　D. 中国

(2) 英美法系中,法律的主要表现形式(　　)。

A. 成文法　　B. 习惯法

C. 判例法　　D. 制定法

(3) 我国香港地区的法律制度属于(　　)。

A. 中国法系　　B. 大陆法系
C. 民法法系　　D. 普通法系

(4) 大陆法的结构特点之一是把全部法律分为(　　)。
A. 普通法与平衡法
B. 实体法与程序法
C. 公法与私法
D. 国内法与国际法

(5) 随着国际经济贸易的发展和扩大,国际商法的调整范围也在不断扩展,下列不属于国际商法调整的商事关系有(　　)。
A. 国际货物买卖
B. 国际技术转让
C. 国际投资
D. 国际劳务输出

2. 多项选择题

(1) 下列选项,属于商法范畴的是(　　)。
A. 公司法　　B. 合同法
C. 税法　　D. 银行法

(2) 国际商法的主要表现形式是(　　)。
A. 国际商条约　　B. 国际商事惯例
C. 各国商法　　D. 国际商事判例

(3) 大陆法的主要特点是(　　)。
A. 以判例法为主　　B. 以成文法为主
C. 受罗马法的影响较深　　D. 法官能够制定法律

(4) 属于大陆法国家的是(　　)。
A. 法国　　B. 美国
C. 印度　　D. 日本

(5) 下列选项,属于各国商法共同具有的原则的是(　　)。
A. 平等交易原则　　B. 诚实信用原则
C. 保护本国利益原则　　D. 外交豁免原则

3. 判断题

(1) 在大陆法国家,原则上承认判例具有与法律同等的效力。(　　)

(2) 国际贸易惯例因为不具有法律的普遍约束力,因此,只有当事人在合同中采用了某项惯例,才对合同双方当事人有约束力。(　　)

(3) 国际商法主要是实体法,不是冲突法。(　　)

(4) 英美法与大陆法一样,把法律明确地分为公法和私法。(　　)

(5) 国际商事条约具有普遍约束力,缔约国的当事人必须遵守本国参加的国际商事条约。(　　)

(6) 各国商法只对本国当事人有效,不能用于解决国际商事争议。(　　)

项目二

创建及管理企业过程中的法律问题

学习目标

1. 知识目标

(1) 掌握三种企业的组织形式及其主要的法律特征

(2) 掌握公司的设立条件,熟悉公司的设立程序

(3) 掌握公司组织结构基本框架,熟悉各机构的权限及议事规则

(4) 掌握公司的资本构成、发行、转让等制度

(5) 熟悉公司进行合并、分立、解散、清算等事务的法律程序

2. 能力目标

(1) 能够正确选择企业形式

(2) 能够依法为设立企业准备条件

(3) 能够依法管理企业

任务 1:选择企业的类型

工作任务

2008 年 6 月,王一欲创建自己的企业,于是找到朋友李二、张三和赵四。王一现拥有资金 25 万元,李二拥有一处街面房,房产市价 30 万,若出租开店月租金为 5000 元左右,张三有一项专利,赵四拥有经营管理能力和客户渠道。李二的街面房因城市建设而处于商业中心地段,市价很可能会往上升。王一、李二和张三对赵四的经营管理能力不是很确信,希望尽可能地制约其行为。

请问:

(1) 请你为他们设计至少两种投资方案。

(2) 请你分析一下每种企业中每个人的风险。

(3) 你认为选择投资模式时,投资者应考虑哪些问题?

操作过程

(1) 第一种方案:王一、李二、张三以各自拥有的资产出资建立一家有限责任公司,聘请赵四做公司的经理,管理公司。第二种方案:王一、张三和赵四以各自拥有的资产出资建立一家普通合伙企业,租赁李二的房屋进行经营。为了有效制约赵四的行为并发挥其才能,可以在合伙协议中赋予赵四经营管理权,但设定必要的限制条件。第三种方案:王一出资,设立个人独资企业,租用李二的房屋,与张三签订许可使用合同,在一定的期限内使用张三的专利技术,聘请李四做经理,管理企业。

(2) 第一种方案中,三名股东的投资风险均较小,都是以出资额为限,承担有限责任,赵四作为公司的经理对公司有经营管理的责任,但其与公司之间是合同关系,并非公司股东,因为根据法律规定,有限责任公司是不允许以劳务出资的。因此,赵四只要遵守合同,就没有什么风险。第二种方案中,三名合伙人要对企业债务承担无限责任,并且合伙人之间也要承担连带责任,因此风险较大。李二与合伙企业之间是房屋租赁关系,原则上,只要双方遵守合同,也没有什么风险。而且对于李二来讲,他的房子存在较大的升值可能,选择出租形式进行投资比较灵活,更有利于发挥资产的价值。总体来讲,公司企业的投资人风险较小,但是门槛较高,设立及经营管理企业的要求较为严格,而且税务负担较重,合伙企业投资人风险较大,但设立企业的门槛较低,设立及管理企业比公司灵活,税务负担也比公司小。第三种方案中,王一的风险最大,他是独资企业的企业主,应对企业的债务承担无限责任,其他人的风险则较小。但这种投资方式下,王一对企业有绝对的控制权,且税负也比有限责任公司低。

(3) 投资者选择投资模式应注意考虑的因素:①投资者对企业债务承担无限责任还是有限责任;②商业活动的性质是否适合此类企业形式、投资者的数目及其相互关系;③企业内部运作的有效性及从事业务活动的费用;④企业的税务负担大小;⑤在成立企业前筹措资金及其他经济资源的可能程度;⑥企业未来发展是否方便融资等。

知识链接与归纳

一切商务活动都要通过商事主体来完成,而企业是最重要的商事主体。因此,规范企业本身的法律,在国际商法中便具有十分重要的地位,世界各国为保护投资者和债权人的合法权益,也都非常重视企业立法。

一、企业主要形式及立法概况

各国对企业的分类标准多种多样，但最具代表性的是法律分类标准，即主要是以财产的责任形式来划分企业。

根据这一标准，可将企业划分为独资企业、合伙企业、公司企业三类。

（一）独资企业

独资企业也称个人企业、个体商人，指由一名出资者单独出资经营，出资者对企业债务承担无限责任的企业。

很多国家都没有制定单独的独资企业法，而是在其民法或商法中作相应的规定。与此不同，我国于 1999 年 8 月颁布了单行的《个人独资企业法》，该法自 2000 年 1 月 1 日起施行。

（二）合伙企业

合伙是由合伙人为实现共同目的而互相约定，实行共同经营的一种联合体。

合伙企业是一种古老的企业形式，早在公元前 18 世纪，古巴比伦的《汉穆拉比法典》中就有合伙的记载，到古罗马时期，罗马法对合伙的规定已颇为详细和具体。

从立法模式上看，英美法系国家关于合伙的立法一般采用单行法的形式，如英国现行的合伙法是由《1890 年合伙法》和《1907 年合伙法》组成的。美国的合伙法属于州法，为了统一各州的合伙法，美国的统一州法全国委员会在 1914 年起草了《统一合伙法》和《统一有限合伙法》两部标准法，已经得到大多数州的采用。大陆法系国家一般将合伙法置于民法典或商法典中加以规定，如德国、日本、法国等国家。我国于 1997 年通过了单行的《合伙企业法》，该法于 2006 年进行了重大修订，新的《合伙企业法》已于 2007 年 6 月 1 日开始实施。

根据不同国家的法律制度，合伙企业也存在不同的类型，大陆法系国家传统上将合伙分为民事合伙与商事合伙，但其实质均为普通合伙企业。另外，在大陆法国家，还存在隐名合伙，即合伙中存在一个或一部分不公开合伙人姓名并不参与合伙事务执行的合伙人，隐名合伙人在合伙内部关系中所承担的责任性质与其他合伙人一样，只是他并不为外人知晓，不直接对外承担责任。英美法系国家将合伙分为普通合伙企业和有限合伙企业。我国的《合伙企业法》也把合伙企业分为普通合伙企业和有限合伙企业。

（三）公司企业

公司是指依法定程序设立的，以盈利为目的的法人企业。

从企业的发展历史来看,企业经历了由个人企业发展到合伙企业的过程,体现了联合经营趋势,但在法律上,无论是个人企业还是合伙企业,它们仍然是以自然人的名义对外承担责任。随着社会化生产的规模越来越大,企业的经营需要大量吸收资金,联合经营是必需的,同时,为了更有效地改善企业的管理水平,降低投资的风险,公司企业应运而生。合伙企业是联合的低级形式,而公司则是联合的高级形式。

公司法发端于欧洲,在大陆法系国家,早期的公司法规范主要见诸于民法典或商法典中。1807 年的《法国商法典》和 1861 年的《德国商法典》均将公司视为重要的商事主体。随着公司制度在社会经济生活中的作用与影响日益增加,大陆法系国家的公司法逐渐从商法典中脱离出来,更多地采取单行法的形式。法国分别于 1867 年和 1952 年修正颁布了《股份有限公司法》和《有限公司法》,德国于 1892 年颁布了《有限责任公司法》,又于 1937 年制定了《股份公司法》。

英美法系国家以成文的单行法规范公司关系。英国于 1862 年制定了第一部公司法,此后,英国公司法的修改日益频繁,先后多次对公司法进行修订和补充。在美国,公司法属于各州立法,没有统一的联邦公司法。为了减少和消除各州公司法之间的差异给公司的发展造成的不利影响与法律障碍,美国律师协会于 1928 年起草了美国《示范公司法》,供各州的立法机关参考。

我国于 1993 年颁布了《公司法》,该法在 2005 年和 2013 年进行了重大修订,现行版本已于 2014 年 3 月 1 日开始实施。

尽管由于各国经济发展水平不同,政治、文化、民族习惯各异,公司制度细节差别很大,但有关公司基本制度,却有着惊人的相似之处。特别是第二次世界大战以来,各国公司法的融合趋势不断加快,折中资本制的出现即是其突出表现。另外,日本公司法吸收美国《示范公司法》的优点,欧洲共同体统一公司法制的进程,也能很好地说明这一点。

二、独资企业的法律特征

独资企业具有如下法律特征:

(一) 独资企业的投资者为一个自然人

这是独资企业与合伙企业、公司等商事组织最本质的区别。将独资企业的投资者限定于自然人是各国立法的通例。

（二）投资者对企业的一切事务享有代表权、决定权和处置权

独资企业的投资者有权对内对外代表企业从事一切活动，如签订合同、参加诉讼等，对企业的经营管理事务具有决策权，同时对企业的财产享有所有权。

（三）投资者对企业的债务承担无限清偿责任

独资企业不是法人，不具有法人资格，也没有独立的财产，独资企业的人格和财产与出资人的混为一体，出资人以其个人所有的全部财产对企业的债务承担清偿责任。

思一思

王某出资20万元设立了一家个人独资企业，经营货物运输。因发生了一起重大交通事故，需要承担赔偿责任100多万元。该企业现有资金40万元。请问，该如何偿还债务呢？

三、合伙企业的法律特征

（一）合伙企业的成立以合伙人之间的协议为基础

合伙人通过签订合伙协议来确认各方的合伙关系、明确彼此在合伙中的权利义务及合伙企业经营的基本准则。可以说，没有合伙协议，就没有合伙企业的成立，正是由于合伙关系的契约性，所以，合伙企业也被称为“契约式企业”。

（二）合伙企业具有较强的人合性

合伙是“人”的组合，合伙企业的成立主要是基于合伙人之间的相互信任，合伙企业经营及管理方式的设计也着眼于维系合伙的人合性，合伙人之间的关系、合伙人的死亡、破产以及退出都对合伙企业的存续有着直接的影响。

（三）合伙人对合伙企业债务承担无限连带责任

合伙组织一般也被称为“联盟”，即合伙成员必须为合伙的债务承担无限连带责任。即使在有限合伙企业中，也必须有无限责任的合伙人为企业的债务承担责任。

所谓“无限连带责任”，是指每个合伙人均以其个人所有的全部财产对合伙债务承担全部清偿责任，当合伙企业的财产不足以清偿对外债务时，债权人有权要求任何一个合伙人偿还全部债务，而且，当任何一个合伙人无力清偿自己应承担的债

务时,其他合伙人有代替其偿还的义务。合伙人之间可以通过合同协议约定分担债务的份额,但这种约定只在合伙人之间有效,不能用以对抗债权人。当然,当一个合伙人向债权人清偿的债务超过其应当承担的数额时,有权向其他合伙人追偿。

议一议

假设A、B、C分别出资共同设立一家普通合伙企业。A出资10万元,B以房产出资,C以劳务出资。约定按2:1:1分配利润,分担亏损。现企业资产有20万元,负债60万元。请问该如何偿还债务呢?如果C下落不明,B无钱可还,债权人要求A偿还全部债务,A该怎么办?

(四)合伙企业一般不是法人

关于合伙企业的法律地位,各国的规定不尽相同,大多数国家只承认合伙企业是独立的商事主体,不承认其独立的法人资格,但也有少数国家赋予合伙企业法人资格,如法国、日本、荷兰、比利时等。鉴于对合伙企业法人资格的承认有违合伙的基本法理并使合伙丧失了本来面目,所以,我国的合伙企业法认为合伙仍处于非法人企业的地位。

法律规定合伙人对合伙企业以及对合伙人之间承担如此之重的法律责任,为什么还有甘愿冒风险,成立合伙企业的?

四、公司企业的法律特征

(一)公司的营利性

投资者时为了获得经济利益的回报才向公司投资,因此公司设立的最终目的是获得利润并分配给股东。营利性是公司的本质属性。

(二)公司的法人性

各国法律几乎都把公司规定为分离于它的投资者而独立存在的法律实体,即法人。法人的人格独立性、财产独立性及责任独立性,是国际通例。公司依法成立,拥有独立的财产,以自己的名义享受权利和承担义务,并独立承担民事责任。

(三)股东责任的有限性

公司的股东以其出资额为限,对公司承担有限责任,这是各国公司法的共同规定,也是公司区别于其他企业形式的关键。当然,由于历史传统等原因,在市场上还存在一些无限责任的公司,但那些公司形式并不代表公司制度的主流。

（四）公司实行统一(法定)的集中管理制

公司的管理体制必须与公司法的原则规定相一致,由依法设定的组织机构对公司实行统一的集中管理。

议一议

陈先生是某公司的股东,他在公司设立时投资了一笔金钱。现在陈先生的太太得了癌症,急需用钱,于是他提出从公司提出这笔钱用于治病。请问:他的要求可以得到满足吗?为什么?

五、企业类型的细化

（一）合伙企业的类型

前述所介绍的合伙,一般被称为普通合伙,是合伙的一种传统组织形式,其基本特点是合伙人共同出资、共同经营、共享收益、共担风险,合伙人对合伙债务负无限连带责任。另外,在各国的合伙企业法中,除了一般的普通合伙企业外,还存在着一些特殊的合伙企业,主要有以下几种情况。

1. 特殊的普通合伙

所谓特殊的普通合伙是指以专业知识和专门技能为客户提供有偿服务的专业服务机构,例如,会计师事务所、执业医师诊所、律师事务所、摄影工作室等。随着社会对各项专业服务需求的迅速增长,专业服务机构的规模扩大,合伙人数目大增,以致合伙人之间并不熟悉甚至不认识,各自的业务也不重合,与传统普通合伙中合伙人人数较少,共同经营的模式已有不同,因而让合伙人对其并不熟悉的合伙人的债务承担无限连带责任,有失公平。自20世纪60年代以后,针对专业服务机构的诉讼显著增加,其合伙人要求合理规范合伙人责任的呼声也越来越高。20世纪60年代以来,许多国家进行专门立法,规定采用普通合伙形式的专业服务机构的普通合伙人可以对特定的合伙企业债务承担有限责任,以使专业服务机构的合伙人避免承担过度风险。为了减轻专业服务机构中普通合伙人的风险,促进专业服务机构的发展壮大,我国在2006年《合伙企业法》修订后,借鉴了国外的制度,同时结合我国的实际情况,也规定了特殊的普通合伙制度。

根据该法,特殊的普通合伙企业,一个合伙人或者数个合伙人在执业活动中因故意或者重大过失造成合伙企业债务的,应当承担无限责任或者无限连带责任,其他合伙人以其在合伙企业中财产份额为限承担责任。合伙人在执业活动中非因故意或者重大过失造成的合伙企业债务以及合伙企业的其他债务,由全体合伙人承担无限连带责任。

议一议

甲、乙、丙三个注册会计师各出资 100 万元,设立 A 会计师事务所,注册为特殊的普通合伙企业。甲、乙因故意出具了虚假的审计报告,致使合伙企业负担了 1000 万元的债务。请问,债务该如何偿还?

2. 有限合伙

所谓有限合伙,是指由一名以上普通合伙人与一名以上有限合伙人组成的合伙形式,前者对合伙企业的债务负无限责任,后者则只负有限责任,即仅以出资额为限。

有限合伙起源于欧洲中世纪,在 12—13 世纪,随着欧洲地中海地区海上贸易的发展和扩大,单个商人已不再适应较大规模的商业冒险。于是"卡孟达契约"便应运而生。"卡孟达契约"主要在普通商人与海运商人之间订立,它一般规定,由普通商人提供资金,由海运商人负责经营、贩卖货物,普通商人的风险和责任以其出资为限。这种契约后来便演变为有限合伙。1807 年法国商法典首次对有限合伙作了规定。1890 年英国合伙法也规定了有限合伙,1907 年又制定了单行的"有限合伙法"。"美国统一州法委员会"于 1916 年制定了"统一有限合伙法",现已被大多数州所采纳。

在有限合伙中,普通合伙人的权利和义务与其在普通合伙中基本相同。普通合伙人负责执行合伙事务,对外代表合伙企业,对合伙债务承担无限连带责任;有限合伙人只按出资比例享受利润和分担风险,对合伙企业承担有限责任,不参与合伙企业的经营管理,无权干涉合伙企业的内部事务,也无权对外代表合伙企业与第三方发生权利义务关系。

一般而言,有限合伙人向合伙企业的出资只能是金钱或实物,而不能是劳务或信用。另外,我国《合伙企业法》还规定,有限合伙企业应由 2 个以上 50 个以下合伙人设立。

(二)公司的种类

公司作为一种占主导地位的商事企业,在长期发展过程中形成了多种形态,依据不同的标准,可作如下分类:

1. 根据股东对公司债务的责任形式不同,可将公司分为无限责任公司、有限责任公司、两合公司、股份有限公司和股份两合公司

这是大陆法系国家对公司的最基本的分类。

(1) 无限责任公司,也叫无限公司,是指由两个以上的股东组成,股东对公司债务负无限连带责任的公司。

无限公司是最早出现的公司形式,其组织机构比合伙企业完备和健全,投资者间的权利义务也较为明确和具体,但其实质与合伙企业并无本质区别。在资本主义发展初期,无限公司发展很快,但随着生产社会化的出现,无限责任公司在资本集中过程中显得力不从心,加之股东责任重大,所以在各国的发展都有很大局限性。

(2) 两合公司,是指由两人以上共同投资,其中至少有一人以上对公司债务承担有限责任,一人以上对公司债务承担无限连带责任的公司。

两合公司是在无限责任公司之后出现的公司形式,仅见于大陆法系的国家,它类似于英美法中的有限合伙,但与后者不同的是,它具有法人资格。

(3) 股份有限公司,简称股份公司,是指由法定人数以上的股东组成,全部资产划分为均等的股份,全体股东仅就其所认购的股份对公司承担责任,公司以其全部资产对债务承担责任的公司。

股份有限公司是欧洲商人为了适应大规模海外贸易的需要,在 17 世纪初叶首先创造的,它是对各国乃至世界经济最有影响的一种公司形式,在英国称 Company,在美国叫 Corporation,在日本叫株式会社,是现代公司的代表。早期的股份有限公司须由国王特许才能设立,如 1600 年成立的英国东印度公司和 1602 年成立的荷兰东印度公司。

股份有限公司具有如下主要特征:

第一,全部资本划分为等额股份。这是股份有限公司区别于有限责任公司的重要特征之一,股份公司的注册资本由等额的股份组成,股东以其所持股份为限对公司负责。将注册资本划分为若干等额股份,既适应了公司公开发行股份的需要,也便于股东权利的确定和行使。

第二,股东负有限责任。这是与有限责任公司相同的法律特征。股东责任的有限性,使众多出资人即股东的财产责任被限制到最小范围,对公司快速、方便地吸引投资者,增强财力、扩大规模、避免风险,均有重要意义。

第三,股东人数有最低限制。由于设立公司需由发起人发起,故世界各国对股东最低人数的限制通常表现为规定发起人人数的下限。如英国、法国规定发起人不得少于7人;德国为5人以上等。我国规定发起人为2人以上200人以下。

第四,股份以股票形式公开发行并可自由转让。在股份有限公司中,股东出资的证明就是公司发给股东的股票,该股票在依法转让时无须经过公司或其他股东的同意,获准上市的股份有限公司,又称上市公司,其股票还可依法在证券交易所进行流通。

第五,公司的账目必须公开。股份有限公司必须依法将与股东和公众投资者的利益密切相关的财务和营业状况,以及其他重大事项向社会公开。这是股份有限公司特别是上市公司的一项重要义务,其目的是便于股东和公众投资者酌情做出合理的投资决策,也便于国家主管当局进行有效的监督和管理。各国规定股份有限公司应当公示的内容主要有年度报告、中期报告、董事会成员的重大变动、重大合同和涉讼情形等。

第六,组织机构规范,实行所有权和经营权相分离。股份有限公司是最典型的法人,通过设立股东大会、董事会和监事会等负责公司营运,各组织机构之间职能区分、相互制衡,可以实现更民主、更高效的管理。

第七,主要适用强制性规范。股份有限公司是各国公司法规范的重点对象,有关条文占公司法的绝大部分篇幅。如法国公司法共计的509条中,至少有400条涉及股份有限公司或专门规定股份有限公司事务的,而且,多数条款属于强制性规范,公司必须遵照执行。日本商法典和中国公司法也有类似情况。相反,关于有限责任公司的规定,则以任意性规范居多。

股份有限公司尤其是上市公司股本大、资金雄厚、股东人数众多、内部管理机构权责分明,为投资者最大限度地降低投资风险、牟取高额利润提供了极大的方便,因此,西方国家的投资者大都乐于采用这种企业组织形式。现在,股份有限公司已成为各国最有代表性的公司形式,在国内国际商事交往中扮演着举足轻重、不可或缺的角色。世界上一些知名度很高的大公司,如通用汽车公司、波音飞机制造公司、新日本制铁公司、三菱重工、英荷壳牌石油公司、西门子电气公司、奔驰汽车公司、欧洲空中客车公司等,无一不是股份有限公司。

(4) 股份两合公司,是指由至少一个负无限责任的股东和至少一个仅就所认购的股份对公司债务承担责任的股东所组成的公司。它是为了规避政府的特许和核准,于18世纪末在有的国家出现的一种公司形式,是股份有限公司与无限责任公司的组合。

将两合公司的机制引入股份有限公司中，改变了股份有限公司的法人地位，但因其不适应市场经济高度发达的社会实际而渐遭淘汰，现只有法国、德国等大陆法国家仍保留着极少数的股份两合公司形式。

（5）有限责任公司，简称有限公司，是指由法定人数的股东投资组成，所有股东仅以其认缴的出资额为限对公司承担责任，而公司以其全部资产对债务承担责任的公司。

有限责任公司在所有公司形式中产生最晚，它是在 19 世纪末首创于欧洲大陆法国家，1892 年德国制定《有限责任公司法》，标志着这种公司制度得以正式确立。由于有限责任公司仅在特定的当事人之间筹资，所以在英美法国家，这类公司又被称为私公司或封闭式公司。

有限责任公司具有如下主要特征：

第一，股东人数受法律限制。公司法一般对有限责任公司的人数有限制，如英国规定不得超过 50 人、美国特拉华州不得多于 30 人，我国《公司法》也规定股东人数为 50 人之下。实际生活当中，有限责任公司的股东之间往往相互比较了解，许多都是同一家庭的人员或亲朋熟友，具有长期合作共事的基础。

第二，公司不对外发行股票募集资本。有限责任公司成立所需的全部资本都来自全体股东，股东出资后，由公司向其出具资证明书，以证明其在公司内部享有的权益和承担的风险比例。

第三，股东可以转让出资，但有较为严格的限制。任何股东转让其部分或全部股份，都有一定的限制，在同等条件下，其他股东对被转让的股份具有优先购买权。有些国家如德国规定，转让股份务必还要经过公证形式，或者符合公司细则规定的其他形式要求。在英国，公司内部细则往往规定转让股份还得经公司董事会同意。我国《公司法》也有类似规定。

第四，公司的组织机构比较简单灵活。有限责任公司可以根据规模大小灵活确定组织机构，如公司规模较小股东人数较少的可以不设立董事会、监事会；另外，公司主要股东一般都是董事会成员，并直接参加公司管理。

尽管有限责任公司出现时间最迟，但因其实行有限责任制，股东投资风险小、人员相对稳定、企业适应性强等优点，成为市场经济社会中数量众多，实力不可小觑的另一重要公司类型，特别为中小型企业和家族企业广泛采用。特别是近年来，在世界各国的工商界中的地位越来越大，如在德国，有限责任公司无论在数量还是在销售额方面，均超过股份有限公司。

需要注意的是，由于无限责任公司、两合公司与股份两合公司均有与法人的本质特征相悖的责任形式,且在现代社会中的影响日趋减小,因此,我国《公司法》中仅规定了有限责任公司与股份公司两种形式。

2. 根据公司成立的信用基础不同,大陆法国家将公司分为人合公司、资合公司以及人合兼资合公司

(1) 人合公司,指公司的设立和营运完全建立于股东个人信用基础之上的公司。无限公司是其典型代表。

(2) 资合公司,指其设立和营运完全以股东的出资为基础而与个人信用关系不大的公司。股份有限公司为典型的资合公司。

(3) 人合兼资合公司,指其设立及营运既以股东的出资为基础,同时也注重股东个人信用的公司。两合公司、股份两合公司即属于此类。有限责任公司股东虽然对公司债务承担有限责任,但股东之间的关系比较密切,且股东往往共同参与公司管理,也具有较强的人合性,也应属于此类。

3. 根据公司资本认购、持有和转让方式的不同,英美法国家将公司分为封闭式公司和开放式公司

封闭式公司,指股份全部由发起人认购,股东人数有限,股份转让受到严格限制,股票也不能在证券交易所公开挂牌交易的公司。它类似于大陆法中的有限责任公司和股份有限公司中的非上市公司。

开放式公司,指股份公开招募并可自由流通转让,股票在证券交易所公开挂牌交易,股东人数和身份不受限制的公司。它属于大陆法中的股份有限公司,有时也被称为上市公司,确切地说应是大陆法股份有限公司中的上市公司。

4. 根据一公司对另一公司股份或出资额的占有和业务控制程度,将公司分为母公司和子公司

母公司是指拥有另一公司半数以上股份或出资额,并直接控制另一公司经营活动的公司。母公司具有法人资格。

子公司是指其半数以上股份或出资额为另一公司所占有,业务受另一公司控制,但仍具有法人资格的公司。

5. 根据公司的管辖系统,将公司分为总公司与分公司

总公司也称本公司,它是管辖公司全部组织的总机构。总公司在法律上具有法人资格。总公司对公司系统内的业务经营、资金调度、人事安排等具有统一的决定权。总公司亦称本公司,是指依法设立的、管辖所属全部分支机构的总机构。

分公司是指由总公司设立的,在经济上和法律上均无独立地位的分支机构。通常情况下,总公司具备法人资格,而分公司则不具备法人资格,仅在总公司规定的权限内从事特定的事务，并由总公司承担法律责任。有没有法人资格，是判断子公司和分公司的决定性因素。

议一议

甲、乙两家有限责任公司决定共同出资设立A有限责任公司。A公司注册资本100万元，其中甲公司出资80万元，乙公司出资20万元。请问，A公司是甲公司的子公司还是分公司？如果A公司无法偿还债务，甲公司需要为其承担债务吗？

6. 根据公司的国籍不同，将公司分为本国公司、外国公司和跨国公司

对公司国籍的认定标准很多，如注册登记地、设立行为地、依据地、主营业地、股东所在地、董事会所在地国等。中国以注册登记地为准。

本国公司，指在本国登记设立、具有本国法认可的法律人格的公司。

外国公司，指依照外国法律登记设立的、具有外国国籍的公司，它是相对于国内公司而言的。

跨国公司，指以本国为基地或中心，在不同国家或地区设立分支机构、子公司或其他企业形式，从事跨国性生产经营活动的经济组织。

跨国公司从法律角度而言，并非一个独立的法律实体，而是由分布于不同国家和地区的包括母公司、子公司、总公司、分公司等多个公司实体组成的从事国际性生产经营活动的企业集团。

任务2：如何设立企业

工作任务

赵、钱、孙、李、陈拟共同组建一有限责任性质的五人饮料公司，注册资本100万元，其中赵、钱各以货币10万出资；孙以设备出资，经评估机构评估为35万元；李以其专利技术出资，作价40万元；陈以劳务出资，经全体出资人同意作价5万元。由于李某长期在国外，公司主要由赵某和孙某管理，因此，他们经过协议在章程中规定，如果公司盈利了，税后利润的分配方案为赵某25%、钱某10%、孙某40%、李某20%、陈某5%。公司拟不设董事会，由赵任执行董事；未设监事会，由经理孙某担任公司的监事。

请问:

(1) 根据我国法律,五人饮料公司在出资方式上是否存在问题?

(2) 他们在章程中规定的分配利润的方案合法吗?

(3) 如果经过纠正问题,公司得以成立,但发现孙某投资的设备价值严重缩水,公司应怎么办?

(4) 公司机构的设置是否符合公司法?

操作过程

(1) 根据我国法律,该公司的出资方式不符合法律规定。根据我国《公司法》第27条第1款、第3款、《公司登记管理条例》第14条第2款规定:"股东可以用货币出资,也可以用实物、知识产权、土地使用权等可以用货币估价并可以依法转让的非货币财产作价出资;但是,法律、行政法规规定不得作为出资的财产除外。""全体股东的货币出资金额不得低于有限责任公司注册资本的30%。""股东不得以劳务、信用、自然人姓名、商誉、特许经营权或者设定担保的财产等作价出资。"五人饮料公司的注册资本为100万元,其中货币出资金额不得低于30万元,他们只有20万元,不符合规定;另外陈某以劳务出资,不符合法律规定。

(2) 他们在章程中约定的分配利润的方案符合法律规定。根据公司法的一般原理,有限责任公司应按照出资比例分配税后利润,但我国《公司法》第35条同时规定:全体股东约定不按照出资比例分取红利的除外。因此,如果股东经过协议,可以不按出资比例分配税后利润。

(3) 根据《公司法》第31条规定:"有限责任公司成立后,发现作为设立公司出资的非货币财产的实际价额显著低于公司章程所定价额的,应当由交付该出资的股东补足其差额;公司设立时的其他股东承担连带责任。"因此,这种情况应由孙某补足差额。如果孙某不能补足,赵、钱、李、陈应代其补足。

(4) 公司机构设置不符合法律规定。根据《公司法》,股东人数较少或者规模较小的有限责任公司,可以设一名执行董事,不设董事会。执行董事可以兼任公司经理;可以设一至二名监事,不设监事会。董事、高级管理人员不得兼任监事。因此孙某不能兼任监事。

知识链接与归纳

六、独资企业的设立

（一）设立条件

独资企业的设立，应当符合法定条件。其设立的条件和程序比合伙企业和公司企业更容易和宽松。我国《个人独资企业法》规定的设立条件主要包括：

（1）投资人为一个自然人。该自然人必须不是法律、法规禁止从事营利性活动的人。

（2）有自己的企业名称。在独资企业的名称中不可出现“有限”或“有限责任”的字样。

（3）有投资人申报的经营资金。该资金只是经营的条件，不具有对外提供信用担保的效力。

（4）有固定的生产经营场所和必要的生产经营条件。

（5）有必要的从业人员。

（二）设立程序

设立独资企业必须经过商事登记。商事登记是商事组织取得经营资格的前提条件，它有利于交易相对人和社会公众了解特定商事企业的经营状况和信用状况，也便于国家对商事企业进行管理。

在我国，申请设立个人独资企业，应当由投资人或其委托的代理人向独资企业住所地的登记机关提交设立申请书、投资人身份证明、生产经营场所使用证明、验资证明等文件。委托代表人申请设立登记时，应当出具投资人的委托书和代理人的合法证明。登记机关应当在收到设立申请文件之日起15日内，对符合设立条件的，予以登记，发给营业执照；对不符合设立条件的，不予登记，并应给予书面答复，说明理由。营业执照的签发日期，为个人独资企业的成立日期。

美国的独资企业设立程序更为宽松。注册申请人在交纳注册申请费，并填报投资人、企业名称、经营地点等注册登记事项后，经投资经营者签名并缴纳注册费后，注册即告完成。

七、合伙企业的设立

(一) 设立条件

1. 有两名以上的合伙人

在法律上,合伙企业仍被大多数国家视为自然人的联合,合伙企业的合伙人应是两个以上具有完全民事行为能力的自然人,且是依法承担无限责任者。但近年来有些国家如法国、比利时、日本等已允许法人作为合伙人。我国也在《合伙企业法》第2条中规定,合伙人可以是自然人、法人和其他组织;同时,该法的第3条规定,国有独资公司、国有企业、上市公司以及公益性的事业单位、社会团体不得成为普通合伙人。

此外,有的国家还对合伙企业的人数上限作了规定,如英国和我国的澳门都规定合伙企业的人数不得超过30人,但大多数国家对此未作规定,而主要由合伙关系自然确定。

2. 有书面的合伙协议

合伙协议是确定合伙人在出资、利润分配、风险及责任的分担、企业的宗旨及经营管理方式等方面的基本依据,一经订立,对全体合伙人均具有约束力。所以,订好合伙协议是合伙得以顺利设立和发展的前提。

合伙协议应载明的事项包括:合伙企业的名称和主要经营场所的地点;合伙目的和合伙企业的经营范围;全体合伙人的姓名及其住所;合伙人出资的方式、数额和缴付出资的期限;利润分配和亏损分担办法;合伙企业事务的执行;入伙与退伙;合伙企业的解散与清算;合伙的期限;违约责任;合伙人认为必须约定的内容等。

3. 有合伙人实际缴付的出资

合伙协议订立之后,合伙人应当按照协议约定的出资方式、数额、期限实际缴付出资。基于合伙成立的基础主要在于合伙人之间的信任而非合伙人的财产,所以一般国家认为,法律没有必要规定合伙人出资的方式及合伙企业的最低资本金。合伙人出资的方式可以是金钱、物的所有权及使用权、知识产权或者其他财产权利、劳务甚至信用、管理经验及专业技能等,只要全体合伙人就此达成一致即为合法出资。

4. 有合法的企业商号及必要的经营条件等

合伙企业的名称必须和“合伙”联系起来。在西方国家,很多合伙企业的名称多以合伙人的姓氏命名,在合伙人的姓氏之后可加上“商行”或“企业”字样,但绝不可用“公司”或“有限”之类的文字。我国《合伙企业法》也规定，普通合伙企业应当在名称中标明“普通合伙”字样，其中，特殊的普通合伙企业应在其名称中标明“特殊的普通合伙”字样，有限合伙企业的名称中应标明“有限合伙”字样。

（二）设立登记

合伙企业的设立登记手续比较简便，但是否必须进行登记，各国态度不一。大陆法系国家一般规定合伙企业只有在依法经核准登记、领取营业执照后，才能以合伙企业名义从事经营活动，否则就要承担相应的法律责任；另外，当合伙企业登记事项发生变更或者需要重新登记时，还应在合理期限内办理有关变更登记手续。而英美法国家对一般合伙企业并不要求必须登记，只要合伙协议已经签订，资金已经到位且有合法的目的，合伙企业即可成立。

我国《合伙企业法》规定，申请设立登记合伙企业，应当向工商行政管理部门提交登记申请书、合伙协议书、合伙人身份证明、全体合伙人指定的代表或者共同委托的代理人的委托书、出资权属证明、经营场所证明等文件。法律、法规规定须报经有关部门审批的，还应当在申请设立登记时提交有关的批准文件。登记机关自收到申请人提交的符合规定的全部申请文件之日起30天内作出是否登记的决定，符合条件的，予以登记，发给营业执照；对不符合条件，不予登记，并应当给予书面答复，说明理由。营业执照签发日期，是合伙企业成立之日。

八、公司的设立制度

公司的设立是指促成公司成立并取得法人资格的一系列活动的总称。现代各国，对于公司的设立一般采用核准制度。在各国公司法中，往往对公司设立的条件及程序进行规定，设立公司的过程实际上就是投资人按照公司法的要求准备条件的过程。

（一）公司设立方式

根据各国公司法的规定，设立股份公司可以采取发起式设立和募集式设立方式。

所谓发起设立，也称一次性认股设立，是由发起人认购公司的全部股本，不向社会公开发行股票。其特点是，公司资本全部来自发起人而不向发起人以外的人募集股金。发起设立公司的程序：发起人认购并缴纳股款，经过法定机构验资，并召开发起人会议选任公司机关，做出公司成立决议后，由董事会负责办理公司设立登记手续，领取商业登记证或企业法人营业执照，取得公司法人资格。

募集设立,又称招股设立或渐次设立,是指发起人只需认购公司拟发行股份的一部分,其余部分向社会公开募集而设立公司的方式。其特点是公司资本不仅来自发起人,还来自发起人以外的其他人,即认股人。募集设立时公司的程序较为复杂,包括:发起人订立发起人协议和章程、率先认购股份;发起人制定招股说明书或章程,报经主管当局批准后予以公布;由社会公众在规定的时间内认购股份,在缴纳股款并经验资后,由发起人召集创立大会,创立大会由全体认股人组成;在创立大会上,由发起人代表报告公司设立经过,由全体认股人做出公司设立或不设立的决议,如决议设立公司,则应选举产生董事会和监事会;最后,由董事会负责办理公司的设立登记,公司宣告成立。

为防止不具有一定经济能力的发起人完全凭借他人资本开办公司,各国公司法都对募集设立时发起人认购股份的最低数额做出限制,一般规定为25%或35%,我国《公司法》则规定不低于35%。

在当今的西方,除德国不允许采用募集设立的方式外,其他国家对上述两种公司设立的方式都不加以限制。实际上,西方国家许多股份有限公司都是采用发起设立的方式设立的,其方法是先由银行财团充当公司的发起人,一次认足公司的股份总额,经过一段时间后,再把股票在股票交易所出售给公众。

思一思

有限责任公司可否采用募集式设立方式?

(二)公司设立的条件

根据各国公司法,设立公司必须符合法定条件。各国公司法对公司设立条件的规定不尽相同,但大体来说均对以下问题进行较为具体的规定:

1. 有符合公司要求的发起人

发起人是指承担公司筹办事务的公司创始人。

发起人与公司股东不同,在大陆法国家,一般情况下,发起人要向公司投资,公司成立后即为公司的股东,但公司股东不一定是发起人,尤其是募集设立的股份公司,除发起人外,还会存在大量的普通股东,这些股东仅负有向公司出资的责任而不需要为公司的设立承担责任;而在英美法中发起人只是筹办公司设立事务的人,并无认购公司股份的义务,而且只有在公司章程上签名才能确定其股东的身份,也就是说,英美法系国家的发起人不一定是公司股东,如在美国,发起人仅指签署公司章程并将章程递交给州政府作为组织公司的申请人。

综观各国公司法,有关公司发起人的规定主要有以下几项:

(1) 发起人的人数和资格。各国对股份有限公司发起人的人数及资格都有具体的规定,从资格来看,一般自然人和法人(包括外国的自然人和法人)皆可充当任何合法公司的发起人;从人数来看,多数国家对发起人有最低数量要求,如德国至少为5人,日本、法国至少为7人,挪威、韩国至少为3人。英美法系国家对发起人人数则一般不限制。我国《公司法》将股份公司的发起人人数控制在2至200人之间。

思一思

我国《公司法》中对有限责任公司没有规定发起人,只规定了股东人数为50人。是否可以认为有限责任公司的发起人最多不超过50人呢?

(2) 发起人的任务。发起人的任务是负责公司的筹备工作,包括决定公司的名称、宗旨、资本、股东的责任范围,起草公司的初始章程和内部细则,认购必要的股本,提出董事、审计员、律师、往来银行的名单并任命公司秘书,拟订招股说明书、申请注册等。

(3) 发起人对公司的责任。发起人的活动必须着眼于公司的利益,必须有利于公司的设立并不得从中牟利。发起人在公司设立过程中要承担很大的风险,负有较重的责任,如设立失败时的所有设立费用及债务,需由发起人连带偿还;公司成立后资金和实物价额明显不足,由发起人负责连带补足,等等。

对于发起人以设立中的公司名义订立的合同的效力,各国法律的规定不同。德国法规定原则上该合同对公司无效。法国法规定,公司不能成立时,发起人应对发起人合同承担连带责任,如果公司成立,一般情况下,由成立后的公司承担发起人合同责任。英美法规定发起人以公司名义与公司成立前订立的合同无效。我国法律则对此未做规定。

2. 有符合公司法要求的公司资本

公司的资本是由股东出资构成公司资产,是公司进行经营活动的物质基础,因此也是设立公司的必要条件。各国公司法对于公司资本的规定主要有以下几方面:

(1) 达到法定最低资本额。关于法定最低资本额,世界各国的规定差异较大。传统的大陆法国家一般都有最低资本额的要求,如《德国有限公司法》第5条规定,公司的股本至少需为5万德国马克。《德国股份法》第7条规定,股本的最低名义数额为10万德国马克(1999年1月1日起,由5万欧元取代)。《欧盟第二号公司法指令》第6条规定,成员国法律应当规定实际认购股本的最低数额,此种数额不得低于2.5万欧洲货币单位。而英美法系国家和地区对最低资本限额一般不做规定,如我国香港地区和新加坡的立法。属于英美法系的英国原本没有公司最低资本额的限定,但是为了与《欧盟第二号公司法指令》第6条相协调,修改了自己的公司法,增加了对最低资本额的限制,规定为5万英镑。美国在20世纪60年代前,各州的法律普遍地规定公司必须具有一定数额的资金方可开业。但1969年美国《示范公司法》取消了法定最低资本额的规定。受之影响,美国的大多数州已经废除了法定最低资本额的规定,但也有一些州仍保留法定最低资本额。

我国2014年《公司法》原则上取消了最低资本额的规定,但是法律、行政法规以及国务院决定对公司注册资本最低限额另有规定的,从其规定。

(2) 符合法定的出资方式。各国皆允许股东以现金、实物、知识产权等形式认购和缴纳股份,其中现金是最常用的认股手段。但是大多不允许以劳务、信用、商誉等不可转让的资产出资。

议一议

1981年11月,福克斯代表正在筹建中的福克斯和帕特勒公司聘请一家会计师事务所的库珀为公司提供服务。库珀也知道该公司尚未成立。1981年12月4日,公司正式成立,同月底,库珀也完成了服务,但该公司拒绝支付报酬。库珀便控告福克斯违约。请问,公司是否应为库珀支付报酬?

3. 制定符合公司法要求的公司章程

公司章程是公司设立过程中必须向公司注册机构提交的关于公司的宗旨、组织、经营规模、活动等诸事项的基本法律文件。设立公司必须制定符合法律规定的公司章程是世界各国公司法普遍采用的制度。公司章程在公司内部的效力有如宪法之于国家,是公司的根本大法。

公司章程由发起人或其委托人起草，经发起人一致同意、签字盖章后，交主管部门审核，一经核准登记后还要在报刊上予以公告，并交由政府有关机关备案，以便公众及股东查阅。就章程内容而言，两大法系的规定有所不同：

英美法系国家的公司章程由组织大纲和内部细则两部分构成。组织大纲是规定公司的基本情况和对外关系的法律文件，其目的是使公司的投资者及与公司进行交易的第三人知晓公司的基本情况，如公司的名称、资本等，一般只能由股东会决议才能修改或废除，具有对抗第三人的效力；内部细则是在组织大纲的基础上订立的，处理公司内部事务的法律文件，内部细则的内容不得与组织大纲相冲突，也不能对抗善意第三人。

大陆法系国家的公司章程为一个独立的文件，其内容通常按照重要程度分成三类，即绝对必须记载事项、相对必须记载事项和任意记载事项。绝对必须记载事项是为法律规定所必须记载的，若不记载或记载有误，会导致整个章程无效，甚至公司也不得成立的事项，一般包括公司的名称、法定地址、营业范围、资本总额等。相对必须记载事项是为法律条文所列举，但只有准确记载于章程中才有效，若不记载或记载有误，则本身无效，但不影响章程效力的事项，主要包括股份的种类、实物出资的折价等。任意记载事项，是为法律既未列举也未禁止，发起人记载于章程即生效，若不记载或记载有误，也不影响章程效力的事项。

查一查

公司章程主要应规定哪些内容呢（建议查阅我国《公司法》的有关规定）？

4. 申请公司注册登记

各国皆规定，只有经注册登记后公司才能成立，取得法人资格。发起人申请注册登记时除缴纳法定的手续费用外，还需提交若干法定文件，其中最主要的就是公司章程。发起人履行了各种法定的手续，经主管机关审查，完备合法的即予注册登记，发给登记证书和营业执照，至此，公司便告成立。

英国、德国、法国、瑞士、荷兰等国要求，公司的设立必须经过严格的法律审查程序，履行登记手续。德国不仅要求公司的发起人把公司章程等提交公证人予以公证，而且须由发起人把经过公证的有关文件报请注册地的法院进行司法审查，通过审查以后才能向公司营业所在地的公司登记处进行注册。只有完成了注册手续,公司才取得法人资格。而日本的法律则主张,公司的存在主要是依据发起人意志,法律规定的登记程序属于认证、监督和公告的性质,只起对抗第三人的作用,并不影响公司的成立。所以,我们在从事国际商事活动,与其他国家的公司打交道,要分别依不同国家的公司来审查其法人资格。

任务3:企业管理法律实务分析

工作任务

某股份有限公司董事会由11名董事组成。2005年5月10日,公司董事长李某召集并主持召开董事会会议,出席会议的共8名董事,另有3名董事因事请假。董事会会议经表决在6名董事同意情况下,通过了下列事项:(1)鉴于公司董事会成员工作任务加重,决定给每位董事涨工资30%;(2)鉴于监事会成员中的职工代表张某生病,决定由本公司职工王某参加监事会;(3)鉴于公司的财务会计工作日益繁重,拟将财务科升级为财务部,并向社会公开招聘会计人员3名,招聘会计人员事宜及财务科升格为财务部的方案经股东大会通过后实施。

请问:

(1) 公司董事会的召开和表决程序是否符合法律规定?

(2) 公司董事会通过的事项有无不符合法律规定之处?如有,请分别说明理由。

操作过程

(1) 公司董事会的召开和表决程序符合法律规定。按照《公司法》的规定,股份有限公司董事会须有1/2以上的董事出席方可举行,董事会会议由董事长召集并主持;董事会决议须经全体董事过半数通过。

(2) 董事会通过的事项中有以下不符合法律规定之处:A 董事会决议给每位董事涨工资的决定违法。按照《公司法》的规定,决定董事的报酬属于公司股东大会的职权;B 董事会决议由公司职工王某参加监事会的决议违法。根据《公司法》的规定,选举和更换由职工代表出任的监事应由公司职工民主选举;C 董事会认为将公司财务科升格为财务部的方案须经股东大会通过的观点不符合法律规定。根据《公司法》的规定,公司董事会有权决定公司内部管理机构的设置。

知识链接与归纳

九、独资企业事务管理

各国法律一般都规定:独资企业的投资人既可以自行管理企业事务,也可以委托或者聘用其他具有民事行为能力的人负责企业的事务管理。

投资人委托或者聘用他人管理个人独资企业事务,应当与受托人或受聘人签订书面的委托合同或聘用合同,明确授权的范围。受托人或受聘人应当忠实地履行其职责,在授权范围内进行独资企业的事务管理,并不得有损害投资人利益的行为。受托人或受聘人代表企业对外进行活动的法律后果由独资企业承担。但受托人或受聘人因失职而导致企业财产、名誉损失的,需接受投资人的处罚并承担损失赔偿责任。

此外,投资人对受托人或被聘用人员职权的限制,不得对抗善意第三人。

十、合伙企业的内外部关系

(一) 合伙企业的内部关系

合伙企业的内部关系主要涉及合伙企业的事务执行、经营管理及损益的分配等问题,以合伙人之间的权利义务为体现,而合伙人之间的权利义务又主要是通过合伙协议加以规范,虽然各国法律对此也作了原则性的规定,但只有在合伙协议无规定或规定不明确并发生纠纷时,有关法律规定才得以补充适用。

1. 合伙事务的执行

合伙企业的人合性,决定了合伙企业一般没有严格的组织、领导和管理机构,因此,每个合伙人都享有合伙事务的执行权,均有权代表企业对外开展经营业务。但基于效率等原因考虑,如由众多的合伙人一起共同执行合伙事务有诸多不便,我国和其他各国法律都允许合伙人通过合伙协议约定或经全体合伙人决定,把合伙企业的事务委托给一名或数名合伙人执行,或者进行专业分工,由各合伙人根据自己的专长分别执行。在合伙企业中受托执行合伙事务的合伙人称为执行合伙人。执行合伙人对外代表合伙企业执行合伙事务,其他合伙人则不再执行。执行合伙人履行职责执行合伙企业事务所产生的收益归合伙企业,所产生的亏损及其他民事责任,由全体合伙人承担。

2. 合伙事务的决策

合伙事务的决策权由全体合伙人共同行使。在合伙企业中,各合伙人的出资份额可能不一样,但依法都要对合伙债务承担无限连带责任,所以法律赋予每个合伙人享有平等的决策权,在对合伙事务做出决策时,每个合伙人无论出资多少,均有一个表决权。在决定合伙企业的重大事务时,必须经全体合伙人的一致同意,其他合伙事务,则实行少数服从多数原则。如我国《合伙企业法》规定,合伙企业下列事务必须经全体合伙人同意:处分合伙企业的不动产;改变合伙企业名称;转让或者处分合伙企业的知识产权和其他财产权利;向企业登记机关申请办理变更登记手续;以合伙企业名义为他人提供担保;聘任合伙人以外的人担任合伙企业的经营管理人员;依照合伙协议约定的其他有关事项。

3. 合伙事务的监督

为了保证合伙事务正常进行,防止个别合伙人利用执行合伙事务之机谋取私利,维护全体合伙人的共同利益,各国合伙法都将内部监督的权利赋予了各合伙人。合伙人的监督权主要包括:每个合伙人都有权了解、查询合伙企业经营的各种情况,检查其他合伙人的业务执行情况,查阅财务账目,并提出质询,其他合伙人有义务接受,不得拒绝。

4. 合伙利润与亏损的分配

在合伙企业中,每个合伙人均有权分享合伙的利润,而无论其出资种类和数额有何差别。

分取利润一般是按照合伙协议中约定的比例进行,如果合伙协议没有约定,从各国合伙法的规定看,大致有两种处理办法:一是按合伙人的出资比例分享利润,如法国、日本;二是平均分配而不考虑合伙人出资的多少,如美、英、德等国家,我国的《合伙企业法》也作此规定。

此外,合伙人为处理合伙企业的正常业务或维持企业的正常经营而支出的个人费用或因此受到的个人财产损失,合伙企业和其他合伙人应予以补偿。

如果合伙企业的经营出现亏损,合伙人应依法或依约分担,亏损分担的办法与利润分担的办法基本相同。

思一思

谁在合伙企业中享有经营管理权?

(二) 合伙企业的外部关系

无论合伙的内部关系如何,合伙对外以一个整体与第三方发生法律关系,正确处理合伙与第三人之间的关系,有利于保护善意第三人的利益。各国法律一般都规定合伙人之间对第三人适用相互代理原则,即每个合伙人都有权作为其他合伙人的代理人,而且每个合伙人在处理合伙事务时,除非有明确的反证,都可以被认为是合伙企业的合法代理人,有权对外代表合伙企业。据此,合伙企业的对外关系体现出以下几方面的特点:

(1) 每个合伙人在执行合伙企业业务中所做出的行为,对合伙企业与其他合伙人都具有约束力。

(2) 合伙企业内部对合伙人执行合伙事务及其对外代表权可以进行限制,但不得以此对抗善意第三人。例如,在第三人不知情的状况下,非执行合伙人越权代表合伙企业与第三人进行某项交易时,其他合伙人及执行合伙人不得以行为人越权而主张交易无效。

(3) 合伙人在从事正常合伙业务过程中所做出的侵权行为,由合伙企业承担责任。

(4) 合伙人之间对第三人负连带责任。合伙企业的债务,应首先以合伙企业的财产清偿,但当合伙企业的财产不足以清偿到期债务时,债权人可越过合伙企业直接向任何一个合伙人或全体合伙人请求清偿,合伙人对此请求不能拒绝,而只能在清偿了全部债务后再向其他合伙人追偿。

(5) 合伙人向第三人转让其在合伙企业的投资份额受到法律限制。每一合伙人未经全体合伙人同意,不得将自己在合伙企业中的投资份额全部或部分转让给第三人。在相同条件下,第三人不得优于其他合伙人而取得合伙企业中的份额。

议一议

甲乙每人出资一部卡车,合伙成立一家运输公司。甲在开着自己出资的车运输货物时,发生交通事故,经交通部门认定,甲需负全责。请问,这次事故的赔偿责任属于合伙企业的债务吗?应由谁承担?如何承担?

十一、公司的管理机构及权限

根据各国的实践,公司的主要组织机构为"三会加一层",即股东会、董事会、监事会和经理层。由于有限责任公司具有"封闭性"和"人合性"的特点,加之规模差异较大,各国公司法对有限责任公司的组织机构的规定都相对灵活,并不严格要求必须按照固定模式组建管理机构,英、美等国甚至允许投资者自己决定公司的组织机构形式。我国《公司法》也规定,规模较小的有限责任公司可以不设董事会,只设一名执行董事,行使董事会职权,可以不设监事会,只设一至两名监事,行使监事会职权。

(一) 股东(大)会

在传统上,股东会是由公司全体股东组成的公司最高权力机构,公司的一切重大事项必须由股东大会做出决议。但在目前,由于受到公司执行机构的冲击,股东会的权力在各国受到不同程度的架空,逐渐形成了"董事会中心主义"或"经理权力中心主义"的局面,尽管如此,股东会仍是公司象征意义上的最高权力机构,各国公司法中关于股东会的规定仍占较大的篇幅。

1. 股东会的类型

各国一般将股东会分为年会和特别会议两种。

股东年会,是依照法律或公司章程的规定,由董事会召集,定期召开的股东会议,因此也称为定期会议,一般是一年一度。

股东特别会议,又称股东临时会议,是指在法定年会之外为处理公司特别重要紧急事项而召开的股东会议,如临时任命或撤换董事、变更公司章程等。特别会议一般在董事会或监事会认为必要时或拥有法定比例以上股份的股东请求时召开。

根据我国《公司法》的规定,当股份公司出现下列情形之一时,应当在2个月内召开临时股东大会:董事人数不足法律规定的人数或公司章程所定人数的2/3时;公司未弥补的亏损达股本总额1/3;持有公司股份10%以上的股东请求时;董事会认为必要时;监事会提议召开时。

思一思

甲股份有限公司注册资本600万元。某年因经营出现问题,亏损350万元。请问,根据我国法律,甲公司是否可以召开临时股东会?

2. 股东会的职权

各国公司法对股东会职权的规定不完全相同,但都要求股东会必须在法律或公司章程所赋予的权力范围内行使职权,而且,一般多以列举的方式进行规定。

通常股东会的职权是就公司重大问题听取报告和做出决议,主要包括:任免董事、监事的人事权;重大经营决策的审议通过权;预算决算和利润分配的财务决策权等。此外,还可对涉及公司存在和消灭或重大变更的增、减资本,公司合并、分立、解散和清算以及修改公司章程做出特别决议。

3. 股东会决议的表决

股东对公司实施间接控制权的方式,就是在股东会上表决通过各种对公司有约束力的决议。

股东会的表决采用"按资论权"方式,即股东表决权的大小,主要在于股东持有公司股权量的多少而非人数的多寡。有限责任公司中,股东按出资比例行使表决权,而股份公司中,股东出席股东会,所持每一股份为一表决权,每股表决权一律平等。各国一般规定,股东的表决权可以自己行使,也可委托代理人行使,但对代理表决有严格的限制,例如,代理人须持股东出具的注明委托范围的书面委托书,代理人的表决权仅在一次股东大会上有效,代理人的表决权不应超过一定比例等。

股东会做出决议时,普通决议需代表公司表决权过半数的股东同意,特别决议要以代表2/3或3/4的绝对多数表决权的股东同意方可通过。

股东会会议的内容或召集程序和决议方式违反法律或章程,公司股东可以请求法院确认其无效或予以撤销。

（二）董事会

董事会是公司的执行机构和业务管理机构,对内负责公司经营管理,对外代表公司,是公司中最为重要的一个机构。股份有限公司必须设立董事会。

1. 董事会的组成

董事会由董事组成,董事由股东大会选举产生后,再从中选举董事长和副董事长。董事是拥有实际权力与权威、能代表公司进行管理的人。

董事会的人数通常是由法律直接规定的,如我国规定股份有限公司董事会成员为5－19人,日本、比利时及我国台湾规定不少于3人,而美国《示范公司法》则规定为1人或数人均可。各国一般也允许公司在自己的章程中对董事会的人数做出规定。

2. 董事的任职资格和任期

对于董事的任职资格,多数国家对其积极条件(即可以成为董事的条件)作了规定,但对下列问题规定不一。

第一,对董事是否可以是法人:英美法系国家认为,自然人和法人均可担任董事,但如果法人担任董事,应指定1名有行为能力的自然人为其代理人;而大陆法系国家一般明确规定,能够成为董事的只能是具有行为能力的自然人,法人不能担任董事。

第二,对于董事是否必须为股东:多数国家如英国、美国、日本、德国等并未要求董事必须是公司的股东,但瑞士、法国规定董事必须由公司股东出任。

此外,对于董事的国籍,多数国家并不要求董事必须是本国国民或居民,但为管辖上的方便,大都规定董事会中至少有 1 名或一定比例的成员为本国(地)国民或居民。有些国家对董事的年龄和身份还做出了规定,如法国规定,除非章程另有规定,已超过 70 岁的董事人数不得超过董事会成员的 1/3,且董事长和经理的年龄不得超过 65 岁。

我国《公司法》列举了不得担任董事的情况,包括:第一,无民事行为能力或者限制民事行为能力;第二,因贪污、贿赂、侵占财产、挪用财产或者破坏社会主义市场经济秩序,被判处刑罚,执行期满未逾 5 年,或者因犯罪被剥夺政治权利,执行期满未逾 5 年;第三,担任破产清算的公司、企业的董事或者厂长、经理,对该公司、企业的破产负有个人责任的,自该公司、企业破产清算完结之日起未逾 3 年;第四,担任因违法被吊销营业执照、责令关闭的公司、企业的法定代表人,并负有个人责任的,自该公司、企业被吊销营业执照之日起未逾 3 年;第五,个人所负数额较大的债务到期未清偿。

对于董事的任期,大陆法国家一般明确地规定为 3 - 6 年不等,英美法系国家则允许公司在其内部细则中作出规定,实践中通常为 3 年。各国均允许董事连选连任。董事在任期内可以辞职,公司也可通过股东大会罢免在任董事,但股东大会无正当理由解除董事职务给对方造成损失时,公司应予赔偿。

3. 董事的责任

董事们对公司的业务管理拥有最高的决策权,其与公司有关的行为直接关系到公司、股东及第三人的利益。因此,各国法律在赋予董事会广泛的权力同时,亦严格规定了董事们对公司的责任。主要可归纳为两项,即董事应对公司负最大善意的"注意义务"和"忠实义务",董事在管理公司的业务时,应当勤勉、谨慎行事,并以自己的技能为股东和公司谋求最大利益。具体而言,董事不能使自己的利益与对公司的责任发生冲突;不能从事与公司相竞争的业务;不能将公司的财产据为己有或不当借贷给股东或他人;不能接受贿赂或篡夺公司的营业机会等。

需要指出的是,董事的上述义务也适用于其他对企业有经营管理职责的人员,如公司的监事、经理等高级管理人员、合伙企业的合伙人等。

当董事违反上述各项职责时,各国一般都规定了相应的经济责任和刑事责任。如英国规定:对欺骗债权人或本公司股东的董事不仅要罚款,严重者还将判处7年以下的监禁。

4. 董事会会议

董事会必须依照董事会会议上所通过的决议办事才具有法律效力,因此,董事会会议是董事会行使管理权的关键环节。

董事会会议也可分为定期会议和特别会议两种,一般由董事长召集并主持,并应提前书面通知全体董事。出席会议的董事应不少于法定或章程规定的人数比例,董事会表决一般实行一人一票制,董事的表决权亦可由他人代理行使。一般一项有效的决议应由出席会议董事的半数或2/3以上同意方可形成。

5. 董事会的职权

各国法律一般都规定,除法律或公司章程规定由股东大会决定的事项外,公司的全部业务都可由董事会执行,可见,董事会确实是股份有限公司中最为重要的执行和管理机构。但董事会具体行使哪些职权,却少有国家以法律形式给予明确。

我国《公司法》,董事会的职权包括:第一,负责召集股东会,并向股东会报告工作;第二,执行股东会的决议;第三,决定公司的经营计划和投资方案;第四,制订公司的年度财务预算方案、决算方案;第五,制订公司的利润分配方案和弥补亏损方案;第六,制订公司增加或者减少注册资本以及发行公司债券的方案;第七,制订公司合并、分立、解散或者变更公司形式的方案;第八,决定公司内部管理机构的设置;第九,决定聘任或者解聘公司经理及其报酬事项,并根据经理的提名决定聘任或者解聘公司副经理、财务负责人及其报酬事项;第十,制订公司的基本管理制度;第十一,公司章程规定的其他职权。

议一议

甲是某股份有限公司的董事长,该公司有董事11名。在一次董事会会议中,甲提出了一项议案,9名董事参加会议并进行表决,其中甲与另外3名董事表示同意,其他5名董事不同意。同意议案的董事所持股份占公司股份总数的51%。请问,这项议案是否能够通过?

(三)监事会

监事会由股东大会选举产生,是对董事会、董事及其他公司高级管理人员的活动进行监督的专门机关。股份有限公司股东众多,经营权力合理地集中于董事会,但董事会及其下属经营管理机关也因而有可能滥用职权,损害公司和股东的利益,因此,设置监督机关即监事会,有利于维护各方利益。

对监事会的称谓各国有所不同,法国称为监察会,日本称为监察人会,德国称为监察委员会,英国称为审计人,美国称为会计监察人。

监事会成员一般为3人以上,由股东大会选任,公司的董事、经理和财务负责人不得兼任监事,有的国家还规定一定规模以上的公司监事会中还应有一定比例的雇员和工会代表。如德国和我国都规定,监事会中应有1/3的职工代表,且职工代表监事应由职工民主选举产生。监事任期一般为3年,连选可连任。监事可列席董事会会议。监事的义务与董事、经理基本相同。

设立监事会的国家,对监事会的法律地位有不同的规定,例如,在德国等国家,监事会是董事会的领导机关,监事会向股东负责并报告工作,董事会向监事会负责并报告工作,监事会不仅是专门的监督机关,也是公司的管理和领导机关;而在另一些国家,如日本及我国,监事会是与董事会平行的机构,监事会和董事会分别直接向股东会负责并报告工作,监事会不能参与公司的业务经营,对外也不能代表公司。

(四) 经理与执行委员会

经理是由董事会聘任的负责公司日常工作的高级职员,对董事会负责,辅助董事会管理公司事务。此外,规模大的公司还可以设立数个执行委员会(部门)来负责公司各个方面的事务。这些部门的领导大多由董事会聘任,董事也可兼任包括总经理在内的上述各种职务。

经理拥有章程赋予的辅助执行业务的一切相关权利,同时与董事一样对公司负有注意和忠实等义务。

议一议

王某持有某有限责任公司20%的股权,李某持有该公司80%的股权,同时担任公司的执行董事。王某发现李某将公司的产品低价出售给他哥哥开办的公司,与是向该公司的监事胡某反映。胡某碍于情面未过问。请问:(1)根据我国法律,该公司的组织机构是否合法?(2)李某、胡某的行为是否违反法律规定?(3)王某该如何保护自己和公司的合法利益?

任务4:公司资本管理法律实务分析

工作任务

甲、乙、丙、丁、戊5人组建了一个市场调研公司,形式为有限责任公司,注册资本为20万元,每人出资4万元。公司成立半年后,乙因看好其他行业,想脱离公司。

请问:

(1) 乙能够要求公司退回他的出资吗?

(2) 如果乙想在股东之间转让出资,而甲丙都想购买他的股份,应该怎样处理呢?

(3) 在股东之间转让股权,对其他股东的利益有无影响?如果其他股东不愿意接受这种结果,可以如何限制股东之间的股权转让?

(4) 如果乙想把股份转让给A,甲、丁表示同意,丙、戊不同意,则会产生什么后果?

操作过程

(1) 乙不能要求公司退回其出资。因为公司是法人企业,具有独立的财产。因此从公司的整体利益考虑,各国公司法均规定,在公司存续期间,股东不得抽回出资。

(2) 根据《公司法》的规定,在股东之间转让股权,须经双方协议,并通知其他股东。甲、丙都是公司的股东,因此,他们应与乙协商,达成转让股权的协议,并通知丁、戊有关股权转让的事宜。

(3) 股东之间转让股权,可能会改变公司的股权结构,因此对其他股东的利益有影响。我国《公司法》第72条规定,公司章程对股权转让另有规定的,从其规定。所以,其他股东如果不希望股权发生变动而对自己有不利的影响,可以在章程中对股权转让加以规定。

(4) 根据《公司法》,股东向股东以外的人转让股权,应当经其他股东过半数同意。股东应就其股权转让事项书面通知其他股东征求同意,其他股东自接到书面通知之日起满30日未答复的,视为同意转让。其他股东半数以上不同意转让的,不同意的股东应当购买该转让的股权;不购买的,视为同意转让。因此,如果乙想把股份转让给A,甲、丁表示同意,丙、戊不同意,没有达到法定比例,原则上不得转让股权,但丙、戊应购买乙的股权,如不购买,则视为同意转让。

知识链接与归纳

十二、公司资本制度

(一) 公司资本的概念

公司的资本又称公司股本、公司注册资本,是公司成立时章程确定的、由全体股东出资构成并在公司登记机关登记的财产总额。公司资本是公司赖以存在和正常运营的物质保障,也是公司偿债能力的主要标志,它对股东、债权人和公司自身均有十分重要的意义。

思一思

公司资本是否等于公司资产?

(二) 公司资本制度

各国公司法对公司资本都作了具体规定,主要是:第一,公司设立必须拥有一定数量的资本;第二,公司的资本必须在公司章程中明确载明,未经股东大会同意修改章程,公司资本不得随意增减;第三,公司必须维持与公司资本额相当的实际财产,不得以公司的资本进行分红。

为了保护股东和债权人的利益,各国公司立法在发展过程中,确立了公司资本的基本原则,并在此基础上形成了各具特色的资本制度。

1. 授权资本制

这一制度为英美法系国家普遍采用。根据这一制度,公司的资本被区分为"授权资本"和"发行资本"。所谓"授权资本",亦即注册资本,是指公司按其章程有权发行的资本总额;所谓"发行资本",即为实缴资本,是指投资者实际向公司缴纳的资本总额。按照授权资本制的规定,公司在设立时,不必全部发行或认足其注册资本,即公司的实缴资本不一定是公司的注册资本,可以先发行其中的一部分,其余的在公司成立后通过授权董事会根据业务发展需要募集。因此,实际上授权资本并不代表公司实际拥有的资产,而只是公司有权通过发行股份而募集资本的最高限额,是一种"名义资本",而发行资本才是公司的真实资本。

授权资本制的最大特点在于操作灵活，对公司没有最低注册资本限制，没有首次发行的股份额的限制，有利于公司的迅速成立；董事会在公司成立后可根据需要募集资本，有效地避免了公司资本的闲置。其缺陷是在公司股东有限责任的原则下，如果公司成立时所发行的股份数额太少，易使公司财产的基础不够牢固从而为欺诈行为所利用，进而减弱对债权人的保护。

2. 法定资本制

这一制度为多数大陆法系国家所实行，它要求公司在其设立时，即须将章程中所载明的资本额全部认购或募足完毕，否则公司不得成立，公司如增加资本也必须修改章程。

法定资本制虽然在保证公司资本的真实可靠、防止公司设立中的欺诈和保护债权人利益等方面发挥了积极作用，但由于它对公司资本充足的要求过于严格，妨碍了公司的迅速成立，容易造成公司资金的闲置、浪费和助长出资、验资过程中的弄虚作假作为。有鉴于此，一些原实行该制度的国家和地区纷纷改弦更张，如日本、德国、法国等均改行折中资本制。

3. 折中资本制

折中资本制又称认可资本制，它是法定资本制与授权资本制折中调和的产物。这一制度规定公司仍须在章程中载明资本总额，但不必一次性认足，公司成立时只需认足法定比例以上的部分，其余授权董事会在公司成立后的法定期限内募足。例如，《德国股份公司法》规定："在公司登记后至多为 5 年的期间，可以授权董事会，通过以出资为条件发行新股，将股本增加至一定的名义金额（授权资本）。授权资本的名义金额不得超过授权时现存股本的一半。"日本在《商法典》中也规定："公司设立时发行的股份数，不得少于章程所规定的公司发行股份总数的 1/4，其余部分，授权董事会根据公司将来需要资本的情形，一次或分次发行。"

我国现行公司法虽然取消了最低资本额，采用全面认缴制，但仍然是法定资本制，公司成立时资本必须全部发行且全部认缴，但股东可分期缴纳已认缴的出资。

折中资本制是法定资本制和授权资本制进行扬弃的结果，不失为一种可取的资本制度。

议一议

大学刚毕业的小李、小王和小赵准备每人出资1万元(共3万元)成立一家咨询公司。他们准备两年内将资金出足,首期出资为每人5000元(共1.5万元)。请问,按照中国的法律规定,他们的公司能够成立吗?

(三)股份与股票

股份是股份有限公司资本的构成单位,也是股东权益的基本计量单位,股东持有公司的每一股份即拥有一份股东权。股票是股份在法律上的表现,是股份有限公司公开发行的证明股东在公司中拥有权益的一种有价证券。

股票的特征是每股代表的金额都是相等的,这样便于公司在股东之间分配公司的权益,一般同次发行的股票的价格和条件应相同。股票还是一种可以转让的有价证券,在股份有限公司中,股份的转让都是以交付股票的形式进行的,股票使得股份便于流通和转让。

根据各国公司法的规定,投资人持有公司股份,则享有下述几项权利(即股东权):①分得股息权;②出席股东大会,就其有权表决的问题行使表决权;③在公司解散时,分得公司剩余资产权;④转让权,即股票可以根据法定的程序进行转让;⑤随时审阅公司的会议记录、资产负债表、损益表等财务报表,索取公司业务进展的资料,就公司业务问题询问董事长等。

需要指出的是,有限责任公司由于一般不把资本进行等额划分,也不公开发行股票,因此,股东在公司中的出资一般不体现为股份,而是按出资比例享有相应的股权。

(四)股权转让

股权转让是公司股东依照一定的程序将自己的股权让与受让人,由受让人取得股权成为公司股东的行为。

股份公司的股权转让以自由为原则是各国公司法的通例。但是为了保护公司、公司股东以及公司债权人的整体利益,许多国家的公司法、证券法多对股份的转让做出一些必要的限制,以便将股份转让可能产生的弊端限制在尽可能小的范围以内。如对股份转让的场所的限制,对发起人、公司董事、经理持有的股份的转让进行一定的限制等。

有限责任公司由于具有一定的人合性特征,因此股权转让的限制比股份公司严格,尤其是向非股东转让股权时,各国法律一般都要求需经股东会一定比例以上的股东同意。

根据我国《公司法》的规定,股东之间转让股权,经转让与受让方协商一致,转让即可成立,并应通知其他股东。向股东之外的其他人转让股权,需经其他股东过半数同意。其他股东半数以上不同意转让的,不同意的股东应购买该转让的股权。不购买的视为同意转让。经股东同意转让的股权,在同等条件下,其他股东享有优先购买权。

十三、公司债与公司债券

(一)公司债与公司债券的概念

公司债是指公司通过向社会发行债券所形成的债。公司债券是指公司依照法定的条件和程序发行的、约定在一定期限内还本付息的有价证券。发行公司债是公司筹集资金的重要途径之一。

(二)发行股票筹资和发行债券筹资的主要区别

发行公司股票与公司债券都是公司向社会公开筹集资金的方式,但是两者又有很大差别,主要体现在以下方面:

(1)股份的持有者是公司的股东,是组成公司的成员,对公司的经营决策有参与权,而公司债券的持有人则是公司的债权人,一般无权参与公司的经营管理。

(2)股份投资是一种永久性的投资,股东不得要求公司返还股金,而公司债则有一定的清偿期。

(3)股份通常没有固定的红利率,只有在公司有盈利时才能获得股利,且股利的多少要随公司盈利多少而浮动,而公司债有固定的利率,无论公司是否赢利均需要支付利息。

(4)股东购买股票是一种出资行为,只承担出资范围内的有限责任,当公司破产而剩余财产不足时,股东很可能无法收回其出资,因此有一定的风险。而债券所有人对公司享有的是债权,即使公司破产或解散,也有权优先于股票得到清偿,所以债券的风险明显比股票要小。

(三)公司债的种类

(1)担保公司债与无担保公司债。前者是指公司以全部或部分财产作为偿还本息的担保而发行的公司债券;后者是指公司仅凭信用而未提供任何担保所发行的公司债券。

(2) 记名公司债与无记名公司债。前者是指在公司债券上记载债权人姓名或名称的公司债券;后者是指不在公司债券上记载债权人姓名或名称的公司债券。

(3) 转换公司债与非转换公司债。前者是指可以转换为股份的公司债券;后者是指不得转换为股份的公司债券。

任务5:企业运行中的变化

工作任务

甲公司分立为在A市的A公司和在B市的B公司,按照分立协议约定,原甲公司的债务由B公司偿还。分立半年后,原本甲公司拖欠A市乙公司的一笔货款到期,现在按照就近原则,乙公司要求A公司清偿债务。

请问:

(1) 甲公司的分立协议有效吗?

(2) A公司应当怎么办?

操作过程

(1) 根据《公司法》,公司分立前的债务由分立后的公司承担连带责任。但是,公司在分立前与债权人就债务清偿达成的书面协议另有约定的除外。因此,甲公司的分立协议有效。但公司的分立方案中与债权有关的事项应在分立前通知或公告债权人,债权人可以要求公司清偿债务或者提供相应的担保。

(2) 如果甲公司的分立方案已经依法通知或公告,乙公司没有要求偿还债务或提供担保,就无权要求A公司清偿债务,反之,A公司应偿还债务,再向B公司追偿。

知识链接与归纳

十四、合伙企业运行中的变化

(一) 入伙和退伙

1. 入伙

入伙,是指在合伙企业存续期间,合伙人以外的其他人取得合伙人资格的法律行为。

各国合伙法一般规定,接纳一个新的合伙人必须经全体合伙人的同意,并依法订立书面的入伙协议。英美法系国家规定合伙人可在合伙契约中对入伙的程序进行约定,我国《合伙企业法》则规定,新合伙人入伙时,应当经全体合伙人同意,并依法订立书面的入伙协议。

关于新合伙人对入伙前的合伙企业债务是否承担连带责任,各国的规定不尽相同。英美法系国家普遍主张不应承担责任,而法国、日本、瑞士等少数大陆法系国家则规定新合伙人对入伙前合伙企业的债务要承担连带责任。

我国《合伙企业法》也承认新合伙人的连带责任,但同时规定,在订立入伙协议时,原合伙人应当向新合伙人告知原合伙企业的经营状况和财务状况,以使新合伙人能够在充分权衡利弊的情况下做出最终决断。

议一议

2004 年 3 月,甲加入了一家合伙企业。入伙前,由于原合伙人没有如实告知甲合伙企业的经营状况与财务状况,甲对合伙企业其实并不了解。入伙以后,甲才发现合伙企业已经资不抵债。此时,甲要求退出,但债权人 A 要求包括甲在内的全体合伙人偿还债务。请问,甲应当与其他合伙人一起承担偿还责任吗?

2. 退伙

退伙,是指合伙人使其本人的合伙人身份归于消灭的法律行为和事实。退伙一般分为自愿退伙、法定退伙和除名退伙三种形式。

3. 自愿退伙

自愿退伙,也称声明退伙,是指基于合伙人单方的意思表示而为的退伙行为。合伙人虽然原则上有权提出退出合伙,但为保证合伙企业的稳定发展,各国立法对此项权利都有一定的限制,主要区别点是合伙有无约定的经营期限,如果合伙订有期限,合伙人只有在有重大事由(主要指其他合伙人已严重违反合伙协议所规定的义务)发生时,方可提出退伙,如德国民法典即做此规定;而如果合伙未约定经营期限,合伙人在不给合伙企业事务执行造成不利影响的情况下,可以退伙,但应当提前通知其他合伙人并经其他合伙人一致同意。如果合伙人违反上述规定擅自退伙,应当赔偿由此给其他合伙人造成的损失。

依据我国《合伙企业法》规定,合伙协议约定合伙企业的经营期限的,有下列情形之一时,合伙人可以退伙:合伙协议约定的退伙事由出现;经全体合伙人同意退伙;发生合伙人难以继续参加合伙企业的事由;其他合伙人严重违反合伙协议约定的义务。

4. 法定退伙

法定退伙,是指基于法定的事由而当然的退伙。

我国《合伙企业法》规定法定退伙的事由包括:合伙人之一死亡或者被依法宣告死亡;合伙人被依法宣告为无民事行为能力人;合伙人个人丧失偿债能力;合伙人被人民法院强制执行在合伙企业中的全部财产份额。

5. 除名退伙

除名,是指合伙人因有严重违反合伙协议规定或其他损害合伙企业利益的重大不轨行为,而被其他合伙人一致决定开除的行为。

如我国《合伙企业法》规定,合伙人有下列情形之一的,经其他合伙人一致同意,可以决议将其除名:未履行出资义务;因故意或者重大过失给合伙企业造成损失;执行合伙企业的事务时有不正当行为;合伙协议约定的其他事由。

合伙人退伙时应进行财产清算,退还退伙人的财产份额,分配合伙盈余和分担合伙债务。退伙人对其退伙前已发生的合伙企业债务,应与其他合伙人承担连带责任。

议一议

A、B、C、D 共同出资设立一家普通合伙企业,A 被委托单独执行合伙事务。A 因重大过失给合伙企业造成了较大的损失,但自己并没有谋取私利。为此,B、C、D 一致同意将 A 除名,并作出除名决议,书面通知 A。请问,B、C、D 有权将 A 除名吗?如果 A 不服,他应当怎么办?

(二) 合伙企业的解散

合伙企业的解散是指合伙企业因某些法律事实的发生而使其民事主体资格归于消灭的情形。合伙企业的解散分三种情形,即协议解散、依法解散和强制解散。

合伙人依协议而自愿地解散为协议解散。

合伙依照法律的有关规定而宣告解散为依法解散,主要包括以下情形:合伙协议约定的经营期限届满,合伙人不愿继续经营的;合伙人不具备法定人数的;合伙协议约定的合伙目的已经实现或无法实现的;因发生某种情况,使合伙所从事的业务活动为非法的等情形。

法院根据有关申请,强制命令合伙解散为强制解散。

合伙解散必然导致业务终结,债权债务清算。合伙人可以先推举清算人,了结合伙企业尚未终结的事务,清缴所欠税款,清理债权债务,并处理合伙企业清偿债务后的剩余财产。清算结束后,清算人应编制报告,经全体合伙人签字、盖章并报送国家相应机关登记后,合伙企业消灭。合伙企业的主体资格为了清算的需要,一直存续到清算结束为止。

十五、公司的合并、分立、解散与清算

(一) 公司的合并与分立

1. 公司合并与分立的概念和形式

公司合并,是指两个或两个以上的公司依照法定程序组合为一个公司的法律行为。公司合并有两种形式,其一为新设合并,又称解散合并,是指合并各方解散而共同组合为一个新的公司;其二为吸收合并,又称存续合并,是指合并一方存续,其他各方解散并归属于存续公司。从实践上看,公司合并可以扩大公司规模,减少竞争对手,而且还可以实现多元化经营,例如,吸收合并完成之后,原公司的商标、商号等无形资产可以继续不变地使用,原公司的一些优惠甚至特权可以继续保持等。另外,若公司无力经营时,可以通过合并避免破产,原有的经营还可继续下去,不至于突然停顿。

公司的分立,是指一个公司依照法律的规定分为两个或两个以上的公司的法律行为。公司的分立也有两种形式,其一为新设分立,又称为分解分立,是指原公司解散,而分别设立两个或两个以上新公司的分立方式;其二为派生分立,又称为存续分立,是指原公司存续,而其一部分分出设立为一个或数个新公司的分立方式。

2. 公司合并与分立的程序

公司的合并与分立,不仅涉及参与合并公司的股东及职工的利益,而且涉及公司债权人利益和社会公共利益,因此各国公司法均规定公司合并必须严格按照法定程序进行。

第一,签订合并或分立协议。公司的合并或分立,应当由各方签订书面合并或分立协议,并编制资产负债表、财产清单以及相应的财务会计报告。

第二,作出合并或分立的决议。公司合并与分立属于股东会决议事项,必须由股东会做出决议才能实行。由于公司合并与分立是事关公司存亡的大事,因此,根据我国《公司法》规定,股东会的议决,应采取特别决议的方式进行。

第三,通知、公告债权人。我国《公司法》规定,公司应当自作出合并或分立决议之日起10日内通知债权人,并于30日内在报纸上公告。债权人自接到通知书之日起30日内,未接到通知书的债权人自公告之日起45日内,有权要求公司清偿债务或提供相应的担保。如果不清偿债务或提供相应担保,公司不得合并或分立。

第四,实施合并或分立协议。完成了催告债权程序后,即可着手具体实施合并或分立协议。合并或分立各方应根据合并或分立协议的规定进行资产移交。

第五,办理合并与分立登记。公司合并与分立后,应根据情况,向公司登记机关办理相应的登记。

3. 公司合并与分立的法律后果

参与合并或分立的公司主体资格发生变化。公司合并或分立后,必然引起主体资格的变化,根据不同情况,出现设立、变更或注销公司的情形。

原公司的股东成为合并或分立后的公司的股东。

原公司的权利与义务由合并或分立后的公司承担。

思一思

如果债权人的请求没有实现,有权不同意公司合并或分立吗?

(二) 公司的解散

根据各国法律规定,公司解散有自愿解散和强制解散两种情况。导致公司自愿解散的情况主要有:公司营业期限届满、股东大会决议解散或章程规定的其他解散事由出现。而强制解散则主要发生在以下情形:公司经营目的无法实现;公司被宣告破产;公司有违法行为而被主管机关命令解散;因股东人数或资本总额低于法定最低数额被法院判决解散等。

(三) 清算

清算是指清点公司财产,清理债权、债务,整理各种法律关系,以消灭公司法人资格的一种法律程序。公司在解散后,均应依法成立清算组对公司的财产进行清算。在清算阶段,公司停止开展新的经营,公司原有的机关和法定代表人丧失权利,由清算组代表公司为一切与清算有关的行为。执行清算事务的清算人可以由公司董事担任,也可以根据公司章程的规定由股东大会选任。法院也有权在依前两种方式无法确定清算人时,根据利害关系人的申请指定清算人。

清算组织的主要职责主要有:清理公司的财产,编制资产负债表和财产目录;以公告方式通知公司债权人申报债权;了结公司业务;收取公司债权,偿还公司债务;处理公司剩余财产;代表公司进行民事诉讼活动。

清算组需在一定期限内完成公司的清算工作。公司清算终结后,清算组应制作清算报告连同各项账册报股东大会或有关机关确认,并报送公司登记机关,申请注销公司登记并公告。自此公司的主体资格消灭。

(四)解散与清算的关系

对于公司解散与清算的关系,各国的立法规定不同,主要有两种制度:一是"先算后散",即规定公司只有清算后才能解散,如英国法的规定;二是"先散后算",即规定公司应当首先宣布解散,然后再进行清算,大多数大陆法系国家都做此规定。在"先算后散"的情况下,宣告公司解散即消灭法人资格;在"先散后算"的情况下,解散只是法人消灭的原因,只有在清算完成后,才能消灭公司的法人资格。在清算完成前,尽管公司的权利能力受到限制,但是公司仍然拥有法人资格。

(五)外国公司的进入与撤离

1. 外国公司的进入

外国公司是相对于本国(东道国)公司而言的,区分两者的关键在于公司国籍的确定,凡是具有本国国籍的公司是本国公司,凡是具有外国国籍的公司是外国公司。外国公司进入东道国进行商业性交易活动,都必须依照东道国的法律规定提出申请,完成一定的法律手续。一般来说,必须在东道国设立办事处(代理人)、分公司或子公司,以便取得营业执照。取得营业执照后,该外国公司便有权在东道国从事正当的营业活动且依法享有和东道国公司同样的权利,承担同样的义务。出于主权以及经济利益等各方面的考虑,一般国家会对外国人的投资行为进行一定的限制,如接受特殊的管理,某些领域则禁止外资进入等。

2. 外国公司的撤离

各国公司法对外国公司撤离的规定,一般分两种情况:第一种情况是由于被强制吊销营业执照而被迫撤离;第二种情况是主动撤离。

东道国政府(法院)强令外国公司撤离该国,一般都是由于外国公司严重违反东道国的公司法令或其他法律,东道国有权撤销其营业许可,结束其在本国的经营活动。外国公司主动要求撤离情况一般发生在外国公司已经完成了在东道国从事营业活动的预定目标,需要转移营业地而采取的一种正常方式。外国公司主动撤离也需要依法向东道国政府提出撤离申请,经批准后方可撤离。

外国公司撤离应依照法定程序进行清算,未清偿债务前,不得撤离。

能力实训

一、实训案例

1. 某个人独资企业开头几年由投资人甲自行经营,企业处于盈利状况。后甲因年老体衰,不能继续经营,便委托乙管理企业。由于乙不擅经营,企业连年亏损,现欠债150万元,企业很难再维持下去,故准备解散并清算。

请问:企业解散后的150万元债务应由谁承担?甲还是乙?如果独资企业财产不足以清偿债务,怎么办?

2. 被告帕哈姆医疗协会是一合伙企业,原告泛美银行向该合伙企业提供了200万美元的分期偿还贷款。后来,在知悉该贷款尚未还清的情况下,汤姆等三人仍然加入了合伙企业。由于合伙企业经营不利,发生了偿付不能的情形,除变卖合伙企业财产所得外,原告仍有120万美元的债务未得到清偿。为索赔该120万美元,原告便将该合伙企业和包括汤姆等三位新合伙人在内的所有合伙人作为共同被告诉至法庭。

请问:本案中汤姆等新入伙人对入伙前合伙企业的债务是否应承担责任?

3. 2008年9月,A、B、C、D协商设立有限合伙企业。其中,A、B、D系辞职职工,C是一家有限责任公司。合伙人共同拟定的合伙协议约定:A以劳务出资,B、D以实物出资,对企业债务承担无限责任,并由A、B负责公司的经营管理事务;C以货币出资,对企业债务以其出资额承担有限责任,但不参与企业的经营管理。该合伙企业名称为“稳信物流合伙企业”。

开业不久,D发现A、B的经营不符合自己的要求,遂提出退伙。在该年11月下旬D撤资退伙的同时,合伙企业又接纳E入伙,E为普通合伙人。该年11月底,合伙企业的债权人甲就11月前发生的债务要求现在的合伙人及退伙人共同承担连带清偿责任。对此,D认为其已退伙,对合伙企业的债务不再承担责任;入伙人E则认为,自己对入伙前发生的债务也不承担任何责任。

请问：

(1) C是否可以成为该有限合伙企业的合伙人？该合伙企业的名称是否合法？

(2) 对债权人甲的请求，合伙人应当如何承担责任？

(3) 假设D与乙公司签订一份合同，乙公司并不知道合伙协议对D的职权限制，A、B知悉后认为该合同不符合企业的利益，并明确地向乙公司表示对该合同不予承认。那么，该合同合伙企业应当执行吗？

4. 刘仁是天天制药股份有限公司(以下简称“制药公司”)董事长。2006年1月10日，刘仁代表公司去参加药材药品展销会，认识了某药材公司经理宋吉，就购买一批天然牛黄达成了协议，并约定4月5日刘仁派人去药材公司取货。刘仁回到公司后，将经营药材商店的弟弟刘武找来，给其开具了制药公司介绍信，让其去药财公司取货。宋吉看了介绍信后认定刘武就是制药公司派来取货的人，就把牛黄给了刘武。刘武运回牛黄后出卖获利12万元，从中拿出2万元送给刘仁作为酬金。制药公司的经理童格在一个偶然的机会得知了此事，于是在董事会会议上就此事作了汇报，但与会的其他董事都碍于刘仁的情面，没有对此事进行处理。童格又向公司监事会作了反映。监事会讨论认为，刘仁违反了董事竞业禁止义务，应当赔偿公司由此所受损失12万元。刘仁对监事会的决议不予理睬，甚至威胁说，在下次股东会上要罢免监事们的职务。公司监事会遂向人民法院提起诉讼。

请问：

(1) 刘仁辩称，自己只是为其弟牵线搭桥，并未亲自从事与公司同类的营业，不应当受到任何指责。请问刘仁的行为是否违反了董事竞业禁止义务？为什么？

(2) 制药公司监事会能否代表公司要求刘仁赔偿损失？为什么？

(3) 刘仁辩称，即使自己违反了《公司法》的规定，也只应当把其所得的2万元交给公司，对于公司的其他损失不应负责赔偿。请问，如果刘仁的行为违反了董事竞业禁止义务，其应向公司赔偿多少数额的损失？为什么？

5. 6家企业筹划设立某股份有限公司，确定其资本总额为210万美元，6家发起企业以现金、厂房、土地使用权等认购了80万美元的股份，其余部分向社会公开募股。考虑到作为投资的厂房需要装修，6家发起企业即以某股份有限公司筹备处的名义向某装饰公司定做了一批装饰材料，共计14万美元。半年后，经有关部门批准，某股份有限公司筹备处在当地报纸上发布招股说明书；进行公开募股，但

4个月募股期过后,只筹集到100万元,公司因此无法成立。此时,某装饰公司向6家发起企业要求偿还其装饰材料价款14万美元,但每个企业都以公司未能成立而拒绝偿还。无奈之下,某装饰公司向法院提起诉讼。

请问:本案的14万美元装饰材料费应由谁承担?

6. 某股份公司注册资本为人民币2亿元。后来由于市场不景气,公司年底出现了无法弥补的经营亏损,亏损总额为人民币7000万元。某股东据此请求召开临时股东大会。公司决定于次年4月10日召开临时股东大会,并于3月31日在报纸上刊登了向所有的股东发出的会议通知。通知确定的会议议程包括以下事项:

(1) 选举更换部分董事,选举更换董事长;

(2) 选举更换全部监事;

(3) 更换公司总经理;

(4) 就公司与另一房地产公司合并作出决议。

在股东大会上,上述各事项均经出席大会的股东所持表决权的半数通过。

请问:

(1) 公司发生亏损后,在股东请求时,应否召开股东大会?为什么?

(2) 公司在临时股东大会的召集、召开过程中,有无与法律规定不相符的地方?

二、实训练习

1. 单项选择题

(1) 依照世界主要国家的法律规定,一般认为属于法人的企业是(　　)。

A. 合伙企业　　B. 个人独资企业

C. 公司企业　　D. 分公司

(2)依一般法理,个人独资企业的投资者要对企业债务承担(　　)。

A. 有限责任　　B. 无限责任

C. 连带责任　　D. 无限连带责任

(3) 世界主要国家的合伙法通常规定,一个合伙人退出合伙后,对其退伙前已发生的合伙企业债务(　　)。

A. 不承担清偿责任　　B. 视不同情况决定是否承担清偿责任

C. 承担清偿责任　　D. 须征得本人同意才承担清偿责任

(4) 2008 年 1 月，甲、乙、丙共同出资设立了五环有限责任公司，2009 年 5 月，丙与丁达成协议，准备将其在公司的出资份额全部转让给丁，甲、乙均不同意。根据我国《公司法》，下列解决方案中，不符合《公司法》规定的有(　　)。

A. 由甲或乙购买丙的出资份额

B. 由甲和乙共同购买丙的出资份额

C. 如果甲、乙均不愿购买，则丙无权将出资份额转让给丁

D. 如果甲、乙均不愿购买，则丙有权将出资份额转让给丁

(5) 根据我国《公司法》，下列关于有限责任公司注册资本的说法，正确的有(　　)。

A. 有限责任公司的注册资本为在公司登记机关登记的全体股东认缴的出资额

B. 有限责任公司全体股东的首次出资额不得低于注册资本的 20%，也不得低于法定的注册资本最低限额，其余部分由股东自公司成立之日起两年内缴足；其中，投资公司可以在 5 年内缴足

C. 有限责任公司注册资本的最低限额为人民币 5 万元，一人有限责任公司的注册资本最低限额为人民币 10 万元

D. 以生产经营为主的有限责任公司的注册资本不得少于人民币 50 万元

(6) 陈家三兄弟共同出资设立一有限责任公司，其中老大以房产出资 50 万，公司成立后又吸收孙某入股。后查明，老大作为出资的房产仅值 30 万元，且老大现有可执行的个人财产只有 10 万，下列处理方式中，符合《公司法》规定的有(　　)。

A. 老大以现有可执行财产补足差额，不足部分由老大从公司分得的利润予以补足

B. 老大以现有可执行财产补足差额，不足部分由老二、老三补足

C. 老大以现有可执行财产补足差额，不足部分由老二、老三和孙某补足

D. 老大无需补交差额，但应该更改公司的注册资本，且所更改的注册资本不得低于法定的最低限额

(7) 公司的董事会是公司的(　　)。

A. 决策机构　　B. 权力机构

C. 监督机构　　D. 执行机构

(8) 依英美法,由至少一名普通合伙人,至少一名有限合伙人组成的企业称为(　　)。

A. 普通合伙　　B. 特殊合伙

C. 有限合伙　　D. 隐名合伙

(9) 普通合伙人对合伙企业的债务须承担(　　)。

A. 无限责任　　B. 无限连带责任

C. 连带责任　　D. 有限责任

(10) 根据我国《公司法》,一人有限责任公司的法定最低资本额为(　　)人民币。

A. 3 万元　　B. 10 万元

C. 50 万元　　D. 没有要求

2. 多项选择题

(1) 根据多数国家的商法规定,商事组织的形式主要有(　　)。

A. 独资企业　　B. 合伙企业

C. 公司企业　　D. 个体工商户

(2) 下列选项,属于有限公司的法律特征的是(　　)。

A. 股东人数有上限　　B. 组织机构灵活简便

C. 公司不得公开发行股票　　D. 股东可以自由转让出资

(3) 依照公司法原理,公司董事对公司的义务包括(　　)。

A. 谨慎地履行职责

B. 不得从事与公司相竞争的业务

C. 不应使自己的私人利益与公司的利益发生冲突

D. 不能购买公司的股票

(4) 我国《公司法》承认的公司形式是(　　)。

A. 股份有限公司　　B. 股份两合公司

C. 有限责任公司　　D. 无限责任公司

(5) 设立公司必须具有的三个要件是(　　)。

A. 发起人　　B. 章程

C. 资本　　D. 股东

(6) 不能成为公司董事的是(　　)。

A. 法人　　B. 限制行为能力的自然人

C. 无行为能力的自然人　　D. 具有行为能力的自然人

(7) 甲乙丙成立普通合伙企业,甲被推举为合伙执行人。甲在任职期间实施的下列行为,属于法律禁止或无效的行为的是(　　)。

A. 自行决定向M公司支付3万元广告费

B. 未经乙、丙同意,与G公司签订50万元的合同

C. 与其妻子一起经营一家与合伙企业经营范围相同的有限责任公司

D. 未经乙丙同意,将自有的房屋租给合伙企业使用

3. 判断题

(1) 股东可以是自然人,也可以是法人或其他经济组织。(　　)

(2) 子公司不能偿还的债务母公司应代为偿还。(　　)

(3) 有限责任公司以注册资本为限对公司债务承担责任。(　　)

(4) 所有的股份公司都必须对社会公开发行股票。(　　)

(5) 普通合伙企业中,出资最多的合伙人有权管理企业。(　　)

三、小组活动

1. 学生自由设计两种以上投资方案。

2. 每组学生分别成立一家合伙企业或有限责任公司,并编写相应的合伙协议或公司章程。

项目三

合同订立过程中的法律问题

学习目标

1. **知识目标**

(1) 熟悉合同的概念和基本分类

(2) 理解合同自由原则的重要意义

(3) 掌握合同成立的基本程序

(4) 掌握影响合同效力的主要因素

(5) 熟悉缔约过失责任的构成及承担范围

2. **能力目标**

(1) 熟练判断合同是否成立

(2) 依照法律程序订立简单的合同

(3) 较准确地判断合同是否有效

任务1:认识合同

工作任务

小王和小李是好朋友。两人经常互相帮忙,也经常在一起吃饭聊天。有一天,小王说好要请小李去一家当地新开的餐馆吃饭。小李开玩笑说,如果你不来的话,你要给我100元违约金,小王答应了。但是当天小王家中有事,无法赴约。

请问:

(1) 小王和小李的协议是合同吗?

(2) 小王是否要支付违约金呢?为什么?

(3) 小王认为,自己没有赴约,也不用支付违约金,因为自己与小李的约定是口头的,所有没有强制的约束力,如果不是口头约定,而是双方立字为据,他就应当支付违约金,你认为小王的说法正确吗?

操作过程

（1）小王和小李的协议不是合同。从法律的意义上说，合同是指平等的当事人之间为设立民事权利、义务而达成的具有法律约束力的协议。因此，并不是所有的协议都是合同，必须是就民事权利义务关系而达成的协议才是合同，而民事权利和义务必须要经过法律的确认，也就是说，民事权利和义务是依法产生的关系。因此，小王和小李之间的协议不具有法律关系的性质，只是一般的交往关系，对当事人没有强制约束力。

（2）小王不需要支付违约金，因为他与小李之间没有形成具有法律约束力的合同关系，因此，从法律上讲，他不必支付违约金。

（3）小王的说法是不正确的。他不必支付违约金是因为他与小李之间并没有形成合同关系，而不在于以什么形式达成协议。根据各国的法律规定，只要不是法律明确要求以书面形式达成合同的，口头合同也具有法律效力。我们在日常生活中存在着大量的口头合同，如买卖关系、借用关系、运输关系等等，这些合同对当事人都是有法律约束力的，如果违反了口头合同，当事人也要承担相应的法律后果。

知识链接与归纳

一、合同的概念及分类

（一）合同的概念和法律特征

目前，世界各国的合同法中有关合同定义的规定不尽相同，各有侧重。但是就一般而言，合同是指平等的当事人之间为设立民事权利、义务而达成的具有法律约束力的协议。

有效的合同具有如下法律特征：

1. 合同是双方的法律行为

合同是基于双方当事人的协议而产生的，所以，合同的成立必须要双方意思表示一致，如果双方当事人的意思未取得一致，合同就不能成立。这是合同行为区别于其他法律行为的主要标志，也是合同的基本特征。

2. 当事人在合同关系中的法律地位是平等的

合同是当事人双方在平等自愿的基础上依法订立的。订立合同的当事人双方在法律地位上没有高低、上下、主从之分，一律平等，任何一方都不得把自己的意思强加给对方。

3. 合同的目的是设立、变更或终止民事权利义务关系

凡不能起到产生、变更或终止某种民事权利义务关系的协议就不是合同。

4. 合同具有法律约束力

凡依法成立的合同,受法律保护,对当事人具有相当于法律的约束力。

(二) 合同的分类

依照不同的标准,可以将合同分为不同的类型。

1. 根据合同当事人相互间义务不同,合同可以分为双务合同和单务合同

双务合同是指当事人双方互相享有权利并承担义务的合同。在双务合同中,一方当事人所享有的权利即为他方所负担的义务,双方当事人的权利义务是相互对应的,并且是相互依赖的,或者说,一方当事人享有的权利与其所承担的义务是不可分离的,他要享受权利则必须要求对方履行义务;而要使对方当事人的权利实现,则必须要履行自己的义务。买卖合同、租赁合同等均为双务合同。

单务合同是指仅有一方当事人承担合同义务,另一方当事人只享有合同权利的合同。如赠与合同就是典型的单务合同。

2. 根据合同当事人双方权利的转移是否等价有偿,合同可分为有偿合同和无偿合同

有偿合同是指双方当事人都必须为某种给付或为一定行为的合同。也就是说,一方当事人向对方履行义务的同时,有权要求对方履行相应的义务,而且通常是按等价交换的原则进行的。例如买卖合同、租赁合同等。

无偿合同是指一方当事人向对方为某种给付或为一定行为而不要求报偿的合同。也就是说,一方当事人向对方履行义务时,不要求对方履行相应的义务。例如赠与合同、借用合同等。在西方国家,若是普通的无偿合同,通常需要按法定形式订立(例如需通过公证等),否则,该合同不受法律保护。

3. 根据合同的成立是否必须交付实物,合同可分为诺成合同和要物合同

诺成合同是指只要当事人意思表示一致,就合同的条款依法达成协议,即认为成立的合同。例如买卖合同、承包合同、租赁合同等。

要物合同又称为实践合同,是指除双方当事人意思表示一致外,还必须交付实物才能成立的合同。例如赠与合同、民间借贷合同、保管合同等。

4. 根据合同成立是否要具备特定形式,合同可以分为要式合同和不要式合同

要式合同是指根据法律的规定,合同必须具备一定的形式后才能成立或生效的合同。例如:我国法律规定购房合同、保险合同必须为书面形式;中外合资经营合同、合作经营合同，当事人双方不仅要采取书面形式，而且必须接受经贸部的批准合同才能成立。

不要式合同是指不需要特定形式，只要当事人意思表示一致就能成立或生效的合同。除少数要式合同外，大多数合同都是不要求特定形式的，当事人可以根据实际情况自由选择合同形式。

议一议

李某长期在外地工作，家里的父母年迈无人照顾，邻居章某因和李某较好，就抽空前来照顾两位老人。李某感动之余，决定将自己一台八成新的彩电送给章某。请问：如果李某承诺之后，是否可以反悔，不送给章某彩电？

5. 根据合同之间是否有主从关系，合同可以分为主合同和从合同

主合同是指不依赖其他合同而能独立存在的合同，从合同是指以其他合同的存在为前提的合同，主合同无效或发生变更、转让或终止，从合同也会相应发生变化。如担保合同相对于被担保的合同，就是从合同，如果被担保的合同（即主合同）无效，担保合同也会随之无效。

6. 根据合同的法律效力不同，合同可分为有效合同、无效合同、可撤销的合同和效力待定的合同

有效合同是指依法成立的、具有完全的法律效力和法律后果、受法律保护的合同。

无效合同是指不具备发生法律效力条件，因而不受法律保护的合同，如违法合同、无行为能力人订立的合同等。无效合同是自始绝对无效的，因此既不产生权利，也不产生义务。

可撤销的合同是指合同虽已成立，但由于存在撤销原因，当事人可据此理由请求法院或仲裁机构予以撤销或者变更的合同。如我国《合同法》规定，欺诈、胁迫、乘人之危、重大误解和显失公平都可以导致合同被撤销。可撤销的合同并非当然无效，只有经过当事人申请，法院或仲裁机构依法裁决撤销后才无效。如果当事人不申请撤销，或者在一定的期限内没有提出申请，该合同则仍然有效。如根据我国法律规定，具有撤销权的当事人自知道或应当知道撤销事由起 1 年内没有行使撤销权的，撤销权丧失。因此，可撤销的合同又被称为相对无效的合同。

效力待定的合同是指缺乏合同有效要件,能否发生当事人预期的法律效果尚未确定,只有经过权利人的追认,才能生效的合同。效力待定的合同的效力处于不确定状态,是否有效在于权利人是否追认。这是效力待定的合同和可撤销的合同最关键的区别。可撤销的合同虽然也有缺陷,但在未撤销之前是有效合同。根据我国《合同法》的规定,效力待定的合同包括限制行为能力人订立的合同、无权代理人订立的合同以及无处分权人订立的合同。但限制行为能力人订立的与之能力相适应的合同和纯获利的合同是有效合同。

二、调整国际商事合同关系的法律规范

合同法是调整各种合同关系的法律的总称。合同法对于维护国家的社会秩序和经济秩序起着十分重要的作用。因此,各国对合同法都十分重视,合同法在各国的法律体系中也占有十分重要的地位。

(一) 各国的商事合同立法

1. 大陆法国家的合同立法

大陆法国家的民法理论把合同法作为债的原因之一,把包括有关合同的法律规范与产生债的其他原因如侵权行为等法律规范并列在一起,作为民法的一编,成为债务关系法或债编。如《法国民法典》的第三卷和《德国民法典》的第二编等。随着社会关系发展的需要,某些大陆法国家还制定了适用于国内和国际商事合同的单行法,如德国 1976 年的《普通合同条款法》。

2. 英美法国家的合同立法

在英美法国家,判例依然是规范商事合同的主要法律形式。当然,这些国家的立法机构也制定了一些货物买卖、海上运输与保险等与合同有关的单行法,如英国的《货物买卖法》(最新修订于 1995 年)、《海上货物运输法》(最新修订于 1992 年)、《海上保险法》(1906 年),美国各州广泛采用的《统一商法典》等。此外,由美国法律协会主持的、著名合同法专家编写的《合同法重述》(第二次)对合同法方面的很多规范作了系统和权威的阐述。学者的著述本身并不是法律,对法院的判决没有任何强制约束力,但当法官从以往的判决中找不到明确的答案时,往往就会援引或参考这些著述。

3. 中国的合同立法

与西方发达国家相比,中国的合同法形成得比较晚。在清朝末年之前,中国一直没有系统的合同法。后来清末政府和民国政府在民事立法中对合同作出了专门

的规定,内容比较详尽。新中国成立以后,国家宣布废除旧法,逐步制定了一些关于合同的法规,但主要是以文件形式发布的行政条例。改革开放以后,于1981年颁布了新中国的第一部合同法——《中华人民共和国经济合同法》,此后又先后颁布了《中华人民共和国涉外经济合同法》(1985年)、《民法通则》(1986年)、《中华人民共和国技术合同法》(1987年)以及一系列合同法的实施细则。至此,可以说,中国合同法的立法工作已经全面完成。但是,随着改革开放的不断深入发展,三部合同法的并存暴露出很多问题,不能完全适应新的形势,有必要制定一部统一的合同法。经过几年的努力,数易其稿,终于在1999年3月15日颁布了《中华人民共和国合同法》,该法于1999年10月1日起实施,三大合同法同时废止。《合同法》分为总则、分则和附则三部分。总则8章129条,分则15章298条,附则1条,共计23章428条。《合同法》的颁布结束了我国合同立法的"三驾马车"的状况,形成了统一的合同法律制度。《合同法》从我国的实际情况出发,既注重总结我国以往的立法、司法实践经验,又注重参考借鉴发达国家立法的成功经验和有关国际公约、国际惯例,从而实现了科学性、先进性和可操作性的结合,达到了较高的立法水平。

(二) 调整国际商事合同关系的国际规范

如前所述,世界各国的合同法在法律形式以及某些具体的法律原则方面存在着一定的差别。这些差别给国际商事活动带来了许多不便与纠纷。为此,近一个世纪以来,国际统一合同法逐步产生和发展,形成了一系列的国际条约与惯例。其中,1980年4月11日通过的《联合国国际货物销售合同公约》(本章以下简称《公约》)和1994年的《国际商事合同通则》(本章以下简称《通则》)是国际统一合同法运动的两大重要成果。

1.《公约》

《公约》是由联合国国际贸易法委员会主持制定的,于1980年在维也纳举行的外交会议上获得通过,并于1988年1月1日起正式生效。《公约》吸取了各法系有关立法的合理之处,总结了近半个世纪以来国际贸易的惯常做法,尽量调和与折中了各法系有关立法的分歧,受到大多数国家的重视和好评。截至2014年6月,已经有81个国家和地区加入了《公约》。

查一查

请通过网络查询一下《公约》的缔约国都有哪些?

《公约》共 101 条,分四个部分。第一部分是适用范围和总则;第二部分是合同订立;第三部分是货物的买卖,包括了买卖双方的义务、违约的补救及风险转移;第四部分是关于公约的批准、生效、保留和退出条款。其中第二、三两部分是《公约》的实质性内容。

《公约》有一定的适用范围。根据《公约》的规定,公约适用于:营业地在不同国家的当事人订立的货物买卖合同;国际私法的相关规则导致适用某一缔约国的法律而适用《公约》。

《公约》不涉及下列事项:第一,销售合同的效力或惯例的效力问题;第二,销售合同中售出货物的所有权问题;第三,卖方对货物引起的人身伤亡的责任问题。如在交易过程中遇到上述问题,可根据各国法律或相关国际公约等法律规则加以解决。

《公约》没有绝对强行的效力。买卖合同当事人可以根据合同的需要和自己的意志做出不同于《公约》的规定或排除《公约》的适用,只有当买卖合同对上述事项没有做出规定时,包括《公约》在内的各项法律才有适用的可能。也就是说,如果当事人明确排除了《公约》,《公约》就不能被用来确定国际货物买卖合同当事人之间的权利和义务。

我国是《公约》最早的缔约国之一,早在 1986 年就参加了该公约。在参加《公约》的同时,我国提出了以下两项保留:①关于合同形式的保留。考虑到国际货物买卖关系的金额巨大、复杂性及解决合同纠纷的便利性,我国认为国际货物买卖合同必须采用书面形式,所以我国只承认书面形式国际货物买卖合同的效力。②关于《公约》扩大适用的保留。我国不同意《公约》适用于非缔约国,认为《公约》应仅适用于营业地分处于不同缔约国的当事人之间订立的货物买卖合同。

思一思

我国某外贸公司与新加坡某公司口头签订了一份出口合同。合同约定,关于合同的效力等有关事宜适用新加坡法律。新加坡是《公约》缔约国之一,且对合同的形式问题没有提出保留。请问,这份口头合同是否有效?

2.《通则》

由于《公约》仅适用于一般货物销售合同,对其他类型的合同虽具有一定的指导意义,但并不能完全适用。为了促进国际统一合同法的发展,国际统一私法协会颁布了《通则》。《通则》的制定历经14年,由十几个国家的合同法、国际贸易法领域的专家、学者、律师经过反复的讨论和修改,才于1994年5月得以通过。《通则》可以被视为一部适用于所有类型的国际商事合同的综合性惯例,内容相当丰富和广泛,不仅包括有形贸易还包括无形贸易,它所适用的国际商事合同类型,既有国际货物销售合同,又有国际服务贸易合同和国际知识产权转让合同。

《通则》尽可能兼容不同文化背景和不同法律体系的一些通用的法律原理、规则,而且还吸收了国际商事活动中的某些惯例和《公约》的某些规则,正如《通则》序言中所说,"《通则》的目标是要制定一套可以在世界范围内使用的均衡的规则体系"。《通则》对于指导和规范国际商事活动具有重大的影响力,被很多国际商法学者称为继《公约》后,国际合同法统一化进程中的第二个里程碑。

2004年,国际统一私法协会对《通则》做了重大修改,增加了代理权一章。2004年版《通则》有十章共185项条文及相关注释。第一章,总则;第二章,合同的订立与代理人的权限;第三章,合同的效力;第四章,合同的解释;第五章,合同的内容;第六章,合同的履行;第七章,不履行;第八章,抵消;第九章,权利的转让、债务的转移与合同的转让;第十章,时效期间。

《通则》对当事人没有强制效力,只有在经当事人明示选用并不违反有关国家强行法的情况下,才适用于他们之间的国际商事合同。《通则》旨在为国际商事合同制定一般规则,在当事人约定其合同受《通则》管辖时,应适用《通则》;在当事人约定其合同适用法律的一般原则、商人习惯法或类似措辞时,或者在当事人未选择任何法律管辖其合同时,可适用《通则》;同时,《通则》还可用于解释或补充国际统一法文件及各国国内法,也可作为国内和国际立法的范本。

此外,国际商会等组织在货物贸易和贸易结算等方面制定了具有普遍影响力的国际商事惯例,如适用于国际货物买卖合同的《2010年国际贸易术语解释通则》等,这类惯例在特定的领域起着十分重要的作用。

(三)国际合同法的基本原则

合同法是商法的一部分,商法的基本原则也同样适用于合同法,在此我们仅对合同法的特有原则——合同自由原则进行阐述。

合同自由是指依法享有自愿订立合同的权利,任何人不得非法干涉。合同自由原则早在历史上第一部资产阶级民法典——《法国民法典》中就得以确立,历经两个世纪一直沿用至今。它反映了商品经济的本质要求,被世界上不同法系和不同国家所共同接受。

合同自由原则包括以下几方面内容:(1)缔约自由,即当事人可以自由决定是否与他人缔结合同。(2)相对人自由,即当事人可以自由决定与何人缔结合同。(3)内容自由,即双方当事人可以自由决定合同的内容。(4)变更和解除自由,即当事人可协商变更或解除合同,或行使解除权解除合同。(5)订立合同的方式自由,即当事人有选择合同形式(包括书面形式、口头形式、行为形式等)的自由。

合同自由原则意味着符合法定条件的合意将产生法律上的约束力。但是,合同自由不是绝对的,是要受到一定的限制的。当事人在市场上进行交易活动,还应强调社会公平,注重社会公德,维护社会公共利益,对合同自由的限制是理所应当的。诚实信用、公平原则和不得违反法律和公序良俗等体现了对合同自由的限制。

任务2:如何订立合同

工作任务

中国A公司出售一批初级产品C514,6月27日发传真给荷兰B公司:"报C514,200吨,每吨920美元,不可撤销信用证付款,立即装船,请即复。"

7月2日荷方回传真:"C514,200吨,我最后买主开始表示确实的兴趣,恐怕谈判时间较长,请求延长实盘有效期10天,如有可能请增加数量,降低作价,请复。问候。"

7月3日中方传真:"C514数量可增至300吨,最优惠价为900美元CIF鹿特丹,有效期延至7月15日,请尽快回复。"

7月13日荷方传真:"C514我接受300吨,每吨900美元CIF鹿特丹,不可撤销即期信用证付款,即期装船,按装船净重计算。除提供通常装船单据外,需提供卫生检疫证明书、产地证、磅码单(以中国口岸装船重量为基础),需提供良好适合海洋运输的袋装。"

请问:

(1)合同成立的基本程序是什么?A、B公司之间的传真往来的法律性质分别属于什么?

(2)A、B的合同成立了吗?合同内容是什么?

(3) 如果在7月12日,由于巴西发生严重的冻灾,种植园大量减产,导致C514价格飞涨。中方当即发出传真,“十分抱歉,由于世界市场的变化,我方已无法提供7月3日传真中的货物。因此我方请求撤销发价。致良好问候。”请问,中方的做法妥当吗?

(4) 如果接到7月13日荷方来电后,确实由于市场发生变化导致履行合同有困难,中方可以采取何种方法保护自己的利益?

操作过程

(1) 合同成立的基本程序是要约(又称为发价或发盘)和承诺(又称为接受或受盘)。中国A公司6月27日传真是要约;7月2日荷方传真是反要约;7月3日中方传真是反要约;7月13日荷方传真是承诺(如果中方没有明确表示反对)。

(2) A、B之间的合同成立。双方通过互相传递有效的要约和承诺,就交易的内容达成了一致意见,因此签订了合同。合同的内容为双方在要约和承诺中达成协议的合同条款,即卖方出售初级产品C514,300吨,每吨900美元CIF鹿特丹,不可撤销即期信用证付款,即期装船,按装船净重计算。卖方除提供通常装船单据外,需提供卫生检疫证明书、产地证、磅码单(以中国口岸装船重量为基础),并需提供良好适合海洋运输的袋装。

(3) 中方的做法欠妥。因为中方在7月3日的传真中已明确规定了要约的有效期限为7月15日。根据《联合国销售合同公约》的规定,明确规定有效期限的要约在有效期限内为不可撤销的发价,因此中方在7月15日之前不得撤销发盘。

(4) 荷方在7月13日的传真添加了“需提供良好适合海洋运输的袋装”这一条件,根据《公约》的规定,一般认为,这种情况属于对要约的非实质内容的更改,只要要约人不明确表示反对,则承诺有效,合同成立,合同内容以要约内容及承诺中更改或添加的内容为准。要约人如果明确表示反对,则承诺不生效,合同不成立。本案中,如果中方只以市场发生变化为由拒绝履行合同,显然没有法律据。因此中方可以在接到荷方传真后,立即提出反对意见,则可以援引《公约》中的相关规定,以合同未有效成立为由,结束与荷方的谈判与交易。

知识链接与归纳

三、合同订立的基本程序

合同必须是当事人之间经过协商一致达成的协议。根据各国法律和《公约》、《通则》的规定,当事人的协商过程在法律上体现为要约和承诺两个基本阶段。

(一)要约

1. 要约的概念及其有效条件

要约又称为称为发盘、发实盘或发价,是一方向另一方发出的订立合同的肯定和明确的建议。提出要约的一方称为要约人,接受要约的一方称为受要约人。一项有效的要约必须具备下述条件:

第一,要约人必须清楚表明愿意按照要约的内容订立合同的意思。也就是说,要约人应在要约中明确表示,一旦受要约人接受了要约,他将按要约的条件与受要约人订立合同。要约的目的在于订立合同,因此,如果当事人的意思表示不是以订立合同为目的,就不能称为要约。例如邀请他人郊游的意思表示,由于不是以订立合同为目的,故不能称之为要约。有些情况下,当事人虽然表达了希望订立合同的意思,但是同时表示,即使对方接受其所提出的条件,也不一定和对方订立合同的意思,也不是要约。例如,当事人发出信息的同时,附有"以我方最后确认为准"或"以货物未售出为准"等条件时,则表明即使对方接受他的条件,也不一定就能和对方签订合同。这种做法在外贸业务中被称为"发虚盘",不属于要约。再如,外贸业务中的"询盘"(又称为询价)行为,也不是要约。

"发虚盘"或"询价"等行为虽然不属于要约,不是订立合同的必经程序,但是其与订立合同关系密切,往往是要约的准备阶段,这些行为在合同法被称为"要约邀请"或"要约的引诱"。要约邀请的作用在于请他方向自己提出要约,所以,要约邀请对双方当事人都不具有法律约束力。外贸公司发出虚盘或询盘以后,从法律上讲,己方不承担必须购买或出售的义务,他方也没有必须回复的责任。

第二,要约的内容必须明确、肯定。因为要约人期望以受要约人的承诺构成合同的成立,所以,要约人必须在要约中明确规定各项主要条件,一旦受要约人承诺,就足以成立一项有效合同,不至于因为欠缺某项重要条件而影响合同的有效成立。

由于交易环境和类别的差异,《通则》和大多数国家的合同法都回避规定一般要约究竟包含哪些内容才被视为具有明确性。我国《合同法》对此也没有明确规定。当然，要约人无须在其要约中详细载明合同全部条款，只要达到足以确定合同内容的程度即可。

美国《统一商法典》认为，一项要约至少应包含标的和数量两项内容。《公约》则认为，除标的和数量外，要约中还应包括价格。一般而言，信息中包含的交易条件越详细、越明确，就越容易被推定为要约。而如果仅仅是向对方寄送目表、报价单和商品目录等，则不被视为要约，而是要约邀请。

当然，在实践中，准确判断一项建议是要约还是要约邀请有时是十分困难的，一般要考虑交易习惯以及合理性等因素。

第三，要约是否要向特定的受要约人发出呢？关于这个问题各国法律规定不一。原则上不认为普通的商业广告是要约。但英美法院的一些判例主张：要约既可以向某一个人发出，也可以向一群人发出，甚至可以向全世界发出。只要广告的文字明确、肯定，足以构成一项允诺，就可视为要约。在此问题上，北欧各国法律的规定不同，强调要约必须向一个或一个以上特定的人发出，广告原则上仅是要约邀请。《公约》规定，除非提出建议的人明确表示相反的意向，非向特定人提出的建议，仅应视为要约邀请。《通则》对此则未作规定，不以“向特定的人发出”作为构成要约的要件。我国《合同法》第 15 条第 2 款规定：“商业广告的内容符合要约规定的，视为要约。”由此可见，我国《合同法》对这个问题的处理倾向于英美法系的规定。

第四，要约于送达受要约人时生效。

世界上大多数国家的法律规定，要约只有送达到受约人处方为有效。《公约》第 15 条第 1 款规定：“发价于送达被发价人时生效。”《通则》中不仅重申了这一原则，而且还区分了两种情况：即口头要约，口头传达给受要约人时生效，其他要约，则于被递送于受要约人或其授权的代理人营业地或通信地址时生效。我国《合同法》也规定：“要约到达受要约人时生效”。

思一思

下列各项内容哪些是要约？ 哪些是要约邀请？

（1）悬赏广告；（2）寄送的价目表；（3）在马路上行驶的公共汽车；（4）拍卖中的竞价；（5）电视购物；（6）在柜台中标价出售的商品；（7）虚盘；（8）商店里“假一赔十”的店堂公告；（9）招聘员工的启示；（10）招股说明书。

2. 要约的约束力

所谓要约的约束力,是指要约一旦生效后,对双方当事人的强制力。它包括两个方面的内容:对受要约人的约束力和对要约人的约束力。要约对双方的约束力是很不相同的。

第一,要约对受要约人的约束力。

一般来讲,要约对受要约人是没有约束力的。受要约人接到要约后,只是在法律上取得了承诺的权利,但并不因此受要约的约束,即使受要约人对要约不予承诺,也没有通知要约人的义务。不过有些国家(如德国和日本)的法律规定,商人对平时经常往来的客户,当接到在其营业范围内的要约时,应尽快发出承诺与否的通知,如果怠于通知,则视为默认承诺。但大多数国家以及《公约》都规定,受要约人的沉默不等于承诺。但《通则》同时指出,如果根据要约本身,或依照当事人之间的交易习惯或惯例,受要约人可以通过作出某种行为来表示同意。也就是说,在当事人之间存在交易习惯或惯例的情况下,受要约人对要约的缄默和不作为也将视为承诺。我国《合同法》采纳这一观点。

第二,要约对要约人的约束力。这个问题比较复杂,它牵涉到要约的撤回与撤销的问题。

所谓要约的撤回,是指要约人在发出要约后,在要约尚未生效前,要约人将取消要约的行为。对于要约的撤回,各国法律的规定与《公约》和《通则》的规定基本一致,即一项要约,即使是不可撤销的,也可以撤回,但撤回要约的通知必须于要约到达受要约人之前或与该要约同时送达受要约人。

所谓要约的撤销,是指要约生效后,要约人取消要约的行为。对撤销要约的有关规定,两大法系存在着较大的差别。

传统的英美普通法认为要约原则上对要约人没有约束力。不论要约是否生效,也不论要约中是否规定有效期,只要在受要约人对要约作出承诺之前,要约人随时都可以撤销要约或更改要约的内容。由于这种规定很不适应现代国际贸易的发展,所以,《美国统一商法典》对上述普通法的原则已作了部分修改。根据《美国统一商法典》的规定,要约人如果是商人,凡以书面形式作成并签字的要约,则在要约的有效期内不得撤销或变更;如果在要约中未规定有效期,则在合理期限内,要约人也不得撤销或变更其要约。但要约的存续期不超过 3 个月。

大陆法系各国的法律对要约的撤销问题的规定虽存在着差别,但原则上都认为要约对要约人具有约束力。例如德国、巴西、希腊、瑞士等国家的法律均规定,要约一旦生效,要约人就不得随意撤销或更改其要约。如果要约中规定了有效期,则在有效期内不得撤销或变更其要约;如果在要约中没有规定有效期,则依通常情形在可望得到对方答复之前,不得撤销或变更其要约。

《公约》和《通则》对要约的撤销问题的规定是一致的:在合同订立之前,如果撤销要约的通知在受要约人发出承诺通知之前抵达受要约人,要约可以撤销。但是,下述两种情况下,要约不得撤销:A. 如果要约中明确地写明了承诺的期限,或以其他方式表明要约是不可撤销的;B. 受要约人对要约有理由信赖其不可撤销,并已按要约作出了某些行为时,要约人则不得撤销要约。

我国《合同法》采纳了《公约》和《通则》的上述观点。

议一议

甲于3月2日向乙发出要约信函,要求以1800元的价格租用乙在甲地的房屋,该要约于3月4到达乙处,乙当即发出承诺信函。但在3月4日晚上,甲给乙发了一份传真,要求收回3月2日的要约。请问,甲3月4日的行为是要约的撤回还是撤销?他能够成功收回要约吗?

3. 要约的终止

所谓要约的终止,是指要约的失效。要约的失效主要有下列情形:

第一,要约因过期而失效。

如果要约中规定了有效期,则该期限终了时,要约自行失效;如果要约中未规定有效期,但在合理期限内未被受要约人承诺,要约也归于失效。所谓合理期限则是一个事实问题,通常是指按常规,一个处于同等环境的当事人可以对要约作出答复所需要的时间。

思一思

如果是口头要约,且没有规定有效期限,要约的有效期限应为多长时间呢?

第二,要约因被要约人的撤回或依法撤销而失效。

要约被要约人撤回,实际上就等于要约没有发生过效力,因为撤回的行为是在要约生效之前作出的。但要约一旦生效,要约人要撤销或更改其要约内容,必须是在法规允许的范围内作出,否则,属无效的撤销。

第三,要约因被受要约人拒绝而失效。

所谓拒绝,是指受要约人作出不承诺的表示。这种表示可以是明示的,例如向要约人发出拒绝通知;也可以是暗示的,例如受要约人对要约不加理睬(但此种情况下需注意前述德国、日本和中国法律的有关规定)。

第四,要约因受要约人做出反要约而失效。

所谓反要约又称为还价或者还盘,是指受要约人对要约的重要条件进行了更改或添加。如果受要约人就要约的重要内容提出了新的成交条件,就不能视为承诺,而是一项新的要约。这种反要约的提出,必须经过原要约人的承诺,合同才告成立。因此,反要约的提出,就意味着原要约失效。

第五,要约因某种法律事由的出现而归于终止。

例如,政府发出要约中所涉及的货物进出口的禁令、当事人所在国双方交战、要约人破产或死亡等情况,都会导致要约的终止。因为在上述情况下,即使受要约人承诺,合同往往也无法签订了。

(二)承诺

1. 承诺的概念及其必备条件

所谓承诺,又称为接受或受盘,是指受要约人作出声明或以其他方式对一项要约表示同意的行为。承诺的实质是对要约表示同意。这种同意的行为可以采取向要约人发出声明的方式,也可以用其他行为来表示。例如,受要约人按照要约的要求发运货物或支付货款等行为,也是同意要约的一种表示方式。承诺一旦生效,合同即告成立,除非当事人有特别约定或法律有特殊规定。

一项有效的承诺必须具备下列条件:

第一,承诺必须由受要约人作出。

承诺必须由特定的人作出,即由受要约本人或其代理人作出,其他任何第三者对要约表示同意都不能构成有效的承诺,只能视为新的要约。

想一想

卖方拟出售给A某产品,于某年3月报价给A,并在报价上写明了交货的时间和数量。A将该报价单转至印尼客户B,B确认接受,且于报价单上签字。B的确认能构成承诺吗?

第二,承诺必须与要约的内容一致。

如果受要约人在表示承诺的同时对要约的重要内容加以扩充、限制或变更,原则上讲这就不是承诺,而是一项反要约,是对原要约的拒绝,从而不能发生承诺的效力。但是,为了避免由于承诺的内容与要约稍有出入,而影响到整个合同的成立,《公约》和《通则》均规定,对要约表示承诺,但载有添加或不同条件的答复,如果所载的添加或不同条件在实质上并不变更该项要约的条件,则除要约人在不过分延迟的期间内以口头或书面方式提出异议外,仍可作为承诺,合同仍可有效成立。不过,在此种情况下,合同的条件就以该项要约所提出的条件以及承诺中所附加或变更的条件为准。中国和美国等其他许多国家也有类似的规定。

关于什么是实质上变更要约的条件,《公约》第 19 条第 3 款作出了明确界定:"有关货物的价格、付款、货物的质量和数量、交货地点和时间、一方当事人对另一方当事人的赔偿责任或解决争端的添加或不同条件,均视为实质上变更要约的条件。"也就是说,含有上述六方面条款的添加或不同条件的承诺是无效的,构成一个反要约。而对以上六方面之外的条款作出变更,如单据条款、船舶名称等,一般不认为是实质上的变更。值得注意的是,包装条款在某些国家的法律和判例中也被认为是重要的条款,因此如果对包装条款作出了变更,不一定会被认为是非实质性变更。鉴于交易的复杂性,《通则》对此问题没有作出明确规定,认为应根据交易的具体情况来对待。在《通则》2. 11 条的注释中,注释者认为,"应予考虑的一个重要因素是,变更条款或差异条款在有关贸易领域中须是常用的,而不能是出乎要约人意料之外的"。如 A 向 B 订购一定数量的小麦,在接受订单时,B 增加了一项仲裁条款,该条款是相关商品交易中的标准做法。因为 A 对这种条款不会感到意外,因此它不是对要约的实质性变更。所以对于这个问题,应该慎重对待,不能一概而论。

我国《合同法》第 30、31 条规定,承诺的内容应当与要约的内容一致。受要约人对要约的内容作出实质性变更的,为新要约。有关合同标的、数量、质量、价款或者报酬、履行期限、履行地点和方式、违约责任和解决争议方法等的变更,是对要约内容的实质性变更。承诺对要约的内容作出非实质性变更的,除要约人及时表示反对或者要约表明承诺不得对要约的内容作出任何变更的以外,该承诺有效,合同的内容以承诺的内容为准。

议一议

甲公司向乙建筑公司出售一批沙子。乙对甲提出的要约内容基本同意,但是对于甲把沙子分两堆堆放表示不同意,要求分 5 堆堆放,甲对此没有表示意见。请问,(1)他们的合同成立了吗?(2)如果在交货时,甲依然分两堆堆放,是否属于违约?

第三,承诺必须在要约的有效期限内作出。

如果要约中规定了有效期,承诺必须在有效期内作出;如果要约中未规定有效期,承诺则必须在合理的期间内作出。按照各国法律、《公约》和《通则》的规定,逾期承诺不是有效的承诺,只是一项新的要约。不过,《公约》和《通则》在作出上述规定的同时,还规定,逾期的承诺如果得到要约人认可并及时通知承诺人,则该项承诺仍然有效;如果载有逾期承诺的信件或其他书面文件表明,是在传递正常就能及时送达要约人的情况下寄发的,则该项承诺仍然有效,除非要约人毫不迟延地将相反意见通知受要约人。前项规定是指由于受要约人发出承诺的时间太迟而造成的,所以其逾期的承诺必须经过要约人再次确认,合同方告有效成立。如果要约人不及时地向受要约人作出表示接受逾期承诺的通知,则该项迟到的承诺就不具有承诺的效力,而只能视为新要约。而后项规定则是指由于邮递延误而造成的承诺逾期,不能归咎于受要约人。所以,要约人若不接受该项逾期的承诺,就必须毫不延迟地向承诺人发出拒绝该项逾期承诺的通知,否则,该项因邮递延误而造成的逾期承诺仍然有效。我国《合同法》中也有类似的规定。

第四,承诺的传递方式必须符合要约所提出的要求。

如果要约中对承诺的传递方式作出了具体规定,受要约人就必须按照要约中的规定传递承诺。例如,如果要约中规定必须以电传的方式传递承诺,受要约人就必须以电传方式,而不能擅自改用平信或空邮的方式传递承诺。如果要约中未规定承诺的传递方式,则受要约人一般可按要约所采用的传递方式或以更快捷的方式传递承诺。

2. 承诺的生效时间

承诺的生效时间是合同法中一个具有实质意义的问题。因为,按照各国的法律,承诺一旦生效,合同即告成立,双方当事人就必须接受合同的约束。但在承诺何时生效的问题上,各国的规定存在着很大的差别。主要有两种不同的主张——“投邮主义”和“到达主义”。

“投邮主义”又称为“邮箱规则”,是英美法系国家的主张。是指凡以信件、电报作出承诺时,承诺的函电一经投邮、拍发,承诺即告生效。除非要约人在要约中明确规定承诺必须到达要约人方才生效。根据“投邮主义”的主张,即使承诺的函电在传递过程中被遗失或延误,但只要受要约人能证明自己已在函电上写明了收件人的姓名、地址,付足了邮资并交到了邮电局,合同仍可有效成立。英美法系各国之所以采用“投邮主义”,真正的目的是缩短要约人得以撤销其要约的时间。因为，如前所述，英美法系国家规定要约人在其要约被承诺之前，随时都可以撤销或变更其要约，这种对撤销要约的规定显然对受要约人是十分不利的。为了相对保护受要约人的权益，英美法系国家的法律对承诺采取投邮生效的原则，从而相对地缩短了要约人得以撤销或变更其要约的时间。

"到达主义"是以德国为主的大多数大陆法系国家法律的规定。指的是凡承诺的函电只要送达要约人的支配范围就告生效，而不管要约人是否已知悉其承诺的内容。也就是说，如果载有承诺内容的函电在传递过程中遗失，承诺不生效，合同就不能成立。并且，承诺在传递过程中的延误之责，原则上也由受要约人承担。但是，从函电送达要约人的支配范围时起，其一切风险就由要约人承担。按到达生效原则的规定，一项承诺只要送达要约人的营业所或常居地，即使要约人本人未及时收到或未及时拆阅，或在收到之后拆阅之前遗失等，都不会影响承诺的有效性，合同仍以承诺的函电送达时成立。

到达生效原则便于在承诺人与要约人之间分清彼此对函电在传递过程中可能发生的风险所承担的责任，所以被《公约》所接受。此外，作为一种例外，《公约》同时规定，如果根据该项发价或依照当事人之间确立的习惯做法或惯例，被发价人（即受要约人）可以做出某种行为，例如，用与发运货物或支付价款有关的行为来表示同意，而无须向发价人发出通知，则接受于该项行为做出时生效，但该项行为必须在上一款所规定的时间内做出。由此可见，《公约》规定的承诺的生效时间是：凡以函电承诺某一项要约时，承诺于函电实际到达要约人时生效；以行为承诺某一项要约时，承诺则于该行为做出时生效，并且无须另行向要约人发出承诺通知。但是，不管采用何种承诺方式，承诺必须是明示的，且必须在要约所规定的有效期内作出，若要约中未规定期限，则必须在合理期限内作出。《通则》对《公约》的做法是全盘继承的。

我国《合同法》对承诺生效的时间规定也是采用到达主义，且一些具体规定基本与《公约》的规定相类似。并且我国《合同法》对于采用数据电文形式订立合同时，应如何确定"到达"，规定得十分明确和合理。按照我国《合同法》的规定，采用数据电文形式订立合同，收件人指定特定系统接收数据电文的，该数据电文进入该特定系统的时间，视为到达时间；未指定特定系统的，该数据电文进入收件人的任何系统的首次时间，视为到达时间。

3. 承诺期限的确定

承诺期限的确定对合同双方当事人都十分重要。因为如果受要约人表示承诺的通知在要约人规定的时间内未送达要约人处,则其作出的承诺原则上属于无效。因此,当要约人在要约中明确地规定了要约的有效期间,例如"本要约有效期至 2009 年 12 月 31 日止"或"本要约有效期为 10 天,从 2009 年 12 月 22 日起算"的情况下,双方则不易发生纠纷。然而,若要约人在要约中未清楚、明确地规定承诺期限,例如,如果既不说明计算承诺的起止日期,也未指出遇有节假日的处理办法,而是笼统地规定要约的有效期为 × × 天,就不能使受要约人对承诺期限有一个明确的概念,实际交易中也不易掌握。为此,《公约》第 20 条专门对要约人未明确规定承诺期限时应如何计算,作出了具体的规定。按照《公约》第 20 条及与其有关条目的规定:

第一,以电报方式发出要约,承诺期间从电报发出时间计算。所谓发出时间,应指发报人将电报送交邮电局的时间。

第二,以信件发出要约,承诺期间以信上所载明的日期开始计算,若信上无日期,则以发送邮局在信封上加盖的邮戳日期为准。

第三,以电话、电传或其他快速方式发出要约,承诺期限应从受要约人收到要约时开始计算。

第四,承诺期间内的正式假日和非营业日包括在承诺期间内。

第五,承诺生效的时间是承诺被送达到要约人时,也就是说,确定承诺的最后期限是以承诺是否被送达到要约人为准的。如果承诺通知在要约有效期内送达要约人,则属有效承诺;如果承诺通知逾期送达要约人,则属迟延承诺。

第六,如果承诺通知在承诺期限的最后一天,因遇要约人营业地的正式假日或非营业日而未能送达要约人,则此项承诺期限应顺延至下一个营业日。

我国《合同法》中也有类似上述《公约》的规定。

4. 承诺的撤回

所谓撤回承诺,是指承诺人阻止其承诺发生法律效力的一种行为。原则上讲,承诺人在承诺生效前,如果发现不妥,则可以撤回承诺;但一旦承诺生效,合同即告成立,承诺人也就不存在撤回其承诺的问题。因此,关于承诺的撤回问题与承诺的生效时间密切相关。如前所述,若按照英美法系的"投邮生效"原则,对函电承诺的撤回必须于承诺投邮之前,否则,如果函电承诺一经投邮发出,合同即告生效,承诺人就必须受合同的约束。但如果按照德国等大陆法国家的"到达生效"原则,受要约人发出承诺通知后,在其到达要约人之前,仍可将其承诺撤回,但撤回承诺的通知必须先于承诺通知或与承诺通知同时到达要约人,方能阻止承诺发生效力。

《公约》第 22 条和我国《合同法》第 27 条对承诺的撤回问题作了与德国等大陆法国家相类似的规定。

想一想

以行为做出的承诺可以撤回吗？

5. 合同成立的时间与地点

按照《公约》第 23 条和许多国家的法律规定，合同成立的时间与地点和承诺的生效时间与地点是一致的。也就是说，承诺一旦生效，合同即告成立，合同一旦成立即告生效。但在有合同确认书的情况下，判定合同成立的时间相对复杂，观点尚未统一。《通则》第 2.13 条及其注释主张，在谈判过程中，特别是进行非常复杂的交易时，在长时间的谈判后，当事人常常要签订一份非正式文件，例如所谓“初步协议”、“意向书”等，该文件记载了双方已经达成的条款。但是当事人同时声明他们将在以后签署一份正式文件。在有些情况下当事人认为他们的合同已经成立，签署正式文件只不过是对已达成的协议的确认。这时，合同成立的时间为“初步协议”、“意向书”等成立之时，而不是确认书拟就之时。但当事人双方或一方声明，除非签订正式文本，否则他们将不受拘束，则在确认书或其他正式文件签署时方为合同成立的时间。我国《合同法》第 33 条对此未作区分，一律以确认书签署时间为合同成立的时间。

我国《合同法》第 25 条、第 32—38 条、第 44 条对合同成立的时间与地点以及合同生效的时间作出了如下规定：

第一，承诺生效时合同成立。

以书面形式订立合同的，自当事人签字或盖章时合同成立；采用信件、数据电文等形式订立合同的，可以在合同成立前要求签订确认书，在这种场合下，签订确认书时合同成立；法律、法规规定或者当事人约定采用书面形式订立合同，当事人未采用书面形式但一方已经履行了主要义务，对方接受的，该合同成立；采用书面合同形式订立合同，在签字或盖章之前，当事人一方已经履行主要义务，对方接受的，该合同成立；国家根据需要下达指令性任务或者国家订货任务的，有关当事人应当依照有关法律、法规规定的权利和义务订立合同，否则合同不成立。依法成立的合同，自成立时生效，除非法律、法规规定合同应当办理批准、登记等手续才生效。

第二,承诺生效的地点为合同成立的地点。

采用书面形式订立合同的,双方当事人签字或盖章的地点为合同成立的地点;采用数据电文形式订立合同的,收件人的主营业地为合同成立地,收件人没有主营业地的,其常居地为合同成立地;当事人另有约定的按其约定。

议一议

甲厂向乙大学发函表示:“我厂生产的Z型电教室耳机,每副30元。如果贵校需要,请与我厂联系。”乙大学复函:“我校愿向贵厂订购Z型耳机1000副,每副30元,但需在耳机上附加一个音量调节器。”两个月后,乙大学受到甲厂发来的1000副耳机,但没有音量调节器,于是拒收。

请问:甲、乙发函分别属于什么性质?合同是否成立?为什么?

四、合同的内容和形式

(一)合同的内容

合同的内容又称为合同的条款,是指当事人依照程序,通过协商达到意思表示一致,从而成立合同的具体内容。合同内容固定了当事人之间的权利义务关系,是当事人履行合同的依据。

合同内容由明示条款和默示条款构成。

1. 明示条款

明示条款是指当事人明确约定的条款。明示条款是当事人磋商的主要内容。我国《合同法》第12条第1款对合同内容与条款作出了如下规定:“合同的内容由当事人约定,一般包括以下条款:(1)当事人的名称或者姓名和住所;(2)标的;(3)数量;(4)质量;(5)价款或者报酬;(6)履行期限、地点和方式;(7)违约责任;(8)解决争议的方法。”

2. 暗示条款

暗示条款又称为默示义务,是指当事人即使没有约定也必须遵守的义务。根据《通则》和很多国家的合同法的规定,暗示条款主要有以下三类:

第一,当事人之间的交易习惯。

如果当事人之间在近期进行过数次类似的交易并形成了某些交易习惯,只要当事人未予排除,以后交易则应遵循这些习惯。例如,A 与 B 之间存在长期供货关系,每次 B 订货,A 都是在 1 周之内供货,货到后 1 周内 B 支付货款。在这种情况下,A 与 B 之间签订的协议即使没有明确约定供货时间和付款时间,该协议实际上仍暗含着 A 与 B 履行供货和付款义务的时间条款。

第二,民商事惯例。

各国法律一般承认,与合同中明示条款不相冲突的民商事惯例能够成为合同的组成部分。《通则》第 1.8 条也规定,在特定的有关贸易中,合同当事人应受国际贸易中广泛知悉并惯常遵守的惯例约束,除非该惯例的适用不合理。例如,某个经纪人在谈成一份租船合同后要求支付应付的佣金,尽管经纪合同未规定何时支付佣金,但按该行业的惯例,租船合同订立时就应支付租金,而不论是否实际支付了租金,则委托人应按照此惯例支付佣金。

第三,法定的暗示条款。

法定的暗示条款有两类:

(1) 强制性暗示条款。这类条款当事人不能用明示条款加以排除。例如,包括我国在内的很多国家的法律规定,产品的卖方不得在合同中排除其产品导致的人身伤亡责任。据此,所有的产品买卖合同都含有一项强制性暗示条款,即卖方应依法承担其产品所导致的人身伤亡责任,即使在签订合同时买方同意自己承担损失,也不能免除卖方的责任。

(2) 任意性暗示条款。所谓任意性暗示条款,是指这些条款虽然是法定的,但当事人可以用明示条款加以排除。如果当事人没有用明示条款加以排除,它们则自动成为合同的一部分。如美国《统一商法典》第 2—310 条规定,除非合同另有约定或是赊销性质的买卖,买方应在收到货物的时间和地点付款。据此,如果合同对付款的时间和地点有约定的,从约定;没有约定的,按此条规定支付货款。

(二) 合同的形式

合同的形式是合同当事人所达成的协议的外在表现形式。在国际商务中,交易双方订立合同有下列几种形式。

1. 书面形式

书面形式包括合同书、信件以及数据电文(如电报、电传、传真、电子数据交换和电子邮件)等可以有形地表现所载内容的形式。采用书面形式订立的合同,既可以作为合同成立的证据,也可以作为履行合同的依据,还有利于加强合同当事人的责任心,使其依约行事,即使履约中发生纠纷,也便于举证和分清责任,故书面合同成为合同的一种主要形式。鉴于采用书面形式订立合同有许多好处,故有些国家的法律或行政法规甚至明文规定有些合同必须采用书面形式。如果这些合同未采用书面形式,合同一般无效,但如果一方当事人已经履行了主要义务,另一方接受的,该合同成立,即合同有效。

2. 口头形式

采用口头形式订立的合同,又称口头合同或对话合同,即指当事人之间通过当面谈判或通过电话方式达成协议而订立的合同。采用口头形式订立合同,有利于节省时间、简便行事,对加速成交起着重要作用。但是,因无文字依据,空口无凭,一旦发生争议,往往造成举证困难,不易分清责任。这是导致有些国家的法律、行政法规强调必须采取书面合同的最主要的原因。

3. 其他形式

这是指上述两种形式之外的订立合同的形式,即以行为方式表示接受而订立的合同。例如,根据当事人之间长期交往中形成的习惯做法,或要约人在要约中已经表明受要约人无需发出承诺通知,可直接以行为作出承诺而订立的合同,均属此种形式。

想一想

某人在路边招手打车,一辆挂"空车"牌的出租车停下,某人开门上车。请问,此时,合同成立了吗?

上述订立合同的三种形式,从总体上来看,都是合同的法定形式,因而均具有相同的法律效力,当事人可根据需要,酌情作出选择。根据我国《合同法》第 10 条规定:"当事人订立合同,有书面形式、口头形式和其他形式。法律、行政法规规定采用书面形式的,应当采用书面形式。当事人约定采用书面形式的,应当采用书面形式。"由此可见,当事人签订合同时,究竟采用什么形式,应根据有关法律、行政法规的规定和当事人双方的意愿行事。

根据国际贸易的一般习惯做法,交易双方通过口头或书面形式达成协议后,多数情况下还要签订一定格式的书面合同,以利合同的履行。关于书面合同的名称,并无统一规定,其格式的繁简也不一致。在我国进出口贸易实践中,书面合同的形式包括合同、确认书和协议书等。其中以采用"合同"和"确认书"两种形式的居多。从法律效力来看,这两种形式的书面合同没有区别,所不同的只是格式和内容的繁简有所差异,合同又可分为销售合同和购买合同。前者,是指卖方草拟提出的合同;后者,是指买方草拟提出的合同。确认书是合同的简化形式,它又分为销售确认书和购买确认书。前者是卖方出具的确认书;后者是买方出具的确认书。在我国对外贸易业务中,合同或确认书通常一式两份,由双方合法代表分别签字后各执一份,作为合同订立的证据和履行合同的依据。

议一议

什么情况下应采用书面合同形式呢?

任务3:确认合同的法律效力

工作任务

某服装店从某服装厂进了一箱文化衫,准备试销一下,看效果如何再决定是否大量进货。结果销售情况非常好,很快就被抢购一空。于是服装店就决定再进10箱货。由于没有留下样品,服装店就按包装箱上写明的"A型文化衫"进货。结果货物运到后,服装店发现,新货与原来的文化衫款式和颜色都不相同,但包装箱上确实写明是"A型文化衫"。经过询问和调查,才得知,该服装厂有两款文化衫,分别为A型和B型,服装店试销的实际上是B型的,但是由于装箱工人的疏忽,错用了A型的箱子。

请问:

(1) 本案中,服装厂的行为是欺诈吗?

(2) 服装厂的行为的法律性质如何?

(3) 这份合同的效力如何?服装店可以如何处理后来的10箱货物?

(4) 如果服装店没有对第二批货提出异议,但是在上架销售后发现该款文化衫销售状况不好,此时,其还有权要求换货或退货吗?

操作过程

(1) 本案服装厂的行为不属于欺诈。因为欺诈是一方故意的提供虚假信息,使对方产生错误认识的行为。而本案则是由于服装厂工人的疏忽导致装箱错误,服装厂没有欺诈的故意,所以不构成欺诈行为。

(2) 服装厂的行为属于错误(中国法称为“重大误解”)。根据《国际商事合同通则》的定义,错误是对已经存在的事实或者法律发生的不正确的假设。本案中,服装厂工人的疏忽行为导致服装店错把B型认为是A型,因而收到的货物不符合自己的真实意愿,双方当事人实际上并没有就合同的条款达成一致意见。

(3) 根据我国法律,本案的合同属于可以撤销的合同,当事人可以行使撤销权保护自己的利益。服装店可以选择撤销合同或者接受合同。如果选择前者,则合同无效,服装店有权退回货物并请求赔偿;如果选择后者,则合同有效,服装店可以要求更换货物或接受货物并支付货款。当然,如果选择更换货物,服装店依然有权就因此造成的损失请求服装厂赔偿。

(4) 如果服装店在上架销售后才提出退换货物,根据《合同法》的规定,服装厂有权拒绝服装店的请求。根据《合同法》的规定,享有撤销权的当事人在知道撤销事由后明确表示或以自己的行为表示放弃撤销权的,撤销权丧失。服装店发现货物与自己的要求不符,但没有提出异议,而且还上架销售,说明其已经放弃了撤销权,接受了货物,所以其无权再要求退换货物,只能履行合同了。

知识链接与归纳

五、合同的效力

合同的效力是指合同的法律约束力,是指用法律的标准评价已经成立的合同,以便确认合同是否能够对当事人产生约束力的效果。

(一) 合同效力的一般规定

一般来说,能够影响合同效力的因素主要有以下几个方面。

1. 当事人须具有订立合同的行为能力

各国法律均规定,当事人须具备缔约能力是合同成立的必要条件。而当事人又可分为自然人与法人两种。

(1) 自然人订立合同的行为能力。所谓行为能力,是指当事人能用自己的意思表示为自己产生权利和承担义务的能力。各国法律基本上都对未成年人、酗酒者、吸毒者、精神病患者等的行为能力进行了一定限制,但在具体规定上有一定差别。

英美法系国家对未成年人不进行分类,18周岁以下都是未成年人。一般规则是未成年人没有订立合同的行为能力,未成年人订立的合同对未成年人一般没有约束力,如对方是成年人,则对对方有约束力。如果未成年人订立了合同,可以请求强制履行合同,也可以请求撤销合同,且撤销权的行使既可以在其成年之前,也可以在其成年之后。但也有一些例外,如未成年人购买生活必需品的合同对未成年人是有效的。关于精神病人、酗酒者和吸毒者订立的合同的效力,英美法系国家一般要求,在对方明知此种情况存在但依然与之订立合同的情形下,该合同才是可以撤销的。

大陆法系国家则通常根据是否具有正常的认识和判断能力或视行为能力的程度而把自然人的行为能力区分为完全行为能力、限制行为能力和无行为能力三种。如德国法规定:未满 7 岁、因精神错乱不能自由决定其意志者和因精神病被宣告为禁治产者为无行为能力人;满 18 周岁为成年人,为有完全行为能力人。无行为能力人所订立的合同不产生任何法律效力。具有完全的行为能力的人,能够独立订立合同。未成年人订立合同必须征得其法定代理人的同意,而且法定代理人的同意必须是书面的,或者直接告知对方当事人。但如果未成年人在与其智力相适应的情况下,未经法定代理人同意,对属于其个人的金钱进行处分,是有效的,即德国民法中著名的"零用钱条款"。另外,德国法还规定,对未成年人订立的合同,既可以由其法定代理人追认,也可以由其本人在成年后追认。

"禁治产"是大陆法的术语,指因精神病或有酒癖不能处理自己的事务,或因浪费成性有败家之虞者,经亲属向法院提出请求,由法院宣告禁止其治理财产。

中国《民法通则》将公民的行为能力分为完全民事行为能力、限制民事行为能力和无民事行为能力三种。按其规定,18 周岁以上的成年人具有完全的民事行为能力,可以独立进行民事活动;16 周岁以上不满 18 周岁的公民,如果是以自己的劳动收入为主要的生活来源的,也视为有完全的民事行为能力的人,可以独立进行民事活动;10 周岁以上的未成年人和不能完全辨别自己行为的精神病人为限制民事行为能力人,只能进行与其年龄、智力或健康状况相适应的民事活动,其他民事活动则由其法定代理人代理或征得其法定代理人的同意;不满 10 周岁的未成年人和不能辨别自己行为的精神病人为无民事行为能力人,不能实施有效的民事行为。根据《合同法》第 47 条第 1 款的规定:"限制民事行为能力人订立的合同,经法定代理人追认后,该合同有效,但纯获利益的合同或者与其年龄、智力、精神健康状况相适应而订立的合同,不必经法定代理人追认。"

议一议

一个 15 岁的中学生为自己买了一件 30 元的衣服和一台价值 1000 元的手机,遭到父母的反对,他能否以未成年为理由要求退货?

(2) 法人订立合同的能力。所谓法人,是指拥有独立财产,依照法定程序成立,能够以自己的名义享有民事权利和承担民事义务的法律实体。法人的行为能力由法人机关委托代理人去行使。法人机关就是办理法人一切事务的组织,由自然人组成。最常见的法人是公司。

传统观点认为,公司必须通过它授权的代理人才能订立合同,而且其经营范围不得超出公司章程的规定,否则属于越权行为。若属于越权签订的合同,对法人来说是无效的,由行为人本人承担责任。但是,随着社会经济生活的发展,人们对公司越权签订合同的认识也发生了变化。公司成立以后,面对瞬息万变的市场,很难保证经营范围一成不变,因此,如果越权签订合同一律认为无效不利于保护交易对方的合法利益。尤其是越权签订合同如果本身并没有给第三人、社会造成不良影响时,法律更没有必要其进行强制规定。基于此种观点,很多国家的公司法、合同法均对越权问题进行了变革,如美国 1969 年《标准公司法》规定,所有公司都可以从事任何合法商务目的(即经营范围),除非公司章程中规定了范围有限制的目的。而公司超越经营范围的有效性也不受目的限制的影响,除非交易对方明知公司的行为超越其经营范围。1972 年《欧共体法》第 9(1)条规定,为了保护善意与公司从事交易的第三人,任何由公司董事会作出决议的交易应视为在公司权利能力范围内、公司有权从事的交易,并且董事会之约束公司的权力不应受公司的章程对董事的权利所做的限制相约束。由此可见,现代各国对公司越权签订合同采取了非常宽容的态度。

我国《合同法》第 50 条规定:“法人或者其他组织的法定代表人、负责人超越权限订立的合同,除相对人知道或者应当知道其超越权限的以外,该代表行为有效。”该条规定的是法人的法定代表人超越法人内部规定的权限而订立的合同的效力。最高人民法院 1999 年 12 月公布并实施的《关于适用〈中华人民共和国合同法〉若干问题的解释(一)》第 10 条规定:“当事人超出经营范围订立合同,人民法院不因此认定合同无效,但违反国家限制经营、特许经营以及法律、行政法规禁止经营规定的除外。”按照这个解释,公司超出经营范围而对外签订的合同,原则上并不因这种“超出”而当然无效,但违反国家限制经营、特许经营以及法律、行政法规禁止经营规定的合同则应认定为无效合同。

2. 合同必须合意且真实

所谓合意,是指当事人必须有一致的意思表示;所谓真实,是指当事人的意思与意思表示必须一致。如果由于错误、欺诈、暴力胁迫等原因造成当事人意思表示不真实的,受损害方可以主张该合同无效或要求撤销该合同或要求更改该合同的有关内容。

(1) 错误。错误又称为误解,根据《通则》第3.4条,错误是指在合同订立时对已存在的事实或法律所作出的不正确的假设。各国法律都规定,当事人订立合同时发生的错误能引起合同无效或得以撤销的法律后果。但是能引起如此后果的错误需要具备一定条件。

大陆法系国家一般规定,必须是本质性的错误才能导致合同无效或被撤销。但是大陆法系各国对本质性错误的限定范围规定不一,如法国法认为只有涉及合同标的物本质的错误和关于合同当事人的错误才能认定合同无效;德国法则规定关于意思表示内容和意思表示形式上的错误均可以产生撤销合同的后果,但要以该项错误在交易上是否重要为判断标准。

英美法对错误的要求比大陆法严格。英美法把错误分为共同错误和单方错误,一般情况下只有共同错误才能导致合同无效和被撤销。所谓共同错误是指当事人双方对于构成他们之间交易基础的事实,在认识上发生了共同错误。例如,在合同性质上发生错误;在认定合同的标的物时,当事人双方都存在着错误;在合同的标的物存在与否或在合同重大问题上,双方当事人都存在共同的错误,等等。单方错误是指合同当事人一方对构成合同双方交易基础的事实,在认识上发生错误,而对方不知道也没有理由知道该错误的存在。例如,一方当事人意思表示的错误;一方在判断上发生的错误;一方当事人对自身履约能力的估计发生的错误;在凭说明的买卖中,一方对说明含义的理解发生的错误,等等。原则上单方错误是不能主张合同无效或撤销合同的,除非主张无效的一方能够证明,错误是他方造成的,或者他方在订立合同时已经知道或有理由知道错误方的错误。

《通则》第3.5条规定,当事人必须是在订立合同时发生了重大错误,同时还必须满足下列四个条件之一,才可宣告合同无效:第一,双方当事人都犯了相同的错误;第二,错误方的错误是由另一方造成的;第三,另一方当事人知道或理应知道错误方的错误,但有悖于公平交易的合理商业标准,使错误方一直处于错误状态中;第四,在宣告合同无效时,另一方当事人尚未依其对合同的信赖行事。《通则》中还指出,有时错误尽管是重大的,但如果错误是由于错误方的重大过失造成的,或者错误方已经意识到了这种错误的风险,而根据具体情况,这种风险应由错误方承担的,错误方也不得主张合同无效。

议一议

A“认为”某一幅画系某不太有名画家C的作品，并将此画以这类画的公平价格卖给了B。后来A发现这幅画是著名画家D的作品。请问，根据《通则》，此时A能够以错误为理由撤销合同吗？

我国《合同法》第54条规定,因重大误解订立的合同可以撤销。所谓重大误解是指误解人在作出意思表示时对涉及合同的法律效果的重大事项存在着认识上的显著缺陷,其后果是使误解人受到较大的损失,以至于根本达不到缔约目的。一般认为对合同的性质、对方当事人、标的物品种、质量、规格数量等的误解为重大误解。根据我国《合同法》的规定,有撤销权的人应在自知道或者应当知道撤销事由之日起1年内行使撤销权,否则,视为放弃行使撤销权,即无权撤销合同。

议一议

某商店在标价时由于疏忽标错价格，导致重大损失，请问商店有无撤销合同的权利？

(2) 欺诈。欺诈是指一方当事人故意制造假相或隐瞒真相,致使对方陷入误解或发生错误的行为。由于在欺诈的情况下所签订的合同,是违背了一方当事人的真实意思的,所以,各国法律都允许蒙受欺诈的一方可以撤销合同或主张合同无效。

《通则》和多数大陆法系国家的民法典一般只简单规定,欺诈与缔结合同有因果关系时,受欺诈者就可以宣告合同无效或撤销合同。

英美法系国家把欺诈称为“欺诈性虚假陈述”。所谓虚假陈述,也称不正当说明,是指一方当事人在签订合同之前所作的不真实的陈述,目的是诱使对方订立合同,不真实的陈述应包括语言和行为等。根据英国1967年《虚假陈述法》,虚假陈述可以分为三类,即欺诈性虚假陈述、疏忽性虚假陈述和完全无意的虚假陈述。英美法国家的司法实践一般承认,导致合同无效或被撤销及承担赔偿责任的欺诈性虚假陈述应具备以下条件:第一,欺诈与签订合同的行为具有因果关系。第二,行为人存在过错并导致对方当事人的损失。这里所说的过错包括故意和疏忽两方面。但无论是出于故意还是疏忽的虚假陈述,受害人都可以主张合同无效或撤销合同,并要求欺诈方赔偿损失。至于完全无意的虚假陈述,受害者则只能要求宣告合同无效而不能请求损害赔偿。第三,受欺诈的当事人有理由信赖该欺诈性陈述。在这方面,英美法院一般根据受欺诈的当事人的识别能力作出判决。如果欺诈方是专家,受欺诈方是外行,就会作出对受欺诈方有利的判决;反之,会作出对受欺诈方不利的判决。

议一议

奥茨加有限公司诉威廉姆案(1965)

原告是一家专门的汽车交易商,被告将其车子卖给原告时,称该车是1948年车型,但该车实际上是1939年车型。当原告了解真相后,便以被告欺诈为由要求赔偿。请问,根据英美法,原告会获得赔偿吗?

我国法律一般认为,欺诈行为的构成要件包括:第一,欺诈方有欺诈的故意,过失不构成欺诈;第二,欺诈方有欺诈的行为;第三,被欺诈一方因欺诈而陷入错误认识,并基于错误的认识而订立了合同。根据我国《合同法》的规定,因欺诈所订立的损害国家利益的合同无效,其他因欺诈而订立的合同属于可撤销的合同,受欺诈方享有撤销权。

另外,当一方负有对某种事实(例如货物的特性或缺陷等)提出说明的义务时,假如该方不作此种说明或有意隐瞒该种事实,也构成欺诈。但若他没有此种义务,则不能仅因沉默而构成欺诈。例如在买卖合同中,当事人是无义务提供商品的市场价格的,因此,当一方因另一方未提供商品的市场价格,而以高于或低于市场价格购买或销售了合同标的物,受损害的一方就不能认为对方是欺诈,因此,也就不能毁约或改约。所以,在此种情况下,欺诈行为则必须同时具备以下构成要件:第一,当事人有义务说明而未作说明;第二,当事人明知一旦披露实情,对方就不会订约,因而采取沉默的方式隐瞒实情。

议一议

你认为"知假买假"属于受欺诈吗?

(3) 胁迫。所谓胁迫,是指以使人发生恐惧为目的的一种故意行为。《法国民法典》规定:"凡行为足以使正常人产生印象,使他的身体或财产面临重大而又迫切危害的恐惧者,称为胁迫。"各国法律都一致认为,凡在胁迫之下订立的合同,受胁迫的一方可以撤销合同。因为在受胁迫的情况下所作的意思表示,不是自由的意思表示,因此不能产生法律上的有效意思表示的效果。一般来讲,胁迫既包括对当事人施加心理上或精神上的压力,也包括身体上的强制;既包括当事人一方直接对另一方施加的胁迫,也包括当事人一方聘请或默认第三者对另一方所施行的胁迫,还包括当事人本人和雇请或默认第三者对另一方的亲属所施行的胁迫。

但是根据《通则》第 3. 9 条及许多国家的法律规定,受胁迫的当事人宣告合同无效或撤销合同必须证明以下两点:第一,胁迫采用的是非法威胁的方法。如果威胁是合法的,则不能以此为由宣告合同无效或撤销合同。如债务人不按期归还借款,债权人威胁说,如果债务人在 3 天内不归还借款,他将向法院起诉,并申请冻结债务人财产。受此威胁,债务人作出了书面保证,承诺在 3 天内归还借款。事后,债务人不得以存在胁迫为由主张书面承诺无效。第二,胁迫使用的手段非常紧急、严重,以至于受胁迫者无其他合理选择。如果威胁使用的手段很缓和,当事人就无权主张合同无效或撤销。当然,实践中当事人抗威胁能力是因人而异的,因此,很多国家的法律都规定,要考虑受胁迫者的年龄、性别及个人情况。

(4) 重大失衡。根据《通则》第 3. 10 条的规定,合同的重大失衡是指一方当事人违背诚实信用的原则,利用对方当事人的某种依赖关系、经济困境、紧急需求、缺乏远见、无知、无经验或缺乏谈判技巧等,诱使其签订不合理的对自己有利的合同的行为。例如,父母与子女、律师与当事人、医生与病人、监护人与未成年人等之间所订立的合同,如果有不公正的地方,即可推定为重大失衡。此种情况下,蒙受不利的一方可以撤销合同。合同的重大失衡在英美法中称为"不正当影响"或"显失公平",在大陆法中称为"显失公平的法律行为"。例如,《德国民法典》第 138 条规定:显失公平的法律行为就是"甲方乘乙方的穷迫、轻率或无经验"而实施的法律行为。这时,受损害的一方可以要求撤销合同。

我国《合同法》也规定乘人之危、显失公平的合同是可以撤销的合同。所谓显失公平是指双方当事人的权利义务明显不对等,使一方遭受重大不利的情形。一般是一方在紧迫或缺乏经验的情况下签订的明显对自己不利的合同。

想一想

韦佛诉美国石油公司

美国石油公司将一个加油站出租给韦佛经营。双方签订的租赁合同中有一个免责条款规定，承租人将承担出租人所有发生在该出租财产上的过失行为责任。日后，石油公司的雇员把汽油喷到了韦佛和他的助手身上，使他们被烧伤。经印第安纳州最高法院查明，这是一个提供给交易弱方的已经事先印制好的格式合同。韦佛只读过一年半中学，在承租加油站之前一直从事体力劳动。该合同是石油公司的律师起草的，且在签订合同的过程中没有给韦佛任何去理解合同的内容或是找人咨询的机会。如果该条款有效，韦佛为了得到这份合同，就可能花几千美元用来赔偿不是由他的过失造成的损失，而韦佛经营加油站一年所得的总收入也不过5000～6000美元。请问，这项免责条款是否有效？为什么？

3. 合同必须合法

合同必须合法包括两个方面:(1)合同的标的物必须合法。例如,将毒品以及其他禁止进出口的物品作为国际贸易合同的标的物时,该合同就属违法,因此也无效。(2)合同所追求的目的和行使的范围必须合法。例如,以诈骗为目的的合同、同敌人进行贸易的合同、购买武器作为行使暴力或恐怖行动的合同,以及指使他人犯罪的合同等均属违法合同,所以也一律无效。

按各国法律的规定或判例,凡是违反法律的、不道德的和违反公共政策与善良风俗的合同一律无效。所谓违反法律的合同,按照大陆法的解释就是指,凡合同中的标的物或合同所追求的目的为法律不允许的或禁止的合同,即为违法合同;所谓违反公共政策的合同,按照英美法的解释就是指损害公众利益,违背某些成文法所规定的政策或目标,旨在妨碍公众健康、安全、道德以及一般社会福利的合同;所谓违反善良风俗的合同一般是指,违反社会公认的道德标准,如果法院予以承认将会引起正常人愤慨的合同。例如,对婚姻生活起不良影响或导致人们忽视夫妻义务的合同等。不过善良风俗是属于道德伦理的范畴,由于各国对道德标准的解释不同,即使是一国也可能由于时代的不同而对道德标准的看法存在着差异。因此,在审理有关是否违反道德标准的合同的案件时,许多国家的法律均赋予法官很大的裁量权,法官可以根据每个案件的具体情况作出裁决。

我国《合同法》也规定:违反国家法律、行政法规的强制性规定的合同;恶意串通,损害国家、集体或者第三人利益的合同;损害社会公共利益的合同;以合法形式掩盖非法目的的合同等均为无效合同。凡在合同无效的情况下取得的财产,应当予以返还;不能返还或者没有必要返还的,应当折价补偿;当事人恶意串通,损害国家、集体或者第三人利益而取得的财产则收归国家所有或者返还集体、第三人。

另外,包括我国在内的大多数国家的合同法都规定,免除造成人身伤害和重大财产损害的责任的条款是无效的,因为这些条款是有违公序良俗的原则的。

4. 合同订立必须符合法定的形式

大陆法把合同分为要式合同和不要式合同。所谓要式合同,是法律规定必须具备一定形式的合同,例如赠与合同、设立抵押权合同等。这些合同通常需要以公证人的文书作为合同有效成立的要件,否则将不产生法律上的强制力。所谓不要式合同,指的是法律没有规定必须具备一定形式的合同。例如,一般商事合同,其合同的订立,可以用口头形式,也可以用书面等任何证据形式,并不会因为没有以公证书方式作成而使合同不能产生法律上的强制力。

英美法把合同分为签字蜡封合同和简式合同。所谓签字蜡封合同,指的是法律规定必须经过签字、盖章、封闭和交存这些手续方能使合同有效成立,否则均属无效。例如,按英国的法律和判例,凡是没有对价的合同、转让地产或地产权益的合同、转让船舶的合同等,如不依签字蜡封形式订立,则属无效。所谓简式合同,指的是必须要有对价支持的普通合同。英美法系中的简式合同不完全等同于大陆法系中的不要式合同。它虽包括大陆法系中的不要式合同(即合同订立的形式,可以用口头,也可以用书面,任由当事人自由选择),但也包括一些依法必须要以书面形式订立的合同,例如,保证合同、不动产合同、金钱借贷合同等。

总的来说,在商品经济高度发达的现代社会,资本主义国家的法律对合同的形式要求大都采取不要式原则,而要式合同则属例外,只是对为数甚少的合同才要求必须按照法律规定的特定形式来订立。

我国《合同法》第10条规定,当事人订立合同,有书面形式、口头形式和其他形式。法律、行政法规规定采用书面形式的或当事人约定采用书面形式的,应当采用书面形式。根据此条的规定,合同订立是否需要采用书面形式,要由具体的法律、行政法规根据不同种类的合同的特点,作出具体的规定。

5. 合同要有对价或约因

许多国家的法律均要求,一项法律上有效的合同,除了合法和当事人合意外,还需要有对价或约因。

对价是英美法系的概念，约因是罗马法的概念，其后，法国等大陆法系国家的民法典继续使用了罗马法中的这一概念。

所谓约因，按照法国法的解释，就是指订约当事人产生该项债务所追求的最接近的和直接的目的，也就是订立合同的原因或目的。例如，卖主订立合同的约因一般就是要获取价金，而买主订立合同的约因一般就是要获取标的物。如果没有约因或约因违法，则合同无效。

英美法系中的所谓对价，是指当事人之间存在的“相互给付”的关系。英美普通法把合同分为两类：一是签字蜡封式合同，其有效性不问其是否有对价，完全是取决于所采取的形式；二是简式合同，包括口头合同和非以签字蜡封式做成的一般书面合同，这类合同则必须要有合法的对价，否则没有约束力。

（二）格式条款（合同）及其效力

格式条款又称共同条件、一般交易条件或标准条款、定式条款等。格式条款是指一方为通常和重复使用的目的而预先准备的条款，在实际使用时未与对方谈判。全部由格式条款构成的合同就是格式条款合同。由于格式条款是单方预先拟定的，所以格式条款合同往往会使交易双方处于不平等的谈判地位。但是格式合同高效实用的优点使得其在商务实践中受到普遍的欢迎，除国际贸易领域，消费零售业和服务业也采用，尤其是公共服务领域使用得更为广泛。因此各国的法律都是支持格式合同的存在的，但对格式条款的解释及其效力等问题都作出了相应的规定。

关于格式条款的效力，各国法律在某些细节上的规定虽然存在着一些差异，但从总体上来看却基本相同。《通则》在第 2. 19—2. 22 条中对格式条款作了明确的规定：(1)使用格式条款应适用订立合同的一般规则。(2)格式条款中对方不能合理预见的意外条款无效，除非对方明确表示接受。所谓“意外”应考虑到该条款的内容、语言和表达方式等因素。(3)非格式条款优先。即如果格式条款与非格式条款发生冲突，则以非格式条款为准。

我国《合同法》第 39—41 条均是对有关格式合同的规定，按照其规定，采用格式合同订立合同的，提供格式条款的一方应当遵守公平原则确定当事人的权利和义务，并应当采取合理的方式提请对方注意免除或者限制其责任的条款，按照对方的要求，对该条款进行说明。同时，对于格式条款具有违法情形或者提供格式条款一方免除其责任、加重对方责任、排除对方主要权利的条款，均视为无效条款。另外，我国《合同法》对有关格式条款的解释则规定：对格式条款的理解发生争议的，应当按照通常的理解予以解释;对格式条款有两种以上解释的,应当作出不利于提供方的解释;格式条款与非格式条款不一致的,应当采用非格式条款。

议一议

一书店老板害怕其书籍被水淹,便到保险公司投保,此老板应保险营业人员指引投了水灾险,投保后一冬日夜晚,书店内水表冻裂,书籍被淹,失去使用价值。此老板向保险公司索赔,保险公司营业人员告知,老板所投的水灾险的水灾为洪水所引起的灾害,保险协议上白纸黑字非常清楚,所以不予赔偿。书店老板将保险公司告上法庭,问:此案应如何判决?

任务4:缔约过失责任的承担

工作任务

甲为一果商,乙为一果农,甲乙协商,以每公斤1元的价格购买整个果园的苹果。第二天正式签订书面合同,第三天交货。乙为了能在第三天顺利交货,在第二天就抢收了1000公斤苹果。结果甲在第三天告知乙,他又找到另一家果农,以每公斤0.8元的价格购买了苹果,并已经签订了书面合同。因此他不再购买乙的苹果了。乙因苹果已经采摘完毕,不及时处理很难保存,无奈之下只能以每公斤0.7元的价格卖给了他人。

请问:

(1) 甲乙的合同是否成立?

(2) 甲的行为合法吗?

(3) 乙遭受的损失可以要求甲赔偿吗?

操作过程

(1) 甲乙的合同没有成立。合同成立要经过要约和承诺的程序。一般而言,承诺生效,合同成立。但是如果当事人或者法律对合同成立有特别要求的,需要满足特别要求,合同才能成立。本案当事人之间约定第二天签订书面合同,则可认为当事人之间有特别要求,即需要签订书面合同才能成立合同。因此甲乙之间在没有签订书面合同的情况下,合同未成立。

(2) 甲的行为不合法。根据合同法的一般原理,进入磋商过程的当事人需要承担先合同义务,即自缔约双方为签订合同而互相接触磋商开始逐渐产生的注意义务,包括互相协助、互相照顾、互相保护、互相通知、诚实信用等义务。先合同义务的产生主要是基于双方当事人在磋商过程中形成的信赖关系。甲与乙的磋商已基本完成,只差最后签订书面合同,说明双方之间具有较为明确的信赖关系,在此基础上,乙还完成了主要的交货准备工作。甲在这种情况下,拒绝和乙签订书面合同,侵犯了乙的合法权利,因此是不合法的。

(3) 乙遭受的损失可以请求甲赔偿。因为甲的行为违反了先合同义务,根据《合同法》的规定,当事人一方因过错违反先合同义务给对方造成了损失而应承担缔约过失责任。甲在找到新的供货商后,拒绝和乙签订合同的行为完全是故意的,且其确实给乙造成了实际的损失。因此,甲应当承担缔约过失责任,为乙赔偿损失。

知识链接与归纳

六、缔约过失责任的含义

缔约过失责任是指当事人一方因过错违反先合同义务给对方造成了损失而应承担的赔偿责任。所谓先合同义务是指自缔约双方为签订合同而互相接触磋商开始逐渐产生的注意义务,包括互相协助、互相照顾、互相保护、互相通知、诚实信用等义务。合同有效成立以后,当事人的利益可以受到法律的保护,如一方违反合同,受害方可以获得比较充分的救济。但是在合同成立之前的磋商阶段,双方当事人基于相互之间的信赖关系都要为订立合同进行一定的准备工作,此时任何一方的不注意都容易给对方造成伤害,甚至有的当事人还会利用对方对自己的信赖而故意作出损害对方利益的事。为了使当事人都能谨慎地订立合同,法律对缔约过程中的当事人提出了比普通关系中的当事人更高的要求,以保护合同当事人的信赖利益不受侵犯。

缔约过失责任是由德国法学家耶林首先提出来的,在德国新债法中正式加以规定。

七、承担缔约过失责任的情形

《通则》第 2. 15、2. 16 条对此作出了规定。

（一）禁止恶意谈判

所谓恶意谈判是指一方当事人在无意与对方达成协议的情况下，开始或继续进行谈判。属于恶意谈判的情形还有，一方当事人有意或由于疏忽使对方当事人对所谈合同的性质或条款产生误解，或歪曲事实，或隐瞒应当披露的事实。另外，恶意中断谈判也应承担缔约过失责任。例如，A了解到B有转让餐馆的意图。A根本没有购买餐馆的想法，仅为了阻止B将餐馆卖给竞争对手C，而与B进行了长时间的谈判。当C买了另一家餐馆时，A中断了谈判，B后来以比C出价更低的价格将餐馆转让了。对此，A应向B偿付这两个价格的差价。

（二）违反保密义务

所谓保密义务是指在谈判过程中，一方当事人以保密性质提供的信息，无论此后是否达成合同，另一方当事人都有义务不予泄露，也不得出于自己的目的不适当地使用这些信息。

根据《通则》及其注释，由于恶意谈判所应承担的责任以给对方当事人造成的损失为限。责任方应负担谈判费用，还要对对方因此失去与第三人订立合同的机会利益进行赔偿，但是一般不赔偿若订立合同可能产生的利益。

我国《合同法》第42条规定，当事人在订立合同过程中有下列情形之一，给对方造成损失的，应当承担损害赔偿责任：(1)假借订立合同，恶意进行磋商；(2)故意隐瞒与订立合同有关的重要事实或者提供虚假情况；(3)有其他违背诚实信用原则的行为。

议一议

某老太一日到商场买东西，刚进商场的门就滑倒了，造成了腿骨骨折。经查，滑倒的原因是商场的保洁人员擦完地后地上的水没有处理干净。请问，老太能否要求商场赔偿？理由是什么？

能力实训

一、实训案例

1. 王某出国前，将自己的一辆汽车委托好朋友小李保管。小李将车放在自家的别墅中存放。但是有一天，小李家被盗，丢失了很多东西，其中包括小张的车子。

请问：

（1）王某能够要求小李赔偿吗？

（2）如果他将车放在收费的停车场内，发生了被盗事件，能够要求赔偿吗？

2. 萧宾，15岁，某中学初三读书。萧宾的父母因感情不和离异，萧宾随母亲黄丽生活，但也时常去父亲萧林那里，父亲对他也很好。一天中午在放学回家的路上，萧宾看到某商店正在有奖销售，奖券为每30元一张，最高奖金额5000元，他便买了一副30元钱的羽毛球拍，领到一张奖券。20天过后，抽奖结果公布，萧宾所持的奖券中了最高奖。萧宾异常兴奋，立即把中奖的消息告诉了黄丽。母子二人去商店兑奖后，黄丽便把这5000元钱放在家中的柜里。萧林得知萧宾中奖的消息后，便找到黄丽，说萧宾还没有成年，是限制行为能力人，无能力领受奖金，奖金应归未成年人的监护人即父母所有，因此要求分一半奖金给自己。黄丽听后非常气愤，说萧宾随自己生活，萧林根本无权监护，奖金应归自己和萧宾所有，萧林无权分取奖金，二人因而发生争执。萧宾情急之下，趁二人争吵之机，悄悄拿出5000元钱到商店买了一架进口相机，价格是4700元。萧宾拿着相机回到家里，对还在争执之中的父母说钱已经花了，没有什么可争吵的了。萧林、黄丽听后急了，立刻拉着萧宾到商店，称萧宾买相机没有征得父母同意，要求退货。店员说退货只有一个前提，即货物质量不合格；现在相机没有任何毛病，钱货又已两清，因而不同意退货。

请问：

（1）萧宾购买30元球拍的合同有效吗？

（2）本案奖金归属如何？

（3）萧宾购买相机的行为有法律效力吗？他父母能否要求退货？

3. 2008年7月8日甲公司急需水泥，向A、B、C三家水泥厂发出函电称："我公司急需标号为130型号的水泥100吨，如有货，请速来函电。"三家水泥厂在收到函电以后，都先后向甲公司回复了函电，在函电中告知自己有现货及水泥的价格。B公司在发出函电的同时，派车给甲公司送去50吨水泥。在该批水泥送到甲公司之前，甲公司决定购买A的水泥，于7月9日给A发去函电称："我公司愿购买贵厂100吨130号水泥，价格如函电所标，盼速送货，运费由我公司负担。货到付款。"在发出函电的第二天即7月10号，A发函称已准备发货。7月10日下午B将50吨水泥送到，要求甲公司收货付款，甲公司称未与B公司订立合同不予收货付款。当天晚上，狂风大作，一场暴雨将B公司运来的水泥泡湿。B于是向甲公司所在地法院起诉，要求甲公司给付货款及运费，并赔偿因其违约而给B公司造成的损失。

请问:

(1) B水泥厂的主张法院能否支持?其损失由谁负担?为什么?

(2) 甲公司与A水泥厂的合同成立吗?成立于何时?为什么?

4. A公司要参加一个工程项目的招标,需要一批钢材的报价。开标日期为8月31日。A在8月15日向包括B公司在内的5家公司发出寻价通知。5家公司均在3日内发出了自己产品的详细报价。但B公司的要约没有有效期。A公司经过比较,认为B公司的条件最好,就把B公司的报价作为自己的报价写入投标申请。因不知是否能够中标,所以没有及时通知B公司。由于钢材市场发生变动,B公司于8月30日发出撤销报价的通知。8月31日,A公司中标。A公司于是向B公司发出了承诺通知,要求B公司按报价的条件供货。

请问:

(1) B公司是否可以撤销要约?为什么?

(2) A与B之间的买卖合同是否成立?为什么?

5. 我国A公司于2004年8月16日收到法国B公司的发盘:“马口铁500吨,每吨545美元,CFR中国口岸,9月装运,即期信用证支付,限20日复电有效。”我方于17日复电:“若单价为500美元CFR中国口岸,可接受500吨马口铁,履行中如有争议,在中国仲裁。”法国B公司当即回电:“市场坚挺,价格不能减少,仲裁条件可以接受,速复。”此时,马口铁价格确实上涨,我方于19日复电:“接受你16日发盘,信用证已经由中国银行开出,请确认。”但法商未确认并退回信用证。

请问:

(1) 我方19日的复电是承诺吗?为什么?

(2) 我国公司的做法有无不妥?合同是否成立?请说明理由。

6. 我方A公司向美国旧金山B公司发盘某商品100公吨,每公吨2400美元CIF旧金山,以不可撤销即期信用证支付,收到信用证后2个月内交货,限3日内答复。第二天收到B公司回电称:“Accept your offer, shipmen timmediately.”(接受你方发盘,立即装运)A公司未予答复。又过两天,B公司通过旧金山银行开来即期信用证,注明“Shipmen timmediately”。当时该货国际市场价格上涨20%,A公司以合同并未达成为由拒绝交货,并立即将信用证退回,于是双方发生争议。

请问:合同是否成立?为什么?

7. 某月20日,我方F公司向老客户G公司发盘:“可供一级红枣100公吨,每公吨500美元CIF安特卫普,适合海运包装。定约后即装船,不可撤销即期信用证付款,请速复电。"G 立即电复:"你 20 日电我方接受,用麻袋装,内加一层塑料袋。"由于 F 公司一时没有麻袋,故立即回电:"布包装内加一层塑料袋。"回电后,G 未予答复,F 便着手备货。之后在 F 公司去电催请 G 公司开立信用证时,G 以合同根本没有成立为由拒绝,于是发生争议。

请问:合同是否成立? 为什么?

8. A 的父亲生前是一个集邮爱好者,去世时还留有几本邮票。A 对邮票从不感兴趣,觉得这些邮票不好处理。一日,他的朋友 B 来吃饭,无意间发现了这几本邮票,B 也是一集邮爱好者,他随即表示愿意全部购买,最后以 5000 元的价格将邮票全部拿走,A 对这一价格也比较满意。事过不久,A 从父亲生前的一朋友处得知,他父亲所留的邮票中,有 5 张相当珍贵,可能每张都值 5000 元;同时另一朋友告诉他,B 正在寻找买主。A 立即找到 B,要求退还 B 的 5000 元钱。取回邮票,但 B 坚决不同意。双方协商不成,A 诉至法院,要求撤销合同,返还邮票。

请问:

(1) A 与 B 间买卖邮票的行为的效力如何?

(2) 法院应如何对待 A 的请求?

9. 哈尔滨甲足球俱乐部准备引进广州乙俱乐部的一名球员,在正式签订转会合同前,甲要求该球员来试训。当时哈尔滨正来了一股寒流,气温直降 15 度,但甲未通知该球员。该球员带的衣服明显不足以御寒,而甲方也没有给其提供御寒衣物,加之甲方为该球员安排的宾馆暖气又不足,导致该球员达到后第二天就感冒发烧,住院治疗,从而未能参加试训,也未能签订合同。

请问:甲要不要为该球员承担责任? 为什么?

二、实训练习

1. 单项选择题

(1) 根据《公约》下列条件中,( )不是构成发盘的必备条件。

A. 发盘内容必须十分确定

B. 主要交易条件必须十分完整齐全

C. 向一个或一个以上特定的人发出

D. 表明发盘人承受约束的意旨

(2) 我国某企业 6 月 10 日向国外某客户发盘,限 6 月 15 日复到有效。6 月 13 日,我方接到对方复电称"你 10 日电接受,以获得进口许可证为准"。该接受( )。

A. 相当于还盘

B. 在我方缄默的情况下,则视为有效接受

C. 属于有效的接受

D. 属于一份非实质性变更发盘条件的接受

(3) 我方公司星期一对外发盘,限星期五复到有效,客户于星期二回电还盘并邀我电复。此时,国际市场价格上涨,故我未予答复。客户又于星期三来电表示接受我方公司星期一的发盘,在上述情况下(　　)。

A. 接受有效

B. 接受无效

C. 如我方未提出异议,则合同成立

D. 属于有条件的接受

(4)在国际货物买卖中,(　　)是交易磋商中必不可少的法律步骤。

A. 询盘和发盘　　B. 发盘和还盘

C. 发盘和接受　　D. 询盘和接受

(5) 某公司向欧洲某客户出口一批食品,该公司于3月16日发盘,限3月20日复到有效。3月18日接对方来电称:“你方16日电接受,希望在5月装船。”我方未提出异议,于是(　　)。

A. 这笔交易达成

B. 需经该公司确认后交易才达成

C. 属于还盘,交易未达成

D. 属于有条件接受,交易未达成

(6) 根据《联合国国际货物销售合同公约》的规定,发盘和接受的生效采取(　　)。

A. 投邮生效原则　　B. 签订书面合约原则

C. 口头协商原则　　D. 到达生效原则

(7) 英国某商人3月15日向国外某客商用口头发盘,若英商与国外客商无特别约定,国外客商(　　)。

A. 任何时间表示接受可使合同成立

B. 应立即接受方可使合同成立

C. 当天表示接受即可使合同成立

D. 在两三天内表示接受可使合同成立

(8) A公司5月18日向B公司发盘,限5月25日复到有效。A公司向B公司发盘的第二天,A公司收到B公司5月17日发出的、内容与A公司发盘内容完全相同的交叉发盘,此时(　　)。

A. 合同即告成立

B. 合同无效

C. A公司向B公司或B公司向A公司表示接受,当接受通知送达对方时,合同成立

D. 必须是A公司向B公司表示接受,当接受通知送达B公司时,合同成立

2. 多项选择题

(1) 合同是平等主体的自然人、法人、其他组织之间设立、变更、终止民事权利关系的协议。合同具有如下特征(　　)。

A. 合同是当事人意思表示一致的协议

B. 合同必然是双方当事人的民事法律行为

C. 订立合同的目的是为了产生某种民事法律方面的效果

D. 一方当事人无法订立有效的合同

(2) 合同法是以成文法形式出现的国家有(　　)。

A. 英国　　B. 法国

C. 意大利　　D. 日本　　E. 德国

(3) 根据各国法律的规定,合同的有效要件主要是(　　)。

A. 意思表示必须真实　　B. 标的物必须合法

C. 当事人必须有订约能力　　D. 形式必须合法

(4) 国际商事合同订立的法律程序包括(　　)。

A. 要约　　B. 商谈

C. 承诺　　D. 签字

(5) 根据各国法律的规定,合同可能因为(　　)而无效。

A. 标的物违法

B. 当事人对合同性质认识错误

C. 订约人无行为能力

D. 预期违约

(6) 一项有效的要约必须符合以下要求(　　)。

A. 要约必须表明要约人愿意按照要约中所提出的条件同对方订立合同的意旨

B. 要约的内容必须明确、肯定

C. 要约的内容不必明确、肯定

D. 要约须传达到受要约人才能生效

E. 要约的内容必须包括合同标的的名称、品质、数量和包装

(7) 在商业活动中,属于要约邀请的是(　　)。

A. 寄送的价目表　　B. 发实盘

C. 商品目录　　D. 询价函电

E. 普通的商业广告

(8) 要约与要约邀请的主要区别在于(　　)。

A. 如果是要约,一经对方承诺,要约人即须受到约束,合同即告成立

B. 如果是要约邀请,对方接受或同意后,发出该项要约邀请的一方必须受到约束

C. 如果是要约邀请,对方接受或同意后,发出该项要约邀请的一方仍可不受约束合同仍不能成立

D. 对方完全同意或接受要约邀请所提出的条件,发出要约邀请的一方对此表示承诺或确认的,合同才成立

E. 要约是订立合同的必要步骤,而要约邀请则不是

(9) 要约消灭的原因是(　　)。

A. 承诺对要约的内容作了实质性的变更

B. 要约的期限已过

C. 要约被要约人撤回或撤销

D. 要约被受要约人拒绝

E. 要约人或受要约人死亡、破产

(10) 一项有效的承诺应具备的条件是(　　)。

A. 承诺必须在要约的有效期间内进行

B. 承诺必须由受要约人作出

C. 承诺必须与要约的内容一致

D. 承诺的传递方式必须符合要约所提出的要求

（11）我国参加《联合国国际货物销售合同公约》是作了(　　)两项保留。

A. 书面形式　　　　B. 合同效力

C. 卖方义务　　　　D. 适用范围

3. 判断题

（1）对于悬赏广告各国法律一般都认为是一项要约。(　　)

（2）《国际商事合同通则》是一项国际商事条约,具有强制约束力。(　　)

（3）承诺一旦成立,合同即告成立,所以承诺不能撤销。(　　)

（4）承诺迟延一定不会发生合同成立的法律效果。(　　)

（5）我国是《国际销售合同公约》的缔约国,因此必须遵守公约的全部规定。(　　)

三、小组活动

1. 课堂活动

每个小组设计一个虚拟的简单交易,要求包括要约邀请、要约、反要约和承诺。

2. 每组学生在课余时间进行讨论,虚拟一项交易过程,并利用网络等工具,查找相应的合同示范文本,订立一份完整的合同。

项目四

国际合同履行中的法律问题

学习目标

1. **知识目标**

(1) 掌握履行合同的基本规则

(2) 熟悉合同条款约定不明确的履行规则

(3) 熟悉合同履行中的抗辩权及保全措施

(4) 掌握合同变更、转让和解除的基本规则及法律后果

(5) 熟悉合同终止的原因及法律后果

(6) 了解违约的归责原则,掌握主要的违约救济方法

(7) 掌握国际货物买卖合同中买卖双方的权利与义务

(8) 掌握违反国际货物买卖合同的救济方法

(9) 熟悉国际货物买卖中确定所有权转移时间的基本方法

(10) 掌握国际货物买卖中确定风险转移时间的法律规定

2. **能力目标**

(1) 能够依法适当履行合同

(2) 能够依法确定合同条款约定不明确时的履行方案

(3) 能够正确运用抗辩权、合同保全措施,保护自身合法权益

(4) 能够依法正确处理合同变更、转让、解除等问题,防范其中的法律风险

(5) 能够正确处理违约事件,选择适当的救济方法

任务1:如何适当履行合同

工作任务

甲乙签订广告承揽合同,约定:甲为乙制作一广告牌,并负责安置于乙地火车站客运入口处,费用为12000元,乙预付3000元。数日后甲将广告牌制作完成,并安置于站内乘客检票处。乙发现后提出异议,认为甲应将广告牌安置于候车大楼处大门外,并表示如不照此办理,则解除合同。甲认为乘客检票处即为客运入口处,并提出合同约定的广告定做安置费用是参照检票处广告牌设置费用标准收取的,现乙要求安置于候车大楼大门处需加收1万元,且需承担1000元的搬迁费。由于双方对合同约定的客运入口处的含义理解未达成一致,乙拒绝支付余下的费用9000元,遂起纠纷。

请问:

(1) 该合同属于重大误解的合同还是合同条款约定不清的合同?

(2) 该合同的效力如何?

(3) 双方应如何处理此合同纠纷?

操作过程

(1) 该合同属于合同条款约定不清的合同而非重大误解的合同。所谓"误解",又称为"错误",根据《国际商事合同通则》的解释,误解是对已经存在的客观事实或者法律所作的错误的假设,如"合同标的的真假"、"合同当事人是谁"等,都是有客观标准的问题。而本案中,双方争议的焦点问题是对"客运入口处"应如何理解,至于到底什么是客运入口处,并没有客观标准,因此不是重大误解,而应属于合同条款约定不清。

(2) 该合同是有效合同,只是在广告牌的安装位置的问题上没有约定清楚,这个问题并不影响合同的效力,双方当事人应当对此问题进行明确约定,依法适当履行合同。

(3) 根据合同法的规定,合同条款没有约定或约定不清的,双方当事人应协商一致,对条款作出补充约定;如无法达成补充约定,则应考虑合同的目的和性质、交易惯例或交易习惯、合理性等因素,确定履行方案;如不能确定,则按法律规定履行。

本案双方当事人对“客运入口处”的理解无法形成一致意见,因而不能达成补充约定,但根据交易惯例,安装在检票口处的收费标准为12000元,本合同的收费标准即为12000元,因此安装在检票口处并无不当。所以,乙应支付余下的9000元。

知识链接与归纳

合同履行是指合同的当事人双方根据合同的规定,完成各自所承担的义务的行为。各国法律均规定:依法成立的合同,在订立合同的当事人之间具有相当于法律的效力,当事人双方都必须受合同的约束,履行各自所承担的义务,如果违反应履行的合同义务,就要承担相应的法律责任。

一、合同履行的规则

(一) 合同履行的基本原则

根据《通则》及包括我国在内的很多国家的合同法的规定,当事人在履行合同的过程中,应遵循以下两条基本原则。

1. 全面履行明示和默示义务原则

明示义务是指由当事人明确议定的合同条款所构成的义务;默示义务则是由未被明确规定的条款所构成的义务。默示义务有可能是法定的,也有可能惯例性质的。按照《通则》第5.2条,可据之确定当事人默示义务的因素有:①合同的性质与目的;②各方当事人之间确立的习惯做法和惯例;③诚实信用和公平原则;④合理性。

2. 合作原则

合作原则是指当事人不仅适当履行自己的合同债务,而且基于诚实信用原则要求对方当事人协助其履行债务的原则。根据《通则》第5.3条,和很多国家的司法实践,如果一方当事人履行其义务时,有正当理由期待对方当事人合作,对方当事人即应予以合作,否则,要承担违约责任。

(二) 有关事项未明确规定的合同履行规则

根据意思自治原则,各国法律一般规定,只要不违反本国的强制性法律,当事人应按合同中明确约定的质量、价格、时间地点、方式等条款履行其义务。但是由于种种原因,在实践中当事人经常对这些条款没有约定或约定不明确。在履行合同时,又往往因协商不成发生纠纷。因此,很多国家的合同法都对这些条款约定不明确的合同规定了履行规则。

1. 质量条款约定不明确的履行规则

根据《通则》第5.6条,如果合同对质量或确定质量的标准无明确规定,那么义务方应使其义务履行的质量达到合理的标准,并不得低于此情况下的平均标准。我国《合同法》的规定较之《通则》更加具体明确。按我国《合同法》第61和62条的规定,当事人就质量没有约定或者约定不明确的,可以协议补充;不能达成补充协议的,按照合同有关条款或者交易习惯确定;仍不能确定的,按照国家标准、行业标准履行;没有国家标准、行业标准的,按照通常标准或者符合合同目的的特定标准履行。如A承诺在一个繁忙的火车站旁建一座旅馆。合同只规定了"适当的声音隔离",并没有确定更精确的质量要求。然而,从合同中仍可以确定该隔音必须符合在火车站附近的旅馆所需要达到的标准。

议一议

H先生从花店买了一只花瓶,带回家后在花瓶中装上水插上鲜花放在桌子上。一夜过后,发现花瓶中的水全部漏出。H先生找到花店老板要求退货,花店老板则说,花瓶漏水是正常现象,拒绝退货。请问:花店老板的说法有道理吗?

2. 履行的价格标准规则

根据《通则》的规定,如果合同的定价明显不合理的,该定价一概无效,义务方仅有义务按合理的价格履行;在价格或确定价格的方法不明确时,义务方应按订立合同时一般应支付的价格履行,如没有可比价格,则按合理价格履行。我国《合同法》则规定,价款或酬金规定不明确的,按照订立合同时履行地的市场价格履行,依法应执行国家定价或政府指导价格的,按规定执行。

3. 履行时间的确定规则

大陆法国家和英美法国家关于合同履行时间的确定规则存在一定的差别。对当事人未明确约定履行时间的,大陆法国家总的原则是:义务人可以随时履行,权利人也可以随时要求履行,但必须给义务人必要的准备时间。我国《合同法》亦采用此原则。英美法国家的一般规则是,在合同无明确规定的情况下,权利人可以要求对方当事人在合理的时间内履行合同义务。

《通则》采用了和英美法国家一致的规则。

4. 履行地点的确定规则

各国关于履行地点的确定规则较为一致,即如果合同无相反规定,付款义务的履行地为权利人的营业地,其他义务的履行地为义务人的营业地。《通则》第6.1中也确认了上述规则,并进一步规定,当事人应承担在合同订立后因其营业地的改变而给履行增加的费用。

想一想

A公司与B公司订立了一份买卖合同,合同中没有规定交付货物的地点,但是约定交货方式为B公司自行派车到A公司仓库去提货。请问,这份合同的履行地点是哪里?

5. 履行费用的确定规则

履行费用是指履行合同义务所需的费用支出,如运费、邮费等。包括我国在内的很多国家和《通则》规定,当事人无明确约定的,履行费用由义务方承担。

议一议

如果合同条款约定不明确,当事人应如何确定履行方案?可以考虑的因素有哪些呢?

任务2:合同履行抗辩权、保全措施的运用

工作任务

一个空调经销商接受了一宾馆经理60台空调的订单。空调经销商同意了先安装空调然后宾馆付50%的款,1个月后再结清余款的要求。并且要在20天内将空调安装完毕。合同签订后第5天,经销商在报纸上看到法院强制执行通告,表明该宾馆拖欠外债300多万元。该经销商担心宾馆也会拖欠他的货款,要求宾馆支付50%的货款或提供相当的担保,遭到拒绝,而且宾馆经理还以追究违约责任相威胁。于是空调经销商通知宾馆,他将暂时不为宾馆安装空调。

请问：

（1）空调经销商违约了吗？

（2）如果宾馆要求空调商完成合同，应当怎样做？

（3）如果宾馆无法满足空调经销商的要求，空调经销商应如何保护自己的权益？

操作过程

（1）空调经销商没有违约，而是在行使不安抗辩权。不安抗辩权是合同履行抗辩权的一种，是指当事人一方具有在先给付的义务，如果对方的财产于订约后明显减少，有可能难为给付时，在对方没有对待给付或提出担保之前，有权拒绝自己的给付的权利。在大陆法系国家，不安抗辩权的行使范围较小，一般是在对方的财产明显减少而可能无法履行合同时才可以适用。我国《合同法》把不安抗辩权的适用范围适当扩大，针对丧失商业信誉的当事人也可以适用不安抗辩权。本案中，空调商在看到法院的公告后，有理由怀疑宾馆的财务状况与商业信誉不佳，会拖欠货款，因而要求宾馆支付货款或提供担保，是正当行使权利而不是违约。

（2）由于空调商是在行使不安抗辩权，所以，此时宾馆如果要求空调商继续完成合同，则应满足空调商的要求，支付部分货款，或提供适当的担保，如用财产作抵押，或者找到商业信誉良好的企业作保证人，保证债务的履行。如果宾馆支付了部分货款或提供了适当的担保，空调商就应继续履行合同，否则即构成违约。

（3）如果宾馆无法满足空调商的要求，不能使空调商对其商业信誉与偿债能力恢复信心，则空调商有权解除合同，并请求损害赔偿。

知识链接与归纳

二、合同履行中的抗辩权

所谓抗辩权是指能够阻止他人请求自己为一定给付行为的权利，它主要是一种针对请求权的权利，其效力在于阻止请求权的效力，从而使抗辩权人能够拒绝向债务人履行债务。为了鼓励当事人履行合同，正确区分行使抗辩权行为与违约行为之间的差异，各国法律均确立了双务合同履行的抗辩权制度。

（一）同时履行抗辩权

同时履行抗辩权是指没有先后履行顺序的双务合同的当事人一方在另一方未

履行债务之前或未按合同约定履行债务时,可以相应拒绝另一方要求自己履行债务的权利。

同时履行抗辩权的行使必须符合下列条件:

(1) 由同一双务合同互负债务;

(2) 须双方互负的债务均已届清偿期;

(3) 须对方未履行债务或者未按约定履行债务;

(4) 须对方的对待履行是可能的。

同时履行抗辩权仅能阻碍对方的履行请求权,从而使对方的请求权延期,但并不是消灭对方的请求权。

(二) 后履行抗辩权

后履行抗辩权是指有先后履行顺序的双务合同中,先履行一方未履行之前,后履行一方有权拒绝其相应的履行请求。后履行抗辩权的设定是为了保护后履行一方的权利。后履行抗辩权是我国《合同法》首创的制度。

行使后履行抗辩权要符合以下条件:

(1) 必须是由同一双务合同产生的互负债务;

(2) 当事人互负的债务有先后履行顺序;

(3) 必须存在应该先履行的一方未履行或者履行债务不符合约定。

后履行抗辩权的行使,使后履行一方可暂时中止履行自己的债务,以对抗先履行一方的履行请求,保护自己的利益。在先履行一方采取了补救措施时,后履行一方应及时履行其债务;后履行抗辩权的行使,不影响后履行一方的追究对方违约责任的权利。

(三) 不安抗辩权

不安抗辩权是大陆法的制度,是指当事人一方具有在先给付的义务,如果对方的财产于订约后明显减少,有可能难为给付时,在对方没有对待给付或提出担保之前,有权拒绝自己的给付。

在不安抗辩权的成立条件上,各国法律的规定不尽相同。《法国民法典》第1613条规定:在买卖合同成立后,买受人陷于破产或处于无清偿能力致使出卖人有丧失价金之虞时,即使出卖人曾同意延期给付,出卖人也不负交付标的物的义务。但买受人提出到期给付的保证者,不在此限。依此,法国民法中的不安抗辩权只限于买卖合同,而且只在买受人破产或处于无力清偿状态时才能成立。《德国民法典》则规定,因双务合同而负担债务并应向他方先为给付者,如对方的财产于合同订立后明显减少危及债权的实现时,在他方未为给付或提出担保之前,得拒绝自己负担的给付。由此可见,德国法的不安抗辩权的适用范围比之法国法要广,但在行使不安抗辩的条件上比法国法严格,即只限于一方财产的明显减少。其他大陆法国家也对不安抗辩权作出了明确规定。

我国《合同法》第68条规定,应当先履行债务的当事人,有确切证据证明对方有下列情形之一的,可以中止履行:(1)经营状况严重恶化;(2)转移财产、抽逃资金,以逃避债务;(3)丧失商业信誉;(4)有丧失或者可能丧失履行债务能力的其他情形。比较起来,我国《合同法》规定的不安抗辩权的成立条件比其他国家要宽得多,一方当事人只要具备上述规定的任何一种情形,对方当事人就可以依法行使不安抗辩权。

为了防止当事人滥用不安抗辩权,不安抗辩权的行使应当符合下列条件:

(1)有同一有效双务合同所产生的两项债务,并且相互为对价给付。

(2)互为对价给付的双务合同规定有先后履行顺序,应先履行债务的一方的履行期届至,而应后履行债务的一方履行期尚未到来。

(3)应后履行债务的当事人一方在合同依法成立后出现丧失或有可能丧失对待履行债务的能力,并且应先履行债务的当事人一方对上述情况有确切的证据加以证明。这里所说的“丧失或可能丧失对待履行债务能力”的情形,根据我国《合同法》,主要包括:经营状况严重恶化;转移财产、抽逃资金,以逃避债务;丧失商业信誉;其他丧失或可能丧失履行债务能力的情形。

(4)后履行债务的当事人没有为主债务的履行提供适当担保。如果应当后履行债务的当事人在双方订立合同时就为自己债务的履行设定了充分的担保,则即使应后履行债务的当事人一方出现了“丧失或可能丧失对待履行债务能力的情形”,应先履行债务的当事人一方仍无权行使不安抗辩权,拒绝自己债务的履行。

当事人依法行使不安抗辩权时,应当及时通知对方。对方提供适当担保时,当事人应当恢复履行。中止履行后,对方在合理期限内未恢复履行能力并且未提供适当担保的,中止履行的一方可以解除合同,并要求对方赔偿损失。

三、合同的保全

所谓合同的保全是指合同债权人依据法律规定,在债务人不正当处分其权利和财产,危及其债权的实现时,可以对债务人或者第三人的行为行使撤销权或者代位权的债权保障方法。

议一议

2007年8月20日，甲公司和乙公司订立承揽合同一份。合同约定，甲公司按乙公司要求，为乙公司加工300套桌椅，交货时间为10月1日。合同成立后，甲公司积极组织加工。同年9月2日，当地消防部门认为甲公司生产车间存在严重的安全隐患，要求其停工整顿。甲公司因此将无法按合同约定期限交货。乙公司在得知这一情形后，遂于同年9月10日告知甲公司，他将解除与甲公司的合同，要求甲公司承担违约责任。甲公司答辩称，合同尚未到履行期限，其行为不构成违约。即使其在合同履行期限届满时不能交货，也不是其责任，而是因为消防部分要求其停工。请问：在合同未到期之前，乙公司有权要求甲公司承担违约责任吗？为什么？

合同的保全制度是大陆法国家普遍采取的制度。合同的保全制度的确立,在一定程度上突破了合同的相对性原则,扩充了合同的效力范围,使合同在特殊情况下发生对合同当事人之外的第三人的效力,债权人的利益得到更周到的保护。

根据大陆法和我国《合同法》的规定,合同的保全制度有两种,一是债权人的代位权,二是债权人的撤销权。

（一）债权人的代位权

1. 代位权的概念

债权人的代位权是指合同依法成立后,尚未完全履行之前,在债务人怠于行使其对次债务人(债务人的债务人)的到期债权并对债权人的债权实现构成妨害之时,债权人为保全自己的债权,可以以自己的名义行使债务人对次债务人的债权的权利。

我国《合同法》第73条明确规定:“因债务人怠于行使其到期债权,对债权人造成损害的,债权人可以向人民法院请求以自己的名义代位行使债务人的债权,但该债权专属于债务人自身的除外。代位权的行使范围以债权人的债权为限。债权人行使代位权的必要费用,由债务人负担。”

专属于债务人的债权是指基于扶养关系、抚养关系、赡养关系、继承关系产生的给付请求权和劳动报酬、退休金、养老金、抚恤金、安置费、人寿保险、人身伤害赔偿请求权等权利。

债权人行使代位权,应以自己的名义,以次债务人为被告向人民法院提起诉讼。

2. 代位权的法律效力

对债务人的效力。根据一般原则,债权人行使代位权所获得的清偿应直接归属于债务人。如果债务人不积极受领,则债权人可代位受领,但债务人仍有权要求债权人归还所受领的财产。即所谓的“入库规则”。

对次债务人的效力。对于次债务人来说,债权人行使代位权主要产生两个后果,一是在债权人行使权利的范围内,次债务人与债务人之间的债权债务关系归于消灭,二是次债务人对于债务人所享有的一切抗辩权都可以用来对抗债权人。

对债权人的效力。债权人代位行使的是债务人的债权,不能超过债务人债权的范围。债权人在债务人不积极受领时虽然可以代位受领,但却无权将受领的财产供自己优先受偿或者用来抵消债务人的债务。如果想用代位受领的财产清偿自己的债权,必须取得债务人的同意。另外,债权人胜诉的,诉讼费由次债务人负担,从实现的债权中优先支付。

需要指出的是,我国《合同法》及其司法解释没有采取传统的“入库规则”,而是规定了债权人的直接受领权和优先受偿权。此规定大大提高了债权人行使代位权的积极性,更有利于保护债权人的利益。

(二) 债权人的撤销权

1. 撤销权的概念

债权人的撤销权源于罗马法上的“废罢诉权”,是指债权人在债务人无正当理由减少责任财产而妨害其债权实现时,依法享有的请求人民法院撤销债务人的行为的权利。

在大陆法国家,1840 年的《法国民法典》首先继受了罗马法上的“废罢诉权”制度,后为大陆法各国所仿效。我国《合同法》第 74 条对撤销权作了规定:“因债务人放弃其到期债权或者无偿转让财产,对债权人造成损害的,债权人也可以请求人民法院撤销债务人的行为。债务人以明显不合理的低价转让财产,对债权人造成损害,并且受让人知道该情形的,债权人也可以请求人民法院撤销债务人的行为。撤销权的行使范围以债权人的债权为限。债权人行使撤销权的必要费用,由债务人负担。”

2. 撤销权的行使条件

为了防止债权人滥用撤销权,行使撤销权应同时具备以下条件:

客观要件。所谓客观要件是指债务人客观上实施了某种危害债权的行为。债务人是以其全部财产作为责任财产为债权作担保的,如果债务人的责任财产减少,则会损害债权人的利益,此时债权人才能行使撤销权。法律规定的债务人损害债权人利益的行为主要有:第一,放弃到期债权;第二,无偿转让财产;第三,以明显不合理的低价转让财产。

主观要件。主观要件是指债务人与第三人具有主观上的恶意,即在进行交易时,明知或者应知有害于债权的实现仍进行交易。撤销权的行使是否以债务人处分财产具有主观恶意,各国均主张应区分行为的有偿和无偿。如果是因债务人放弃到期债权或者无偿转让财产而给债权人造成损害的,则不以债务人实施处分行为时的主观心理状态为要件,不论债务人对其行为损害债权人利益是否有过错,均可予以撤销。如果是债务人以明显不合理的低价转让财产而对债权人造成损害的,撤销权的成立以债务人和受让人的主观过错为要件。如果受让人在受益时不知道该行为有害于债权,而是在行为结束之后才知道债务人实施的行为有害于债权,债权人不得撤销该行为。因此,在债务人以明显不合理的低价转让财产的情况下,撤销权的成立必须以受让人有恶意为要件。

议一议

N先生向某研究机构捐助了一笔青年研究工作者激励基金后不久,发生了金融风暴,N先生所持有的股票市场价值一落千丈,从而无法偿还其欠K公司的到期货款。请问:K公司能否行使撤销权撤销N先生的赠与行为?为什么?

债权人行使撤销权必须以自己的名义向法院提起诉讼,请求法院撤销债务人的处分财产的行为。

3. 行使撤销权的法律效力

对债务人的效力。债务人的行为被撤销后,视为自始无效。债权人行使撤销权的必要费用,由债务人负担。

对受益人或受让人的效力。受益人或受让人与债务人之间的行为因被撤销而无效,受益人或受让人应当将取得的财产返还给债务人,已向债务人支付代价的,则有权请求债务人返还。

对债权人的效力。因撤销债务人不当处分财产的行为而返还的财产,是债务人对全体债权人的共同担保,行使撤销权的债权人不得优先受偿,该债权人也不得请求受益人或者受让人直接对其清偿。债权人行使撤销权所支付的律师代理费、差旅费等必要费用,由债务人负担;第三人有过错的,应当适当分担。

任务3:违约事件的处理

工作任务(一)

确定损害赔偿的范围

公司与B公司订立货物买卖合同,约定于11月5日交付货物给B。为了完成这个合同,A公司又与C公司签订原材料买卖合同,约定9月10日,C公司应将原材料交付给A公司。但是9月10日时C公司并未交货。A公司虽然多方努力,还是没有按时完成与B公司的合同,致使B公司撤销了合同,并要求A公司承担违约责任。A公司承担的赔偿责任后,又要求C公司承担责任。

请问:

(1) A公司可以获得哪些赔偿?

(2) 如果A公司与C公司的合同中约定,如C公司违约,需支付给A公司合同标的额15%的违约金。C公司未交货,造成了A公司的损失,应如何赔偿?如果违约金的数额不足以弥补实际损失,A公司还可以继续索赔吗?

(3) 假设C公司于9月5日发生火灾,其应当发运给A公司的原材料全部被烧毁,导致9月10日无法交货,C公司能否以遭遇不可抗力为由,免于承担违约责任?A公司能否以不可抗力为由免于为B公司承担违约责任?

操作过程

(1) 根据合同法,违约方应承担因违约造成的全部损失,包括实际损失和可得利益损失。因C公司未交货,导致A公司没有完成与B公司的合同,为此A公司要对B公司负赔偿责任,属于A公司的支出的增加,A公司可以要求C公司赔偿;B公司撤销了合同,导致A公司应得的利润无法得到,A公司可以向C公司索赔;另外,因C公司未交货,A公司为了寻找货源,也支出了一些费用,这些费用也可以向C公司索赔。

(2) 如果A公司与C公司的合同中定有违约金条款,则在C公司违约后,C公司应按合同规定支付违约金。如果违约金数额不足以弥补实际损失,A 公司能否继续索赔要看违约金的性质而定。根据不同国家的法律制度,如果违约金是惩罚性的(如德国法),则 A 公司还有权继续索赔,如果违约金是补偿性的(如我国法、法国法),则 A 公司不能再要求损害赔偿。如果违约金数额过分低于实际损失,A 公司可以要求法院或仲裁机构适当提高违约金的比例。

(3) 不可抗力是指合同订立后履行前,不是由于当事人的过错,发生了当事人不能预见、不能避免且不能克服的意外事件,致使当事人在订约时所谋求的商业目的无法实现的情形。火灾是否构成不可抗力应看造成火灾的原因。如果确实属于当事人无过错,是当事人不能预见、不能避免且不能克服的意外事件,C 公司可以免予承担违约责任,但应及时通知 A 公司,并提供相应的证据。如果是人为的因素引起的火灾,如 C 公司管理不善,导致仓库起火,则不能构成不可抗力,不能免予承担违约责任。至于 A 公司是否能因此免予承担对 B 公司的责任,更要视具体情况而定。一般情况下,A 公司很难证明如果 C 公司不供货他就无法完成合同,因为他与 B 的合同中没有约定只能用 C 公司的原材料,他完全有可能从其他渠道获得原材料,因此,A 一般不能因 C 遭遇不可抗力就免予对 B 承担责任。

工作任务(二)

提前违约及其救济实务分析

根据买卖双方签订的合同,卖方应以 5 万元的价格出售一批货物给买方,履行期限为 12 月 1 日。在 9 月 1 日时,卖方要求加价至 6 万元,否则,将拒绝供货。买方不同意。买方曾于 9 月 2 日向另一供货商 A 询价,该供货商表示可以在 12 月 1 日时以 58000 元的价格出售同样的货物。但买方没有立即补进,而是等到 12 月 1 日。此时卖方没有供货,买方又从市场上以 61000 元的时价购进了货物。由于时间的拖延,买方还额外支出了 2000 元。

请问:

(1) 卖方 9 月 1 日的行为是否违约?

(2) 买方的做法是否妥当? 为什么?

(3) 买方可以向卖方提出的损害赔偿的金额为多少?

操作过程

(1) 卖方 9 月 1 日的行为是违约,属于提前违约。根据合同法,所谓提前违约是指在履行期到来以前,一方就表示他将不履行合同的行为。本案合同履行期限是12月1日,因此,在9月1日时卖方提出将拒绝履行合同的行为即属于提前违约。

(2)买方的做法欠妥当。买方在卖方提出加价时表示拒绝,因此原合同依然有效,双方应按原合同履行合同义务。此时卖方表示将拒绝履行合同,构成预期违约。买方有权在解除合同与继续等待卖方履行合同之间进行合理的选择。买方于9月2日就找到另一供货商A,说明此种货物并非很难找到替代物,所以,买方比较合理的选择应是解除与卖方的合同,与A签约,然后向卖方索赔。如果选择等待,卖方如果届时不履行,他会以买方没有减损为由,拒绝赔偿买方多支出的费用;另外如果在等待的期间,发生不可抗力等意外因素,卖方的供货义务可能会免除,买方则得不到任何赔偿。

(3)买方可以得到的赔偿应为8000元。买方应解除与卖方的合同并与A签订合同。由于与A签订的合同价格是58000元,比与卖方的合同价格高出8000元,因此,买方有权请求卖方赔偿差价损失。买方因等待而多支出的费用,卖方可以以买方没有及时减损为由,拒绝赔偿。但如果买方能证明他选择等待是有理由的,卖方应赔偿全部损失即13000元。

知识链接与归纳

四、不履行合同的法律后果——违约及违约的救济

(一)违约的概念及其构成条件

违约有广义和狭义两种含义。广义上讲,违约是指当事人的任何与合同不符的行为;狭义的违约则是指当事人无合法理由而不履行或者不完全履行合同义务的行为。《通则》称违约为"不履行"。根据《通则》第7.1.1条的规定,不履行是指一方当事人未能履行其在合同项下的任何义务,包括瑕疵履行或迟延履行。根据《通则》和各国法律的规定,一方当事人只能就另一方当事人狭义上的违约行为采取法律上的救济,即追究违约责任。

合同当事人承担违约责任需具备一定的条件。一般而言,有违约行为以及违约行为与违约的结果之间有法律上的因果关系是必须具备的条件。违约行为一般包括不履行、不完全履行和加害履行(亦称瑕疵履行)等。但是对于承担违约责任的主观条件两大法系在理论上存在着很大的分歧。

传统的大陆法国家以过错责任为原则,认为债务人须有过错才承担违约责任,过错包括故意和过失。因此仅仅要证明债务人没有履行合同义务,还不足以构成违约,而必须同时证明或推定债务人的不履行合同义务的行为有可归责于他的过错,才能使其承担违约责任。而英美法国家则以严格责任为原则,即只要当事人没有履行合同义务,即使他不存在任何过失,也构成违约,需要承担违约责任。然而,需要指出的是,两大法系在此问题上的差异只是原则上的差异,而就某一具体问题的处理而言,他们之间的差异并没有那么大。各国的归责原则实际上都是多元化的。如根据大陆法国家的规定,品质瑕疵担保责任是不考虑债务人的过错的,而在英美法国家,也有履行不可能、商业落空等制度,规定当事人无主观过错但是没有履行合同义务,可以免予承担合同责任。另外,从总的发展趋势上来看,大陆法系国家也有放弃过错责任原则的,如德国与荷兰等国也都先后改行严格责任原则。

《通则》和《公约》都接受了严格责任原则。

我国《合同法》对违约责任的确定,基本上接受英美法的严格责任原则,只有在法律规定的特别情况下才采用过错责任。根据《合同法》规定,属于过错责任的合同主要有以下几类:(1)赠与合同赠与人的损害赔偿责任;(2)运输合同承运人的过错责任;(3)保管合同保管人的过错责任;(4)委托合同受托人的过错责任;(5)居间合同居间人的过错责任。

议一议

甲与乙在火车上相识,甲请乙在到站时叫醒自己,乙表示没有问题。在火车到站时,甲没醒,乙也睡着了,导致甲错过了站,没能下车。甲非常气愤,要求乙赔偿损失。请问:乙需要为甲赔偿损失吗?

(二)违约的救济方法

所谓违约的救济方法,是指合同的一方当事人的合法权利被他方侵害时,法律上给予受损害一方的补偿方法。根据《通则》和很多国家的合同法,违约的救济方法主要有以下几种。

1. 实际履行

实际履行是指债权人要求债务人按合同的规定履行合同。

大陆法系国家原则上采取以实际履行作为不履行的主要救济办法。凡是债务人不履行合同时,债权人都有权要求债务人实际履行。法院在债权人有此请求,且履行合同尚属可能的情况下,原则上也应作出实际履行的判决。只有在具体履行成为不可能时,法院才不作出实际履行的判决。

英美法则以损害赔偿为最基本的救济方法,只有在涉及土地、公司债交易、古董等特定的买卖等情况下,才作出实际履行的判决。

我国《合同法》对违约救济的规定,也是将实际履行作为一种主要的救济方法。按照我国《合同法》的规定:当事人一方不履行非金钱债务或者履行非金钱债务不符合约定的,对方可以要求实际履行,但是下列三种情形除外,即:①法律上或者事实上不能履行;②债务的标的不适合强制履行或者履行费用过高;③债权人在合理期限内未要求履行的情况下,法院或仲裁员不得裁决实际履行。

2. 损害赔偿

当合同的一方发生违约,给另一方当事人造成损失时,另一方当事人可以请求损害赔偿。

(1) 承担损害赔偿责任的条件。大陆法系在确定损害赔偿责任时采取过错责任原则。因此,凡不履行、不完全履行或延迟履行合同的一方当事人只有在因过错构成违约,并给债权人造成损害时,债权人才能向其请求损害赔偿。

英美法系则强调合同的一切义务都是当事人所作出的允诺,因此,不采取过错责任原则。只要当事人没有全部履行合同而给对方造成损害,就应承担损害赔偿责任。

(2) 损害赔偿的范围。关于损害赔偿的范围,各国法律的规定基本相同,即应包括违约所造成的全部损失。

具体来讲,全部损失又包括直接损失和可得利益损失。所谓直接损失也称为实际损失或积极损失,是指既有财产或既存利益因违约行为而减少,如收入的减少或费用的增加等。所谓可得利益损失也称为间接损失或消极损失,是指如果债务人不违约,债权人本来能够取得的,但因债务人违约而丧失了的利益。例如,某宾馆已将装修中的房间出租给某个会议使用,但因装修公司未按合同计划完成装修任务,以致不能接待此次会议而取得租金,则此项租金的利润就属于可得利益损失。再如,买卖标的是机器,由于卖方未能按合同规定交货,致使买方因未能使用该机器而被迫停工或开工延迟,由此而造成的损失也属可得利益损失。但是无论是直接损失还是可得利益的损失的赔偿都有一个限制,即一般不得超过违约方在订立合同时预见到或者应当预见到的因违约可能造成的损失。

想一想

哈德利诉巴克森戴饵(英国理财法院1854年)

原告是一个在英国的格洛斯特经营磨坊生意的商人,被告是本地经营运输业务的公司。原告磨坊中的机器为蒸汽机驱动,而曲轴是蒸汽机上的关键部件。一天,磨坊的蒸汽机上的曲轴突然断裂,磨坊不得不停止工作。制造该蒸汽机的厂商位于格林尼治,因此,必须把那根断裂的曲轴作为样品送到格林尼治,以便换回一个新的曲轴。原告派一个雇工把曲轴送到被告公司。该雇工告诉被告,磨坊已经停工,这个曲轴必须马上送走。该雇工还问新的曲轴什么时候能够运回。被告的雇员回答,第二天就可以把曲轴送到格林尼治。由于被告的疏忽,此曲轴没有被马上运往格林尼治。结果,原告收到新曲轴的时间晚了几天,该磨坊的工作因此耽误了几天。这样,原告就损失了这几天的工作可能带来的利润。在初审阶段,被告被命令向原告支付25英镑。最后,英国理财法院认为在通常情况下,从事经营的磨坊都应有备用的曲轴,而且原告也没有告诉被告他只有这一个曲轴,所以被告没有预见到,如果这个曲轴不能及时运到,会给原告造成停工的利润损失。因此这项利润损失的赔偿应该重新考虑。请问,你认为初审判决和终审判决哪一个有道理呢?

另外,在计算损害赔偿的范围时,还要注意损益相抵的问题。所谓损益相抵是指受害人基于损失发生的同一原因而获得利益时,在其应得的损害赔偿额中应扣除其所获得的利益部分的规则。如A出租给B一台挖掘机,租期两年,月租金5万元。因没有支付租金,6个月后合同终止。6个月以后,A以月租金5.5万元把同一机器出租给他人。也就是说,A从原来合同留下的该机器的转租中,一年可多获得6万元。这笔金额不应计算在B应支付给A的损害赔偿金内。损益相抵不是为了减轻违约方本应承担的责任,而是不使受害人因此而得到不应得到的利益。

我国《合同法》和《公约》对损失赔偿范围的规定与上述原则基本一致。

(3) 减损义务。多数国家的合同法及《通则》都规定,在发生违约时,受损害的当事人有义务采取合理措施防止损害的扩大,否则损害扩大的部分将在损害赔偿额中扣除;受损害的当事人采取合理的措施防止损害扩大而发生的合理费用可要求违约方赔偿。

议一议

4月2日，A要求旅游代理商B为其在某旅游景区预定一间5月1日的客房，价格为200元。4月15日，A得知B还没有预定到。A一直等到4月25日才委托别人预定，但只能订到300元的房间了。A要求B赔偿损失100元，B则认为，如果A在4月15日采取行动，可以订到240元的房间，因此，B只赔偿40元的赔偿，因拖延了时间而多出的60元损失是A没有及时减损造成的，B不负责赔偿。请问：B的说法有道理吗？为什么？

想一想

影响损害赔偿金额的因素有哪些？

3. 解除合同

根据各国法律的规定，当事人一方严重违约后，对方有权依法行使合同解除权，终止合同。

（1）大陆法的有关规定。法国法规定，在双务合同中，当一方当事人不履行债务时，另一方当事人可宣告解除合同，但合同并不是当然解除，债权人要求解除合同时应向法院提出，法院得根据情况给予债务人一定期限。同时，法国法还认为解除合同具有溯及既往的效力，不但未履行的义务不再履行，即使已履行的义务也要恢复原状。

德国新债法在合同的解除问题上做了重大修改。如前所述，德国法比较注重合同的实际履行，所以法律规定，除有特别规定外，债务人于履行到期时仍未履行合同，债权人必须为债务人规定适当的履行期间，在此期间届满，债务人仍不履行合同义务的，才可以解除合同。但如果违反义务的行为无足轻重，则不能行使解除权。当然，如果出现了履行不能的情况，也可以解除合同。另外新债法规定，解除合同的同时可以要求损害赔偿，这是和原来的规定完全不同的。在行使合同解除权时，法国法规定必须向法院提起，由法院判决；而德国法则规定，主张解除合同的一方当事人只需把解除合同的意思通知对方就可以了，不必经过法院的判决。

（2）英美法的有关规定。英国法把违约的情形区分为违反条件与违反担保两种形式。违反条件，即是指违反合同的重要条款（美国法则称为重大违约）。违反担保,是指违反合同的次要条款或辅助条款(美国法称为轻微违约)。凡一方当事人违反合同条件或重大违约时,另一方当事人可宣告解除合同并请求损害赔偿。如果一方当事人违反担保或轻微违约时,另一方只能请求损害赔偿,而不能解除合同。一般而言,判断是否为严重的违约,要看违约方的违约行为是否剥夺了对方的主要利益或是否违反了合同的实质性内容。

想一想

甲乙二人于某年12月23日商定,乙必须在12月24日下午5点以前将一批圣诞节礼物运抵商店。结果乙在12月24日晚10点才将这批货物运抵甲的商店。请问,在这种情况下,甲是否有权解除合同?

另外,英美法还有提前违约的制度。所谓提前违约,又称为预期违约,是指一方当事人在合同规定的履行期到来之前,就表示其不履行合同的行为,包括明示的提前违约和默示的提前违约。明示的提前违约是指合同当事人一方在合同履行时间到来之前,明确表示其将不履行合同义务;默示的提前违约是指合同一方在合同的履行时间到来之前以自身的行为或客观事实暗示其将不履行合同义务,如交货期限已过2/3,加工方才刚刚开始工作的;或一方的商业信誉明显丧失等。根据《美国商法典》第2-609条的规定,在具备下列条件下,行为可以构成提前违约:A. 一方有适当理由要求另一方对其违约作出适当的保证;B. 另一方在收到此种要求后未能在合理的期限内依合理的方式对其履行作出保证。在当一方当事人提前违约时,另一方可以解除自己的合同义务,并可立即要求损害赔偿;也可拒绝接受对方提前违约的表示,坚持认为合同仍然存在,等到合同规定的履行期届满时,再决定采取何种法律上的救济方法。但另一方若采用后者救济方法时,则需承担在此段时间内情况变化的风险。例如,在一方当事人宣告提前违约后,另一方拒绝接受对方提前违约的表示,然而在履行期届满之前,出现了不可抗力事由,致使合同可依法得以解除,此时,提前违约的一方就可以不承担任何责任。

议一议

只有一个船台的造船商A允诺为B制造一艘游艇,于5月1日交付并不得延误。此后不久,B从C那里得知A已经答应在同一时间为C制造一艘游艇。请问:B应如何保护自己的利益?

关于合同解除以后的后果,英国法的规定非常地与众不同,认为由违约造成的合同解除只是使尚未履行的债务不再履行,至于已经履行的债务原则上不产生返还的问题。美国法则认为,合同的解除使原来订立的合同不复存在,因而在经济上应恢复到合同订立前的状态。美国法的原则和大陆法的原则是相同的。

(3) 我国《合同法》的有关规定。《合同法》第 94 条规定了解除合同的原因,有下列情形之一的,当事人可以解除合同:A. 因不可抗力致使不能实现合同目的;B. 在履行期限届满之前,当事人一方明确表示或者以自己的行为表明不履行主要债务;C. 当事人一方迟延履行主要债务,经催告后在合理期限内仍未履行;D. 当事人一方迟延履行债务或者有其他违约行为致使不能实现合同目的;E. 法律规定的其他情形。根据上述规定,当事人违反了合同的主要义务及当事人的违约行为使得另一方的合同目的不能实现时,另一方当事人有权解除合同。

我国《合同法》也有提前违约的规定,也包括明示的提前违约和默示的提前违约,但与英美法系国家的提前违约不同的是,英美法系国家构成提前违约是在合同履行期到来之前的明示或暗示的毁约行为,而我国的提前违约的构成则是在履行期届满之前的明示或暗示的毁约行为。在一方当事人提前违约时,对方当事人可以解除合同或采取其他救济方法。

想一想

何种违约行为可以适用解除合同进行救济?

4. 支付违约金

违约金是指以保证合同履行为目的,由双方当事人事先约定,当债务人违反合同时,应向债权人支付的金钱。但是对于违约金的性质,各国法律有不同的规定。

(1) 惩罚性违约金。德国等的法律规定,违约金是对违约一方的经济制裁手段,具有惩罚性质。即当债务人不履行债务时,债权人除了可以请求违约金以外,还可以请求由于违约而造成的损害赔偿,但在违约金过分高于或低于违约所造成的损失时,允许法院对违约金予以减少或增加。

(2) 补偿性违约金。中国、法国及英美等的法律规定,违约金是预先约定的损害赔偿金,即补偿性的违约金,英美法系国家甚至认为如果违约金具有惩罚性是非法的。当一方违约时,对方可取得此项约定的金额,但当违约金过分高于或低于违约所造成的损失时,当事人可以请求法院或仲裁机构予以适当减少或增加。至于违约金是不是能代替实际履行,一般认为应视违约金的性质而定,如果违约金是专为迟延履行等情况而定的,则支付违约金不能替代履行。

需要指出的是,《公约》对有关违约金的规定不太具体。鉴于国际贸易合同中通常订有违约金或者罚金条款,但各国法律对那些条款的规定和处理存在着很大的分歧,于是,联合国国际贸法会制定了《关于在不履行合同时支付约定金额的合同条款的统一规则》(以下简称《规则》),1983 年联合国大会通过决议,建议各国采用。根据该《规则》的规定:当事人一方不履行合同应承担违约责任时,另一方当事人有权取得约定的违约金额,不论该项约定违约金额是作为赔偿金还是作为罚金。同时,除非约定的违约金额与债权人所遭受的损失很不相称,否则,法院或者仲裁机构均不得减少或者增加合同约定的违约金额。再则,如果损失大大超过约定的违约金额时,则对于约定的违约金额所不能补偿的部分,债权人有权请求损害赔偿,并且在延迟履行的情况下,债权人在取得违约金的同时,有权要求对方履行合同义务。

(三) 违约责任免除

根据各国法律,由于不可抗力导致当事人不能履行合同义务,可以免除承担违约责任。

1. 不可抗力的概念和范围

不可抗力是指非由当事人的主观意志所决定,也非当事人能力所能抗拒的客观情事。凡在合同成立后,不是由于当事人自身的过错,而是由于事后发生的意外情况致使当事人在订约时所谋求的商业目的无法实现,从而导致当事人的责任被免除的情事均可属于不可抗力事件。

不可抗力事故均为意外事故。所谓意外事故一般包括两个方面的情况:一种是由自然原因引起的,诸如地震、火灾、旱灾、风灾、雪灾、流冰等;另一种是由社会原因引起的,诸如战争、封锁、禁运等。不可抗力事故的范围也可由当事人根据合同的具体情况在订立合同时加以规定。

2. 不可抗力的法律后果

关于不可抗力的法律后果,两大法系的规定存在着较大的差异。英美法原则上认为,不可抗力的后果,是合同本身归于终止,并且双方义务得以解除。所以,只要双方当事人在合同中就不可抗力事故的范围及其后果作出了明确的规定,法院在审理案件时,原则上应该遵循。大陆法则认为,不可抗力主要是免除债务人不履行义务本来应负的损害赔偿责任,合同并非当然消灭。如果履行的障碍是暂时的,则合同仅在障碍存续期间得以中止履行，只有当不可抗力事由致使合同履行成为不可能或对债权人来说已无必要时，合同才得以解除。当然，如果当事人双方在合同中已对不可抗力事由的范围、后果有了明确的规定时，法院在审理案件时原则上也应遵循。

《公约》关于不可抗力事由所引起的法律后果则在很大程度上吸取了大陆法的规定。根据《公约》第79条第5款的规定：当事人因不可抗力原因不履行义务时仅得以免除损害赔偿责任，而任何一方行使其他救济方法的权利不受妨碍。这就意味着受损害的一方在不可抗力事由发生后，虽然不能得到损害赔偿金，但他仍然有权向不履行义务的一方请求诸如实际履行（如果履行的障碍是暂时的，且履行有可能的话）、减价和解除合同等《公约》规定的救济方法。而且在解除合同后，双方都有权要求另一方归还他按照合同已支付的货款或交付的货物。

我国《合同法》对有关不可抗力的规定基本上接受了《公约》的有关规定。按照《合同法》的规定：因不可抗力不能履行合同的，根据不可抗力的影响，部分或者全部免除责任，但法律另有规定的除外。当事人迟延履行后发生不可抗力的，不能免除责任。因不可抗力不履行合同时，应及时通知对方，并应在适当的期限内提供证明。

由于各国的法律对不可抗力事由的有关规定不尽相同，而且法院在当事人未在合同中明确规定不可抗力事由的有关条款时，要判断哪些意外事故属于不可抗力也十分困难。因此，为了避免不测的风险，目前各国当事人的通常做法是：在合同中订上一条称为"不可抗力"的条款，明确规定哪些意外事故属于不可抗力范围以及不可抗力事故所引起的法律后果。

任务4：合同履行中的变化

工作任务

甲粮油有限责任公司与乙农工商公司签订了一份买卖合同。双方在合同中约定："由乙方提供优质大米100吨，交货日期为2008年7月20日，价格为每公斤2.20元，由甲方派车在乙方仓库处验收交货，10日后付款。"合同还规定：如有特殊变动，以通知为准。

合同签订后，乙方于6月15日发电通知甲方，由于特殊原因，农工商公司暂时组织不了这么多大米，故交货日期推迟到7月30日。粮油公司收到电报后，觉得推迟到7月30日也没有多大影响，就未作答复。

到7月份,新米上市后,甲发现与乙订的大米价格太高,遂于7月12日发电通知乙“降低价格,否则将予以解除合同”。乙收到电报后于7月15日回电“价格可以降至每公斤1.80元,请按约定时间来车取货”。甲认为价格还偏高,于是没有回电,到期也未提货。乙见甲没有履约诚意,于是在8月5日把已经准备好的大米以每公斤2.0元的价格卖给丙公司。后乙以甲违约为由要求甲赔偿大米差价2万元。甲则称,合同中写明,如有特殊变动,以通知为准。我方已履行了通知义务,是你方擅自变更合同履行期限在先。双方争执不下,乙诉至法院。

请问:

(1) 甲、乙的买卖合同的交货日期应为哪一天?大米单价为多少?

(2) 乙能否请求甲赔偿大米差价2万元,为什么?

操作过程

(1) 甲、乙的买卖合同的交货日期为7月30日,大米的单价为1.8元。本案的情况属于合同的变更。根据法律规定,合同的变更分为协议变更和法定变更,本案不具备法定变更的条件,所有应属于协议变更,即双方达成一致意见才可变更合同内容。根据双方的约定,“如由特殊变动,以通知为准”。所以,在乙方通知甲方推迟到7月30日交货后,甲方没有提出异议,应认定为同意变更;在乙方电告甲方,可以将价格降至1.8元时,虽然甲方不满意,但没有提出异议的情况下,也应认定为同意变更。

(2) 乙方不能请求甲赔偿大米的差价2万元。根据合同的规定,合同变更不影响当事人要求损害赔偿的权利。但本案的合同经变更后,价格为1.8元。因甲方违约,乙方以2.0元的价格卖掉大米,并没有遭受损失,反而是获益,因此,不能要求甲方赔偿差价损失。当然,因甲方违约使乙方遭受的其他损失,乙方依然有权要求甲方赔偿。

知识链接与归纳

五、合同履行中的变化

合同在签订之后履行完毕之前,往往会因为主客观方面的原因发生一些变化,如合同变更、合同转让、合同终止等,使得合同无法按照当事人订立合同时的预期目标顺利完成。由于这些变化的发生会对合同当事人的利益产生重大影响，因此，各国法律及《通则》对合同履行中的变化都规定了相应的规则，明确当事人的权利义务。

（一）合同的变更

合同变更一般是指合同内容的变更，合同成立以后、履行之前，或者在合同履行开始之后尚未履行完毕之前，当事人就合同的内容进行的修改或补充。

合同的变更一般不溯及既往，对已履行的合同部分不产生效力。对尚未履行的部分，按照合同变更后重新约定的内容履行。

1. 各国法律关于合同变更的基本规定

从各国法律规定的实践来看，普遍允许当事人通过协议或出现法律规定的事由时变更合同。合同成立以后，当事人双方通过协议的方式对合同的内容进行变更，称为协议变更，又称合意变更。这种变更更加深刻地体现了合同自由的原则，保证了当事人不仅可以自由订立合同，也可以自由地变更合同内容。合同成立以后，当发生法定的可以变更合同的事由时，经一方当事人的请求而对合同内容进行变更称为法定变更，对法定变更的事由各国法律规定不一，大致有不可抗力、情事变迁、重大误解、显失公平等。法定变更合同通常应当通过法院或者仲裁机构来实现。

2.《通则》关于合同变更的规定

《通则》允许在一定条件下变更合同。根据《通则》第 2. 18 条和第 3. 2 条的规定，合同的修改除需当事人的协议外，别无其他要求；如果合同规定对合同的任何变更必须以书面形式作出，则该合同不得以其他的形式变更。此外，《通则》还将重大失衡和艰难情形作为一方当事人主张变更合同的理由。第 3. 10 条规定，在重大失衡的情形下，依有权宣告合同无效一方当事人或收到宣告合同无效通知的另一方当事人的请求，法庭可修改合同或其条款，以使其符合公平交易的合理的商业标准。其第 6. 2. 3 条规定，如出现艰难情形，处于不利地位的当事人有权要求重新谈判；如果合同当事人不能在合理时间内达成协议，任何一方当事人均可诉诸法庭，而法庭则可以在认定确实存在艰难情形的条件下，为了恢复合同的均衡而修改合同。根据《通则》的规定，所谓艰难情形，是指由于一方当事人履约成本增加，或由于一方当事人所获履约的价值减少，而发生了根本改变合同双方均衡的事件，并且(1)该事件的发生或处于不利地位的当事人知道事件的发生是在合同订立之后；(2)处于不利地位的当事人在订立合同时不能合理地预见事件的发生；(3)事件不能为处于不利地位的当事人所控制;而且(4)事件的风险不由处于不利地位的当事人承担。

3. 我国法关于合同变更的规定

我国《合同法》第77条规定:"当事人协商一致,可以变更合同。法律、行政法规规定变更合同应当办理批准、登记等手续的,依照其规定。"根据本条的要求,协商一致是合同变更的基础。在一般情况下,当事人协商一致就可以变更合同,但对于特殊合同,法律、行政法规规定变更合同应当办理批准、登记等手续的,依照规定要办理相应的手续。这些特殊手续是变更合同的有效条件,而不是成立条件,即违反这些规定时构成变更无效。

根据《合同法》第54条的规定,对于因重大误解而订立的合同或在订立时显失公平的合同,当事人一方有权请求法院或者仲裁机构变更合同;对于一方以欺诈、胁迫手段或乘人之危,使对方在违背真实意思的情况下订立的合同,受损害方有权请求法院或者仲裁机构变更合同。这种合同的变更实际上就是法定变更。

合同的变更不影响当事人要求赔偿损失的权利。合同变更以前,一方当事人因可归责于自己的原因给另一方当事人造成损害的,另一方当事人有权要求损害赔偿,不得因为发生变更,或者以合同的变更是当事人自愿的,而对抗当事人请求损害赔偿的权利。

议一议

如果签订合同以后市场价格发生了变化,当事人是否能以此为由变更合同?

(二) 合同的转让

合同的转让,又称为合同的让与,是指合同当事人一方将其合同的权利和义务全部或部分转让给第三人。合同的转让实质上是合同的主体发生变更,即合同权利的受让人成为合同之债的新债权人,合同义务的受让人成为合同之债的新债务人,而合同的内容仍然保持不变。

按照合同转让的权利义务的范围不同,合同的转让可分为合同权利的转让、合同义务的转让以及合同权利义务的概括转让三种类型。

1. 合同权利的转让

合同权利的转让又称为债权让与,是指债权人将其债权转让给第三者的行为。

第三者则基于合同权利转让行为成为新的债权人,从而取代了原债权人的地位。合同权利转让是让与人与受让人之间订立的一种合同,但是由于该种让与合同中牵涉到债务人,那么如何保护债务人的利益以及如何使受让人的权益不受损害就成为一个十分重要的问题。

(1) 合同权利转让合同的生效。关于权利转让合同的生效问题,各国法律有较大差异。归纳起来,主要有两种:第一,以合同权利转让合同成立时合同生效。即让与合同的当事人就合同权利转让达成协议时,该让与合同即对债务人发生效力。属此列的国家主要有德国和美国等。第二,以通知债务人时合同生效。即指合同权利转让合同订立后,以通知债务人时方才对债务人发生效力。属于此列的国家主要有法国、英国和中国等。

(2) 债务人的抗辩权。为了保护债务人的利益,包括我国在内的很多国家的合同法都规定了债务人在合同权利转让时的抗辩权。例如,根据德国法的规定,债务人得以对抗原债权人的事由可用以对抗新债权人,但如果债务人对原债权人的抗辩事由是发生在债权业已让与给新债权人之后,则不能用以对抗新债权人。例如,债务人甲欠让与人乙 100 元,让与人乙又欠受让人丙 100 元。由此,乙将对甲的 100 元债权转让给了丙,事后乙再向甲借 100 元,这种场合下,甲不能以与乙债权抵消为理由拒绝向丙支付 100 元的债务。当然在合同权利转让合同成立时,如果原来的债权含有瑕疵,那么该种瑕疵可随同债权转移给受让人。例如,在上述例子中,当乙与丙的让与合同成立之前,乙就向甲借了 100 元,且此项借款的归还期与甲欠乙 100 元的归还期相同时,甲就可以以与乙债权抵消为理由拒绝向丙支付 100 元的债务。

(3) 合同权利转让的限制。各国法律大多规定,合同的权利原则上都可以转让。但是,为了保证交易的安全和维护当事人的诚信,各国法律又都认为,并非任何合同的权利都可以转让,一般来说,不允许任意转让的合同权利主要有:a. 根据合同性质不能转让的权利,如与当事人的身份有关的合同;b. 法律禁止转让的权利;c. 合同当事人约定不得转让的权利。

2. 合同义务的转让

所谓合同义务的转让又称为债务承担,是指由新债务人(即承担人)代替原债务人履行债务的行为。债务承担只是变更了债务人,而债务的内容并没有改变。

在合同义务转让合同中,由新债务人代替原债务人承担债务,从而使原债务人脱离债务关系,免除其债务。但在此点上英美法的规定有所不同。英美法认为,合同义务的转让实际上是第三人(新债务人)“替代履行”或代行债务。在这种所谓代行债务中,原债务人并不能因此而解除债务的履行义务或违约所产生的责任,如果新债务人没有履行其义务,原债务人仍然应承担履行债务的责任。

(1) 合同义务的转让合同的成立。在合同义务的转让合同中,由于更换了债务人,而不同的债务人其资信情况、履约能力等都可能有所差异,有可能对债权人的利益造成严重的影响。因此,各国法律均规定合同义务的转让合同必须要经过债权人的认可方才发生效力,如果未经债权人的认可,合同义务的转让合同无效。例如,我国《合同法》第84条就明确规定:债务人将合同的全部或者一部分转移给第三人(新债务人)的,应当经债权人同意。《德国民法典》第415条规定:第三人与债务人约定承担债务者,须经债权人追认方可开始发生效力。

(2) 合同义务的转让中的抗辩。如果原债务人有对债权人的抗辩事由,新债务人也可援用对抗债权人。例如,如果某合同是原债务人在受胁迫的情况下与债权人订立的,那么承担该项债务的新债务人也可向债权人主张合同无效或要求变更该合同的内容。但是,新债务人不能以他同原债务人之间的抗辩事由来对抗债权人。因为如果新债务人可以把其对原债务人的抗辩事由用来对抗债权人的话,则债权人在接受合同义务的转让合同时所承担的风险就会很大,债权人的利益就无充分保障,从而合同义务的转让的事项也就难以进行下去。

想一想

甲欠乙100万元货款,后甲经乙同意后将该债务转让给了丙,丙取得债务后不久,债务到期了。乙向丙要求偿还,但此前甲与乙的合同中约定是乙交付了全部货物之后,甲才需于约定日期付款。此时乙只向甲交付了80%的货物。请问,丙能否以乙未交付全部货物为由不履行还款义务?为什么?

3. 合同权利和义务的概括转让

合同权利和义务的概括转让,是指合同一方当事人将自己在合同中的权利和义务一并转让给第三人,由第三人概括地继续承受这些权利和义务。由于合同义务的转让需要债权人的同意,所以,对合同权利和义务的概括转让,各国法律基本上都要求经另一方当事人的同意方可生效。在取得合同另一方的同意后,受让方将完全代替原合同当事人一方的地位,原合同当事人一方将完全退出合同关系。

我国《合同法》不仅分别规定了合同权利的转让和合同义务的转让，而且在此基础之上进一步明确规定了合同权利和义务的概括转让，还具体区分了合同权利和义务概括转让的两种情形：协议性的合同权利和义务概括转让与企业合并分立引起的合同权利和义务概括转让。《合同法》第88条规定的概括转让，就是协议性的合同权利和义务概括转让，第90条规定的概括转让，就是企业合并分立引起的合同权利和义务概括转让。

所谓协议性的合同权利和义务概括转让，是指通过合同一方与第三人达成协议的方式进行的转让。在合同当事人一方与第三人达成概括转让权利义务的协议后，必须经另一方当事人同意后方可生效。在债务转让时，与主债务有关的从债务要随主债务一起转让；新债务人可以主张原债务人对债权人的抗辩。法律、行政法规规定转让权利或者义务应当办理批准、登记等手续的，依其规定。

所谓企业合并分立引起的合同权利和义务概括转让，是指作为合同一方当事人的企业在发生合并、分立时，将其合同权利义务概括转让给合并、分立以后的企业。《民法通则》第44条第2款规定："企业法人分立、合并，它的权利和义务由变更后的法人享有和承担。"《合同法》第90条坚持了这一立场，明确规定了当事人订立合同后合并的，由合并后的法人或者其他组织行使合同权利，履行合同义务。企业合并、分立引起的合同权利和义务概括转让，是依照法律规定进行的概括转让，因而不需要相对人的同意，一般而言，只需合并、分立后的企业作出通知或公告就可发生效力。

（三）合同的终止

合同的终止又称为合同的消灭，是指合同当事人双方依法或者依约了结合同的权利与义务，使合同关系不复存在的行为。

关于合同的终止，世界各国法律的规定存在着很大的差异。就两大法系来说，在大陆法系国家，把合同作为债的一种，且对有关合同的权利与义务终止的规定没有像英美法系国家的法律规定得那样具体和详细，但在司法实践中的许多做法则与英美法系国家类似。我国《合同法》由于颁布较晚，所以吸取了两大法系的长处及《通则》中的一些内容，建立了一套符合中国国情的颇具特色的合同终止制度。所以本书所阐述的有关合同终止的规定以英美法系国家的法律和我国《合同法》的规定为代表。

1. 合同权利与义务终止的方式

原则上讲，合同一经依法成立，双方就须受合同的约束，任何一方都不得单方面擅自变更或解除自己的义务。但是,客观情况常有变化,在某些情况下,通过一定的程序,也允许当事人终止其权利与义务,以此实现合同的消灭。

(1) 英美法中合同消灭的方式。在英美法中合同的消灭主要有以下五种方式:

第一,合同因单方面依法终止而消灭。一般来说,合同依法成立,如果一方没有违反合同的条件或重大违约时,另一方当事人就不能单方面终止合同。但是,在某些持续性合同中,英美法系国家的法律允许一方当事人将其终止合同关系的意思表示通知另一方,以达到终止合同的目的。例如,在租赁合同、雇佣合同、代理合同、租约或其他持续性的合同中,如果规定有效期是无限时,则一方可用通知将他终止该合同关系的意向通知另一方。这时,如果合同中明确规定了可以发出这种通知的时间限期的话,则必须按照合同规定的期限或在此之前发出。

第二,合同依双方当事人的协议而消灭。英美法系国家的法律认为,合同是依照双方当事人的协议而成立的,因此也可以由双方当事人相互协议而解除。例如,经双方协议,可以以新合同提到原合同或变更合同内容,原合同即归于消灭。当事人还可以通过自愿放弃自己依据合同所享有的权利,从而解除另一方的义务,合同即告消灭。

第三,合同因依约履行而消灭。所谓合同的履行,就是指合同的当事人双方根据合同的明示条款和默示条款的规定,完成各自所承担的义务。合同一经依约履行,双方的合同关系也告终止。

第四,合同因当事人违约而消灭。如果一方当事人完全不履行合同义务、拒绝继续履行合同义务(通常是指提前违约)和不完全履行合同义务已构成违反条件或重大违约的程度,另一方就可以依法解除合同。但在此种情况下,合同通常不是自动解除,而需要取决于未违约的一方是否要求违约方承担其义务或是否愿意解除合同。如果未违约的一方选择了解除合同,那么他不但可以解除合同双方的权利与义务,而且他还可以向对方请求赔偿由此产生的一切损失。

第五,合同被依法消灭。合同被依法消灭的情况有许多。例如,如果一方当事人擅自对书面合同作了对其有利的重大修改时,对方有权解除合同;合同的权利与义务归属于同一人,合同也自然被解除;如果当事人破产,取得了法院的解除命令,破产人可解除其所订立的一切债务;在合同落空的场合下,对于未履行的合同义务,当事人可以免除责任;无效合同和非法合同均可以依法解除。

(2) 我国《合同法》中关于合同的权利与义务终止的规定。我国《合同法》规定合同的权利与义务终止的情形主要有如下几种:

第一,债务已经依约履行。大陆法系称之为“清偿”。合同当事人订立合同的目的,就是实现自己根据合同所享受的权利,若是债务人根据合同履行了全部的债务,那么债权人订立合同的目的就已实现,因此,合同的权利与义务也告终止。

第二,合同被有效解除。在合同有效成立以后,当事人若依约或者依法有效解除了合同,则意味着该合同当事人的权利与义务也随之终止。

合同的解除可以分为双方解除和单方解除。双方解除是指双方当事人经过协议自愿解除合同的情形。双方当事人无论是在合同中约定的解除条款,还是在合同成立后另行约定解除合同的协议,只要其内容不违反法律、行政法规的强制性规定不违反社会公共利益,就应当是有效的。单方解除是指一方当事人单方行使合同解除权的情形。单方解除权的行使条件也可分为约定事由与法定事由。

根据我国《合同法》第 94 条,有下列情形之一的,当事人可以解除合同:a. 因不可抗力致使不能实现合同目的;b. 在履行期限届满之前,当事人一方明确表示或者以自己的行为表明不履行主要债务;c. 当事人一方迟延履行主要债务,经催告后在合理期限内仍未履行;d. 当事人一方迟延履行债务或者有其他违约行为致使不能实现合同目的;e. 法律规定的其他情形。

当事人在行使合同解除权时,应当通知对方,合同自解除通知到达对方当事人时解除。对合同解除存有异议的可请求法定机构裁定。但法律、法规规定解除合同应当办理批准、登记手续的,应当遵守其规定。合同解除后,尚未履行的义务,终止履行;已经履行的义务,根据履行情况和合同的性质,当事人可以要求恢复原状或采取其他补救措施。当事人可以同时行使解除合同权和损害赔偿请求权。

第三,债务相互抵消。当事人互负到期债务,若该债务的标的物种类、品质相同的,除按照合同性质或者法律规定不得抵消者以外,任何一方均可以将自己的债务与对方的债务抵消;当事人互负债务,标的物种类、品质不相同的,经双方协商一致,债务也可以抵消。债务抵消以后,合同确立的被抵消部分的权利与义务关系也告终止。

第四,债务人依法将标的物提存。所谓提存是指债务人将无法交付的合同标的物交有关部门保存以消灭合同关系的行为。当债权人无正当理由拒绝接受债务人履行的债务或者债务人无法找到债权人履行债务的场合,债务人可以依法将标的物提存。对于标的物不适宜提存或者提存费过高的,债务人依法可以拍卖或者变卖标的物,提存拍卖或者变卖所得的价款。债务人依法将标的物或价款提存以后,原合同的权利与义务即告终止。

第五,债权人免除债务。债权人免除债务人部分或者全部债务的,合同的权利与义务即部分或者全部终止。

第六,合并。在大陆法国家又称为“混同”。当债权债务不涉及第三人利益而同归一人的场合,合同就失去了履行的意义,因此,合同的权利与义务也告终止。

第七,法律规定或者当事人约定终止的其他情形。凡中国法律、行政法规中规定为合同终止情形的,合同的权利与义务即告终止;在法律、法规没有规定属于合同终止的情形下,当事人也可以依法约定终止合同的权利与义务,届时合同的权利与义务也因当事人依法约定终止而终止。

2. 后合同义务

所谓后合同义务是与先合同义务相对的一种义务,是指在合同关系终止后,当事人依据诚实信用原则应当履行的通知、协助、保密、忠实、照顾等义务。例如,在房屋租赁关系终止后,房屋出租人应允许承租人在房屋门前适当的位置悬挂迁址启示;承租人则应以适当的方式通知其客户迁移的事实,以免影响出租人宁静的生活。

任务5:适当履行国际货物买卖合同

工作任务(一)

国际货物卖方品质担保义务实务分析

2007年7月20日,新加坡某贸易公司与我国某省畜产品进出口公司签订购买混级安哥拉兔毛的合同。贸易公司为买方,进出口公司为卖方。进出口公司与某贸易货栈联系,购买其兔毛以履行合同。进出口公司提出,质量标准要达到特、甲、乙三个等级的兔毛各占30%,丙级和次级的各占5%。不得掺假使杂。贸易货栈表示保证质量合乎要求。进出口公司要求签合同,贸易货栈不同意,言明他们是现货交易,如果当时不成交,第二天就将货卖给别人。进出口公司轻信贸易货栈的保证与许诺,与之达成口头协议,每斤91元,但在装货时,进出口公司的经办人发现一包缝口破裂的兔毛包中混有许多石块、石粉、砖头等杂物,检查了几包,都存在这种情况。经办人当即质问贸易货栈,贸易货栈在搪塞之下,提出可采取其他办法。在开发票时,贸易货栈开出的发票中写为每斤兔毛103.50元,而将每斤多交的13.5元作为回扣给了进出口公司的经办人员,达25万元。

进出口公司购入兔毛后，即电传通知新加坡某贸易公司，兔毛已备齐，数量、质量合乎要求。于是，新加坡方公司开出了以进出口公司为受益人的不可撤销的信用证，进出口公司接证后发货。新加坡方公司收货后，发现了严重的质量问题，于是拒收货物，并立即对进出口公司的行为提出抗议，要求赔偿自己的一切损失。

注:新加坡和我国均为《国际货物销售合同公约》的缔约国。

请问:

(1) 进出口公司的欺诈是否导致与新加坡某贸易公司之间合同无效？为什么？

(2) 卖方的行为违反了《公约》的哪些规定？

(3) 新加坡贸易公司可以采取何种补救措施？

(4) 改变以上案情，假定我方进出口公司已将符合合同质量要求的兔毛备好并通知新加坡方贸易公司。但是，由于运输途中，遭遇特大暴雨，导致部分货物淋湿受潮，发霉变质。贸易公司因此拒付货款，有道理吗？为什么？

操作过程

(1) 进出口公司的欺诈不能导致合同无效。因欺诈导致合同无效是指在订立合同时，一方当事人故意隐瞒真实情况，致使对方对合同内容发生错误认识，因而签订了合同，当事人可以主张合同无效。本案双方在订立合同时不存在一方对另一方的欺诈，因此合同有效。进出口公司的欺诈行为是发生在合同履行阶段，其提供的货物不符合合同规定，属于违约行为。

(2) 卖方的行为违反了《公约》中关于卖方对货物的品质担保义务。根据《公约》及各国法律的规定，卖方提供的货物应符合合同的要求并遵守法律的规定。本案卖方提供的货物掺杂了大量废物，严重与合同不符，应承担赔偿责任。

(3) 新加坡贸易公司可以根据自己的实际需求等情况适当采取如下救济方法:(1)要求进出口公司按合同要求实际履行合同;(2)解除合同，并要求损害赔偿。根据《公约》，一方当事人根本违约，对方有权解除合同。进出口公司提供的货物存在严重的缺陷，严重不符合合同，已构成根本违约，买方有权解除合同。(3)解除合同后，补进符合合同要求的货物，并由卖方赔偿差价与其他损失。

(4) 如果我方已经交付符合合同的货物，由于运输途中的意外事件，导致了货物损失,此损失应属于运输途中风险,而非买卖双方的过错所致。根据《公约》,涉及运输的,运输途中的风险应由买方负担。因此,买方应按合同支付货款。

工作任务(二)

国际货物卖方的权利担保实务分析

中国A公司生产了假冒日本野马公司野马注册商标的CD机,后来A公司与日本B公司签订了出口到日本的该CD机的合同,产品在日本销售时,被野马注册商标权利人发现,起诉B公司构成侵权。

(1) 在这种情况下,A对B是否承担责任?

(2) 假设B在缔约时已经知道A假冒注册商标的行为,A对B是否承担责任?

(3) 假设A与美国C公司签订上述买卖合同,货物在美国销售,野马公司起诉C,A对C是否承担责任?

(4) 假设A知道C打算把货物销往日本,野马公司起诉C,A对C是否承担责任?

操作过程

(1) A公司应当为B公司承担责任。根据《公约》,卖方应对货物的知识产权进行担保,保证其所提供的货物不得侵犯第三方的知识产权。A明知其产品假冒日本野马公司的注册商标,B公司是日本公司且其产品又在日本销售,很可能遭到日本野马公司的投诉,还要与B公司签订合同,致使B公司在日本被追究法律责任,因此应为B公司承担责任。

(2) 假设B在缔约时已经知道A假冒注册商标的行为,A可以不对B承担责任。根据《公约》,如果买方在订约时,已知道或理应知道合同标的物有侵权行为仍愿签约的,卖方可以免予承担权利担保义务。本案买方B公司在缔约时已经知道A假冒注册商标的行为还与A公司签订合同,则A公司可以不对B公司承担责任。

(3) 假设A与美国C公司签订上述买卖合同,货物在美国销售,野马公司起诉C,A可以不对C承担责任。由于知识产权具有严格的地域性,各国授予的知识产权往往是相互独立的,所以,根据《公约》,卖方对知识产权的担保并不是绝对的。A公司虽然销售的假冒日本野马公司注册商标的商品,但是由于该商品是销往美国的,其买方也是美国公司,而野马商标并没有在美国注册,因此该产品在美国没有商标权,所以可以不用对C公司承担责任。

(4) 假设A知道C打算把货物销往日本,野马公司起诉C,A对C应当承担责任。根据《公约》,卖方在订约时,已经知道或能预料到货物将被买方转售到其所在国以外的某一国家,而处于货物的销售地或使用地的第三方基于当地的法律,对其货物提出知识产权方面的权利或要求时,卖方应为买方承担权利担保义务。买方C公司是美国公司,但他打算把货物销往日本,而该产品是假冒日本野马商标的,在日本会遭到投诉,A明知这种情况还与C签约,致使其遭到损失,应当为其承担责任。

知识链接与归纳

六、国际货物买卖合同的履行

国际货物买卖是最传统的国际商务活动之一,至今在国际商务中依然占据相当大的比例,因此国际货物买卖合同也是非常重要的合同类型。在各国商法中,都对货物买卖合同中双方的权利义务做了详细规定。《联合国国际货物买卖合同公约(1980)》是影响最大、运用最广泛的国际商事条约之一。有鉴于此,本书将以《公约》的内容为主,对国际货物买卖合同履行的问题进行简要的阐述。

(一) 卖方的义务

在国际货物买卖合同中,卖方的基本义务就是按照合同的规定向买方交付货物,围绕这一基本义务,卖方应做到:按合同规定的时间、地点交付货物;向买方移交一切与货物有关的单据;对货物的权利及品质进行担保。

1. 交付货物

(1) 交付货物的时间。交货时间是一个关乎成本利益的问题,如果卖方不能按时交货,则很可能影响到买方的生产或再次销售,而且在迟延交货期间如果价格发生波动,还往往会给买方带来经济上的损失。因此最好在合同中明确交货时间,如果合同中没有规定或者规定的不够明确致使双方产生了分歧,就应该寻求有关法律或《公约》的解释。

由于立法的利益保护倾向不同,各国对这一问题的规定不尽相同。

大陆法系国家规定,买方可随时要求卖方交货,卖方也可以在合同成立后随时向买方交货,但应给对方必要的准备时间。英美法系国家则一般规定,卖方应在一段“合理时间”内交货。

《公约》的规定基本与英美法相同,认为如果合同中未定交货期,除非情况表明应由买方选定一个日期,否则卖方应在订立合同后的一段合理时间内交货。

(2)交付货物的地点。交货地点关系到买卖双方风险和费用的分担问题。

如果合同对交货地点已有规定,卖方必须在该地点交货;如果合同对交货地点未作规定,英美法系国家一般规定,如果买卖的是非特定物,交货地点在卖方的营业地,卖方无固定营业地的,则应在卖方的住所地;如果买卖的是特定物,且买卖双方在订约时都知道该货物的存放地点,则交货地点为货物所在地。所谓“特定物”是指那些一经毁损、灭失后又不可以用其他物替代的,具有特定特征的物品,如手稿、定做的货物;“非特定物”,也称“种类物”,是指那些即使被毁损、灭失仍可用其他物替代的物品。

大陆法系国家一般规定,如果合同对交货地点没有规定,应在卖方的住所地交货,但日本除外,日本法规定在这种情况下要在买方的住所地交货。

《公约》规定,卖方应按下列情形履行其交货义务:①如果合同涉及货物的运输,卖方在把货物移交给第一承运人时,视为卖方在适当的地点完成了交货义务。②如果合同不涉及卖方办理货物的运输事宜,当货物是特定货物或从特定存货中提取的货物(如从指定的仓库中提取10万吨大米)时,若双方当事人在订立合同时已知道这些货物存放在某一特定地点,卖方就应当在该地点交付货物;当货物是尚待制造或生产的未经特定化的货物,且当事人在订立合同时就知道该货物将在某一特定地点制造或生产,则卖方应在该地点把货物交付给买方。③在其他情况下,即合同既不涉及运输,也不涉及上项中所提到的具有一定特殊性的货物,则卖方应在其订立合同时的营业地点把货物交付给买方处置。如果货物是由仓库保管人或承运人保管,卖方还要向他们发出向买方交付货物的指示,或者向买方移交控制货物的单据。

想一想

A为日本某公司,该公司与中国云南B公司签订了一笔云南特产食用菌的买卖合同。订立合同时,双方都知道此批食用菌已经加工完成,并存放于某县的一个仓库中,那么,交货地点应在哪儿?

(3)交付货物的方式。在国际货物买卖中交付货物的方式一般有两种:一是实际交货,二是象征性交货。实际交货是指卖方将货物置于买方的实际占有和支配之下。在合同货物涉及运输或其他无法实际交货的情况下,由卖方发运货物并将取得的提单或其他证明货物所有权的运输单证交给买方,或者在货物已由第三人占有且第三人承认是代买方掌管此项货物时,尽管买方没有实际占有货物,但形式上已经拥有了支配货物的权利,即构成象征性交货。

按照英美法和《公约》的规定,卖方在象征性交货的情况下必须履行如下的义务:①如果买方交付承运人的货物没有清楚地注明有关合同,则卖方必须向买方发出列明货物的发货通知。②如果卖方有义务安排运输,卖方必须负责订立必要的运输合同,用适当的运输工具,按照通常的运输条件,将货物运到指定地点。③除另有约定外,如货物由卖方运交买方过程中需经过海运,而按照一般惯例应予保险的,则卖方须将有关情况通知买方,以便其办理海洋运输保险;如果卖方未能这样做,则货物在海运途中的风险应被视为由卖方承担。④使货物处于交付状态的费用,如包装、容器等项费用,除双方另有约定外,由卖方承担。

此外,合同应尽可能地一次性履行,如果合同另有约定或只能分次履行,则买方可以分批付款,直到货物完全交付。

2. 移交与货物有关的单据

"与货物有关的单据",主要是指提单、保险单和商业发票,有时还可能包括装箱单、原产地证书、重量证书、品质证书和领事发票等。这些单据是买方提取货物、办理报关手续、转售货物以及向承运人和保险公司请求赔偿所必不可少的文件。

《公约》明确规定:如果卖方有义务移交与货物有关的单据,则卖方必须按合同规定的时间、地点和方式移交这些单据。此外,《公约》还规定如果卖方在规定的时间以前已移交了单据,则可以在规定时间到达前纠正单据中任何不符合合同规定的情形,但如果因此而使买方遭受损失,则卖方需承担赔偿责任。

卖方移交单据的义务,主要取决于双方过去的交易习惯或双方所采用的贸易惯例,以及双方所订立的合同和信用证中是否有明确规定。按照国际贸易惯例,在大多数情况下,卖方都有义务向买方提交有关货物的各种单据,而且买卖合同也往往规定,以卖方移交装运单据作为买方支付货款的对价条件。如果在合同中,买卖双方未就移交单据问题做出规定,一般只能按照国际贸易惯例或诚实信用原则来处理。

3. 对货物的品质担保义务

卖方的品质担保义务,是指卖方应当保证自己所交货物的品质与合同规定的数量、质量和规格相符,或在没有约定时所提交货物具备法律规定的货物应具备的通常品质。前者为卖方对货物品质做出的“明示担保”,后者为“默示担保”。

所谓“明示担保”,即卖方通过语言或行为向买方就货物的某些方面品质所做出的明确保证。所谓“默示担保”,是指因法律规定而使卖方在出售货物时必须无条件承担的义务,它要求卖方必须保证所售出的货物符合该货物之所以被制造、销售的一般目的。

《公约》认为品质担保义务是卖方的重要义务,并以卖方交付的货物是否与合同不符、货物与合同不符的法律后果是否威胁到合同目的的最终实现为依据,来判断卖方承担根本违约责任还是非根本违约责任。

根据《公约》的规定,除当事人另有协议外,卖方的货物品质是否与合同相符主要依据如下标准判断:

(1) 货物是否适用于同一规格货物通常的使用目的或用途。这是买方购买货物时的一种合理期待,是对卖方交货的最低标准的要求,货物买卖合同的当事人在合同中没有明确规定货物的品质要求,则卖方依据合同提供的货物应达到同一规格货物在通常使用时的功能。一般认为只要达到一般品质即可,买方通常在这种情况下无权要求卖方提供最优产品,当然,卖方也不应提供最次产品。

(2) 货物是否适用于订立合同时买方明示或默示地通知卖方的特定目的,除非情况表明买方并不依赖卖方的技能和判断力,或者这种依赖对他来说是不合理的。这种情形主要适用于买方为了某种特定用途而向卖方购买产品,但自己又不清楚该种产品的确切规格,买方便在合同中向卖方表达这种需求,要求卖方予以满足。在这种情况下,卖方在实际交付货物时,就应保证货物品质适用于该特定用途。

想一想

买方因穿着从卖方处购得的大衣而患上了皮炎,这是因为买方的皮肤为过敏性肤质。如果该大衣穿在其他正常人身上则不会有任何不良反应,那么,卖方是否应对买方承担赔偿责任?

(3) 货物的质量是否与卖方向买方提供的样品或说明书相符。这一规定通常适用于“凭样品买卖”的交易。如果合同没有规定货物的品质,但是在订立合同的时候,卖方向买方提供了样品,则卖方所交付的货物只要与样品相符,即可认为卖方适当地履行了品质担保义务。

想一想

如果合同中既规定了货物的规格，卖方又提供了样品，而二者并不完全相同，应以哪个为准呢？

（4）货物是否按同类货物通用的方式装箱或包装，如果没有通用方式，则用足以保全和保护货物的方式装箱或包装。但是如果买方在订立合同时知道或不可能不知道货物不符合同，卖方就无须按上述规定承担这种货物不符合同的责任。

可以看出，《公约》对卖方品质担保的义务是建立在充分鼓励卖方按照国际货物买卖合同中的约定履行义务的前提下，因此对于货物与合同相符的标准规定得并不详细，具体的判别依据可以由当事人根据所选择适用的国内法来进一步确定。但在另一方面，《公约》对卖方承担货物品质担保义务的时间与风险责任的转移做了较为明确的规定。原则上，卖方的品质担保责任应至该货物风险转移于买方的时候，但在下列两种情况下，卖方仍应承担责任：其一，如果卖方在合同中对货物的品质做了特殊担保，即便货物风险转移于买方，卖方对特殊担保期间内的品质仍应承担责任；其二，如果在货物风险转移到买方时，其本身就存在着隐蔽的或潜在的缺陷，其后由于该缺陷导致货物与合同不符时，只要买方能提供证明给予证实，卖方则仍应负责。

应当指出的是，与卖方品质担保义务相对应的买方的一个重要权利，即是买方检验货物的权利。各国法律一般都规定买方有权对货物进行检验，对货物品质的检验已经成为确定卖方货物是否与合同相符和买方索赔的必要条件。据此，《公约》规定，卖方在以下三种情况下可免除品质担保责任：其一，买方在订立合同时已对货物进行了检验，并且知道或不可能不知道货物存在缺陷；其二，买方逾期检验货物时，即使发现货物与合同不符，除非合同另有规定，卖方可不承担责任；其三，买方在发现或应当发现货物存在缺陷后，未在合同约定的期限之内，或没有约定期限而未在一个合理的期限之内，或任何情况下买方未在实际收到货物之日起 2 年内及时将货物不符合合同的情形通知卖方，卖方也可以免除责任，除非特殊担保期限超过 2 年。

4. 对货物的权利担保义务

卖方的权利担保义务，是指卖方应保证对其所出售的货物享有合法的权利（完全所有权或合法的出售权），没有侵犯任何第三者的权利，并且任何第三者都不会就该项货物向买方主张任何权利。

由于买卖合同的本质在于卖方向买方转让货物的所有权,因此,卖方必须首先保证自己拥有处分货物的权利,无论这种处分是作为货物的所有权人亲自行使的,还是作为代理人在授权范围内行使的。各国法律和《公约》都规定卖方对所出售的货物负有权利担保的义务。这种义务的具体含义包括:第一,卖方必须保证对其所出售的货物享有合法的权利;第二,卖方必须保证对其所销售的货物拥有合法的、保证转让的包括工业产权在内的各种知识产权;第三,卖方必须保证其所销售的货物是任何第三者都不会向买方提出任何权利要求的。

《公约》将卖方的权利担保义务分为两项:

(1) 卖方应对货物的所有权进行担保。卖方应保证所交付的货物是第三方不能提出任何权利或请求的货物,除非买方同意在受制于这种权利或请求的条件下,收取这项货物。

(2) 卖方应对货物的知识产权进行担保。卖方应保证所交付的货物没有侵犯任何第三方的工业产权或其他知识产权,如果买方对货物的使用或处置,构成了对第三方拥有的知识产权的侵权,最终也会产生第三方向买方主张侵权责任的问题。当然,由于买方对货物的使用或转移同样受到干扰,卖方也应向买方承担责任,为买方排除干扰并赔偿其经济损失。

由于各国授予的知识产权往往是相互独立的,具有严格的地域性,使国际贸易中的知识产权保护问题愈加复杂,因此,《公约》并没有绝对地要求卖方承担权利担保义务,而是作了一定条件的限制,规定卖方只在下列情况才对买方承担违反权利担保义务的责任:

议一议

我国甲公司与美国乙公司于2001年签订进口商标为"R"牌的运动鞋的合同。货物进口后,甲公司将该批货物转售给我国丙公司,不久,接到丙公司的书面通知,称"R"牌运动鞋已经由美国客户于2000年授权丁公司以丁公司的名义在中国注册商标。现丁公司称丙公司侵权并要求丙公司停止在中国境内销售该种品牌的运动鞋,否则将追究其违约责任。请问:丙公司是否侵权?为什么?甲公司接到通知后应如何处理?为什么?

其一,卖方在其订立合同时已经知道或不可能不知道第三方对其货物会提出知识产权方面的权利或要求时;其二,卖方在订约时,已经知道或能预料到货物将被买方转售到其所在国以外的某一国家,而处于货物的销售地或使用地的第三方基于当地的法律,可以对其货物提出知识产权方面的权利或要求时;其三,在任何其他情况下,当第三方依据买方营业地所在国的法律提出卖方的货物有侵权行为时。

相应的,《公约》还规定卖方在下述情况下可以免除权利担保的义务:其一,买方在订约时,已知道或理应知道合同标的物有侵权行为仍愿签约者;其二,发生侵权行为是由于卖方要遵守买方所提供的技术图样、图案、程式或其他规格所致者。

想一想

我进出口公司根据韩国商人所提供的图纸生产,出售机器一批,韩国商人又将该机器转售给美国商人。机器进入美国后,美国商人被起诉,原因是该机器侵犯了美国有效的专利权。法院判令被告向专利权人赔偿损失,随后美国商人向韩国商人索取赔偿,而韩国商人又找我方要求赔偿。请问:我方是否应承担责任,为什么?

(二)买方的义务

与卖方的权利相对应的为买方的义务。根据各国法律和《公约》的规定,如果当事人没有特别的约定,买方主要应承担两项义务:按时按量支付货款和收取货物。

1. 支付货款

买方支付货款的义务涉及付款时间、地点、步骤和手续等许多方面。由于国际货物买卖中的付款比国内货物买卖要复杂得多,因此,《公约》在这方面的规定更具针对性,也更加具体。

(1) 办理必要的付款手续。《公约》规定,买方应根据合同或任何有关法律和规章规定的步骤和手段,履行其支付价款的义务。按照国际贸易实践,这些步骤和手续可能包括:向政府机关或银行登记合同,取得所需的外汇,申请官方核准向国外汇款,向银行申请信用证或付款保函等。

(2) 确定货物的价格。一般而言,货物的价格条款作为合同的重要内容,会被当事人以某种方式所明确规定。但在一些情况下,如分批订货或分期履行时,合同中没有明确货物的价格,此时《公约》认为,如果合同已有效订立,但没有明示或默示地规定价格或规定确定货物价格的方法,买方应按订约时货物的“通常价格”来确定付款金额。《公约》的这一规定与很多国家的规定很不一致(如英美法国家规定“按交货时交货地的合理价格”确定付款金额),可以使双方当事人对货物的价格都能有一个合理的预见。如果货物的价格是依据货物的重量来确定的,则应按净重来计算,即不包括货物包装的重量。

(3) 在适当的地点支付货款。当合同未对买方付款的地点做出规定时,德国法规定,买方应在卖方的所在地进行清偿;法国法规定,买方应在卖方交货地点支付货款。

《公约》规定买方可在下列地点向卖方支付货款:①卖方的营业地。如果卖方有一个以上的营业地,则卖方必须在与合同的履行关系最密切的营业地支付货款,当卖方的营业地发生变动时,由此而增加的支付费用由卖方承担。②如果是凭移交货物或单据支付货款,则买方应在卖方向其移交货物或单据的地点支付货款。③支付货款的时间。

对于付款时间,各国一般都与卖方的交货义务结合起来进行规定,体现了公平合理的原则。如法国法规定,买方应在卖方交货时付款;英国法认为,卖方交货与买方付款应同时进行;而根据美国《统一商法典》,除双方当事人另有约定外,买方支付货款的时间是在验货后,但如果合同规定采用“付款交货”或“交单付款”的,则买方必须在验货前付款。

《公约》规定,买方支付货款应遵守以下规则:①买方应于卖方按照合同或《公约》的规定将货物或控制货物处置权的单据交给买方处置时支付价款,卖方可以以支付价款作为移交货物或单据的条件。②如果合同涉及货物的运输,买方应在货物发运前支付货款。③买方在获得机会检验货物之前,没有义务支付价款,除非这种检验机会与双方当事人约定的交货或支付程序相抵触。例如,在国际货物买卖中,买卖双方通常采用某种贸易术语成交,而根据这些交易条件,买方在接受卖方提交的单据后首先要做的是必须付款,只有货到后才能对其进行检验,在这种情况下,买方要求验货的权利就被认为是与双方当事人议定的支付程序相抵触。

2. 收取货物

对卖方来讲,收取货物是买方的另一项重要义务。除非货物与合同不符使买方有权拒收货物,买方不接受或不及时接受货物的行为都会给卖方带来额外的麻烦。因此,《公约》对买方收取货物的义务作了如下规定:

（1）切理应采取的行动，以协助卖方完成货物的交付。

（2）方必须接受符合合同规定的货物。如果由于某种不能归责于卖方的原因，买方拒绝接受货物而给卖方造成损害的，买方应承担违约责任。

（三）违约及其救济

由于国际货物买卖合同是合同的一种，因此，合同法中关于违约及违约救济方式的规定，都可以直接适用于国际货物买卖合同。但是由于国际货物买卖合同本身的特点决定了其在违约及其救济方法上更加具体，因此，这里仅以《公约》为主线，对违约及救济方法进行简要介绍。

1. 违约行为的分类

《公约》根据违约的后果以及违约当事人主观上是否预见其违约的后果，将违约行为分为根本违约和非根本违约、实际违约和预期违约等不同类型。

（1）根本违约与非根本违约。根据违约后果的严重程序，违约分为根本违约和非根本违约。

根本违约是指如果一方当事人违反合同的结果，使另一方当事人遭受严重的损害，以至于实际上剥夺了其根据合同有权期待得到的利益的情形，除非违反合同的一方并不预知而且一个通情达理的人处于相同情况下也没有理由预知这种结果。

构成根本违约的条件除了必须有违约的事实外，还必须有这一事实所造成的严重后果，同时必须是违约方对这一违约的严重后果是可以预知或没有理由不预见到的。也就是说如果当事人一方虽然违反合同的约定，但并没有给对方造成实质性损害的严重后果，或者即使造成了严重的后果，但并不是违约方或其他处于同样地位的通情达理的人所能预知的或没有理由不预见到的后果，那么这种违约也不构成根本违约，而是《公约》所规定的另一种违约类型，即非根本违约。

非根本违约是指一方当事人的违约结果并未实际剥夺另一方当事人根据合同有权期待得到的全部利益。

将违约划分为根本违约和非根本违约的意义在于救济方法不同，在根本违约情况下，受损方可以主张解除合同并要求损害赔偿；而在非根本违约情况下，受损方只能要求损害赔偿，不能要求解除合同。

（2）实际违约与预期违约。根据违约事实是否发生，违约分为实际违约和预期违约两种。

实际违约是指违约事实已经发生的违约情形，即在合同规定的履行期限内，当事人没有履行合同从而构成违约。在实际违约情况下,受损方有权采取相应的补救措施。

预期违约是指在合同规定的履行期限到来之前,一方有充分的理由相信另一方在履行期限届满时将不履行其合同义务的情形。

预期违约分为明示和默示两种。前者是当事人明确表示将不履行合同,往往以肯定的通知方式告诉对方;后者是当事人虽未明确表示不履行,但其行为和现状已表明他将不会或不能履行合同,包括履行能力或信用有严重缺陷、在准备履行合同或履行合同中的行为显示其将不履行合同主要义务。

议一议

什么情形构成预期违约? 请举例说明。

预期违约的补救方法包括:第一,中止履行合同。援用中止履行合同必须采取通知程序,即宣告中止履行的当事人必须立即通知预期违约的当事人,如果对方对其履行合同义务提供了充分的担保,则守约方必须继续履行,但是如果该担保不充分,守约方仍然可以行使中止履行的权利。第二,撤销合同。在合同履行期限届满前,如果当事人一方明示预期违约,另一方可以撤销合同;如果一方默示预期违约,在另一方中止履行合同后,违约方在合理期限内仍没有恢复履行能力并且没有提供担保时,守约方才可以撤销合同。

2. 违约的救济方法

(1) 买卖双方均可采用的救济方法。

① 实际履行。前已述及,两大法系在实际履行的问题上分歧较大,难以统一,《公约》对此采取了折中的办法,原则上承认实际履行可以作为守约方的一种权利救济方法,但允许各国法院根据当地的法律,对受损方要求实际履行的请求进行裁决。

应当注意的是,如果买方已经采取了与实际履行相抵触的其他救济方法(如宣告解除合同),就不能再要求卖方实际履行合同义务。

② 损害赔偿。损害赔偿是各国法律和《公约》所规定的一种主要补救方法。买卖双方任何一方违反合同,造成对方受损时,受损方都有权请求损害赔偿,而且无须证明违约方的行为是否有主观上的过错。同时,受损方要求损害赔偿的权利也不因已经采取其他的补救方法而丧失。

③ 中止履行。中止履行是指合同成立后，另一方当事人因某种原因显然将不履行其大部分重要义务，一方当事人暂时停止履行其合同义务并立即通知对方的行为。中止履行合同是一种对利益损失的预先救济方式，是一种事前的防范。

中止履行的救济方式既可以应用于预期违约之中，也可以在实际违约的时候采用。例如，当事人双方在国际货物买卖合同中规定，买方应尽一切努力获得进口货物的许可证。但是在合同订立后的一段时间内，卖方没有发现买方有任何为履行该义务采取的举措，此时卖方可以中止履行其交货的义务；或者合同约定，买方在卖方将货物交付承运人时付款，而卖方在交付货物的一段时间里发现买方并没有付款，则卖方有权行使停运权，阻止承运人将货物交付买方。

各国法律对于行使中止履行这一救济方式都有较为严格的限制。根据《公约》的规定，一方做出中止履行合同的行为必须基于以下判断：其一，另一方当事人履行义务的能力或信用有严重缺陷；其二，一方当事人在准备履行合同或履行合同中的行为表明其显然将不履行大部分重要义务。

应当注意的是，中止履行义务的当事人在行使其权利的时候还必须履行"立即通知另一方当事人"的义务，如果另一方当事人对履行义务提供了充分的保证，则中止履行方必须恢复履行。

④ 迟延履行宽限期。尽管在《公约》对违约救济的一般性规定中没有将迟延履行宽限期作为违约的救济方式，但无可否认的是，如果合同双方并无不履行合同的意思或行为，仅是因为某些原因导致不能按合同规定的时间履行，那么给迟延履行方一段合理的额外时间使合同得以履行，对双方合同目的的实现和利益的维护都是有好处的。因此根据《公约》的有关规定，从事国际货物买卖的当事人可以以这种"合理的额外时间"，也就是所谓的"迟延履行宽限期"救济自己的权利。

⑤ 宣告解除合同。《公约》在规定这一权利救济方式的运用时做了明确的限制，即只有当违约的结果使一方当事人蒙受损失，以至于实际上剥夺其他根据合同规定有权期待得到的利益时，即"根本违约"时，守约方才可以行使单方解除合同的权利，即《公约》中所表述的"宣告合同无效"。

《公约》同时规定，宣告解除合同的效果在于未履行方向已履行方返还已履行的部分或全部利益，或者双方各自返还所获得的利益，如果这种返还在事实上成为不可能，那么无法返还的一方就丧失了宣告解除合同的权利。但是《公约》也认为，如果这种无法返还是由于对方的原因造成的，或者是由于检验货物所致，或者是在未发现其不符合同之前就销售或消费或改变等原因造成的,则不影响守约方宣告解除合同。但是无论如何,都不影响守约方采取损害赔偿以及其他的救济方法。

⑥ 保全货物。货物保全是《公约》对善意或诚实信用原则的体现,具体要求是:如果买方推迟收取货物,卖方必须按情况采取合理措施,以保全货物;如果买方已收到货物,但打算行使合同或《公约》规定的任何权利以退回货物,则买方必须按情况采取合理措施,以保全货物。

有义务采取措施以保全货物的一方当事人,可以把货物寄放在第三方的仓库,由另一方当事人担负费用,但该项费用必须合理。

(2) 卖方违约时买方可采取的救济方法。

卖方违约的主要形式有不交货、迟延交货或所交的货物与合同不符等情形,买方除了可以采用前面所介绍的买卖双方均可使用的方法获得救济外,还可以针对卖方不同的违约行为采取以下相应的救济手段:

① 购进替代货物。根据《公约》的规定,卖方在不按时交货而导致买方合同目的无法达到时,买方有权宣告解除合同并在此后的一段合理时间内,以合理的方式购买替代物(即"补进货物"),并有权要求卖方赔偿合同价格与替代货物价格之间的差额。一些国家的法律将这一权利称为"转买权"。此外,买方还可以索赔由于卖方违约所造成的其他损失,如因购买替代物所引起的额外开支等。

想一想

在卖方非根本违约的情形下,买方能否行使转买权?

② 要求卖方交付替代货物。在英美法系国家,只有其他救济方法不足以弥补买方损失时,买方才可能寻求此种救济措施。大陆法系国家一般只允许种类物的买方采取此种救济措施。

根据《公约》,买方只有当卖方所交货物与合同规定严重不符并已构成根本违约时才可采用此种救济方法。买方要卖方交付替代货物的要求,必须与向卖方发出的货物与合同不符的通知同时提出,或者在该通知发出的一段合理时间内提出。买方必须采取合理措施对有缺陷的货物进行保全并做好退还卖方的准备,且买方在要求卖方交付替代货物的同时,不得再采取与其相抵触的其他救济措施,如解除合同等。

应当指出,即使卖方交付了相符的替代货物,买方仍有权就卖方原来交付不符货物给其造成的损失要求赔偿。

③ 要求卖方修补与合同不符的货物。《公约》规定了买方对于卖方所交付的与合同不符的货物,在不符的情形不很严重的情况下,要求卖方进行修补的救济权利。但是如果根据当时的具体情况,要求卖方对货物不符之处进行修补的做法是不合理的,如果修补给卖方带来的损失比其向买方支付损害赔偿金要大得多,则买方不能要求卖方对货物进行修补,而只能要求损害赔偿。买方要求修补的救济同样需要在发现或理应发现货物不符情形的同时或此后的一段合理时间内,以通知的方式传达给卖方,否则就丧失了这样的救济权利。

④ 要求卖方减价。依照《公约》的规定,如果卖方所交付的货物与合同不符,且这种不符是买方愿意容忍的,不论买方是否已支付货款,买方都可以要求降低价格,减价按实际交付的货物在交货时的价值与符合合同的货物在交货时的价值两者之间的比例计算。但是,如果卖方已按照《公约》的规定对违约做出补救,比如卖方对不足的数量或瑕疵进行了补足或修补,或者买方拒绝接受卖方的补救措施,则买方不得要求降低价格,而只能采取其他的救济措施。

⑤ 拒绝收取货物。《公约》规定,如果卖方在规定的日期前交付货物,买方可以收取货物,也可以拒绝收取货物;如果卖方交付货物的数量大于合同规定的数量,买方可以收取也可以拒绝收取多交部分的货物,但如果买方收取多交部分货物,则必须按合同规定的价格付款。

(3)买方违约时卖方可采用的救济方法。

① 转售货物。根据《公约》的规定,如果买方不按照合同约定接收货物或支付货款或不履行其他合同义务造成根本违约时,卖方有权宣告解除合同,并在一段合理的时间内将货物转售,同时可以向买方要求合同价格与转卖价格之间差额的损害赔偿,包括在转售过程中产生了其他的费用损失,也可以一并向买方索赔。但是如果转售使卖方没有遭到损失反而获得了利益,根据《公约》损害赔偿弥补损失的原则,卖方不能再对差价要求损害赔偿,但不影响其行使其他的赔偿损失的权利。卖方在转售货物时,应及时通知买方,但一般认为,如果货物属于鲜活产品或易贬值的产品的,则可以不通知。

② 自行确定货物的具体规格。《公约》规定,如果买卖合同约定由买方负责订明货物的形状、大小或其他特征,而买方在议定的日期或在收到卖方的要求后一段合理时间内没有订明这些规格,则卖方在不损害买方可能享有的任何其他权利的

情况下,可以依照自己所知的买方的要求,订明货物的规格,以使合同不因买方不指定具体规格而不能执行。但在此情况下,卖方必须把订明规格的细节通知买方,而且必须规定一段合理时间,让买方可以在该段时间内订出不同的规格。如果买方在收到这种通知后没有在该段时间内这样做,卖方所订规格即具有约束力,买方无权拒收这样的货物。如果买方拒绝接收,则卖方有权行使《公约》所规定的任何一项或几项救济措施,使其权利不受损害。

③ 要求买方支付利息。根据《公约》的规定,在买方不支付或迟延支付约定的价款时,卖方不仅有权向买方要求支付价款(事实上,支付价款的实际履行在任何情况下都会得到法庭的支持),还有权向买方要求支付从约定的付款时间到实际付款时间之间的利息。而且,要求支付利息并不妨碍卖方要求额外的损害赔偿。

④ 分批交货合同的违约救济。分批交货合同是指一个合同项下的货物分成若干批交货。根据《公约》的规定,对于分批交货合同发生违约时,守约方可以根据以下三种情况选择采用前述所有的补救方法对所遭到的利益损害进行救济:

A. 如果当事人一方不履行对任何一批货物的义务并已构成根本违约,则另一方可宣告合同对该批货物无效。

B. 如果当事人一方不履行任何一批货物的义务,使另一方有理由断定其对今后各批货物将发生根本违约时,另一方可在一段合理的时间内宣告合同今后无效。

C. 买方宣告合同对任何一批货物的交付为无效时,如果合同项下的各批货物是相互依存、不可分割的,不能单独用于双方当事人在订立合同时所设想的目的,则买方就可以同时宣告合同对已交付和今后将交付的各批货物均无效,即宣告解除整个合同。

想一想

在什么情况下,一批货物不符合合同,买方有权宣告解除整个合同?

(四) 货物所有权及风险的转移

在国际货物买卖活动中,货物所有权及货物灭失风险的转移是关系到买卖双方根本利益的重大问题,不仅被各国国内立法所重视,也为国际公约和国际惯例所重视。

1. 货物所有权转移

(1) 确定货物所有权转移的意义。买卖合同是买方支付货款、卖方转移货物所有权的合同。因此,货物的所有权是买卖合同的核心问题。

所谓“货物所有权的转移”,是指货物的所有权从何时起由卖方转移给买方,从而使买方成为货物的所有权人,享有对货物完全的占有、使用、收益和处分的权利。对买方来讲,订立买卖合同的目的,是希望得到具有完整权利的货物,但卖方的交货并不一定意味着货物所有权的移转,即卖方虽将货物交付给了买方占有,却不一定将货物的处分权也转给了买方,而一旦发生上述情况,不但买方订立合同的目的无法达到,还会使买方蒙受其他不应有的损失。

对卖方来说,如果货物所有权已转移于买方,而买方却因某种原因未付货款,卖方就将遭受重大损失。这是因为此时卖方已失去对货物的处分权,只能以普通债权人的身份参与买方财产的分割,其实际所得可能大大少于应收货款。

另外,货物所有权的转移可能决定着货物灭失风险的转移。许多国家的买卖法规定,谁拥有货物,谁就应该承担货物灭失的风险,即货物所有权及风险同时转移到买方。但这一原则近年来有逐步被废弃的趋势。许多学者认为,风险与所有权是两种不同的制度,服务于不同的利益。货物所有权的转移主要决定双方当事人的债权人的利益,而货物风险的转移则主要决定着买方从何时起承担无条件缴付货款的义务。这一观点已反映在一些国家的立法中。如美国《统一商法典》就采纳了所有权与风险相分离的原则。尽管如此,目前仍有许多国家的法律规定,货物所有权的转移决定着风险的转移。

(2) 货物所有权的转移的时间。货物所有权转移的核心是所有权转移的时间问题。

世界各国在国际货物买卖的实践中,几乎都是依据其国内法来确定货物所有权转移的时间,因此相互之间存在着较大的差异。一般来说,各国都规定当事人可以在合同中约定所有权转移的时间,没有约定的,应按法律规定,总体来说,主要有三种确定方法:

① 货物所有权在卖方将货物交给买方时转移到买方。如美国、德国、巴西以及我国都是采用这种确定方式的。另外《华沙—牛津规则》也是采用这一观点的。

② 货物所有权在合同签订时转移给买方。如法国、意大利等国是采用此种方式的。

③ 以货物特定化作为所有权转移的前提。根据英美法的规定,货物特定化以前,所有权不转移。所谓"特定化"是指货物被当事人特别指定,如确定在合同项下,加注唛头等。

议一议

一份 CIF 合同,英国商人 A 从美国进口 1000 吨散装小麦,把其中 500 吨转让给英国商人 B,B 已经付清货款。但货物运达英国港之前,A 宣告破产。主持破产清盘的官员已将上述 1000 吨小麦列入破产财产的清单内。B 在得知此事后,以已付款为由,主张其中 500 吨小麦的所有权,但遭清盘官拒绝。请问:货物所有权是否发生了转移?英国商人 B 能否取得这 500 吨小麦?

《公约》除原则性地规定卖方有义务把货物所有权转移于买方,并保证其所交付的货物必须是第三方不能提出任何权利或请求权的货物之外,对货物所有权转移的时间、地点和条件,以及买卖合同对第三方货物所有权所产生的影响等问题并没有明确规定。

2. 货物风险转移

在国际货物买卖中,风险是指承担风险责任的当事人一方必须承担货物因意外损坏或灭失的责任。对于买卖双方而言,确定货物风险的转移尤其对买方具有特殊意义。各国法律、《公约》和国际贸易惯例的一般原则是,风险在哪方,就由哪方承担货物的损失。在买卖过程中,如果货物的风险已由卖方转移给买方,即使货物由于意外事件而遭受损失,买方仍有义务按合同规定支付货款;如果风险尚未转移给买方,则货物遭遇的损失就仍由卖方承担,卖方不能以此为理由要求免除交货义务,并且卖方还要承担因不交货而产生的损害赔偿责任,除非卖方能证明这种损失是由于不可抗力原因造成的。

一般说来,如果买卖合同被如约履行,则风险仅被认为是价金风险,因为此时谁承担风险,谁就将损失价金;但是在一方当事人违约的情况下,例如,卖方未提供与合同相符的货物或是买方拒绝接受与合同相符的货物,情况就不同了,因为此时的风险不仅是价金的风险,还包括了赔偿金的风险,而且,大多数国家的国内法和国际规则都认为,该风险应由违约方承担。由于国际货物买卖通常涉及长途运输,买卖双方都无法准确预知货物的实际状况,风险作为一种责任的承担,对买卖双方都是一种负担,因此如何将这种负担尽可能快地转移给对方当事人,成为国际货物买卖当事人异常重视的问题。

(1) 风险转移的时间。货物风险转移的关键性问题就是风险转移的时间问题。尽管当事人可以通过约定对风险转移的时间予以安排,但有时约定却很难明确做出。在《国际贸易术语解释通则》被制定以后,多数情况下,当事人可以借助合同中所采用的价格术语来确定风险的转移时间,但在没有价格术语或者没有采用价格术语的情况下,风险责任问题依然非常棘手。

综合各国法律及国际公约的规定,转移风险的时间标准主要有三个:

第一,风险转移在买卖合同订立时。如瑞士等国家即采用这个标准。

第二,风险转移在货物所有权转移时。采用这一标准的国家有英国、法国等。

第三,风险转移在交货时,即以货物的实际交付作为风险转移的确定标志,而不论货物所有权在何时转移。如以美国、德国、奥地利等为代表的大多数国家均采用这一标准。

上述第二种观点因为受到越来越多的来自学术界和实践中的异议而逐渐被废弃;而第一种和第三种观点正被日益普遍地接受,前者还被广泛地应用于货物在运输途中买卖(路货买卖)时风险转移的确定。

(2)《公约》的有关规定。《公约》允许买卖双方当事人在合同中约定风险转移的时间及条件,而且规定约定的效力高于《公约》的效力。因此,《公约》仅在当事人对风险转移未作约定时才适用。

《公约》原则上以卖方交货时间来确定风险转移的时间,但由于国际货物买卖中的交货情形多种多样,所以,《公约》又针对不同情形对风险转移的时间作了进一步的规定。

① 货物涉及运输时风险转移的时间。《公约》规定,如果买卖合同涉及货物运输,除双方当事人另有约定外,运输风险应由买方承担。

② 路货买卖中货物风险转移的时间。路货买卖,是指在运输途中进行的货物买卖,即卖方先把货物装上开往某个目的地的运输工具,然后再寻找适当的买方出售在途货物的买卖。对于货物在运输途中出售时的风险,《公约》规定:

第一、从订立合同时起,风险就转移给买方承担。例如,甲向马来西亚的乙订购橡胶,约定由乙在8月10日将货由吉隆坡发至上海,货到上海的时间应为8月17日,期间8月11日甲又与丙签订了买卖橡胶的合同,在这种情况下,合同标的物橡胶的风险自甲和丙所订合同成立之日即8月11日起转移至最终的买受人丙。

第二、如果"情况表明有需要时",则从货物交付给签发载有运输合同单据的承运人时起,由买方承担风险。这一规定,实际是规定了风险转移具有溯及既往的效力,即风险转移可以追溯到交付货物甚至于合同订立之前。例如,卖方将一批处于运输途中的货物转卖给买方,此时货物灭失的风险应从买卖合同成立之时起由买方承担,但如果双方同意风险从卖方将货物交给承运人时转移给买方,那么如果在订立合同以前货物已经发生损坏或灭失,则由买方而不是卖方承担这个责任,买方必须向卖方支付货物的价款。

所谓"情况表明有需要时"是指风险提前转移的需要,这种提前的需要,主要原因在于,在途货物的买卖是凭单据交易,双方只能凭单据判断货物的状况,不知道意外事故是否已经发生,即使意外事故已经发生,也很难确定发生的时间,从而难以用订立合同的时间作为划分风险责任的时间,在买方承担风险后,买方可以根据运输合同的规定,向有责任的承运人请求损害赔偿。

第三,如果卖方在订立合同时已知道或理应知道货物已经灭失或损坏,而未将这一事实告知买方,则由卖方负责该损失。但如果卖方在订立合同时已将货物损失的实情告诉了买方,而买方愿意接受,则该损失由买方承担。

(3) 其他情况时货物风险转移的时间。第一,从买方接受货物时起,或者如果买方不在适当时间内接受货物,则从货物交付给买方而买方违反合同不受领货物时起,风险即转移给买方承担。

第二,如果买方有义务在卖方营业地以外的某一特定地点收取货物,则当交货时间已到而买方知道货物已在该地点交付时起,风险转移给买方承担。

想一想

卖方按合同约定于5月10日交货并交至买方指定的仓库,5月12日发生火灾,则该火灾造成的货物灭损,买方应支付价款吗?

(4) 与货物风险转移相关的其他因素。第一,货物的特定化与货物风险转移。

货物特定化是指卖方在货物上加注标志,或以装运单据、通知买方等方式将货物清楚地确定在合同项下的行为。

根据《公约》的规定,货物风险的转移与货物所有权的转移一样,都必须满足一个条件,即必须以将非特定物进行特定化为前提。被特定化的货物,风险自卖方将货物特定化时起转移给买方。

第二,保留控制货物处分权与货物风险转移。

《公约》认为,卖方保留控制货物处分权的单据,只是作为买方支付货款的一种担保,不影响风险的转移。

第三,根本违约与货物风险转移。

《公约》规定,如果卖方已根本违约,即使风险已转移于买方,也不损害买方对这种根本违约可以采取的各种补救方法。关于此项规定,有两点需要说明:第一,此项规定仅适用于卖方根本违约的场合;第二,按此规定,卖方的根本违约并不影响货物的风险按《公约》的规定转移给买方,只不过,买方对卖方根本违约所应享有的采取各种补救方法的权利不受损害。也就是说,在卖方根本违约的情况下,即使货物风险已转移到买方,买方仍然有权采取宣告解除合同、要求卖方交付替代物或请求损害赔偿等救济方法。

能力实训

一、实训案例

1. 2003年6月30日,某服装厂接受一批外商订货,标的为纯棉睡衣5000件,交货日期为8月底。合同约定,一方违约,应向对方给付货款30%的违约金。由于交货时间短,服装厂将厂内生产计划做了调整,并要求工人加班加点,完成任务。7月1日,该服装厂与一棉纺厂签订一份棉布供货合同,合同规定在7月15日,棉纺厂向该服装厂提供棉布1.8万米,并约定一方不履行合同,应向对方支付未履行部分价值的10%作为违约金。7月10日,棉纺厂向服装厂表示,由于机器检修等原因,原定15日交货有相当的困难,请求将交货日期改为30日。服装厂表示该布料系为加工外商所订的睡衣原料,交货日期短,不能推迟,否则外商会拒绝收货,所以棉纺厂必须按时交货。7月15日,棉纺厂未按时交货,服装厂遂四处联系棉布供应。当日,服装厂得知某纺织品商店存有棉布,即前往购回1.5万米。与在棉纺厂订货价格相比,服装厂多支付了1.5万元。同日,服装厂派人以书面形式向棉纺厂声明解除供货合同。第二天,棉纺厂也以书面形式拒绝接受解除合同,并于7月25日将1.8万米棉布送到服装厂。服装厂拒收,双方发生纠纷。服装厂向法院起诉,要求棉纺厂支付违约金3000元,赔偿差价损失1.5万元及其他合理支出500元。棉纺厂则要求追究服装厂的违约责任,收货付款并赔偿自己的损失5000元。

请问:

(1) 服装厂能否单方解除合同?

(2) 如果服装厂有权解除合同,它应当如何行使解除权?

(3) 此案应如何处理?

2. 某商场为了组织节日期间的货源,与某电视机厂签订了购买100台电视机的合同。合同约定,每台电视机为2100元(当时的市场价为2500元),交货日期为2000年12月15日。商场按合同约定于2000年11月20日给付一半货款,另一半货款待电视机厂按时将货物送到且验收合格后付清。2000年12月14日,电视机厂司机在送货途中因酒后驾车,将车开下山崖,导致车毁人亡,车上的100台电视也全部报废。商场在节日期间因没有电视机可售,营业额大受损失;另外,电视机厂的违约行为还使得该商场和另外两家商场约定的节日期间的电视机展销会无法举行,商场为此支付了8000元的违约金。商场要求电视机厂赔偿上述各项损失。

请问:本案损害赔偿额应如何确定?

3. 某百货公司与某化纤厂签订了一份买卖各类化纤产品40万米的合同。由于当时物价变化快,不便于将价格定死,双方就在合同价款一栏内写了"待定"二字,交货时间为2009年。合同订立后,化纤厂积极组织生产,2009年3月10日,化纤厂快完成合同任务,于是电告百货公司,提出3月15日履行合同。此后,双方由于价款和履行期限约定不明确,又未能达成补充协议,发生纠纷。

请问:

(1) 该买卖合同是否成立?请说明理由。

(2) 该合同的价款和履行期限如何确定?法律依据是什么?

4. 有一份合同,出售中国晶晶米10,000公吨。合同规定:"自2月份开始,每月装船1,000公吨,分10批交货。"卖方从2月开始交货,但交至第五批大米时,大米品质要霉变,不适合人类食用。因而买方以此为理由,主张以后各批交货均应撤销。

请问:

(1) 上述情况,买方有无权利主张撤销未履行部分合同,为什么?

(2) 若此份合同交易的是一套大型成套机械设备,再发生第五批品质不符,买方又有无这种权利,为什么?

5. 中国甲公司和美国乙公司签订一份出售大米的合同。合同规定,按照卖方仓库条件交货,8月买方提货。8月5日,卖方将提货单交给买方,买方据此付清了全部货款。买方8月底之前未能提货,卖方遂将该批货物转移到其他仓库。9月10日买方前来提货,发现该批货物已经腐烂变质。双方为损失由谁承担发生争议。

请问:

(1) 卖方需要对上述损失负责吗? 为什么?

(2) 买方需要对上述损失负责吗? 为什么?

6. 甲公司与乙公司签订国际货物买卖合同。合同约定:甲公司于7月10日向乙公司交付优质铁矿砂10万吨,乙公司于7月1日预付货款的50%,余款于交付货物后10日内付清。7月1日,乙公司得悉,由于丙公司出价优惠,甲公司又与丙公司订立铁矿砂买卖合同,并已将确定给乙公司的10万吨铁矿砂中的5万吨运给了丙公司,并在继续发运。7月5日,因甲公司的生产基地遭遇特大洪水,损失惨重。为满足生产,乙公司以高于合同价格的市场价格购买铁矿砂。

请问:

(1) 甲公司7月1日的行为是违约吗? 为什么?

(2) 7月1日,乙公司可以采取的补救措施是什么?

(3) 如果乙公司在7月1日没有采取措施,那么,在甲公司遭遇特大洪水后,是否有权要求甲公司赔偿因其无法交货所造成的损失? 请说明理由。

7. 中国A公司与英国B公司签订了买卖鱼饲料的合同,约定货物的品质,一等品达到60%以上,含水量不超过5%,后来A公司寄去一份样品,说明货物质量与样品一样,后A公司完成交货义务后,取得了商检证书,符合约定,但英方公司检验后认为,货物与样品质量不相符,起诉A公司构成违约。

请问:A公司是否承担违约责任?

8. 中国环岛家具制造公司(简称环岛公司)与美国城外家具公司(简称城外公司)签订家具买卖合同一份,约定环岛公司在2008年3月份向城外公司提供家具300套,按照双方的商定,城外公司到环岛公司租用的某仓储公司仓库查看了样品,并商定了价格。2008年2月,环岛公司已依约将城外公司所需家具采购齐备,并存放于仓储公司仓库。3月5日、17日仓储公司两次传真并电话通知城外公司,速到仓储公司仓库提货,城外公司称,公司最近销路不畅,希望能延至5月份再提货,仓储公司答复请城外公司直接与环岛公司洽谈此事,事后,仓储公司一直没有接到环岛公司推迟交货的通知。4月7日,环岛公司邻近的工厂失火,殃及仓储公司仓库,存放其中的家具全部烧毁。环岛公司要求城外公司支付300套家具的货款,城外公司称,家具没有交给我公司,我公司不能凭空给钱。

请问:该案应如何处理? 为什么?

9. 出口商甲向进口商乙出售小麦1000吨,CFR价格条件。但在装运港装船的小麦都是混装的,共3000吨,卖方准备当货物运抵目的港后再分拨1000吨给买方。但小麦在路途中因高温天气发生变质,共损失1200吨,其余1800吨得以安全运抵目的港。卖方向买方声明其出售的1000吨小麦在途中全部损失,且认为根据CFR合同,风险从货物越过船舷时起已转移给买方,故卖方对以上损失不承担任何法律责任。买方则要求卖方继续履行合同。

请问:买卖双方谁的主张可以得到支持?

10. 2006年9月,我国某进出口公司(买方)与美国某贸易公司(卖方)签订了一份购买柠檬酸的CIF条件的合同,合同的货物于12月运抵目的地后,买方发现存在结块现象,遂于次日向卖方提出索赔,并称将安排SGS检验。卖方拒绝赔偿,称结块是因海运受潮所致,但对买方安排SGS检验没有提出异议。SGS委托SJH公司出具检验报告,证明集装箱完好无损,已取出放在托盘上的货物,为数众多的袋内货物已结块,有些袋外有干的棕色锈斑。由于买方的客户的坚持,买方不得不安排重磨和重新包装。经调查,该合同中,商品名称、规格及包装栏明确规定合同的标的物为CITRICACIDBP80,这样的规定说明卖方已经承诺所交货物应该符合BP80,而根据BP80,柠檬酸和一水柠檬酸的状态都应是"无色结晶或结晶性粉末"。

请问:

(1) 卖方提供的货物是否符合《公约》的规定?

(2) 如果卖方主张货物在运输途中受潮,因而应由买方承担货物风险责任,有道理吗?

(3) 卖方应对买方承担何种违约责任?请详细说明。

二、实训练习

1. 单项选择题

(1) 在订立合同时,如买方已知第三方对货物会提出有关侵犯工业产权的请求的,则(　　)。

A. 卖方对此应承担责任

B. 买方对此应承担责任

C. 买方对此不承担责任

D. 买卖双方对此都承担责任

(2) 甲汽车配件厂对乙汽车厂负有合同债务,此时两公司合并,致使该债务归于消灭,从而使原合同关系亦不复存在。这种合同消灭的方式被称为(　　)。

A. 抵消　　B. 免除

C. 混同　　D. 混合

(3) 对于违约金的性质,哪项表述是正确的?

A. 德国认为是损害赔偿　　B. 英美法认为是损害赔偿

C. 德国认为是罚金　　D. 法国认为是罚金

(4) 根据《联合国国际货物销售合同公约》的规定,在双方没有约定的情况下,货物运输过程中发生毁损灭失的风险原则上由(　　)。

A. 卖方承担　　B. 买方承担

C. 买方或卖方承担　　D. 买方和卖方共同承担

(5) 根据《联合国国际货物销售合同公约》的规定,在合同中没有明示或默示地规定货物的价格或规定确定价格的方法时,买方应按(　　)支付货款。

A. 交货时卖方所在地的合理价格

B. 交货时合同履行地的合理价格

C. 交货时买方所在地的合理价格

D. 订立合同时货物的通常价格

(6) 买卖双方签订一份货物买卖合同,约定卖方应交付一级产品200公斤,价格100元/公斤。当时二级品的价格为90元。在交货时卖方交付了二级品。此时一级品的价格涨到了140元/公斤,二级品的价格涨到了120元/公斤。买方可以要求的减价比例为(　　)。

A. 2/7　　B. 1/7

C. 1/10　　D. 1/4

(7) 根据《联合国国际货物销售合同公约》的规定,一方(　　),对方有权解除合同。

A. 违反条件　　B. 给付延迟

C. 根本违约　　D. 重大违约

(8) 依照《联合国国际货物销售合同公约》,对于买方违约时卖方采取的下列补救措施中,表述不正确的是(　　)。

A. 买方不接受货物,卖方将货物售与他人后向买方请求损害赔偿

B. 买方在卖方规定的合理的额外时间内履行了合同,但卖方仍然请求损害赔偿

C. 买方未在卖方规定的合理的额外时间内履行合同,卖方宣告解除合同

D. 因卖方解除合同而致合同中的仲裁条款亦无效,卖方直接向法院提起诉讼

(9) 甲公司与乙公司订立国际买卖合同。由于卖方甲公司未及时将货物凭证交付给乙公司,致使货物在从甲地运至乙地码头时,乙公司无法提货而滞留,遭风暴全部损毁。双方当事人因未对货物风险分担进行约定,故发生纠纷。依照《联合国国际货物销售合同公约》,该批货物风险损失应(　　)。

A. 由卖方甲公司承担　　B. 由买方乙公司承担

C. 由甲、乙公司分担　　D. 按公平原则处理

(10) 在国际贸易中,一方违约使得另一方遭受损失,受损失方在依法解除合同后(　　)。

A. 无权再提出损害赔偿要求

B. 有权再提出损害赔偿要求

C. 是否有权再提出损害赔偿要求视损失大小而定

D. 合同的争议解决条款也随之被解除

2. 多项选择题

(1) 对不可抗力的理解正确的有(　　)。

A. 它不是由于任何一方当事人的过失或疏忽所造成的

B. 它是双方当事人所不能控制的事件

C. 它可以是自然原因或社会原因引起的

D. 不可抗力引起的法律后果有解除合同与延迟履行合同两种情况

(2) 提存的效力是(　　)。

A. 债务人不能免除合同义务　B. 提存物风险转移至债权人

C. 债务人得以免除合同义务　D. 提存费用由债务人支付

(3) 违反合同的补救措施主要有(　　)。

A. 实际履行　　B. 赔偿损失

C. 支付违约金　　D. 解除合同

(4)《联合国国际货物销售合同公约》中规定,国际货物买卖中买方的义务包括(　　)。

A. 支付货款　　B. 检验货物

C. 安排运输　　D. 接受货物

(5) 买方违约时,卖方可采取的救济方式包括(　　)。

A. 要求支付利息　　B. 自行决定货物的规格

C. 损害赔偿　　D. 转卖货物

(6) 在国际贸易中,实际履行应满足下列条件(　　)。

A. 买方不得采取与这一要求相抵触的救济方法

B. 买方应给予卖方履行合同的宽限期

C. 当卖方交货不符时,只有这种不符构成根本违反合同时,买方才能要求提交替代物,而且应在发现交货不符时,将这一要求及时通知对方

D. 法院是否做出实际履行的判决依赖于该国国内法的规定

(7) 在国际贸易中,根本违反合同包括的内容有(　　)。

A. 卖方声明他不在规定的时间内履行交货义务

B. 在对方给予的宽限期届满后仍不履行合同

C. 迟延履行合同

D. 短重5%

(8) 在合同履行中,确定默示义务的因素主要有(　　)。

A. 合理性　　B. 法律规定

C. 交易惯例　　D. 合同的目的与性质

3. 判断题

(1) 我国《合同法》规定,当事人约定的违约金无论高于或低于违反合同所造成的损失,违约方都必须支付给对方。(　　)

(2) 根据英美法的规定,不是由于债务人的过错造成的违约,债务人可以不承担违约责任。(　　)

(3) 保全货物是卖方的义务,买方不必承担。(　　)

(4) 卖方超量交货,属于违约,买方有权拒收全部货物。(　　)

(5) 路货买卖中,买方自合同签订时起承担货物的风险责任。(　　)

项目五

国际产品责任的法律问题

学习目标

1. **知识目标**

(1) 熟悉产品责任的概念和特征

(2) 掌握产品责任的构成条件

(3) 掌握美国产品责任法的原则

(4) 了解欧盟的《产品责任指令》的基本内容

(5) 掌握《海牙公约》的基本内容

(6) 掌握我国产品责任法律制度的主要内容

2. **能力目标**

(1) 能够依据产品责任法的规定,确认产品责任及其赔偿主体、赔偿范围

(2) 能够主动防范产品责任的发生

任务:产品责任的承担

工作任务

2002 年 2 月 6 日,黄锦云在江西省抚州市临川区唱凯镇江晓勇开的个体商店,花 460 元购买了 1 台"景田牌"JSYD7 - A3 燃气热水器(生产厂家是广东省中山市东凤镇南华燃气具厂,以下简称南华厂)。江晓勇负责设计安装,并把热水器装在黄锦云家的卫生间内。2 月 8 日,黄锦云一家准备去省城南昌过年,委托他的叔叔黄增兴帮助看房。当晚,黄增兴的儿子黄锦平、儿媳张志珍来到黄锦云家,用热水器洗澡,结果双双死在卫生间内。经现场勘察和法医验尸,被害人系煤气中毒身亡。事后,黄锦云和南华厂的代表共同将热水器

送江西省燃气用具产品质量监督检验站检验。该站检验后发现，这台热水器使用说明书上所标示的20分钟定时关机功能失效，并向下送风，有离焰现象，判定“产品不合格”。之后，临川区消协召集南华厂和死者家属就赔偿问题进行协商，双方分歧过大未达成协议。10月18日，死者的家属以及黄锦云等7人作为原告，向江西省抚州市中级人民法院起诉，请求判令被告南华厂、经销商江晓勇承担赔偿责任，赔偿黄锦平、张志珍死亡赔偿金、丧葬费、被扶养人的生活费、精神损失费等共计73万余元。

请问：

(1) 什么是产品责任？

(2) 本案受害者能追究生产者和销售者的产品责任吗？

(3) 如果受害者的家属直接起诉销售商，他能否以产品缺陷不是他造成的而拒绝赔偿？

(4) 黄锦云能否作为本案原告提起诉讼？

(5) 南华厂提出，其生产的热水器有生产许可证，所有的产品是合格产品，并得到有关部门发给的《质量信得过产品荣誉证书》、《中国名优产品入选荣誉证书》，说明其产品是名优产品，不存在缺陷，因此不承担产品责任。请问南华厂的说法有道理吗？

(6) 原告可以获得的赔偿范围有哪些？

操作过程

(1) 产品责任是指由于产品存在缺陷而导致消费者、使用者或其他第三人遭受人身伤害或财产损失时，该产品的生产者和销售者依法应该承担的一种损害赔偿责任。

(2) 本案的受害者能够追究生产者和销售者的产品责任。因为本案中的情形符合承担产品责任的条件。根据产品责任法的一般规定，承担产品责任应具备三个基本条件，即(1)产品存在缺陷；(2)消费者、使用者或其他第三人因产品缺陷而遭受人身伤害或财产损失；(3)消费者、使用者或其他第三人所遭受的损害完全是有关产品存在缺陷所致。本案中的热水器是缺陷产品。因为经过有关部门的检验，该热水器的定时关机功能失效，并向下送风，有离焰现象，此缺陷是导致燃气泄漏的主要原因，说明该热水器存在危及人身、财产安全不合理的危险，最终导致受害人死亡的发生。

(3) 不可以。根据我国《产品质量法》的规定,因产品存在缺陷造成人身、他人财产损害的,受害人可以向产品的生产者要求赔偿,也可以向产品的销售者要求赔偿。因此,销售者不得拒绝赔偿。如果销售者能够证明他是没有过错的,属于生产者的责任而销售者赔偿的,销售者有权向生产者追偿。

(4) 黄锦云可以作为本案原告参加诉讼。黄锦云是消费者,其购买的产品是不合格产品,其有权要求销售商退回价款并予赔偿,对被告江晓勇而言,提起的诉讼为财产损害赔偿。黄锦云与受害者家属的诉讼请求是基于同一事实提起的,可以合并审理。但从责任的性质来讲,黄锦云所追究的是被告江晓勇的违约责任,是基于其与江晓勇之间的合同关系。

(5) 南华厂的说法于法无据。虽然南华厂向法庭提供了生产许可证、产品合格证、《质量信得过产品荣誉证书》、《中国名优产品入选荣誉证书》等证据材料,但上述材料不足以证明在本案中发生事故的热水器是合格产品。对该台热水器的产品质量鉴定,是在消协组织、协调下,黄锦云、死者家属与南华厂协商一致的情况下委托鉴定的,该鉴定程序合法。因此,南华厂应当承担产品责任。

(6) 根据我国法律,作为死者的家属,原告应获得两死者死亡赔偿金、丧葬费和两死者的父母及女儿生活费。另外,江晓勇应退回黄锦云购热水器款及安装费。

知识链接与归纳

一、认识产品责任

(一) 什么是产品责任

产品责任是指由于产品存在缺陷而导致消费者、使用者或其他第三人遭受人身伤害或财产损失时,该产品的生产者和销售者依法应该承担的一种损害赔偿责任。

产品责任最初不是一种独立的责任,只是合同责任的一部分。在20世纪以前,产品的消费者、使用者在遭受缺陷产品伤害之后,只能以买方的身份向卖方提起违反明示担保或者存在过错或欺诈的民事责任。但是,自从工业革命后,这种救济手段显然不能适应随之而产生的产品大规模的生产和销售。因为大多数产品可能没有明示担保,证明卖方存在过错或欺诈往往也十分困难,最重要的是,如果受伤害者不是产品的买方,根据法律的规定,其根本无法适用合同法追究卖方的责任。随着科技与生产力的高速发展,产品责任问题不断增多,对消费者造成的损害也越发严重,专业化和高技术使得消费者不仅对许多商品失去了识别、检查、防范能力，缔约能力的不平等也使得消费者不可避免地接受各种免责条款，保护消费者权益成为一项重大的社会问题。如何采取有效的措施以保护消费者合法权益的问题受到了世界各国的普遍重视。

（二）产品责任的法律特征

1. 产品责任是由产品缺陷引起的

所谓“产品缺陷”广义地说，是产品不符合其应当具有的质量要求。但是“不符合质量要求”有不同表现，有些是一般的质量问题，如产品的外观、性能等，有些则涉及产品的安全性，一旦出现问题，可能会严重损害产品之外的其他财产及人身安全。我国《产品质量法》规定：“缺陷是指产品存在危及人身、他人财产安全的不合理危险；产品有保障人体健康，人身、财产安全的国家标准、行业标准的，是指不符合该标准。”《欧共体产品责任指令》也规定：“如果产品不能提供人们有权期待的安全，即属于缺陷产品。”因此，产品责任法中所说的“缺陷”是指产品存在不合理的危险性，而不是指一般的质量问题。

一般来说，产品的缺陷来自三个方面：①设计上的缺陷，即产品设计时，对产品的可靠性、安全性考虑不周而缺少必要的安全保护装置；②制造上的缺陷，即在产品原材料的选择上或产品的生产制造或装配方面存在疏忽而缺乏必要的考虑；③指示上的缺陷，即对于一些具有特殊性质或必须采用特殊的使用方法的产品未作必要的说明或指示，或做了不真实或不充分的说明或指示，都可视为有关产品存在缺陷。

议一议

某化学制品公司出品一种化学制剂，在包装瓶上有“有害蒸汽”字样。结果，一个用户不慎将这种制剂倒入水中，引起爆炸。该用户的员工当场丧命，工厂也遭受重大损失。请问：化学制剂公司提供的产品是否属于缺陷产品？

2. 产品责任是一种侵权责任

严格法律意义上的产品责任是一种独立于买卖法的侵权责任，区别于买卖法中的违约的民事责任。买卖法中的违约责任，是指当事人未履行或未适当履行合同义务而承担民事责任，如更换、退货、修理等，是以合同关系为基础的。而产品责任中是侵权责任，不以存在合同为条件，只要因产品缺陷造成人身伤害和财产损害,侵权责任即告成立。另外,根据各国法律,产品责任为无过错责任,不论被告有无过错,不影响其承担责任。这种制度,加重了产品制造者的义务,同时也大大加强了对消费者的保护力度。

议一议

小马买了一个电饭煲,他在使用前仔细阅读了说明书并按照说明书正常使用电饭煲焖饭,结果两个小时过去了,饭也没有焖熟。请问,小马能追究厂家的产品责任吗?他应该如何保护自己的权利呢?

3. 产品责任是一种损害赔偿责任

产品责任既然因产品缺陷而给消费者或使用者造成人身伤亡或财产损害,就应承担损害赔偿。就产品责任的赔偿金额来看,产品责任案件的赔偿金额比一般买卖法索赔的赔偿金额要大得多。在贸易索赔案件中,其赔偿金额一般不会超过合同的金额。但在产品责任案件中,赔偿金额不是根据合同,而是根据产品责任制度所确立的赔偿原则,补偿受伤害者的全部损失。不仅包括过去的损失、将来的效益和实际的开支(如后续治疗费),而且包括受伤害者的痛苦代价。此外赔偿金额必须一次支付,不得扣除原告可能从其他方向取得的任何补偿或津贴(如保险赔偿或社会救济金)。

(三)产品责任的构成条件

生产者和销售者承担产品责任必须具备三个要件:

(1)产品存在缺陷。产品存在缺陷是承担产品责任的前提条件。产品所存在的缺陷是在生产者或销售者把该产品投入市场以前就已存在,如果使用者或消费者在拿到产品之后,擅自改变了产品的性能,因而造成人身伤害或财产损害,产品的生产者或销售者就不再承担产品责任。这里所说的生产者是广义上的生产者,一般包括产品的生产制造者、加工者、装配者、修理者、运输者和仓储者等,销售者包括进口商和出口商,以及批发商和零售商等经销产品的任何人。

(2)必须使产品的消费者、使用者或其他第三人遭受人身伤害或财产损失。遭受人身伤害或财产损失的可以是狭义上的消费者,即从销售者或生产者那里购买并亲自使用有关产品的人,也可以是广义上的消费者,即包括直接购买人和基于其他任何原因而亲自使用有关产品的其他人,以及直接遭受损害的其他任何第三人。

想一想

北京的一名消费者在北京的一医院接受了心脏起搏器的安装手术，术后发现心脏起搏器的导管存在裂痕，但无证据表明该情况对该名消费者的人身造成了伤害。请问，如果该消费者以产品存在缺陷为由，要求生产者承担产品责任，可以得到法律的支持吗？

(3) 消费者、使用者或其他第三人所遭受的损害必须与产品的缺陷之间存在因果关系，即他们所遭受的损害完全是有关产品存在缺陷所致。如果是消费者、使用者或其他第三者本身的过错或其他任何人的过错而造成了损害事故的发生，就不存在产品责任的问题。例如，使用者本身违反说明书上所指示的使用方法使用有关产品而造成的损害就不能要求产品的生产者或者销售者承担产品责任。

议一议

某人买了一个电磁炉，在使用时发现，电磁炉的电源开关失灵，必须切断电源才能关闭，于是到商场调换。在去商场的路上，不慎摔伤，到医院治疗花去医疗费200多元。请问，商场应为他赔偿人身伤害的损失吗？

二、国际产品责任法的立法概况

产品责任法是调整产品的制造者、销售者因制造、销售缺陷产品造成产品使用者损害所引起的赔偿关系的法律规范的总称。

早期的产品责任法产生于英美等发达国家。最初在英国的习惯法中，要求生产者或销售者对产品承担“谨慎之责”。1842年英国最高法院判决的温特博特姆诉赖特一案是英国有关产品责任问题方面最古老、最著名的案例，通过这一案例确立了“无合同、无责任”的原则，即规定生产者和销售者对其产品缺陷给消费者的人身或财产造成损害时所承担的责任以其与消费者订有合同为前提。如果生产者或销售者没有与消费者订立合同，则对其生产或销售的产品的缺陷给消费者造成的人身或财产损害一律不负责任。这一原则在英美法系国家奉行了近百年之久。20世纪以来，尤其是60年代以后；国际消费者运动在世界范围内的广泛开展，消费者的合法权利日益受到各国的重视，而产品责任法律制度是保护消费者利益的重要组成部分,因此,很多国家的法律制度中都规定了产品责任,德国、丹麦、日本等国家还制定了专门的产品责任法。

综观各国产品责任法的立法状况,美国是现代产品责任法产生最早,发展最迅速,最完备、最具代表性的国家,其立法与司法实践对西方一些发达国家的产品责任立法,以及对国际产品责任法的形成和发展都具有较大的影响。美国的产品责任法包括判例法和制定法。美国商务部 1979 年公布了专家建议文本《统一产品责任示范法》。此外,联邦政府还通过了《联邦食品、药品、化妆品法》、《消费品安全法》等单行法。

在我国,《民法通则》、《产品质量法》和《消费者权益保护法》等构筑起产品责任法律制度的框架。另外,还制定了一系列相关的法律、法规,如《工业产品质量责任条例》、《药品管理法》、《食品卫生法》等。最高人民法院的有关司法解释也是产品责任法律制度的内容之一。

伴随着世界经济一体化的进程,产品责任立法愈益显示出国际化趋势。目前产品责任方面的区域性和国际性公约有:欧共体于 1977 年和 1985 年制定的《关于造成人身伤害和死亡的产品责任欧洲公约》(即《斯特拉斯堡公约》)和《欧共体产品责任指令》;1972 年海牙国际私法会议制定的《关于产品责任的法律适用公约》,这是解决侵权性产品责任案件的一个国际性公约。

需要指出的是,产品责任法具有公法与私法双重性质。产品责任法规定生产者对产品质量的责任和义务具有公法性质,不能以任何方式排除这种强制性责任属性,如产品制造者不得以任何方式声明不承担依法应承担的产品责任,或以过失责任来取代依法应承担的严格责任。但是,因缺陷产品而遭受损害的消费者或使用者提起损害赔偿之诉则属私法范畴,也就是说,是否要求产品生产者、销售者赔偿,要求赔偿的具体数额以及是否同意与生产者、销售者和解等都由其自行决定。

(一) 美国的产品责任法

1. 产品的定义

美国《统一产品责任示范法》指出:"产品是具有真正价值的、为进入市场而生产的,能够作为组装整件或者作为部件、零售交付的物品,但人体组织、器官、血液组成成分除外。"但是,出于保护产品使用者的基本公共政策的考虑,法官们的态度倾向于采用更广泛、更灵活的产品定义。例如,在兰赛姆诉威斯康星电力公司案中,法院确认电属于产品。1978 年哈雷斯诉西北天然气公司案,将天然品纳入产品范围。同年,科罗拉多州法院在一案中裁定,血液应视为产品。可见,美国产品责任法确定的产品范围相当广泛。

2. 产品责任的基本理论

凡原告由于使用有缺陷的产品遭受损害向法院起诉要求赔偿损失时,他必须援引产品责任法的相关的法学理论,作为要求该产品的生产者或销售者承担责任的依据。美国的产品责任法在发展过程中,产生过以下几种法学理论。

(1) 疏忽说。所谓疏忽,是指由于生产者或销售者的疏忽,致使产品有缺陷,从而使消费者或使用者的人身或财产遭到损害,对此,产品生产者或销售者应对其疏忽承担责任。美国早期的产品责任法主要是按照契约原则,即产品制造者就其产品所发生的损害,对合同关系外的第三人不负赔偿责任。直到1916年,著名的纽约最高法院法官卡杜萨在"1916年麦克弗逊诉巴依克汽车公司"一案中,创立了产品制造者"疏忽责任原则"。该案中,原告在驾驶由被告制造的一辆汽车时,因车轮破裂,造成突然翻车,原告被抛出车外而受伤。在审判中,被告声称汽车车轮不是他的产品,而是从别人那里购置来的。但该案法官司认为:"任何商品,依其本质如是以危害人的生命健康,均属危险产品,在制造人可知悉买卖人以外的第三人会不经检验就使用该产品时,则不论当事人之间有无合同关系,制造人对该产品负有注意的义务。""要求有直接合同关系是不公平的,因为在大部分情况下制造者与他们的产品的消费者是没有合同关系。"最后判决被告应负疏忽责任,给予原告赔偿。

这一理论一经提出,立即为其他各州法院所采纳,成为当时美国法院确定产品责任的主要依据。

疏忽责任在英美法上是一种侵权行为,在以疏忽为理由提起诉讼时,原告和被告之间不需要有直接的合同关系,因为这不是根据合同提起的诉讼。所以,作为原告的一方就不仅限于买方,而且扩及其他人,只要他们是由于该产品缺陷的受到损害,都可以对该产品的生产者或销售者提起疏忽之诉。根据疏忽责任原则规定,原告在以疏忽为理由对被告起诉的,须负有举证责任。原告要证明:被告确实没有对产品做到合理注意,即被告确有疏忽之处。如在设计或生产方面,没有做到"合理注意";对产品的危险性未作适当的警惕;产品中的缺陷对原告来说是未知的;在产、供、销方面违反联邦或州的有关法律、规章等。另外要证明,由于被告的这种疏忽,直接造成了原告的损失。但实际上在现代化大生产的条件下,要证明某种产品有缺陷往往是很困难的,有的甚至是不可能的。这是因为产品从设计到制造始终控制在生产者手里,如果原告对生产和销售的过程不够熟悉,他就无法举证。这是原告在以疏忽为理由诉生产者或销售者时所遇到的一个难题。

(2) 违反担保说。所谓担保责任是指产品存在某种缺陷,生产者或销售者违反了对货物的明示担保或法律规定的默示担保,致使消费者或使用者遭受损害,对此,生产者或销售者应承担责任。

明示担保是产品的生产者或销售者对产品的性能、质量或所有权的一种声明或陈述。它一般载于产品标签、广告或使用说明上。如食品罐头类标志所表示的成分,广告上所记载的特殊功用或效能,说明书上所列的事项等。关于明示担保之诉,1932 年巴克斯特诉福特汽车公司案是最典型的。被告福特汽车公司在其广告中表明其汽车玻璃不会破裂。原告相信了广告上的话,并且向销售者购买了汽车。当原告驾驶汽车时,一块小石击在挡风玻璃上,玻璃破碎,并有一碎玻璃片伤及其眼睛并致失明。原告据此向与他无合同关系的福特公司提起损害赔偿之诉。华盛顿州最高法院受理此案,认为被告应负明示担保责任,即对于不具合同关系的被害人,应负损害赔偿责任。

默示担保不是基于生产者或销售者的意思表示,而是依法产生的一种担保责任。默示担保责任又分为商销性的默示担保和适合特定用途的默示担保两种。商销性的默示担保是指,出售的产品应符合该产品之所以制造和销售的一般目的。商销性也可称可销售性,据美国法院的司法解释,它是指"良好、平均、中等"品质的商品。如制造者、销售者出售汽车时,汽车必须有合适的刹车装置。如刹车不灵,使用者由此而蒙受车祸,制造者或销售者要承担责任。所谓"适合特定用途的默示担保"是指所有产品的制造者和销售者,不管是否商人,在出售产品时都应作这样的默示担保,即所售产品能适合买者的特定用途。如某人定做登山用鞋,显然他不是为一般走路之用,而是用来登山。那么登山就是鞋的定做者的特定用途。如果购买者在选购时说明了这个目的,又有制造者或销售者的有关担保,而后购买者发现所购产品不能满足自己的特定用途并致损害,就可要求损害赔偿。

议一议

A 要购买一架买照相机,用于海底摄影。店员即给他推荐了相机。他接受店员的建议,买了该相机,结果该相机的电池由于在水下渗出了有毒的液体,导致 A 中毒。请问,A 可以依据"违反担保"起诉商店和厂家吗?

关于以违反担保为理由提起诉讼时,对原告的有利之处在于他无须证明被告有疏忽。如果在因违反明示担保要求赔偿中,原告只需提供证明:①被告所作的说明;②受害人相信该项说明;③伤害是由于产品不符合被告所作说明而引起的。如果在因违反商销性的默示担保要求赔偿时,受害人必须证明:①产品在出厂时即有缺陷;②缺陷与损害之间存在因果关系。

因违反适合特定用途的默示担保要求赔偿时,受害人必须证明:①卖方被告知道或有理由知道产品的使用意图;②买方信赖卖方在产品方面的技能和技术及专门知识;③伤害是由于产品未能符合特殊用途而引起的。这样原告就可以要求被告赔偿其损失。原告在担保诉讼中还必须就被告违反担保给予及时通知,否则可能会阻止他提起诉讼。

需要指出的是,由于"违反担保"实际上是来自合同法上的制度,因此,原则上原告与被告之间应具有合同关系。因此,为了更有效地保护消费者利益,美国法官在运用此原则时,往往把合同关系的当事人扩大化,如买方的亲属、朋友、客人或者邻居都可以作为原告,而应承担责任的被告可以是生产商、销售商、零件提供商、批发商、进出口商等,他们都可以属于"卖方"。

(3) 严格责任说。严格责任说又称无过失责任,是指一件产品只要有缺陷,对消费者或使用者具有不合理的危险性,因而造成其人身伤害或财产损害,该产品的生产者或销售者就应负赔偿责任。依此,消费者或使用者在正常状态下使用产品时,只要产品有缺陷,不管对此种缺陷生产者或销售者是否给予了合理的注意,所有参与该产品生产和销售各个环节的人均应负赔偿责任。

严格责任理论最初于 1944 年由美国加利福尼亚州最高法院法官 R. J. 特雷纳在审理"艾斯科拉诉可口可乐装瓶公司"一案的判决的赞同意见中提出的。一般认为,1963 年的"格林曼诉尤巴电器公司案"是严格责任理论在美国司法实践中得到了第一次正式确认。该案中,原告格林曼在按说明书使用被告尤巴电器公司生产的多用电器削木机床时,一块木头从机器中飞出来,撞击到格林曼的头部,致其重伤。经检查,该多用电器属于有缺陷的产品,它与事故有直接关系。加州最高法院在该案的判决中明确表示:"一旦制造者将其产品投入市场,而明知使用者对产品不经检查就使用,只要能证明该产品的缺陷对人造成伤害,生产者即负赔偿责任"。

根据严格责任原则,原告不需要证明被告对产品缺陷存在过错,也不需要与被告有合同关系,只要能证明下列事项,他即可获得损害赔偿:①产品存在缺陷并在投入市场时就有的;②产品缺陷是造成损害的直接原因。而实际上,由原告去证明产品存在缺陷有时也是十分困难的,因此,法官往往采取"举证责任倒置"的方法,即由被告来证明产品是没有缺陷的,如果不能证明,则认为产品有缺陷。

想一想

M 小姐是某餐厅的服务员。她在将一瓶啤酒放进冰箱时,酒瓶爆炸,M 的左眼被碎玻璃扎伤。经查,M 无任何操作不当,但也不能证明啤酒瓶有缺陷,请问,M 小姐可以向啤酒厂索赔吗?

上述有关严格责任原则,被美国法学会在 1965 年出版的《侵权行为重述》中确认。《侵权行为重述》第 402A 条对此作了规定。其主要内容是:凡出售任何有缺陷的产品对使用者或消费者或其财产带来不合理危险的人,于下述情况,对于由此而造成使用者的人身伤害或财产损失应承担责任:①销售者是从事经营出售此种产品的人;②当产品到达使用者或消费者手中时,对该产品在出售时的条件并没有重大的改变。

由疏忽说向严格责任说发展的过程,记录了产品责任法发展的轨迹,反映了产品责任法逐渐向更有力地保护消费者权益方面发展。但是,这并不意味着严格责任说已经取代了其他的理论而成为唯一的诉讼理由。事实上,在美国,原告也仍可依据各种理论所确立的原则提起产品责任之诉,也就是说,原告可以在疏忽说、违反担保说、严格责任说中选择对己最为有利的原则提起诉讼。例如,原告往往愿意选择违反合同诉讼而不愿选择侵权诉讼,原因是合同责任可以扩展到间接损失或者可预见的损失。另外,由于美国是联邦国家,各州所采用的原则并不一致。疏忽、担保和严格责任在各州独立并存,构成产品责任的三轨体系。但综合观之,严格责任已为大多数州采用,并成为美国产品责任法的共同基本制度。

3. 被告的抗辩理由

在产品责任诉讼中,对于原告的指控,被告可以提出某些抗辩,要求减轻或免除其责任。被告可以提出的抗辩依据随原告起诉的诉因不同而有所不同。被告的抗辩理由主要有以下几点。

(1) 原告自己的过错行为。原告自己的过错行为又称过失之分担,通常用在疏忽责任中。即受害人因自己的过失而对加害产品的缺陷未能发现或对缺陷可能引起的损害未能适当地加以预防所应承担一部分责任。也就是说,原告负有保护自己安全的义务，如果因为疏忽大意未能发现或者阻止本能够避免的危害，就应对此承担责任。

为避免因原告一旦存在过失就可能完全丧失取得任何赔偿的权利的不公平结果，美国法院后采用双方过错原则，也就是说，当原告和被告都存在过错的情况下，法院并非采取要么允许原告获得全部赔偿，要么禁止原告获得任何赔偿；而是根据原告的疏忽行为在导致伤害发生的原因中所占的比例减少原告的赔偿额。例如，原告原可得到的赔偿额为 10 万元，但由于原告过失行为在损害的因素中占 20%，法院可能减去其 20% 赔偿额，原告只能得到 8 万元。

想一想

某人是一名熟练的印刷工人，在操作一台印刷机时，由于偷懒未使用安全保护装置，导致事故发生并受伤。请问，他能够向印刷机的生产者索赔吗？

但是，在严格责任案件中，情形就不尽相同。美国法律协会对《侵权行为重述第二编》第 402 条 A 款所作的评论时指出：“如果原告自己的疏忽行为仅仅是由于未发现产品中缺陷的存在或对缺陷存在的可能性未防御其本身的危险时，不得作为抗辩。”因此，在严格责任案件中，被告如引用“原告自己的疏忽行为”为抗辩理由时，将受到很大限制。

（2）风险的承担。风险的承担是指受害人对产品的缺陷及其危险具有充分的知识和鉴别力，但他自愿地、不合理地使用了有缺陷的产品，或擅自对产品的结构和性能进行了改变。原告因这种情况而致伤，被告可引之为抗辩理由。例如，明知雨伞是雨天防雨用具，却将它当做降落伞使用而致伤亡，雨伞生产者可不负责任。又如，药品说明书上已明示“多服时有副作用，使用时需遵医嘱”等警告文字，如原告没有照办而擅自多服用而受害，其损害应由本人负责，或至少可减少损害赔偿额。《侵权行为重述第二编》第 402 条 A 款的评注认为：“如果使用者或消费者发现了缺陷并注意到危险，但仍然继续不合理地使用该产品而致受伤，不得请求损害赔偿。”

（3）非正常使用产品。这是指产品的使用于该产品原有用途以外目的或其使用方法明显不当时，对其所致损害，产品生产者可以该损害并非由于产品的缺陷所致为由进行抗辩。例如，工人在两把直竖的梯子上再横放一把梯子作为工作平台，并在上面行走而致人身损害,生产者不负其责。美国法院在审理斯金梅尔诉通用汽车公司案中判决原告无权要求赔偿,其理由是其驾驶的汽车超过了允许的速度。但是,值得注意的是,被告引用此项抗辩理由,还必须证明消费者的误用或滥用产品的行为是其无法预见的,如果是能够预见的,他必须采取必要的防范措施,否则,还是要承担责任的。例如,一位带小孩的妇女A,端着从餐厅里刚买的一杯热饮上车,在车上,为了照顾小孩,A把杯子夹在两腿中间,结果饮料溢出,烫伤了小孩。A于是要求餐厅赔偿损失。此案中,餐厅以“非正常使用产品”为由抗辩,但是法官认为,餐厅提供的热饮的温度过高,是导致小孩烫伤的主要原因,因此,虽然消费者非正常使用产品,但餐厅仍然要承担责任。

(4) 特殊敏感性或过敏。凡产品或其配料对大多数人不至于引起伤害,被告就可以进行抗辩,并认为伤害是由使用者对产品特别敏感引起,而不是产品缺陷所致。如洗涤剂对其他每个人都是安全的,但由于原告自己完全异常的过敏性而引起了皮炎。在这种情况下,原告就不能提出赔偿要求。

另外,在采用担保责任原则的诉讼中被告还可能提出原告与被告之间没有合同关系;损害发生后,原告没有在合理的时间内告知被告;有关的文字和内容仅为商业宣传,不构成一种对消费者信赖的担保等作为抗辩理由。

在采用严格责任原则的诉讼中,被告也可以提出以下抗辩理由:①原告未将其产品投入流通;②在产品投入流通时缺陷并不存在;③一般的人很容易发现缺陷的存在;④被告已经对缺陷产品作了充分的说明和指示。

4. 损害赔偿范围

按照美国法院的判例,在产品责任诉讼中,原告可以提出的损害赔偿的请求范围相当广泛,判决的金额往往也相当可观,通常者在100万美元以上,有时甚至高达上亿美元。具体来说,原告可以提出的损害赔偿主要包括:

(1) 对人身伤害的损害赔偿。如果原告由于产品的缺陷,遭受人身伤害,他可以向被告要求如下赔偿:①因身体伤残而遭受的痛苦与疼痛;②精神上的痛苦和苦恼;③收入的减少和挣钱能力的减弱;④过去和将来必要合理的医疗费用开支。

美国法律不仅允许受害者要求被告赔偿其医疗费用,还允许他索赔肉体上和精神上的痛苦,而且后者的金额在全部赔偿额中占很大的比重,这是美国产品责任法的一个重要特点。

(2) 财产损失的赔偿。产品缺陷导致的财产损失与人身伤害不同,与产品本身的损坏也有区别,所以可追偿的数额一般只限损坏财产的必要的合理的更换或修理费用。在个别案例中,也有把修理时因财产损失不能使用该财产所产生的损失也计算在内,这在商业案件中具有特殊意义。

(3) 惩罚性的损害赔偿。如被告的行为异常严重,但又不足以在刑法上定罪时,公共政策要求给予某种经济上的惩罚,这种赔偿形式一般叫惩罚性赔偿,它经常是作为补偿性赔偿之外的附加赔偿。美国商业部起草制定的《统一产品责任法范本》规定,如果原告通过明确的、令人信服的证据证明,其所受的伤害是由于产品的销售者的粗心大意,根本不顾产品的使用者、消费者或其他可能受产品伤害的人的安全所致,法院就可以判决给予惩罚性赔偿。

惩罚性赔偿目的是用以处罚加害人的恶意、任意、轻率行为并防止他人的类似行为而判决的。在具备判处的事实根据后,法院是否判处此种赔偿,以及其赔偿额多少,都由陪审团决定。

5. 产品责任法对美国对外贸易影响

美国的产品责任法虽然是国内法,但它在某些情况下也可适用于涉及产品责任的对外贸易争议案件。当外国的产品输入到美国时,如果由于产品的缺陷,使美国的消费者或用户遭到人身伤害或财产损失时,美国的消费者和用户可以根据产品责任法对美国的进口商、经销商和零售商起诉要求赔偿损失。在美国法院认为有管辖权的情况下,蒙受损害的美国消费者或用户还可以对外国的出口商和该产品的制造商在美国法院提起诉讼,要求他们承担赔偿责任。另一方面,当美国的产品出口到外国时,如果由于产品的缺陷,使外国的消费者或用户遭到人身伤害或财产损失,外国消费者或用户也可以援引产品责任法要求美国的出口商和生产者赔偿损失。但是,这类案件是属于涉外民事案件,在处理这类案件时往往要涉及复杂的管辖权问题和法律适用问题。

(1) 关于管辖权的问题。确定产品责任的管辖权是受理产品责任案件时首先需要解决的问题。早期美国法采取"实际控制"的原则,即以被告本人出现为基础,传票和起诉书都必须在法院管辖区内交其本人。目前,美国采用所谓的"伸长司法管辖",又称"长臂法",是指法庭可对不住在本州内的非居民被告取得对人司法管辖权。由此它使得州法院控告他州加害者的侵权行为成为可能。

就管辖权的标准而言,各州法律规定并不完全一致。一般地说,各州都要求凡是非居民的被告都必须与本州有某种"最低限度的接触",该州的法院才能对该被告享有对人的管辖权。所谓"最低限度的接触",通常是指被告经常直接地或通过代理人在该州境内从事商业活动,或因其行为或不行为在该州境内造成了损害。

例如,宾夕法尼亚州某制造厂生产的加热器在伊利诺斯发生爆炸,其原因是该加热器阀门有缺陷,而阀门是俄亥俄州的一个制造商生产并提供的,伊州法院认为,零件制造商的销售活动已充分构成与伊州的"接触关系",因此,伊州法院有管辖权。

美国的"长臂法"管辖原则对美国产品责任法的发展起了重要作用,它对原告十分有利,致使原告所能选择的不仅是最方便的法院,而且也是最有利的法律。与此同时却对被告(特别是国外被告)是十分不利的。

(2) 关于法律适用问题。在涉外的产品责任诉讼中,按照美国的冲突法规则通常是适用损害发生地法来确定当事人的责任,即产品在什么地方对消费者或用户造成了损害,就适用那个地方的法律来确定产品的生产者和销售者的责任。但是近二十年来,这项原则受到了批评,特别是在涉及汽车事故的产品责任案件中,由于汽车到处行驶,经常跨州越国。如果完全以出事地点的法律来确定汽车的生产者或销售者的产品责任,有时可能对受害者不利。因此,近年来,美国一些有影响的州,如纽约州和加利福尼亚州已经不再坚持适用损害发生地法,而转为适用对原告最为有利的地方的法律,以保护美国原告的利益。

(二) 欧洲的产品责任法

欧洲各国产品责任法的发展比美国稍晚。在 20 世纪 80 年代以前,欧洲各国都没有专门关于产品责任的立法,它们主要是通过引申解释民法典的有关规定来处理涉及产品责任的案件。

为了协调欧洲经济共同体各成员国有关产品责任的法律,欧洲经济共同体理事会于 1985 年 7 月 25 日通过了一项《关于对有缺陷的产品的责任的指令》(以下简称《指令》),要求各成员国在 1988 年 8 月 1 日以前采取相应的国内立法予以实施,但允许各成员国有某些取舍的余地。现将该指令的主要内容介绍如下。

1. 无过失责任

《指令》要求各成员国通过各自的国内立法对引起损害的有缺陷产品的生产者实行严格责任。如果产品使用者因使用某一有缺陷的产品而遭受了损失(死亡、致残或财产损失),那么他无须证明被告有过失,但仍要负举证责任,证明其产品有缺陷且他所受的损失就是由缺陷造成的。这与美国的严格责任原则相同。

2. 生产者的定义

《指令》第 1 条规定,生产者应对有缺陷的产品所引起的损害承担责任。因此,确定谁是"生产者"是一个十分重要的问题。《指令》对生产者所下的定义是较为广泛的,它包括:(1)制成品的制造者;(2)任何原材料的生产者;(3)零部件的制造者;(4)任何将其名称、商标或其他识别标志置于产品之上的人;(5)任何进口某种产品在共同体内销售、出租、租赁或在共同体内以任何形式经销该产品的人;(6)如果不能确认谁是生产者,则提供该产品的供应者即被视为生产者,除非受损害的消费者在合理时间内获得查出谁是生产者的通知。

3. 产品的定义

《指令》的另一项重要内容是确定该指令所指的"产品"的定义。按照《指令》的规定,所谓"产品"是指可以移动的物品,但不包括初级农产品和戏博用品。不过,各成员国可以通过国内立法,将上述两种产品包括在"产品"的定义范围之内。至于经过工业加工的农产品则包括在"产品"的范围内。

4. 缺陷的定义

关于产品的缺陷,《指令》规定,在考虑所有情况后,如果某产品未能提供一个人有权期待的安全,那么该产品就是有缺陷的产品。所有应考虑的情况包括产品的使用说明,合理预期的使用目的及产品投入流通的时间等。

5. 损害赔偿

关于损害赔偿的范围,《指令》未规定对人身伤害赔偿的最高额。它授权各成员国就此问题自行做出规定,但无论如何同一产品的一切人身伤害赔偿不得高于7000万欧洲货币单位。关于每一诉讼财产损失,《指令》规定最低赔偿额为500欧洲货币单位。《指令》未规定对间接经济损失的赔偿责任,也不允许受害方索取精神损害补偿费。

6. 产品责任的抗辩

依照《指令》的规定,在产品责任诉讼中,被告可以提出以下两种抗辩。

(1) 无罪责。如果生产者能证明他没有罪责,他就可以不承担责任,这主要包括以下几种情况:①被告没有将产品投入流通领域;②在产品投入流通时缺陷尚不存在;③产品不用于商业销售的目的;④产品有缺陷是因为遵守政府的有关法律所致;⑤发展风险,即被告在将产品投入流通时的科学与技术水平尚不能使产品存在的缺陷被发现,对此,《指令》允许各成员国决定是否采纳,英、德等多数成员国规定发展风险可以免责;⑥被害者自己的误用或过失是否可作为抗辩理由,由各国自行决定;⑦如果伤害是由于产品设计中的缺陷或者生产者所提供的说明不当所致,产品零部件及原材料的供应者不承担责任;⑧原告的过失,在某些情况下,生产者只能根据本事由减轻责任。

(2) 时效。在产品责任诉讼中,时效已过也是重要的抗辩理由。《指令》对时效作了如下规定:①受损害者的权利自生产者将引起损害的产品投入市场之日起10年届满即告消灭,除非受害者已在此期间对生产者起诉;②《指令》要求各成员国必须在其立法中规定提起损害赔偿诉讼的时效,该诉讼时效为3年,从原告知道或理应知道受到损害、产品有缺陷及谁是生产者之日开始计算。

7. 关于产品责任的强制性规定

生产者不得以合同或其他办法来限制或排除其对产品的责任

三、关于产品责任的法律适用的国际公约

由于世界各国有关产品责任法的规定不同,且随着国际贸易的深入发展,国际涉及不同国家当事人的产品责任诉讼案件逐步增多,因此有必要统一各国在这一领域的法律规定。目前唯一的有关产品责任法律适用方面的全球性公约是海牙国际私法会议通过的《产品责任法律适用公约》(以下简称《海牙公约》)。1973年10月2日通过的上述公约对产品、损害及产品责任等的含义做出了详细的规定。该公约从1978年10月1日起开始生效。到目前为止,已有奥地利、比利时、法国、卢森堡、荷兰、瑞士、挪威等批准了该公约。

(一)《海牙公约》适用的产品责任案件类型

《海牙公约》主要适用于有关产品责任的国际性诉讼案件,而且仅适用于无合同关系的当事人之间所发生的纠纷。换言之,公约只适用于货物进口国的产品使用者而非产品购买者,在因所使用产品有缺陷受到伤害后,依侵权理由起诉出口国的产品制造者或者进口国的产品进口商以索取赔偿的情况。

(二)《海牙公约》对产品、损害及责任主体的规定

《海牙公约》所规定的产品含义极其广泛,包括各种天然物品与工业产品,既可以是动产,也可以是不动产。但是,《海牙公约》允许缔约国做出该公约不适用于未经加工的产品的保留声明。

《海牙公约》规定的损害是指因产品有缺陷或虽然产品无缺陷,但由于对产品的错误说明或对其使用方法未加适当说明而致使消费者所遭受的人身伤害和财产损失,但不包括单纯产品本身的损失。

《海牙公约》规定下列人员为承担产品责任的主体:①成品或零部件的制造者;②自然产品的生产者;③产品的供应者;④在产品准备或商业分配环节中的有关人员,包括修理员和仓库管理人员;⑤上述人员的代理人或雇员。

(三)《海牙公约》规定的法律适用原则

《海牙公约》的第4—7条做出了如下的规定。

(1)以侵害地所在国的国内法为基本的适用法律。但是,只有侵害地同时又是直接受害人的惯常居所地或被请求承担责任人的主营业地,或者是直接受害人取得产品的地方,侵害地所在国的国内法才能适用。

(2)以直接受害人的惯常居所地国的国内法作为基本的适用法律。其适用条件是:①直接受害人的惯常居所地是被请求承担责任人的主营业地;②直接受损人的惯常居所地是直接受害人取得产品的地方。

(3)若上述两项原则所确定的法律都无法适用时,则除非原告选择侵害地国家的国内法,否则,适用的法律应为被请求承担责任人的主营业地国家的国内法。

(4)若被请求承担责任人证明他不能合理地预见该产品或他自己的同类产品会经商业渠道在侵害地国家或直接受害人惯常居所地国家出售,则侵害地国家和直接受害人的惯常居所地国家法律均不适用,应适用被请求承担责任人的主营业地国家的法律。

四、我国的产品责任法律制度

我国的产品责任制度在相当大的程度上借鉴了欧美的成功经验,同时,考虑到我国的国情,也在很多方面形成了独具特色的制度。

(一)产品及缺陷产品的定义

我国《产品质量法》规定:"产品是指经过加工、制作,用于销售的产品。建设工程不适用本法规定。"按照其规定,产品必须具备两个条件:首先,必须经过加工、制作。因此,未经过加工的天然品(如原煤、原矿、天然气、石油等)及初级农产品(如未经加工、制作的农、林、牧、渔业产品和猎物)不属于产品;其次,用于销售。这是区分产品责任法意义上的产品与其他物品的又一重要特征。据此,不是为销售而加工、制作的物品被排除在外。

我国《产品质量法》第46条规定:缺陷是指产品存在危及人身、他人财产安全的不合理危险;产品有保障人体健康,人身、财产安全的国家标准、行业标准的,是指不符合该标准。

(二)归责原则

根据我国《产品质量法》的规定,我国产品责任主体与各国基本一致,即包括生产者和销售者。在确定产品缺陷责任时,规定采用不同的归责原则。对生产者采用严格责任,对销售者则实行过错责任。一般情况下,销售者有过错的才承担责任;但是,销售者在不能指明产品的生产者或提供者时,也要求其承担责任。另外,在举证责任方面,为了更有效地保护消费者利益,我国在司法实践中,也往往采用"举证责任倒置",即由生产者证明产品不存在缺陷,如无法证明,则认为产品有缺陷。此外,根据《产品质量法》的规定,因产品存在缺陷造成人身、他人财产损害的,受害人可以向产品的生产者要求赔偿,也可以向产品的销售者要求赔偿。属于生产者的责任而销售者赔偿的,销售者有权向生产者追偿;属于销售者的责任而生产者赔偿的,生产者有权向销售者追偿。如此规定有利于充分保护消费者利益。

议一议

山西的消费者老吴买了一个电热水器,结果因热水器漏电,不幸身亡。老吴的妻子向热水器的销售商索赔,销售商认为,热水器虽然是他卖的,可他对热水器的质量问题不知情,也没有责任,因此拒绝赔偿,让老吴的妻子直接找厂家交涉。请问,销售商的说法有道理吗?

(三)抗辩事由

我国《产品质量法》对于生产者规定了以下的抗辩事由:(1)未将产品投入流通;(2)产品投入流通时缺陷尚不存在;(3)产品投入流通时的科学技术尚不能发现缺陷存在。

(四)赔偿范围

根据我国法律规定,因产品缺陷造成受害人伤害和(或)财产损失的,损害赔偿包括人身和财产损害赔偿。造成人身伤害的,侵害人应当赔偿医疗费、因误工减少的收入以及残废者生活补助费用;造成死亡的,并应当支付丧葬费、抚恤费、死者生前抚养的人必要的生活费等费用;造成财产损失的,侵害人应当恢复原状或折价赔偿;受害人因此遭受其他重大损失的,侵害人也应赔偿。我国对于产品责任的赔偿主要是经济方面的损失,对于精神损害赔偿的态度一般是非常慎重的。

(五)诉讼时效

《产品质量法》第45条规定:因产品存在缺陷造成损害要求赔偿的诉讼时效期间为2年,自当事人知道或者应当知道其权益受到损害时起计算。因产品存在缺陷造成损害要求赔偿的请求权,在造成损害的缺陷产品交付最初消费者满10年丧失,但是,尚未超过明示的安全使用期的除外。

能力实训

一、实训案例

1. 2006年4月12日,江西赣州某大酒店与赣州某能源有限公司签订了一份协议,约定:2006年5月30日前,由能源公司为大酒店提供并安装两台热水器,大酒店于热水器安装完毕交付使用时支付该能源公司6.5万元。同年4月15日,该能源公司与广州某热水器生产厂家签订了一份购买两台热水器的购买合同,约定总价格为3.5万元,于4月20日前交货。能源公司收货后将这两台热水器为大酒店安装完毕并交付使用。后不到一个月,热水器出现质量问题,不能产生热水。经交涉,两台热水器退回广州某热水器生产厂家,生产厂家将3.5万元货款退回大酒店。后大酒店以产品责任提起诉讼,要求赣州某能源有限公司与广州某热水器生产厂家赔偿3万元损失。

请问:该案属于产品责任之诉还是违约责任之诉?

2. 小李买了一台笔记本电脑,于是和同宿舍的几个同学聚在一起看电影。这时,同班同学小张来借笔记。在走过电脑时,电脑突然发生爆炸,小张的胳膊被炸伤,其他看电影的同学则没有受伤。

请问:小张的人身伤害可以要求生产厂家或销售者赔偿吗?小李的损失可以向谁索赔?

3. 王某于2007年6月从某商场买回一只高压锅。开始时高压锅能够正常使用,未见异常。2008年9月的一天,在王某做饭时,高压锅发生爆炸,锅盖飞起,灶具被损坏,天花板被冲裂。发生事故后,老王找高压锅的生产厂家要求索赔。厂家提出,王某是2007年买的锅,已经过去一年多了,早已过了规定的保修期,因此对发生的损害不负责任。王某多次交涉,厂家依然拒绝赔偿,于是向法院起诉,要求厂家赔偿因高压锅爆炸造成的一切损失。

请问:厂家的理由是否成立?为什么?

4. 某人是一位赛车爱好者。他买了一辆小轿车,买回来后其对汽车进行了大幅度的改装,使得车子的动力性能得到了很大的提升。三个月后的一天,他与朋友飙车时因车速过快,刹车无效,撞上了路边的大树,造成他严重受伤、下肢瘫痪。于是他要求汽车的生产厂家赔偿损失。

请问:厂家需要给予其赔偿吗?

5. 某国公民甲听说日本的食品很贵,便在被指派去日本出差前在国内购买了很多本国产的各种食品。由于该食品不太卫生,甲在日本食用时中毒,为此花去医疗费和康复费达数万日元。

请问:

(1) 依《产品责任法律适用公约》,该食品的生产商应根据哪国法对甲的损失承担责任? 为什么?

(2) 如果该食品从未经商业渠道销往日本,情况又会怎样?

6. 欧洲人A先生在1965年买了一辆汽车,当时出售的汽车都没有安全带。由于车子保养得非常好,到80年代还能在路上开。但80年代生产的汽车都要求有安全带,若没有则被认为是有缺陷的产品。A先生在80年代初发生了一起车祸,因没有安全带而受重伤。

请问:根据《指令》,A能否要求汽车生产厂家承担产品责任?

7. 兰伯特先生是个农场主,拥有一个陆地靶场,当他的雇员正拉着一拖车石头沿路行走时,拖车脱离了陆地靶场猛冲到公路上,击中了一辆家庭汽车,造成了车主乔丹先生汽车报废,其本人也受到严重伤害,终身残疾。事故发生时,拖车的轴和把手都失灵了。乔丹要求兰伯特先生赔偿损失。但兰伯特认为拖车有缺陷,应由拖车的生产商和销售商承担责任。后在检验拖车时发现,拖车挂钩有设计缺陷,在公共高速公路上行驶有危险。当带有环形附加装置的拖车被拉起时,防止挂钩分离的措施是通过操纵附加在轴上的把手来刹住机械装置,一旦轴或把手出现问题,便可能产生危险(这项检验后来被法院认可)。该事故发生时,轴和把手都失灵了。但检验过程显示,挂钩在事故发生前三至六个月就已处于这种状况。而在挂钩明显损坏时,农场主没有采取任何措施进行修理,甚至根本没有确定继续使用该挂钩是否安全,而继续使用这种损坏的挂钩达几个月之久。农场主对挂钩的损坏,以及可能产生的危险应该是知道的。另外,销售商购买了信誉很高的厂商制造的挂钩,而挂钩的设计缺陷不是通常的检验所能发现的。

请问:谁应为乔丹承担赔偿责任? 生产商、销售商还是农场主? 乔丹可以获得哪些赔偿?

二、实训练习

1. 单项选择题

(1) 在美国的产品责任法中,下列哪种学说对于消费者来说是最有利的保护。

A. 疏忽学说　　B. 担保学说

C. 严格责任学说　　D. 过错责任学说

(2) 我国产品责任法所指的产品缺陷是(　　)。

A. 不安全因素　　B. 不合格产品

C. 不合理的危险　　D. 不符合质量标准

(3) 依美国产品责任法,原告以严格责任提起诉讼,其举证责任不包括(　　)。

A. 产品确实存在缺陷或不合理的危险

B. 由于该产品缺陷给原告造成了损害

C. 原告与被告之间存在合同关系

D. 产品的缺陷是在投入市场时就存在的

(4) 根据中国法律规定,生产者的责任采用(　　)。

A. 过错责任原则　　B. 严格责任原则

C. 过失责任原则　　D. 连带责任

(5) 依英国法律规定,对产品责任采取的归责原则是(　　)。

A. 过失责任原则　　B. 无过失责任原则

C. 公平责任原则　　D. 过错推定责任原则

(6) 根据产品责任的基本理论,下列说法,正确的是(　　)。

A. 只要产品造成了原告的伤害,他就可以发起诉讼

B. 依照严格责任,原告不需要证明被告对产品缺陷存在过错

C. 只要产品存在缺陷,原告就可以要求产品的生产者负赔偿责任

D. 生产者可以通过合同中的免责条款减免自己的产品责任

2. 多项选择题

(1) 美国的产品责任法的基本理论包括(　　)。

A. 违反担保说　　B. 疏忽说

C. 严格责任说　　D. 违规使用学说

(2) 以下符合我国产品责任法的有关规定的内容有(　　)。

A. 我国的产品责任法在一定程度上采用严格责任原则

B. 产品责任属于侵权法范畴

C. 明确规定了损害赔偿范围包括:人身伤害和精神损害赔偿

D. 产品责任诉讼时效为 2 年

(3) 依欧洲的《关于对有缺陷的产品的责任的指令》对生产者的定义,生产者应包括(　　)。

A. 任何原材料的销售者　　B. 零部件的制造者

C. 产品的供应者　　D. 初级产品的销售者

(4) 根据美国产品责任法规定,产品的缺陷包括(　　)。

A. 设计缺陷　　B. 生产缺陷

C. 发展中的缺陷　　D. 说明缺陷

(5) 生产者可以(　　)作为抗辩理由,减轻或免除产品责任。

A. 原告的过错或故意

B. 产品未投入流通

C. 产品投入流通时的科学技术尚不能发现缺陷存在

D. 自己对产品的缺陷没有过错

3. 判断题

(1) 产品责任是指因制造商、销售商所制造或销售的产品存在缺陷而造成人身伤亡或财产损失引起的刑事责任。(　　)

(2) 依美国产品责任法,原告以违反担保为理由诉讼时,原告必须提供证明生产者或销售者有疏忽之处,即使这种缺陷或瑕疵未导致原告受到损害,生产销售者也承担责任。(　　)

(3) 我国产品诉讼时效为自当事人知道受到损害之日计算2年。(　　)

(4) 按照我国的《产品质量法》规定,产品的生产者、销售者、运输者、仓储者都是产品责任的承担者,消费者可以向他们任何一个提出起诉。(　　)

(5) 按照我国的《产品质量法》规定,被告只要证明原告在使用有缺陷的产品时也有疏忽之处,则可以不承担赔偿责任。(　　)

(6) 严格责任说与疏忽说之间的主要区别在于卖方是否尽到了适当注意的义务。(　　)

(7) 产品责任法不仅调整有合同关系的当事人之间的产品责任关系,而且调整没有合同关系的当事人之间的产品责任关系。(　　)

(8) 在我国,产品责任对产品生产者和销售者采用不同的归责原则,生产者承担过错责任,销售者承担严格责任。(　　)

项目六

票据使用中的法律问题

学习目标

1. 知识目标

(1) 熟悉票据的经济作用及法律特征

(2) 了解票据立法及票据法系

(3) 熟悉票据的种类及各种票据的主要区别

(4) 熟悉票据关系与基础关系之间的分离原理

(5) 掌握汇票的基本内容

(6) 掌握票据权利的种类以及行使、保全票据权利的方法

(7) 掌握票据丧失的补救措施

(8) 熟悉伪造票据的法律后果

(9) 了解涉外票据的法律适用原则

2. 能力目标

(1) 能够认识票据在商务活动中的作用

(2) 能够依法正确选择票据类型

(3) 能够依法签发票据,并正确完成背书、承兑、提示、付款等票据行为

(4) 能够依法正确行使和保全票据权利

(5) 能够正确处理票据丧失事件,有效保护票据权利

任务1:票据关系法律实务分析

工作任务

甲企业与乙企业签订了货物买卖合同,合同中约定,甲企业签发一张以乙企业为收款人、甲企业的开户银行为付款人的汇票,金额为20万元,作为预付款。汇票不得转让,如果合同解除,汇票则作废。但是甲企业未在汇票上记载

"不得转让"字样。乙企业取得汇票后,将汇票背书转让给丙企业,抵作工程款。丙企业向承兑行提示付款时,承兑行称甲企业与乙企业之间的买卖合同已经解除,甲企业告知承兑行不得付款,并且汇票不得转让,所以不能向丙企业付款。

请问:

(1) 甲企业签发的汇票是什么汇票?

(2) 甲乙之间关于签发汇票的约定属于何种法律关系?

(3) 汇票上可以记载"不得转让"字样吗?记载之后有何法律效果?

(4) 承兑行不付款的行为合法吗?

操作过程

(1) 甲企业签发的汇票是银行承兑汇票。汇票按出票人的不同,可分为商业汇票和银行汇票。商业汇票,是由实施商业行为的企业或公司所开,付款人可能是其他法人或企业或有信誉的自然人。商业承兑汇票又可按承兑人不同,分为银行承兑汇票和商业承兑汇票。银行承兑汇票是只由银行承兑并付款的汇票,商业承兑汇票则是由银行之外的其他人承兑并付款的汇票。此汇票是甲企业作出票人,其开户银行作付款人的汇票,因此是银行承兑汇票。

(2) 甲乙之间关于签发汇票的约定在票据法上称为票据预约关系,属于票据基础关系,是当事人就开了票据及票据具体内容进行的约定。

(3) 汇票上可以记载不得转让字样。根据票据法,票据记载事项分为绝对必要记载事项、相对必要记载事项、任意记载事项和不得记载事项。在各国票据法中,一般认为,"不得转让"的记载属于任意记载事项,是指不强制当事人必须记载而允许当事人自行选择,不记载是不影响票据效力,记载时则产生票据效力的事项。因此如果当事人在票据上记载"不得转让"字样,则此票据不得转让。

(4) 承兑行不付款的行为不合法。因为,根据票据法原理,票据一旦依法开具且交付于收款人后,即为有效票据,票据关系以票据上记载的文义为准,而与票据基础关系相分离。甲企业签发的汇票是有效的汇票,且没有在票据上按约定注明"不得转让"字样,则乙企业背书转让票据的行为合法,丙企业作为持票人享有票据权利,有权获得付款。至于甲乙之间的合同关系是开立票据的原因关系,属于票据基础关系,基础关系的解除、变更或无效不影响票据关系,所以,承兑行作为付款人必须付款,不得以基础关系解除对抗票据权利人。

知识链接与归纳

一、票据概述

“票据”一词,有广义、狭义之分。广义的票据,泛指所有商业上的凭证,如股票、债券、发票、保单、提单等;而票据法所称的票据是狭义的票据。狭义的票据是指由出票人签发的委托他人或由自己于指定日期或于见票时无条件支付一定金额给持票人的有价证券。

狭义的票据包括三层含义:(1)票据是一种有价证券。广义的证券是指各类记载并代表一定权利的法律凭证的统称,用以证明持券人有权依其所持证券记载的内容而取得应有的权益,如股票、公司债券、各种票据、提货单、仓库营业者出具的存货栈单等。(2)票据是无条件支付的有价证券。票据是代表一定数量货币请求权的有价证券,并且可以在法定的范围和条件下流通。(3)票据可以由出票人自己付款,也可以委托第三人付款。由自己付款即为本票,委托他人付款即为汇票和支票,其中支票只能委托金融机构付款。

票据作为典型的有价证券,与其他有价证券相比,具有独特的法律特征。

(1) 票据是设权证券。“设权”是与“证权”相对而言的。“证权证券”的作用是证明权利存在。“设权证券”则是创设一项全新的权利。具体而言,票据权利的发生必须作成证券,即无票据就无票据上的权利。票据的作用就在于通过票据行为创设一定的权利,因此,票据为设权证券。这是票据与股票、提单等证权证券的区别之一。

(2) 票据是金钱债权证券。有价证券依其所代表的财产权利的性质不同,可分为物权证券、债权证券和股权证券。一方面,票据所表示的权利是以一定金额的给付为标的的债权,故称为债权证券;另一方面,票据所代表的权利仅限于对一定数量的金钱的请求权,不能是劳务或者实物请求权,所以,票据只能是金钱债权证券。

(3) 票据是无因证券。无因证券,是指证券权利的行使只以持有证券为必要,持券人无须证明其取得证券的原因。票据系无因证券,即意味着占有票据者就是票据债权人,就可对票据债务人行使票据上的权利,至于票据权利人取得票据的原因是否成立、是否有效、是否被撤销,均不影响票据权利的存在。

想一想

如果持票人向付款人要求付款，但是付款人拒绝付款，理由是他与出票人的合同关系不存在，与持票人也没有任何关系，请问，付款人有权拒付吗？

(4) 票据是完全有价证券。完全有价证券与不完全有价证券是根据证券权利与证券本身的关系不同对有价证券的划分。证券权利的发生、转移和行使都以证券的存在为必要的证券为完全有价证券;证券权利的转移或行使以证券的存在为必要,而证券权利的发生不以证券的存在为必要的证券为不完全有价证券,如股票、公司债券、仓单等。票据作为完全有价证券,其权利的发生必须作成票据,其权利的转移必须交付票据,其权利的行使必须出示票据。

(5) 票据是文义证券。文义证券,是指票据权利义务的内容完全依票据上的记载而定,即使票据上的记载与实际情况不符,也应依票据所载文义为准,不得对其进行任意解释或者根据票据以外的任何证据确定。这与民法探求当事人的真实意思,在意思表示有错误时,可撤销其行为显然不同。

(6) 票据是要式证券。票据的格式和记载事项,都由法律严格加以规定,当事人必须遵守,否则会影响票据的效力以致票据无效。此外,票据的签发、转让、承兑、付款、追索等行为,也必须严格按照《票据法》规定的程序和方式进行方为有效,因此,票据为要式证券。

(7) 票据是提示证券。票据的权利人行使票据权利,必须向票据债务人提示票据,即将票据交予债务人验看,否则,票据债务人有权拒绝。

(8) 票据是缴回证券。持票人经提示付款从付款人处取得票据金额时,必须将票据交付付款人,否则票据债务人有权拒绝付款。

二、票据立法及票据法系

自票据产生以来,它在加快商品交换的速度及推进规模化交易方面发挥了重要作用,因而被认为是最佳的交易工具。在国际贸易中由于各国普遍对货币实行了严格的管制,加上货币运输费用高、风险大,故国际贸易结算很少使用现金,而多数使用票据。因此,票据法是国际商法的重要组成部分。票据法是规定票据的发生、转让及其行使关系的法律规范的总和。

(一) 三大票据法系的形成

世界各国票据法,在《日内瓦统一票据法》制定前,就规定的实质而言,可分为三大法系:

1. 法国法系

近代的票据法,是在欧洲中世纪末期的商业习惯法的基础上形成和发展起来的。其中法国被认为是最早制定票据法的国家。法国法系以 1807 年《法国商法典》的有关规定和 1865 年《法国支票法》为基础,其特点:一是多沿用旧的习惯,认为票据是代替现金输送的工具,因而对票据在汇兑和支付过程中的各种关系规定较为详细,不太注重票据的形式,对于票据的绝对必要记载事项也没有作出严格的规定;二是认为票据关系与其基础关系不能分离,票据是证明其基础关系的契约,把资金关系作为票据关系发生的条件。此种观点使得票据具有原因色彩,不利于票据的流通,不能适应现代法律生活的需要,因此,1935 年法国依《日内瓦统一票据法》的规定,修改了自己的票据法。

2. 德国法系

德国法系以 1871 年颁布实施的《德国票据法》和 1908 年颁布的《德国支票法》为基础。其特点正好与法国法系相反。首先,它侧重于票据的信用和流通两大作用,着重规定了票据作为信用工具和流通工具所发生的各种权利义务关系。其次,严格规定票据的形式,以助长票据信用的发挥,确保交易安全。如规定"票据文句"作为绝对必要记载事项必须明确记载于票面,否则票据无效。最后,将票据关系与其基础关系完全分离,票据原因关系的效力对票据关系没有影响。属于德国法系的国家主要有瑞士、瑞典、荷兰、奥地利、丹麦、匈牙利、挪威等。

3. 英美法系

英美法系主是以 1882 年《英国票据法》和 1896 年《美国统一流通证券法》为基础。其特点与德国法系相似,即重视票据的信用与流通,强调票据关系与其基础关系完全分离。不过,与德国法系和法国法系不同,英美法系对于票据的形式主要侧重于票据在实际运用方面的便利,不像德国法系那样要求特别严格。属于英美法系的国家,除英国和美国外,还有加拿大、印度及英属殖民地等。

由于各国票据法存在着重大的分歧和差异,这就给票据在商业上的使用,特别是在国际贸易中的流通使用带来了许多的不便。因此,从 19 世纪末开始就有一些国际组织主张把各国的票据法加以统一,制定一些有关票据的统一公约。经过长期的酝酿准备,终于在 20 世纪 30 年代初期通过了四项关于票据的日内瓦公约,即

《1930年关于统一汇票和本票的日内瓦公约》、《1930年关于解决汇票与本票的若干法律冲突的公约》、《1931年关于统一支票法的日内瓦公约》、《1931年关于解决支票的若干法律冲突的公约》。

现在大多数欧洲国家以及日本和某些拉丁美洲国家已经采用了以上各项日内瓦公约,但是英美等国则从开始起就拒绝参加日内瓦公约,因为日内瓦公约是调和德国法系和法国法系分歧的产物,而这两个法系又同属于大陆法系,所以,日内瓦公约主要是按照大陆法的传统,特别是德国法的传统制定的,英美等国认为,如果参加日内瓦公约,将会影响英美法系各国之间已经实现的统一,并且认为日内瓦公约的某些规定与英美法的传统和实践有矛盾,因此一直拒绝参加日内瓦公约。因此,在国际范围来说,目前在票据法方面还存在着两大法系:一个是英美法系,一个是日内瓦法系,后者是指参加日内瓦公约的国家,其中包括原来属于法国法系和德国法系的国家。

我国没有参加上述日内瓦公约,但在对外贸易结算中,有时也适当参照上述日内瓦公约的有关规定来处理与汇票有关的一些法律问题。

(二)联合国统一票据法

由于《日内瓦统一票据法》并没有能够达到统一各国票据法的目的,英美法系各国的票据法同日内瓦公约在许多问题上一直存在着重大的分歧。这种状况的存在,对汇票在国际上的使用流通是十分不利的。为了解决这个问题,促进各国票据法的协调和统一,联合国国际贸易法委员会从20世纪70年代起决定着手起草一项适用于国际汇票的统一法公约,并于1973年提出了一项《统一国际汇票法(草案)》。这个草案是日内瓦公约体系与英美法体系相互调和、折中的产物。但由于各国在许多问题上的分歧一时难以解决,该草案迟迟未能通过。1979年又将其改名为《国际汇票和国际本票公约(草案)》,以后又进行了多次修改,直到1988年12月9日才正式通过。

《国际汇票和本票公约》的适用范围仅限于国际票据,即出票地、付款地和受款人所在地中至少有两地不在一个国家之间的票据,不适用于缔约国国内的票据使用。因此,该公约还不能认为是完全的国际统一票据法。从这个意义上讲,《日内瓦统一票据法》则可被称为完全的国际统一票据法,因为它既是适用于国际的票据法规范,也是适用于国内的票据法规范。该公约虽尽可能地融合了两大票据法系的不同规定,但难以从根本上消除两大法系的对立,无论是英美法系国家,还是日内瓦统一法系国家对此都有意见,该公约至今仍未生效的事实就是很好的证明。

同时也使我们意识到,是制定一部由世界上大多数国家,特别是包括所有现存各法系国家参加的、具有普遍意义上的国际统一票据法,还有待国际社会继续作出共同的努力。

（三）中国票据法

我国为了适应市场经济的发展和金融体制改革的需要,1995 年 5 月 10 日,在参照《日内瓦统一票据法》的有关公约和《联合国国际汇票和本票公约》的基础上,结合中国的国情制定颁布了《中华人民共和国票据法》(以下简称我国《票据法》)。该法包括总则、汇票、支票、本票、涉外票据的法律适用、法律责任和附则,共 7 章 111 条,于 1996 年 1 月 1 日起施行。我国《票据法》的核心内容是保护票据当事人的合法权益。它强调出票人必须与付款人具有真实的委托付款关系,并且具有支付票据金额的可靠资金来源,以此保护善意持票人的权利;它规定了债务人到期无条件支付票款的义务,并且增设了有关法律责任,以此保障票据的使用和流通更安全、更方便;它增设了涉外票据的法律适用一章,从而使中国涉外票据有法可依。总之,它的目的是规范票据行为,保障票据活动中当事人的合法权益,维护社会经济秩序,促进社会主义市场经济的发展。

三、票据的种类

票据的种类,各国法律规定并不一致。如德、法等国认为票据只包括汇票与本票,不包括支票,而英美等国认为汇票包括支票。现在国际上一般都认为票据应包括汇票、本票与支票。

（一）汇票

汇票是指由出票人签发的,委托付款人见票时或在指定的日期无条件地支付确定金额给收款人或持票人的票据。

根据不同的分类标准,汇票又可分为以下类型:

(1) 按出票人的不同,可分为商业汇票和银行汇票。商业汇票,是由实施商业行为的企业或公司所开,付款人可能是其他法人或企业或有信誉的自然人。商业汇票又可按承兑人不同,分为银行承兑汇票和商业承兑汇票。银行承兑汇票是指由银行承兑并付款的汇票,商业承兑汇票则是由银行之外的其他人承兑并付款的汇票。银行汇票,是由银行开出,由银行兑现。

(2) 按付款时间的不同,可分为即期汇票和远期汇票。即期汇票也称见票即付的汇票,是指收款人或持票人在法定期限内提示汇票时,付款人在见票后即付款的汇票。因此,此种汇票以提示日为到期日。远期汇票,是指付款人不是在见票时而是在汇票所规定的到期日付款的汇票。

(3) 按记载收款人的方式不同,可分为记名式、指示式和无记名式汇票。记名式汇票,是指出票人在汇票上载明收款人的姓名或商号的汇票。这种汇票可由收款人以背书并交付的方式转让。指示式汇票,是指出票人在汇票上不仅记载收款人的姓名或商号,同时还附加记载"或其指定人"字样的汇票。这种汇票也可由收款人以背书并交付的方式转让。不记名式汇票,是指出票人在汇票上不记载收款人的姓名或商号,无论谁为持票人,都可直接向付款人请求付款的汇票。这种汇票在流通时无需背书,只要让与人将汇票交付给受让人,即可达到转让的目的。英美法系的票据法承认此种汇票,而我国《票据法》和《日内瓦票据法公约》则规定:若汇票上不记载收款人的名称者,该汇票无效。

(4) 按照流通时是否附有货运单据,可分为光票和跟单汇票。光票是不附带货运单据的汇票。光票的流通完全依靠人的信用,当事人信用较好的汇票易于在市场上流通。银行汇票多用光票。跟单汇票是附带提单等货运单据的汇票,在国际贸易中使用较为普遍。

(5) 按汇票的签发与支付的地点不同,可分为国内汇票和国外汇票。凡在一国境内签发并在其国内支付的汇票称为国内汇票。凡在国外签发而在国内支付,或在国内签发而在国外支付的汇票均称为国外汇票或国际汇票。

在国际贸易结算中,通常都是由卖方作为出票人,开立以买方为付款人的汇票,指定以卖方本人或与其有往来的银行作为收款人,通过汇票的移转代替现金的运送来实现贷款的结算。

(二) 本票

本票也称期票,是指由出票人签发的,允诺于指定的到期日,由自己无条件地支付确定金额给收款人或持票人的票据。

本票与汇票有许多共同之处,汇票法中有关出票、背书、付款、拒绝证书以及追索权等规定,基本上都可适用于本票。二者的区别主要有两点:①汇票有三个当事人,即出票人、付款人与收款人;而本票只有两个当事人,即出票人(同时也是付款人)与收款人。② 汇票必须经过承兑之后,才能使承兑人(付款人)处于主债务人的地位,而出票人则居于从债务人的地位;本票的出票人则始终居于主债务人的地位,只负到期偿付的义务,不必办理承兑手续。

按照不同的标准,本票又可以有多种分类:

按本票上是否记载本票权利人的名称分为记名式本票、指示式本票和无记名式本票。

按付款的时间不同，可以分为见票即付的本票、定日付款的本票、出票后定期付款的本票、见票后定期付款的本票。

按出票人不同，可以分为商业本票和银行本票。商业本票有即期和远期之分，银行本票则为即期。在国际贸易结算中使用的本票大多是银行本票。

按签发和付款地是否是本国分为国内本票与国外本票。这是英美票据法上的分类。凡是在本国境内签发并付款的本票，是国内本票，其他的是国外本票。国外本票遭拒付的，不需要制作拒绝证书，国内本票遭拒付的，是否做成拒绝证书，由持票人选择。

我国《票据法》规定的本票仅限于见票即付的银行本票。银行本票又细分为定额银行本票与不定额银行本票。定额银行本票的面额是预先印在票面上的，分别为1000元、5000元、10000元、50000元四种。不定额银行本票是预先没有印制票面金额，可根据需要记载金额的银行本票。这种本票，起点金额为100元，无上限。在实务中，定额银行本票使用量很小。银行本票还可分为银行转账本票和银行现金本票，前者只能用于转账，后者既可用于转账也可支取现金。

（三）支票

支票是指由出票人签发的，委托金融业者（例如，银行、信用合作社等）于见票时无条件地支付确定金额给收款人或持票人的票据。

支票和汇票一样有三个当事人，即出票人、付款人与收款人，因此，英美国家把支票规定为汇票的一种。支票与汇票的区别主要有：(1)支票的付款人限于银行，而汇票的付款人则不以银行为限；(2)支票均为见票即付，而汇票则不限于见票即付。

按照不同的分类标准，支票可分为以下种类：

依记名方式不同，支票可以分为记名支票、指示支票和无记名支票。日内瓦公约不承认无记名汇票和无记名本票，但承认无记名支票。我国票据法也承认无记名支票。

依付款有无特殊保障为标准，支票可以分为普通支票、保付支票和画线支票。普通支票的付款无特殊保障；由付款人特别担保支票全额支付的，为保付支票；只有特定的金融业者或银行的客户才能成为收款人的，为画线支票，也称平行线支票。保付支票主要产生于美国，根据《美国统一商法典》，保付支票的付款人是唯一的债务人,出票人和前手背书人解除责任。

我国的支票分为转账支票和现金支票。

在支票实务中,还有即期支票与远期支票之分。即期支票是指支票上记载的出票日期与实际出票日一致,可即时提示付款的支票。远期支票,是指把未来的一个日期记载为出票日的支票。在国际贸易中,使用远期支票风险较大。远期支票在英美票据法国家使用较多,日内瓦公约也承认远期支票,但我国《票据法》不承认远期支票。

四、票据的作用

票据之所以能够获得广泛的使用,是因为它在经济上有独特的作用,能为当事人提供一定的方便或好处。票据的作用主要表现在以下五个方面。

(一)支付工具的作用

票据的支付作用也是票据最原始、最简单的作用。在交易中特别是大额贸易中,大量使用货币既不方便又不安全,而以支付票据代替现金支付可以有效地避免这些不利因素。因此,在经济生活中,人们都普遍使用票据特别是支票作为支付工具。正是由于票据的支付功能代替了现金,才使得现代商品交易,尤其是大宗的或国际上的交易,做到迅速、准确、安全。

(二)汇兑的作用

在商业交易中,交易双方往往分处两地或远居异国,一旦成交,就要向外地或外国输送款项供清偿之用。在这种情况下,如果输送大量现金,不仅十分麻烦,而且途中风险很大。但是,如果使用汇票或其他票据来代替现金的输送,则上述麻烦或风险就可以大大减少。票据的这种作用,在国际贸易中显得更为突出。因为国际贸易的双方当事人往往分处两国,交易金额也较大,假如不使用票据,每笔交易都是输送大量现金进行结算,其困难是可想而知的。

(三)信用工具的作用

票据的信用作用是票据的核心作用。在现代商品交易活动中,信用交易不仅大量存在,而且起着举足轻重的作用,现金交易则退居次要地位。票据作为信用工具,在现代社会中的作用日益重要,它既可以作为商业信贷的重要手段,又可以用作延期付款的凭证,还可以作为债务的担保。总之,票据当事人可以凭借某人的信用,就未来可取得的金钱作为现在的金钱来使用。同时,票据的背书制度客观上也加强了票据的信用作用。汇票和本票都具有信用工具的作用，支票限于见票即付，一般用作支付工具，没有信用工具作用。

（四）流通作用

最初的票据仅限于一次付款，不存在流通问题。背书制度产生之后，票据就具有流通作用，可以通过背书的方式进行转让。依照背书制度，背书人对票据付款负有担保责任，即在持票人的付款请求权不能实现或者无法实现时，持票人可以向背书人追索，背书人应当付款。因此，票据背书转让的次数越多，票据债务人也就越多，票据债权实现的可能性也就越高。在当今西方国家，票据的流通日益频繁，仅次于货币的流通。票据与法定货币的主要区别在于：票据所凭借的是出票人、承兑人或背书人的私人信用，它不具有法定货币的强制流通效力，因此，当债务人以法定货币清偿债务时，在法律上称为法偿，债权人必须予以接受，但如债务人准备以票据清偿其债务时，则必须征得债权人的同意，或在合同中作出规定，否则债权人可以拒绝接受。

（五）融资作用

融资作用是票据的最新作用。由于汇票和本票的付款都是在将来的一定期日，未到期前，持票人可能发生资金周转困难的情况，为调度资金，持票人可以将其持有的未到期票据以买卖方式转让于他人。这种未到期票据的买卖，就是票据贴现。票据贴现是利用票据融通资金的一种有效方式。现在多由专业银行经营此项业务，中央银行经营再贴现。银行经营贴现业务，实际上就是向需用资金的企业提供资金。随着票据贴现制度的出现，票据的融资作用日益突出。

五、票据法上的法律关系

因票据的发行而产生的当事人之间的法律关系称为票据法上的关系，包括票据关系和票据法上的非票据关系。

（一）票据关系

1. 票据关系的概念和种类

票据关系是基于票据行为而产生的票据当事人之间的权利义务关系。根据票据的种类区分，有三种票据关系，即汇票关系、本票关系和支票关系。按照发生票据关系的票据行为的不同，票据关系可因出票发生的“票据发行关系”，背书发生的“背书转让关系”，承兑发生的“承兑关系”，以及“保证关系”、“付款关系”等。

2. 票据关系的当事人

票据关系的当事人是指在票据关系中,享有票据权利、承担票据责任的人,如出票人、收款人、付款人、背书人、承兑人、保证人、持票人等都是票据当事人。在票据当事人中,在票据上签名在前的称前手,签名在后的称后手,签名相邻的两当事人称直接前后手。在票据当事人中,享有票据权利的人是票据权利人,或称票据债权人,承担票据责任的人是票据义务人,也称票据债务人。

(二)票据法上的非票据关系

票据法上的非票据关系是指由票据法直接规定的,与票据行为相牵连的,但不是由于票据行为本身产生的法律关系。例如,票据在被盗、遗失等情况下,正当权利人有权利请求返还票据;因票据时效已过或票据手续欠缺,致使持票人丧失票据权利的,持票人对于出票人或承兑人享有利益返还请求权等。

(三)票据基础关系

一般情况下,票据关系的产生总是要以某种原因为基础的,如卖方以买方作为付款人、自己或他人作为收款人而出具票据,买方为支付价款向卖方背书转让票据,银行因出票人在银行有存款而向出票人指定的人无条件付款等,其中为“支付价款”、“有存款”就是付款的原因或基础,进而言之,买卖关系、存款关系就是票据关系的基础关系。基础关系与票据关系密切相关,但在法律上不产生票据权利和义务的关系,属于民法上的债权债务关系。为了鼓励人们多用票据,最大限度地保障票据的安全性、可信度,票据法把票据关系与其基础关系分离开来,使票据关系独立于基础关系而存在,而且,只要票据关系无瑕疵,即使基础关系不存在或无效,也不影响票据权利的效力。票据基础关系包括三种类型,一为原因关系,是指当事人之间使用票据的原因,如买卖、借贷、赠与等合同关系;二为票据资金关系,是指汇票和支票的出票人与付款人之间存在的金钱、实物、信用关系和其他财产性债权债务关系,如出票人在付款人处存有资金,付款人对欠出票人债务等;三为票据预约关系,是指当事人之间预先约定使用票据的合同关系,如当事人对是否使用票据,使用何种票据,以及票据金额、到期日、付款地等问题,一般应约定清楚,然后才能出票。

需要注意的是,票据关系与票据基础关系的分离是就一般情况而言,在特殊情况下,票据关系也存在与基础关系发生牵连的情况,即如果票据关系的当事人同时又是基础关系的当事人,票据义务人可以基础关系无效或不存在对抗票据权利人。

议一议

甲公司出售一批货物给乙公司。交货后甲公司开立了以乙公司为付款人的汇票。汇票被承兑后在付款日到来之前，甲将汇票转让给了丙公司，丙又转让给了丁公司。请问：丁对乙有没有债权？这种债权与甲对乙的债权是否相同？为什么？

六、票据行为

（一）票据行为的概述

所谓票据行为是指以发生票据权利义务为目的而依照票据法所实施的法律行为，如出票、背书、承兑、保证、付款等。需要指出的是，并不是所有票据的流通或使用过程都需要完成全部票据行为，如出票、背书等行为是各种票据共有的，但承兑、参加承兑则是汇票的特有行为，再如保证行为是汇票、本票的共有行为，而不适用于支票。在三种票据中，汇票可以完整地体现票据行为的过程，有鉴于此，各国票据法也大都以汇票为中心。另外，无论本票还是支票，实际上均是汇票的变式，因此，除汇票的某些特殊规则，以及本票和支票因自身的特点而适用的一些规则外，这三种票据在许多地方有相通之处。因此，各国票据法也好、日内瓦统一法也好、国际汇票和国际本票公约也好，均规定支票或本票的出票、背书、保证、付款等行为，以及追索权的行使，除另有特殊规定外，均适用有关汇票的规定，即所谓的“汇票规则的准用”制度。

议一议

老沈得了重病，估计自己将不久于人世，于是他将自己的子女找来，立了份遗嘱。其中他将自己的一张还未到期但已承兑的15万元的银行承兑汇票留给了自己的小女儿沈娜。

过了不到一星期，老沈就病逝了。沈娜依遗嘱获得那张汇票。请问：老沈立遗嘱将汇票交给沈娜的行为是票据行为吗？为什么？

票据行为具有独立性，即在同一票据上所为的若干票据行为分别依各行为人在票据上所作记载独立地发生效力,在先票据行为无效不影响后续票据行为的效力,某一票据行为无效不影响其他票据行为的效力。

(二) 票据行为的种类

从法理上讲,票据行为有广义和狭义之分。狭义的票据行为是指能产生票据债权债务关系的法律行为,有出票、背书、承兑、保证、参加承兑五种。广义的票据行为是指以发生、变更、消灭票据关系为目的的法律行为,除狭义的五种外,还包括付款、参加付款、(支票的)画线、(本票的)见票、(支票的)保付等。

根据票据行为的性质,狭义的票据行为还可以分为基本的票据行为和附属的票据行为。基本的票据行为是创设票据的行为,即出票行为。出票行为有效成立后,票据才可以有效存在。票据上的权利义务关系都是由出票行为引起的。附属的票据行为是指出票行为以外的其他行为,是以出票为前提,在已成立的票据上所做的行为。

我国《票据法》对票据的出票、背书、承兑、保证行为进行了规定。根据我国《票据法》,出票是指出票人签发票据并将其交付给收款人的票据行为;背书是指票据背面或者粘单上记载有关事项并签章的票据行为;承兑是指汇票付款人承诺在汇票到期日支付汇票金额的票据行为。我国《票据法》对参加承兑没有规定,对保证行为没有规定定义。一般而言,保证是票据债务人之外的人为担保债务的履行而在票据上记载担保文字并签名的票据行为;参加承兑是汇票上的预备付款人或第三人,在票据不获承兑时,为维护票据的信用,为特定票据债务人的利益,承诺兑付票据金额并签名的票据行为。

(三) 票据行为的形式

票据行为是一种要式行为,必须具备法律规定的形式方为有效。对于票据的形式要求,各国法律主要有四个方面的规定,即记载事项、记载格式、签名和交付。其中,记载格式一般需要参见各种票据样本,在此不再多做阐述。

1. 票据的记载事项

票据记载事项是指依法在票据上记载票据相关内容的行为。票据记载事项一般分为绝对记载事项、相对记载事项、任意记载事项、禁止记载事项等。

第一,绝对记载事项,是指票据法律明文规定必须记载的事项,如不记载,票据即为无效的事项。例如,出票日期、票据的收款人、一定的金额、票据行为人签名等。

第二,相对记载事项,是指除了必须记载事项外,票据法规定的其他应记载的事项。相对记载事项可以记载,也可以不记载。记载的,按照记载的具体事项履行权利和义务;未记载的,适用法律的统一认定。例如,根据我国《票据法》规定,背书由背书人签章并记载背书日期;背书未记载日期的,视为在票据到期日前背书。这里的"背书日期"就属于相对记载事项。

第三,任意记载事项,是指不强制当事人必须记载而允许当事人自行选择,不记载是不影响票据效力,记载时则产生票据效力的事项。例如,出票人在汇票上记载"不得转让"字样的,汇票则不得转让,其中的"不得转让"事项即为任意记载事项。任意记载事项还可以包括支付的币种、委托收款字样等。

第四,禁止记载事项,是指票据法禁止记载于票据上,如果记载了也不发生票据效力或者使票据无效的事项。包括两种情况:一为不发生票据效力的记载事项。如在支票上记载付款日期、保证附有条件等。票据法上对这类事项一般使用"不发生票据上的效力"、"记载无效"、"视为未记载"等否定性语言进行规范。这类记载本身不发生票据上的效力,但也不影响票据的效力。二为使票据无效的记载事项。如,根据我国《票据法》,票据金额以中文大写和数码同时记载,两者必须一致,两者不一致的,票据无效。

思一思

相对必要记载事项与任意记载事项有什么区别?

2. 票据签名

票据行为必须由行为人签名。行为人的签名是其承担票据责任的必备条件,也是票据的绝对必要记载事项,与票据金额具有同等重要的意义。对于签名,我国《票据法》使用"签章"一词,即票据上的签章为签名、盖章或签名加盖章。

签名行为可以分为自然人签名、法人签名和二人以上共同签名行为。在国际上,自然人签名并不要求必须是本名,只要足以表明是本人的文字即可,如艺名、绰号等均可,但是我国《票据法》规定签名应当是本名且应当完整。法人签名是指法人的授权代表人在票据上签自己的姓名和法人的名称或印章,并显示出代表法人签名的意旨等记载。我国《票据法》规定,法人和非法人单位,必须采用加盖公章和法定代表人或者授权代理人个人章的做法。在票据上共同签名的,共同签名人就票据文义负连带责任。

议一议

伪造他人签名的人是否负票据责任? 被伪造者是否负票据责任?

3. 票据的交付

票据行为的成立和生效,除制作合法的票据外,还必须将票据交付给对方,如,出票应将票据交付给收款人,背书应将票据交付给被背书人等。在票据交付前,票据因遗失、被盗等原因被他人占有,不属于票据交付。不法取得的直接当事人不得取得票据权利,但是善意取得的第三人,有权取得票据权利,票据债务人仍应负票据责任。

议一议

甲公司从乙公司购入一批设备,给乙公司开出期限为两个月的商业承兑汇票一张,面额为30万元。后乙公司依法将该汇票背书转让给丙。丙将汇票遗失,被A捡到。A便将汇票背书转让给丁。请问:该汇票到期,付款人是否应该付款给丁? 为什么?

4. 票据行为的代理

票据行为的代理是指由他人按照本人的授权,代本人进行票据行为。代理人应当在票据上载明自己是代理人,委托授权人为被代理人,并表明被代理人的姓名或名称。否则,应由签名的人负票据责任。无权代理人以代理人名义在票据上签名的,应负责任;越权代理人对越权部分应自负票据上的责任。

(四)汇票的票据行为

1. 汇票的出票

汇票的出票是指出票人委托付款人无条件支付一定的金额给收款人或持票人的票据行为。汇票是一种要式证券,必须载明法定事项,并交付与收款人,才具有票据的效力。但各国法律对汇票的形式要求并不完全相同,下面以日内瓦《本票、汇票统一法公约》的规定为主,参照各国的法例,对汇款所应记载的事项作一简要阐述。

按照日内瓦公约的规定,汇票必须载明以下事项:

(1) 汇票上必须写明“汇票”字样。日内瓦公约要求在汇票上标明汇票字样，以明确票据的性质，但英美法系各国都不要求必须注明汇票字样。

(2) 无条件支付一定金额的命令。所谓无条件，是指付款人对于付款不得添加任何条件；所谓命令是指付款人必须照此办理，按汇票的规定付款，没有选择的余地；所谓一定的金额，是指汇票上所载明的金额必须是确定的。根据日内瓦统一法，汇票（包括本票、支票）不得分期付款，因此，记载分期付款的汇票无效；而英美法则认为汇票可以作分期付款的记载。

至于汇票上能否载入利息条款的问题，英美法认为，如汇票上载有利息条款、分期付款条款或汇率条款，都不影响汇票金额的确定性，都是有效的。日内瓦公约也规定，对于见票即付及见票后定期付款的汇票，可以允许载入利息条款。

查一查

根据我国票据法，如果阿拉伯数字记载的金额与中文记载的金额不一致，会出现什么结果？

(3) 必须载明付款人的姓名。汇票的付款人一般是一个人，但有些国家的法律也允许记载一个以上的付款人，在这种情况下，任何一个付款人均须承担支付全部汇票金额的责任，不能分别就金额的一部分负责，当其中一个人付款后，其余付款人即可解除责任。

(4) 汇票的收款人。收款人是汇票的第一债权人，其姓名当然应记载于票据之上，故《日内瓦票据法公约》不承认无记名式汇票，认为汇票上若不载明收款人的姓名或商号者，该汇票不得认为有效。我国《票据法》也规定，汇票上必须记载收款人。但英美法系的票据法则承认无记名式汇票，认为在汇票上没有记载收款人的姓名或商号的，以持票人为收款人。

(5) 汇票的到期日。汇票的到期日也称汇票的付款日期，即指汇票金额支付的日期。按《日内瓦票据法公约》的规定，汇票应载明付款日期，若汇票上未载明付款日期者，则视为见票即付的汇票。也就是说，汇票上应载明到期日，但它不是法定的要件，即使未载明，也可将其视为即期汇票，并不影响该汇票的有效性。英美法系国家的票据法也有类似上述的规定。

汇票的到期日有以下四种规定方法：定日付款，即在汇票上载明付款的具体日期，习惯上称为板期付款；见票即付，即于执票人提示汇票时付款；出票日后定期付款,即从出票日后起算,于一定期间内(如出票后3个月内)付款;见票后定期付款,即从执票人提示汇票时起算,于一定期间内(如见票后6个月内)付款。

(6)汇票的付款地点。汇票的付款地是持票人请求付款及作成拒绝证书的处所。按照《日内瓦票据法公约》的规定:汇票上应载明付款地,未载明的,则以付款人姓名旁的地点为付款地,也即视为付款人的所在地。如果付款人姓名旁也没记载地点的话,则该汇票不得认为有效。英美法系国家的法律关于汇票的付款地问题的规定与上述《日内瓦票据法公约》规定不同。英美法系的票据法原则上认为,付款地在汇票上载明与否,不影响汇票的有效性,即使在汇票上未载明付款地,也不知付款人的地点,只是持票人能找到付款人,就可以按汇票上所记载的文义向付款人提示汇票要求付款。

根据我国《票据法》,付款地点为相对必要记载事项,汇票上未记载付款地的,汇票的付款人的营业场所、住所或经常居住地为付款地。

(7)汇票的出票日期及地点。根据《日内瓦票据法公约》的规定:出票日期是法定要件,若汇票上未载明出票日期者,则无效;若未载明出票地者,出票人姓名旁的地点视为出票地,只有当出票人姓名旁也无地点时,该汇票才视为无效。英美法系国家的票据法认为,出票日期和地点并不是汇票的法定要件,如果汇票上没有填写出票日期,任何合法的持票人都可以将其自认为准确的日期补填在汇票上;如果汇票上没载明出票的地点,则可以以出票人的营业场所、居住地、常住地作为出票地点。

根据我国《票据法》,出票的日期必须记载,否则汇票无效,但出票地则属于相对必要记载事项,出票人记载出票地的,以记载为准;出票时未记载的,以出票人的营业场所、住所地或经常居住地为出票地。

(8)出票人签名。按照各国票据法的规定,汇票必须是有出票人的签字方能生效,汇票的出票人在其汇票被付款人承兑以前,是汇票的主债务人。如付款人拒绝承兑或付款,执票人有权向出票人追偿。因此,出票人必须在汇票上签字,以明确其责任。如果汇票的出票人是公司法人,则必须由其授权的代表签字。

以上是日内瓦公约对汇票的形式要求,缺一不可,但如上所述,英美法同日内瓦公约存在着不少的分歧和差异,总的来说,日内瓦公约对汇票的形式要求比较严格,而英美法则比较灵活。而我国《票据法》介于两大票据法系之间,主要参照日内瓦公约,同时有些规定较之更加灵活。

想一想

根据我国《票据法》，如果汇票上没有记载付款地点，汇票有效吗？如果没有记载付款日期，汇票有效吗？

2. 汇票的背书

背书有广义和狭义之分，广义的背书包括转让背书、设质背书、委托取款背书。狭义的背书仅指转让背书，票据的流通转让主要以这种背书进行。通常，如不特别说明为其他背书的，就是指转让背书。我国《票据法》关于背书的规定采用的是广义概念。

根据各国《票据法》的规定，背书必须转让全部票据金额且不得附条件，转让部分票据金额及附加条件的背书均为无效背书。但是禁止转让的背书在各国票据法中都是允许的。所谓禁止转让的背书，是指背书人在背书时加注某些限制转让字句的背书。例如，加注“不得转让”、“只许付给某某”等。《日内瓦票据法公约》及英美法系各国票据法都承认该种背书的有效性，但在一些具体规定上则又有所不同。《日内瓦票据法公约》规定，背书人可以在背书时注明禁止再背书字样，禁止后，该背书人对于再以背书取得汇票的人，不负保证承兑及付款之责。而英美法系的票据法则把禁止转让背书称为限制背书，认为只具有委托取款的效力，被背书人无权转让其权利。

想一想

背书可以附加条件吗？

（1）汇票背书的方式。根据背书是否记载被背书人的姓名或名称，背书分为记名背书与不记名背书。记名背书又称为全衔背书或特别背书。在作记名背书时，持票人必须在汇票背面写上被背书人的姓名，并签上自己的名字，然后将汇票交付给被背书人，被背书人可以通过背书方式把汇票再度转让。不记名背书又称空白背书或略式背书，即持票人仅在汇票背面签上自己的名字，而不填写被背书人的名字或商号名称，经背书后的汇票可以仅凭交付而再度转让。

外国票据法大都承认两种背书的效力，但我国《票据法》规定，不记名背书无效。

(2) 背书的法律效力。背书具有以下法律效力:

第一,通过背书的连续性证明持票人获得票据的合法性。票据的背书应当是连续的,前后衔接,以此来显示票据的流通过程。持票人以背书的连续证明其票据权利。

第二,背书人对包括被背书人在内的一切后手保证该汇票能得到承兑或付款。

第三,背书人保证在他以前曾在该汇票上签名的一切前手的签字的真实性和背书的连续性。

第四,如果日后付款人对汇票拒绝承兑或拒绝付款,持票人有权向任何背书人进行追索,请求偿还票据金额。

(3) 汇票的承兑。汇票的承兑是汇票的付款人为了表示接受出票人的付款指示,同意承担付款义务,并以书面记载于汇票之上的行为。承兑是远期汇票特有的行为,支票、本票及即期汇票均无此行为。

承兑的方式通常是由付款人在汇票正面横写"承兑"字样,注明承兑日期并签上自己的名字。承兑的作用在于确定付款人对汇票的付款义务。按照各国的法律,汇票承兑前,出票人及背书人是主债务人,付款人一旦承兑,即成为汇票的主债务人。如果承兑人到期拒绝付款,持票人就可以直接对他起诉。但是,付款人承兑汇票并不能解除出票人和背书人对汇票的责任,如果承兑人在汇票到期时不付款,持票人除有权对承兑人起诉外,仍可向任何前手或出票人进行追索。

包括我国在内的各国法律均规定,承兑应当是无条件的,附加条件的承兑原则上都认为是付款人拒绝承兑的行为,如果持票人在未征得出票人和前手背书人的同意之前擅自接受了这些附有条件的承兑,出票人和前手背书人可以免除在该票据上的全部或部分义务。但《日内瓦票据法公约》允许付款人作部分承兑,持票人面对此种承兑时应先接受付款人的部分承兑,然后对于付款人未予承兑的部分,在法定期限内作成拒绝承兑证书,向前手背书人和出票人行使追索权。

持票人应在一定的期限内提示承兑,否则丧失对前手的追索权。所谓提示承兑是指持票人向付款人提示票据并要求付款人作出付款承诺的行为。提示承诺的期限,各国有一定的差异,如根据《日内瓦票据法公约》,见票后定期付款的汇票,应自出票之日起1年内为承兑提示,而根据英国法,见票后定期付款的汇票,除出票人或背书人有特别规定者外,持票人应于出票后合理的时间内作承兑提示。

根据我国《票据法》,见票后定期付款的汇票,持票人应当自出票日起1个月内向付款人提示承兑。定日付款、出票后定期付款的汇票,持票人应在汇票到期日前提示承兑。

(4) 汇票的保证。汇票保证是指对已经存在的票据上的债务而进行担保的票据行为。关于保证人,各国制度不同,我国《票据法》规定保证人必须是票据债务人以外的第三人;日内瓦公约则允许已在票据上签名的票据债务人作保证人;英美票据法则规定,除出票人和承兑人之外的任何人均可作保证人。汇票保证的被保证人则只能是票据债务人,如出票人、承兑人、背书人等。

保证的形式。汇票的保证必须标明"保证"的字样。保证文句一般并不事先印制在票据用纸上,需要保证人特别加以记载。除此之外,保证人的名称以及保证人的签章也是绝对必要记载事项,欠缺其一,保证无效。另外,还应记载被保证人以及保证日期。未记载被保证人的,已承兑的汇票,承兑人为被保证人。未承兑的汇票及本票,出票人为被保证人;未记载保证日期的,出票日期为保证日期。此外,依我国《票据法》的规定,保证人为保证行为时,不得附加条件,如附有条件,不影响对票据的责任;且只能对全部票据金额担保,部分保证无效。日内瓦公约则允许部分保证。

保证的效力。保证人就票据债务来说,与被保证人承担完全相同的责任,且具有连带性;在保证人为 2 人以上时,保证人之间也须承担连带责任,对票据权利人来说,不分第一保证人或第二保证人,可以向任何一个保证人或全体保证人请求履行保证义务。保证人清偿汇票债务后,可以行使持票人对被保证人及其前手的追索权。

议一议

A 公司与 B 公司签订了一份价款为 20 万元的买卖合同。A 公司收到 B 公司签发的商业承兑汇票一张,期限为 3 个月。1 个月后,A 将该汇票转让给 C,A 公司在票据上记载了保证事项,后 C 将汇票转让给了 D。D 公司于到期日向付款人提示付款,但付款人下落不明。D 公司于是向 A 公司行使追索权,A 公司以 D 公司应该先向 C 追索为由拒绝。请问,A 公司的主张是否合法?为什么?

(5) 汇票的付款。付款是指汇票的执票人于汇票的到期日,向汇票的付款人提示汇票,要求支付汇票金额的行为。付款人照票付款后,由持票人在汇票上签名注明"收讫"字样,并把汇票交回付款人,于是由该汇票所产生的债权债务关系即告消灭。

提示付款的时间。根据各国票据法,持票人必须在法定的时间内向付款人做付款提示,但付款提示的期限有很大差异。按照英国汇票法的规定,如果是见票即付的汇票,执票人必须在"合理时间"内向付款人做付款提示,其他汇票如出票后定期付款的汇票或见票后定期付款的汇票,则必须于付款的到期日向付款人做付款提示,否则,执票人即丧失对出票人及其前手背书人的追索权,而按照《日内瓦票据法公约》的规定,对于见票即付的汇票,执票人必须在1年内向付款人提示付款。对于已承兑的远期汇票,则必须于到期日及其后2日内向付款人提示付款,否则,持票人亦丧失其对前手的追索权。我国《票据法》则规定,见票即付的汇票,提示付款期出票日起1个月;远期汇票的提示付款期为汇票到期日起10日内。

议一议

张某于2009年4月1日签发一张出票后3个月付款的银行承兑汇票给王某,汇票金额20万元,承兑人为甲银行。王某承兑后背书转让给李某。该汇票于7月1日到期后,持票人李某于7月15日向甲银行提示付款。请问:甲银行是否要对持票人李某承担票据责任?

付款人付款的时间。当持票人按期向付款人提示付款时,付款人是否必须于当天付款,有无一定的宽限期,各国法律有不同的规定。按照英国票据法的规定,对远期付款的汇票,可以有3天的优惠日。《日内瓦票据法公约》则没有优惠日的规定。但是,按照各国的法律或习惯,如果汇票的到期日是星期日或其他公休日,则付款的日期可顺延至下一个营业日。

付款人的权利。根据各国票据法,付款人在付款时可以要求持票人出示票据,并合理地验明持票人的身份;在付款提示者为持票人的代表或代理人的场合,有权要求其提供充分的授权证明。在付清票款时,付款人有权要求持票人当场交出票据并在票据上签名并注明所收讫的款项。

(五)本票的票据行为

1. 本票的记载事项

日内瓦公约规定的本票记载事项为表明"本票"的字样、无条件支付的承诺或委托、确定的金额、出票人签名、出票日期、出票地、付款地、收款人、付款时间九项内容。英美票据法国家的要求比较宽松，只需要记载发票人签名、确定金额、无条件支付的承诺或委托、见票即付或确定的付款日期、持票人或收款人姓名五项内容。

2. 本票的见票及付款

见票是本票的出票人因持票人的提示，为确定见票后到期付款的到期日，在本票上记载见票字样及日期，并签名的行为。一般来说，见票是见票后定期付款的本票特有的程序，以此来确定本票的到期日。根据日内瓦公约，持票人须在出票日起1年内提示见票，未按期提示的，丧失对其前手的追索权。

我国票据法不承认见票后定期付款的本票，因此没有见票制度。根据我国《票据法》，本票持票人自出票日起2个月内，随时可以向出票人提示见票，请求付款，而出票人则于见票时予以付款。

（六）支票的票据行为

1. 支票的记载事项

支票上应记载以下事项：表明“支票”的字样、无条件支付的委托、确定的金额、付款人名称、出票人签名、出票日期、出票地、付款地、收款人等事项。根据我国《票据法》，上述事项中，收款人名称、付款地、出票地为相对必要记载事项。收款人未记载的，推定持票人为收款人。另外，我国票据法还规定，支票见票即付，且不得另行记载付款期限，另行规定付款期限的，该记载无效。

2. 支票的付款

支票须经持票人提示票据，请求付款人付款。根据各国法律，支票持票人应在法定的提示付款期限内，提示付款，否则，付款人有权拒绝付款。根据我国《票据法》，支票的提示付款期为出票日起10日。出票人必须按照签发的支票金额承担保证向持票人付款的责任，出票人在付款人处的存款足以支付支票金额时，付款人应当在当日足额付款。

另外，各国票据法均规定，不得签发空头支票。所谓空头支票是指支票的出票人与付款人既无资金关系也无信用关系，任意发行的不能获得付款的支票。根据各国法律，签发空头支票者，依不同情况，应承担民事责任、行政责任直至刑事责任。

七、涉外票据的法律适用

如前所述,由于各国票据法律制度存在着很大的差异,而在国际商务活动中,票据的使用又是非常普遍的,法律冲突在所难免。解决法律冲突的方法主要有两个,即制定国际统一的实体法和制度冲突规则。目前,有关票据的国际统一规则尚未形成,因此冲突规则就显得尤为重要。解决国际票据问题的冲突规则主要有以下几个方面:

(一) 票据行为能力的法律适用

各国一般适用当事人的属人法,也有的国家在主张适用属人法的同时,要求票据当事人的能力受行为地法约束。如我国《票据法》第96条规定:票据债务人的民事行为能力,适用其本国法律;票据债务人的民事行为能力,依照其本国法律为无民事行为能力或者限制行为能力而依照行为地法律为完全民事行为能力的,适用行为地法律。

(二) 票据行为方式的法律适用

票据行为一般适用行为地法。我国《票据法》第97条规定:汇票、本票出票时的记载事项,适用票据出票地法律,但支票出票时的记载事项,适用出票地法律,经当事人协商,也可以适用付款地法律;第98条规定:票据的背书、承兑、付款和保证行为,适用行为地法律。

(三) 票据债务人义务的法律适用

按照《日内瓦票据法律冲突公约》(大陆法系国家适用),票据主债务人的义务一般适用付款地法律;票据从债务人一般适用签字地法律。

(四) 持票人责任的法律适用

持票人的责任主要有:(1)票据在期限内行使追索权;(2)票据的提示期限、有关拒绝证明的方式及其期限等。

依据我国《票据法》第100条,持票人行使追索权的期限适用出票地法律;票据的提示期限、有关拒绝证明的方式及其期限等适用付款地法律。

(五)票据权利保全的法律适用

我国《票据法》规定:票据丧失时,失票人请求保全票据权利的程序,适用付款地法律。

任务2:票据权利的取得与行使

工作任务

2008年8月,甲、乙、丙三家公司经协商,决定用汇票结清他们之间的债权债务。于是,乙做出票人,甲做付款人,丙做收款人,票据金额20万元,出票日后4个月付款。此后,丙从某家具厂进货时,将汇票背书转让给了家具厂。家具厂接收到汇票时距到期日还有近3个月,遂又决定用该汇票采购木材。后采购员刘某在外出时不慎将汇票丢失。刘某将汇票丢失的情况告知了家具厂,家具厂立即向甲办理了挂失止付的手续,但没有采取其他措施。该丢失的汇票被李某捡到,李某发现票据背面的最后一次背书未填写背书人,便加盖了伪造的家具厂的公章并签了名,然后持汇票到某家电商场购置了一套价值20万元的家电,并将汇票背书后交给了家电商场。家电商场又将该票据转让给某电器厂。现汇票到期,电器厂持汇票请求甲付款,甲以汇票已挂失止付为由拒绝付款,电器厂只好追索,并对所有前手发出了通知。家具厂接到通知后提出自己是真正的票据权利人,电器厂的票据权利有缺陷,请求返还票据。双方发生争执,诉至法院。

请问:

(1)电器厂是否享有票据权利?为什么?

(2)电器厂是否有权向其所有前手发出追索通知?

(3)甲以票据挂失为由拒绝付款的做法是否合法?为什么?

(4)家具厂有权要求返还票据吗?

(5)如果家电商场对电器厂进行了支付,是否可以向票据上的其他前手行使再追索权?

操作过程

(1)电器厂享有票据权利。根据《日内瓦统一票据法》以及我国的《票据法》(以下各任务的操作主要以我国《票据法》为主),电器厂享有票据权利。我国《票据法》规定,票据上有伪造背书的签名时,如果持票人是善意的且支付了相应的对价,则享有票据权利。电器厂取得的票据是被伪造背书的票据,但其并不知情,且不存在重大的过失或故意,并支付了相应的对价,属于善意取得。善意取得票据的持票人享有票据权利。

需要指出的是,在英美票据法系中,对于此问题有不同的规定。

根据英美票据法,票据上有伪造的背书签名时,伪造签名之后一切受让人或持票人都不能真正取得票据权利,付款人负有对签名(包括背书签名)是否真实的查验之责,如果付款人对有伪造签名的票据给予了付款,付款人应自负其责,票据的真正权利人仍可以向付款人行使付款请求权,付款人必须支付。因此,电器厂作为伪造背书的后手持票人,在票据真正权利人获得支付后,则无法享有票据权利。即使已经获得付款,付款人也会要求其返还票据金额。

(2) 电器厂有权向其所有前手发出追索通知。因为电器厂是善意持票人,享有票据权利,且这种权利具有优于其前手的效力。票据权利包括付款请求权与追索权,根据《票据法》,汇票的出票人、背书人、承兑人和保证人对持票人承担连带责任,持票人可以不按照汇票债务人的先后顺序,对其中任何一人、数人或全体行使追索权。因此,在付款请求得不到满足时,持票人有权向所有前手行使追索权。

(3) 甲有权以票据挂失为由拒绝支付。根据《票据法》的规定,收到挂失止付通知的付款人,应当暂停支付。付款人及其代理付款人恶意或者有重大过失付款的,应当自行承担责任。因此,甲作为承兑人在收到挂失止付通知后有权对持票人家电商场拒绝付款。

(4) 家具厂无权要求返还票据。根据《票据法》原理,虽然家具厂从丙手中取得票据时,票据本身没有缺陷,背书也合法,从而取得了票据权利。但其后由于自己的过错丧失了对票据的占有,尽管已向承兑人甲挂失止付,但由于没有采取其他补救措施,票据因完全有价证券的性质,决定了其在不占有票据而又不能提供具有法律效力的判决或裁定时,其不能行使票据权利。因此,家具厂请求家电商场返还票据的做法是没有法律依据的。

(5) 如果家电商场对电器厂进行了支付,不可以向票据上的其他前手行使再追索权。根据我国《票据法》,后手应当对其直接前手背书的真实性负责。家电商场作为伪造背书的直接后手,应对背书人的身份尽审查之责,否则,接受了伪造背书的票据,即使不是恶意,其票据权利在法律上也不受保护。因此如果持票人是直接从伪造者手中取得此伪造票据的,只能对伪造者依民法上的有关规定请求赔偿,而不能享有追索权。

知识链接与归纳

八、票据权利与票据抗辩

(一) 票据权利概念及种类

票据权利是持票人向票据债务人请求支付票据金额的权利,包括付款请求权与追索权。付款请求权又称第一次请求权,是指持票人对票据主债务人(如汇票的承兑人、本票的发票人等)行使请求其支付票据金额的权利。追索权是指因持票人在第一次请求权没有或者无法实现的情况下,对票据的其他付款义务人(如汇票、支票的发票人,汇票、本票的保证人,票据的背书人等)行使请求偿还票款的权利。也就是说,作为持票人,它首先应当要求票据的主债务人(付款人、承兑人)向其偿付,如果主债务人没有或无法偿付时,持票人才有权要求其他付款义务人(背书人、保证人、出票人)向其偿付票款。

(二) 票据权利的取得

获得票据权利以合法持有票据为前提条件。根据各国票据法的通例,合法取得票据权利主要有以下四种方式:

(1) 因发行票据而取得票据权利。

(2) 因背书而取得票据权利。

这两种方式在"票据行为"中已做了较为详细的介绍,此处不再赘述。

议一议

因票据发行和背书而取得票据权利需要具备哪些条件?

(3) 因交付或其他合法方式而取得票据权利。在无记名票据中,交付票据可以使持票人获得票据权利。另外,票据权利还可以因赠与、继承、公司合并等多种方式而取得。

(4) 善意取得。善意取得是指持票人从无票据处分权人手中无过失的获得票据,从而取得票据权。

善意取得是票据权利取得制度中的特殊规则。一般情况下,对于无处分权而转让票据的,票据法认为是不法转让,不会取得应有的票据转让的效果,但是如果受让人无从知晓转让人无处分权且支付了相应的对价而取得票据的,如果坚持适用一般原则,势必造成票据使用和流通的不安全性,造成人们不愿意接受票据,因此票据法特别规定了"善意取得"制度,以此来保护善意的第三人的合法利益,维护票据的使用和交易的安全性。

根据各国票据法,善意取得应具备四个条件:①须从无处分权人手中取得票据;②须依票据法的转让规则而取得票据;③取得票据必须是善意的;④支付了相应的对价。

与善意取得相对应的是恶意取得,如因欺诈、胁迫、偷盗或重大过失取得票据的,均不得享有票据权利。

想一想

伪造背书的直接后手如果能够证明自己是善意的,是否可以取得票据权利?

(三)票据权利的行使与保全

票据权利的行使是指票据权利人向票据债务人提示票据,请求履行票据债务的行为。一般认为,票据权利的行使包括请求付款、进行追索。

票据权利的保全是指票据权利人在遭到拒付时,为防止票据权利消灭而进行的行为。

拒付包括拒绝承兑和拒绝付款两种情况。当持票人把远期汇票向付款人提示承兑时,如果付款人拒绝承兑,持票人即可行使追索权,而无须等待远期汇票到期时再向付款人做付款提示并遭到拒付时,才行使追索权。因为付款人拒绝承兑,就表示他拒绝承担汇票的付款义务。拒付不仅是指付款人明白地表示拒绝承兑或拒绝付款,也包括付款人逃避、死亡或宣告破产等情形。

执票人为了行使其追索权,在票据遭到拒付时,除票据上已载明不必制作拒绝证书者外,都必须在法定时间内作成拒绝证书,否则就会丧失对出票人和背书人的追索权。如德国票据法规定,执票人必须在汇票到期日或拒付之日起两天之内作成拒绝证书,才能向前手背书人及出票人行使追索权,如不按时作成拒绝证书即丧失其追索权。但按照英国的法律,国内汇票在遇到拒付时,不一定是作成拒绝证书,只有国外汇票才必须在拒付的当天或第二个营业日作成拒绝证书。

所谓拒绝证书,是一种由付款地的公证人或法院、银行公会等做成的证明付款人拒付的书面文件，拒绝证书是执票人据以行使追索权的重要法律文件。

此外，执票人还必须在法定期间内将汇票遭到拒付的事实通知其前手，并且应按法定期限行使其追索权。对于执票人行使追索权的期限各国法律有不同的规定，英国法律规定为6年，《日内瓦票据法公约》则规定为1年，从作成拒绝证书之日起算。一旦时效完成，执票人即丧失其追索权。

（四）票据权利的消灭

票据权利的消灭，是指票据上的付款请求权或追索权因法定事由的出现而消灭。根据各国的票据法，可以导致票据权利消灭的原因主要有以下几种：

1. 付款

票据债务人付款之时，持票人将票据交予付款人，票据关系终止，票据权利自然消灭。外国票据法大多允许付款人部分付款，当发生部分付款的，付款部分的票据权利消灭，未付款的部分票据权利依然存在。我国《票据法》不允许部分付款，所有不存在票据权利部分消灭的情况。

2. 被追索人清偿票据债务及追索费用

持票人遭到拒付时，有权行使追索权，请求偿还票面金额、利息及追索费用，被追索人清偿一应债务后取得票据，原有的票据债权消灭。

3. 票据时效期间届满

持票人不行使票据权利的事实才持续到票据时效期间届满，其付款请求权及追索权消灭。对于票据时效的期间，各国票据法的规定有很大的差异。如日内瓦公约规定，汇票持票人对承兑人主张权利的一切诉讼，自到期日起3年内丧失时效；支票的持票人对票据债务人的追索权，自提示日期6个月后丧失时效。而英美票据法则一般不规定票据时效，适用民法的时效制度，如根据英国法，一般规定为6年。

根据我国《票据法》，付款请求权的时效为：①远期汇票，从票据到期日开始，2年内持票人持续没有向汇票的出票人或承兑人提示付款的，则该票据权利丧失。②见票即付的汇票、本票，从出票日起计算，2年内不行使权利，票据权利消灭。③支票持票人的权利从出票日起6个月内不行使权利，票据权利消灭。追索权的请求时效为：①持票人对前手的追索权，从被拒绝承兑或拒绝付款之日起6个月内不行使，则丧失该追索权。②被追索人清偿票据债务后，从清偿日起或发生清偿纠纷被提起诉讼之日起3个月内不向其前手行使再追索权，则该再追索权因此而丧失。

想一想

超过票据时效和超过票据提示期限法律后果有什么不同?

议一议

乙欠甲一笔钱，乙开了一张支票给甲。甲由于事务繁杂，且票据金额较小，而未能按时行使票据权利。7个月后的一天，甲偶然翻出这张票据，才发现票据权利行使期限已过（支票的票据权利行使期限为出票日起6个月）。请问：此时甲能否取得支票款项？甲应如何实现自己的债权？

（五）票据抗辩

票据抗辩,是指票据债务人根据票据法的规定对票据债权人拒绝履行义务的行为。在票据法理论上,票据抗辩分为对物的抗辩和对人的抗辩。对物抗辩是指票据债务人可以对抗一切票据债权人的抗辩,如票据欠缺绝对记载事项、票据债务人无民事行为能力、背书不连续、票据权利时效届满而消灭等,对人抗辩是指票据债务人对抗特定票据债权人的抗辩。

所谓对物抗辩,是指基于票据本身的内容有瑕疵而进行的抗辩。比如,债务人认为票据本身欠缺某些基本内容,如汇票上未记明金额、发票人没有签名、记有附带条件的支付委托等,认为该票据应该无效或消灭,从而拒绝进行付款,这种抗辩就属于对物的抗辩。属于对物的抗辩包括:(1)票据欠缺应记载的内容;(2)票据到期日未到;(3)票据已经依法付款;(4)票据经判决为无效;(5)票款已依法提存;(6)欠缺票据行为能力;(7)票据系伪造及变造;(8)票据因时效而消灭;(9)与票据记载不符的抗辩等。对于前五项,任何票据债务人都有权拒绝支付票款。对于后四项,只限于特定债务人可以对所有债权人进行抗辩。比如对于伪造票据,由于被伪造者并未在票据上签字,因而被伪造者可以对任何债权人进行抗辩。

所谓对人抗辩是指特定的债务人对特定的债权人的抗辩。这种抗辩是基于当事人之间的特定关系而产生的,一旦持票人发生变更,就不得再进行抗辩,属于对人的抗辩包括:(1)票据原因关系不合法,比如为支付赌债而签发的支票;(2)原因关系不存在或消灭,比如为购货而签发票据但对方没有发货;(3)欠缺对价,比如持票人未按约提供与票款相当的商品或劳务等;(4)票据债务已经清偿、抵消或免除而未载于票据上,可对直接当事人抗辩;(5)票据交付前被盗或遗失,可对盗窃人或拾得人抗辩,等等。

议一议

甲欠丙一笔钱,债务到期后丙向甲要钱。甲声称自己的朋友乙愿意为自己还钱,实际乙并不知此事。此后,甲即假冒乙的名义,以乙为出票人签发一张本票给丙。到期时丙持票要求乙付款。请问:乙需不需要付款?为什么?丙如何实现自己的债权?

九、票据的伪造和变造

(一)票据的伪造

票据伪造是指以行使票据权利为目的,假冒他人名义而伪造票据的违法行为。它有广狭之分,广义上是指签名的伪造,具体包括出票伪造、背书伪造、保证伪造以及承兑伪造;狭义上仅指假冒出票人的名义签发票据的行为,即发票的伪造。伪造的方法包括伪造签名,模仿手迹以及伪造、盗用印章等。伪造票据是严重的违法行为,各国法律都对伪造票据行为规定了相应的民事、行政以及刑事责任。

票据伪造属于票据的第一大瑕疵,它严重损害了票据的流通性及商事交易的安全性,因此各国票据法都将它作为一个重要的规约对象。

根据《日内瓦统一票据法》,票据上有伪造的签名(forgedsignature)时,伪造的签名无效,但真实的签名的效力并不因此受到影响。具体而言,其内容主要包括以下几个方面。

(1)对被伪造人的效力。被伪造签名之人自己并没有签名于票据之上,也没有授权伪造人代表或代理其签名于票据上,依只有“在票据上签名者,依票上所载文义负责”的签名原则,故被伪造人不负任何票据责任。

(2)对伪造人的效力。伪造人伪造的票据或签名不是以自己的名义作出的,依上述签名原则,伪造人亦不负票据责任。

(3)对真正签名人的效力。票据上既有伪造的签名,又有真实的签名时,依票据行为独立的原则以及依票载文义负责的原则,真实的签名仍然有效,真正的签名仍应依其记载文义承担票据责任。

(4) 对持票人的效力。票据伪造为发票人伪造时,该票据为无效票据,持票人不能借此主张付款请求权,但是,如果持票人从真正签名人手中取得该伪造票据时,依票据行为独立原则,仍可对真正的签名人行使追索权。如果持票人是直接从伪造者手中取得此伪造票据的,只能对伪造者依民法上的有关规定请求赔偿。

(5) 对付款人的效力。对付款人的效力有两种情形:第一,对伪造的票据付款。出票人与付款人建立票据委付关系时,一般都在付款人处预留下自己的签名笔迹或印章样式,以供付款人查验。付款人在正常业务中,如果欠缺善良管理人应有的注意,而对伪造的票据付款的,则由付款人自负其责。第二,对伪造的背书付款。付款人对票据上的背书仅负形式上是否连续的认定之责,不负责认定背书签名的真伪性,除非付款人有欺诈或重大过失,否则其对背书连续的伪造票据付款时,亦认为是适当付款。

英美国家关于票据伪造的效力原理,在出票的伪造上与日内瓦统一票据法相近似,即都认为该票据无效,而在该票据上已为真实签名者则应承担相应的票据责任,但在伪造背书的效力原理上,存在着严重的分歧。依英国票据法的规定,票据上有伪造的背书签名时,伪造签名之后一切受让人或持票人都不能真正取得票据权利,付款人负有对签名(包括背书签名)是否真实的查验之责,如果付款人对有伪造签名的票据给予了付款,付款人应自负其责,票据的真正权利人仍可以向付款人行使付款请求权。

我国《票据法》关于票据伪造的规定主要与《日内瓦统一票据法》相同,不同的是,并未明文规定付款人不负背书真伪的认定之责,同时加重了付款人的责任,即要求审查提示付款人的合法身份证明或有效证件。

议一议

甲公司为支付货款向乙公司签发了一份商业承兑汇票,但在到期前该汇票被盗。盗窃人伪造了乙公司的印章,以乙公司名义与丙公司进行交易,把汇票背书转让给丙公司,后丙公司又将汇票转让给了丁公司。请问:该汇票被伪造后是否有效?丁公司是否享有票据权利?如果丙公司没有转让给丁公司,其是否享有票据权利?

（二）票据的变造

票据变造是指无变更权的人不法对票据上除签章之外的有关记载事项予以变更，从而使票据权利义务的内容发生改变的行为。如持票人擅自更改票据上已有的金额、到期日等。票据变造是违反票据法的行为，各国票据法都不允许变造票据。根据各国法律规定，变造人还要承担民事或刑事责任，如变造有价证券罪。

票据变造与票据伪造的区别在于，票据变造的对象是除签章以外的记载事项，与签章无涉，而伪造直指签章。它们的效力范围也不相同。票据上有伪造签章的，不影响票据上其他真实签章的效力，而票据上有变造其他记载事项的，签章人依签章时间不同而承担相应的票据责任。

根据《日内瓦统一票据法》的规定，票据文义经变造时，签名在变造后者，依变造文义负责，签名在变造前者，依原有文义负责。

英美票据法没有“变造”的概念，只有关于票据“重要更改”的规定。从性质上分析，所谓的“重要更改”实质等同于变造。根据美国法，正当持票人在所有情况下都按票据的原定意旨行使追索权，其权利主张并没有变造前和变造后的区分。所谓正当持票人是指在票据完整、正常、未过期情况下，出于诚信，不知悉票据曾遭拒付，不知悉出让人的权利有任何瑕疵，并且支付了代价而取得票据的持票人。另外，英美票据法还规定，持票人自己对票据变造的，则解除其他当事人的责任，除非其他当事人同意此项更改；凡自己作出或同意或授权作出变造的人要按变更后的条件承担责任，而不管其签名是在变造前还是变造后。

由于票据法有上述规定，因此票据有无变造，由何人变造，以及签名的时间等举证责任问题，对于票据上签章的人关系甚大。大多数国家的票据法包括公约对此都无直接规定，在票据实务中基本上采取“谁主张，谁举证”的民事诉讼原则来分配票据诉讼中的举证责任。

我国《票据法》第 14 条规定：“票据上的记载事项应当真实，不得伪造、变造。伪造、变造票据上签章和其他记载事项的，应当承担法律责任。票据上有伪造、变造的签章的，不影响票据上其他真实签章的效力。票据上其他记载事项被变造的，在变造前签章的人，对原记载事项负责；在变造之后签章的人对变造之后的记载事项负责；不能辨别是在票据被变造之前或之后签章的，视同在变造之前签章。”

任务3:票据丧失的补救实务分析

工作任务

2007年6月,某市某电子公司供销员遗失一张已盖好单位及有关人员印章的银行承兑可背书转让的汇票后,立即报告了某电子公司,某电子公司当即通知了其付款银行,挂失止付,并通过新闻媒体发出了遗失声明。事隔4天,该市某服装公司持银行拒绝支付的汇票到该电子公司要求支付8500元货款。电子公司以该汇票已声明作废为由拒绝承担任何责任。某服装公司遂诉至法院,请求电子公司支付票据金额。

请问:

(1) 电子公司的"遗失声明"具有法律效力吗?

(2) 挂失支付的法律效力如何?

(3) 票据丢失应如何处理?

操作过程

(1) 遗失声明没有法律效力。遗失声明是票据实务中,当事人失票后经常采用的补救措施,在客观上能够起到提醒相关人员注意的效果,但其在法律上没有效力,因此如果只作出遗失声明,而不采取其他措施止付,无法达到止付的效果。

(2) 挂失止付是一种暂时的止付措施。根据我国《票据法》,付款人或者代理付款人自收到挂失止付通知书之日起12日内未收到人民法院的止付通知书的,从第13日起,持票人提示付款并依法向持票人付款的,不再承担责任。因此只有法院的支付通知或判决、裁定才具有真正的止付效力。

(3) 根据我国《票据法》,票据丧失后,当事人应在失票后及时挂失止付,以防票据金额在挂失前被他人冒领。失票人应当在通知挂失止付后3日内,也可以在票据丧失后,依法向人民法院申请公示催告。公示催告可以起到两方面的作用,一是正式取得法院的止付令,二时督促持票人在法定的公告期内尽快申报权利。公示催告期满,无人申报权利,法院宣告票据失效。失票人可以申请法院作出除权判决,依除权判决获得支付。公告期间,持票人申报债权的,公示催告终止,由法院对票据纠纷进行审理。在被告人明确的情况下,也可以直接向人民法院提起诉讼,由法院依法确认票据权利的归属。

知识链接与归纳

十、票据的丧失及其补救

票据丧失是指票据因灭失、遗失、被盗等原因使票据权利人失去了对票据的占有，简称失票。票据丧失有绝对丧失与相对丧失之分，前者又称票据的灭失，指票据从物质形态上的丧失，如被火烧毁、被洗化或被撕成碎片等。后者又称票据的遗失，是指票据在物质形态上没有发生变化，只是脱离了原持票人的占有，如持票人不慎丢失或被人盗窃或抢夺。

票据的丧失在票据实务中经常发生，由于票据具有流通性和无因性等特点，使得票据在丧失后如果不及时采取有效的救济措施，很可能导致失票人丧失票据利益。为了维护失票人的合法利益，各国票据法都规定了补救制度，但方法各有不同，同一法系国家大多采用公示催告、除权判决和判令支付等方法，英美法国家则主要采用诉讼手段。

我国《票据法》对失票的补救规定了较为详尽的制度，主要包括三个方面：

（一）挂失止付

挂失止付是指失票人将丧失票据的情况通知付款人，并由接收通知的付款人暂停支付的一种方式。付款人或代理付款人收到挂失止付通知书后，查明挂失票据未付款，应立即暂停支付，否则，应承担民事责任。需要注意的是，挂失止付并不是票据丧失后采取的必经措施，而仅仅是一种暂时的止付措施。付款人或者代理付款人自收到挂失止付通知书之日起 12 日内未收到人民法院的止付通知书的，从第 13 日起，持票人提示付款并依法向持票人付款的，不再承担责任。

想一想

如果在挂失止付之前，付款人已经付款的，是否需要承担责任？

（二）公示催告

公示催告是指票据丧失以后，法院根据失票人的申请，以公告的方法催促不确定的利害关系人在一定期限内申报权利，如果逾期不予申报，则将丧失票据权利。

人民法院决定受理失票人申请的，应当同时通知支付人停止支付，至公示催告程序终结。受理法院应在 3 日内发出公告，公告期间不少于 60 日，催促利害关系人申报权利。利害关系人申报权利应向法院出示票据,所出示的票据与申请人的票据不一致的,法院即裁定驳回利害关系人的申报。所出示的票据如果是申请人寻找的票据,法院应当裁定终结公示催告程序,由法院按普通程序以票据纠纷案件审理。在申报权利期间没有人申报的,或者申报被驳回的,申请人应自申报权利期间届满的次日起,1 个月内向法院申请除权判决。逾期不申请判决的,终结公示催告程序。除权判决作出后,法院予以公告,并通知支付人,自判决公告之日起,申请人有权向支付人请示支付,即申请人有权依据判定向付款人请示付款,而不需要出示票据。

想一想

某人去银行提示一张到期的银行承兑汇票,遭到银行拒付,理由是该汇票已被公示催告。请问,他该如何保护自己的权利?

(三)诉讼

根据票据法,失票人应当在通知挂失止付后 3 日内,也可以在票据丧失后,依法向人民法院申请公示催告,或者向人民法院提起诉讼,由法院依法确认票据权利的归属。但是,提起诉讼须有明确的被告,采取这种措施应确指票据在谁手里,否则法院无法受理。

实践中,失票人经常会在失票后作出"声明作废"的遗失声明,即失票人在丧失票据后通过报纸、广播、电视等传播媒介声明遗失的票据作废。声明作废有助于防止票据金额被冒领,也能使善意第三人在受让一张票据时明确该票据是否为遗失票据、转让人票据权利是否有瑕疵。但是,应当注意的是,这种做法并没有被我国法律所认可,因而声明作废的做法是不发生法律效力的。

想一想

票据丧失是否导致票据权利消灭?

能力实训

一、实训案例

1. A 公司为支付所欠 B 公司货款,于 2000 年 5 月 5 日开出一张 50 万元的商业承兑汇票。B公司用此汇票背书转让给C公司,以购买一批原材料。但事后不久,B公司发现C公司根本无货可供,完全是一场骗局,于是马上通知付款人停止向C公司支付票款。C公司获此票据后,又将该票据背书转让给了D公司,以支付所欠工程款。D公司用此汇票向E公司购买一批钢丝,背书时注明了“货到后此汇票方生效”。E公司于2000年7月5日向付款人请求付款。付款人在对该汇票审查后拒绝付款,理由是:

(1) C公司以欺诈行为从B公司获得票据的行为是无效票据行为,B公司已通知付款人停止付款;(2)该汇票未记载付款日期,且背书附有条件,为无效票据。随即付款人便作成退票理由书,交付于E公司。

请问:

(1) 付款人能否以C公司的欺诈行为为由拒绝向E公司支付票款,为什么?

(2) A公司开出的汇票未记载付款日期,是否为无效票据,为什么?

(3) D公司的背书是否有效?该条件是否影响汇票效力?

(4) E公司的付款请求权得不到实现时,可以向哪些当事人行使追索权?其追索期限如何?

2. 甲公司与其开户银行A达成协议,A银行同意为甲公司签发的汇票作承兑。随后,甲公司向乙公司签发汇票,A银行如约进行承兑。乙公司在汇票上记载“票据不得转让”后把汇票转让给丙公司。丙公司为获贷款,将票据质押给B银行。贷款期满,丙公司未能及时清偿,B银行在汇票到期后向A银行提示付款,A银行拒绝。理由是,此汇票上有不得转让记载,所以丙公司将汇票质押给B银行的行为无效,B银行无权主张票据权利。

请问:

(1) 乙公司在汇票上记载“票据不得转让”是否合法?为什么?

(2) A银行的拒付理由是否合法?为什么?

3. 甲公司从乙公司拿到一张由丙公司签发的未记载金额但注明了限额10万元的空白转账支票,甲公司将金额补记为24万元后到银行转账遭银行拒绝,理由是丙公司存款不足。甲公司要求丙公司承担票据责任,丙公司称票据被恶意补记金额,拒绝付款。

请问:

(1) 银行的拒绝理由是否成立,为什么?

(2) 丙公司所签发的空白支票是否有效? 其后果是什么?

(3) 丙公司的抗辩是否成立,为什么?

4. 中国甲纺织品进出口公司,向日本乙株式会社出口了一批总价款为26万美元的纺织品,收到日本乙株式会社于东京签发的一张委托中国银行丙分行付款的汇票,汇票金额以数码记载为26万美元。在甲纺织品公司会计入账时发现,该汇票的金额依日文事实上为24万美元。根据我国《票据法》第8条的规定,该汇票为无效票据,故甲纺织品公司将乙株式会社告上法院。经查明,《日本票据法》第6条规定:"汇票金额以文字及数字记载者,其金额有不符时,以文字记载的金额为票面金额。汇票金额以文字或数字为重复记载者,其金额有不符时,以低金额为票面金额。"法院判决:该汇票有效,汇票金额为24万美元。

请问:法院的判决有道理吗? 为什么?

5. 甲为汇票的出票人,指定乙为执票人,丙为受票人。乙将该汇票背书转让给丁,丁在汇票到期日前向受票人丙提示汇票,并获得丙的承兑。但是至汇票到期日,丙以资金周转困难为理由,拒绝向丁付款。

问:

(1) 丁有何票据权利? 如何行使票据权利?

(2) 甲在此案中的义务是什么?

6. A接受了B的委托,在7月份以2000美元的报酬为B粉刷房子。7月22日A完成了一半的粉刷工作。B因临时出差,临行前B便向A签发了一张付款期为8月15日的本票。第二天,B即以1900美元的价格向当地的C银行贴现了该本票。8月17日,C银行的代理人持该本票要求B付款时被拒绝。B的理由是:A未完成粉刷工作。

问:

(1) B的理由是否符合票据法? 为什么?

(2) 如果该本票上加注"不可流通"字样,情况又会怎样?

二、实训练习

1. 单项选择题

(1) 票据权利义务主要以票据上记载文字意义予以认定,票据因此为(　　)。

A. 文义证券　　B. 指示证券

C. 要式证券　　D. 设权证券

(2) 票据原因关系(　　)。

A. 是票据法上的非票据关系

B. 是票据发行当事人之间的关系

C. 与票据关系在一般情况下相分离,在特定情况下相联系

D. 对票据关系没有影响

(3) 持票人不享有票据权利的情形是(　　)。

A. 出票人签章被伪造

B. 以欺诈手段取得票据

C. 无偿取得票据

D. 出票人与收款人基础关系解除

(4) 票据行为的独立性是指(　　)。

A. 每个票据当事人独立在票据上签章

B. 每份票据只能有一个票据行为

C. 每个票据债务人独立承担票据责任

D. 同一票据上的各个票据行为效力独立

(5) 甲签发汇票一张,金额为7万元。收款人乙将汇票转让给丙,丙悄悄把金额改为17万元,又转让给丁。丁向银行提示付款时被识破,银行拒付。丙的行为性质及后果是(　　)。

A. 丙的行为构成更改票据

B. 丙的行为构成变造票据,汇票仍然有效

C. 丙的行为构成变造票据,甲、乙的票据责任免除

D. 丙的行为构成变造票据,汇票无效

(6) 按照我国《票据法》,汇票上的必须记载事项是(　　)。

A. 付款日期　　B. 出票地

C. 出票日期　　D. 付款地

(7) 甲为帮助乙清偿债务,以自己的名义签发商业承兑汇票给丙。票据到期,甲以与丙之间不存在真实的交易关系为由主张票据无效。对此,正确的观点是(　　)。

A. 票据有效,甲应当向丙承担票据责任

B. 甲签发的票据有效,但甲可以以无对价对丙抗辩

C. 甲行为涉嫌向乙借贷,故出票无效

D. 甲的票据无效主张符合我国票据法规定,应当支持

(8) 票据公示催告的期间由(　　)。

A. 申请人决定　　B. 付款人决定

C. 人民法院依法决定　　D. 票据到期日决定

(9) 见票即付的汇票,票据权利消灭时效的起算日是(　　)。

A. 出票日　　B. 到期日

C. 承兑日　　D. 付款日

(10) 依背书连续性的要求,票据第一次背书的背书人应当是(　　)。

A. 付款人　　B. 出票人

C. 收款人　　D. 承兑人

2. 多项选择题

(1) 属于票据债务人的有(　　)。

A. 出票人　　B. 背书人

C. 保证人　　D. 承兑人

(2) 属于伪造票据的情形有(　　)。

A. 签发空头支票

B. 模仿他人签名,以他人名义背书转让票据

C. 私刻他人印章,以该印章签发商业汇票

D. 用他人从银行领取的支票用纸签发支票

(3) 属于票据法上对物的抗辩事由有(　　)。

A. 持票人取得票据时未支付对价

B. 票据背书不连续

C. 票据未到期

D. 票据债务人欠缺票据行为能力

(4) 属于汇票出票时的相对必要记载事项有(　　)。

A. 提示承兑的日期　　B. 付款日期

C. 付款人　　D. 出票地

(5) 我国票据法所规范的商业汇票可分为(　　)。

A. 商业承兑汇票　　B. 银行汇票

C. 银行承兑汇票　　D. 公司汇票

(6) 票据权利包括(　　)。

A. 付款请求权　　B. 抗辩权

C. 追索权　　D. 背书权

(7) 下列选项,属于日内瓦统一法规定的汇票的绝对记载事项的是(　　)。

A. 出票人签章　　B. 收款人

C. 付款人　　D. 一定的金额

(8) 票据的特征主要有(　　)。

A. 文义性　　B. 证明性

C. 流通性　　D. 无因性

(9) 票据权利消灭的情形包括(　　)。

A. 票据丢失　　B. 票据权利时效已过

C. 票据被拒绝付款　　D. 票据已被付款

(10) 根据英美票据法,下列情形,持票人能够取得票据权利的是(　　)。

A. 甲被出票人指定为收款人并记载于票据上,且票据已经交付于甲

B. 乙出价50万元从某公司业务员处购买了票面金额为100万元的汇票

C. 丙伪造了背书人的签名,将票据转让与A,A又将票据背书转让于B

D. 丁从C处以背书转让方式获得票据,且背书是连续的

3. 判断对错

(1) 我国参加了日内瓦公约,因此,我国《票据法》属于日内瓦统一法系。(　　)

(2) 根据我国《票据法》,如果票据金额的大、小写不一致,则票据无效。(　　)

(3) 判断汇票、本票的记载事项是否合法,国际通行的原则是以出票地的法律为准据法。(　　)

(4) 我国《票据法》承认空白背书的效力。(　　)

(5) 根据我国《票据法》,失票人挂失止付后,付款人不得付款,否则要对失票人造成的损失负责。(　　)

项目七

国际海上货物运输的法律问题

学习目标

1. 知识目标

(1) 了解海上货物运输的种类及订立过程

(2) 熟悉提单的种类、内容,掌握提单的法律作用

(3) 了解调整班轮运输的法律规范

(4) 掌握班轮运输承运人的最低限度义务、责任期限、免责事项

(5) 了解班轮运输承运人的责任限额

(6) 了解海上货物运输的索赔与诉讼时效

(7) 熟悉托运人及收货人的义务

(8) 了解租船运输合同的种类和主要条款

(8) 熟悉《国际货协》和《华沙公约》的主要内容

(9) 了解《联合国国际货物多式联运公约》的主要内容

2. 能力目标

(1) 能够依法签订班轮运输合同,确认合同与提单的区别

(2) 能够正确使用提单及提单保函

(3) 能够明确班轮运输合同当事人(特别是承运人)的权利和义务,依法履行班轮运输合同

任务1:国际海上货物运输合同与提单的关系

工作任务

上海某运输公司(承运人)在厦门装载厦门某公司(托运人)托运的5000吨(共10万袋)白糖时,因发现有10%的脏包,就在收货单上作了批注。按规定应在提单上作同样批注。但托运人为能迅速出口货物与及时结汇,请求承

运人接受其保函并签发清洁提单。因考虑到托运人一时难以换货，在托运人许诺承担由此而产生的责任的情况下，承运人给予托运人适当的通融，签发了清洁提单。当抵达科伦坡港卸完货后，收货人以脏包造成损失为理由，向斯里兰卡高等法院申请扣船并提起诉讼，船被扣达 13 天。经与收货人多次交涉，终于达成由厦门某公司赔付 162366.67 美元而收货人撤回起诉的协议。后承运人以托运人出具的保函为依据，要求托运人承担赔偿责任，遭到托运人的拒绝。

请问：

(1) 提单是海上货物运输合同吗？如果提单的内容与合同不一致，应以哪个为准？

(2) 提单保函有效吗？

(3) 承运人是否可以依据该保函免除对收货人的赔偿责任？

(4) 在托运人拒绝依保函承担赔偿责任时，承运人是否能够通过诉讼保护自己的权益？

操作过程

(1) 提单是托运人向承运人托运货物，在货物装船后或在承运人收到货物后，由船长或承运人的代理人签发的，证明收到提单上所载明的货物，允诺将货物运至指定的目的地并将货物交付给收货人的凭证。因此，在承运人与托运人之间，提单不是海上货物运输合同，而是海上运输合同的证明，如果提单内容与合同不一致，应以合同为准。

(2) 所谓提单保函，是指托运人出具的，用以承担因签发清洁提单等行为而产生的一切责任的担保文书。它是托运人和承运人之间达成的，由托运人附条件在一定范围内向承运人赔偿损失的协议。实践中，保函的种类有很多，如清洁提单保函、倒签提单保函、预借提单保函、凭副本提单提货保函等等。

从各国的法律传统上看，大多认为保函是无效的，因为提单保函是托运人与承运人之间的协议，其内容与提单内容不一致，而对于提单的受让人而言，他要以提单来确认货物是否上船及货物的状态，提单保函的签订必然导致受让人受到欺诈。《海牙规则》和《维斯比规则》没有规定保函的效力问题。《汉堡规则》对保函的效力作了原则性规定，即保函对受让提单的包括任何收货人在内的任何第三人，不发生效力。在托运人与承运人之间,善意的提单保函有效,承运人有权依据保函向托运人索赔;恶意保函无效,承运人不仅无权从托运人处取得赔偿,且要对包括收货人在内的第三方的损失承担无限赔偿责任。所谓善意保函,是指在出现分歧时,为了尽快解决问题而出具的保函。此种保函不属于对收货人的恶意欺诈,因而对托运人有效。所谓恶意保函是指以欺诈第三人为目的而签发的保函。若承运人接受恶意保函而签发清洁提单则属有意的欺诈,保函对托运人无效,我国《海商法》对保函问题未作明确规定。但最高人民法院在 1988 年针对保函曾出具过司法解释,指出"海上货物运输的托运人为换取清洁提单而向承运人出具保函,对收货人不具有约束力,不论保函如何约定,都不影响收货人向承运人或托运人索赔;对托运人和承运人出于善意而由一方出具另一方接受的保函,双方均有履行之义务。"

综上所述,提单保函对收货人无效,但善意保函对托运人有效,恶意保函无效。

(3) 承运人不可以依据该保函免除对收货人的赔偿责任。因为提单保函是托运人与承运人的协议。对于收货人来说,他是提单的受让人,他与承运人之间的关系是以提单为准的,且提单是他们之间关于货物状态的终结证据,任何提单之外的其他证据都不能推翻提单内容,如果货物与提单内容不符,收货人都有权要求承运人承担赔偿责任。

(4) 在托运人拒绝依保函承担赔偿责任时,承运人可以通过诉讼保护自己的权益。

在本案中,货物包装的不良状态不是十分严重,且如果只是包装出现较轻微的污损也不一定会对货物的品质造成严重影响,加之考虑到买卖合同的履行及船期延误等问题,在托运人出具保函的情况下,签发清洁提单,不应构成对收货人的恶意欺诈,因此该保函应属于善意保函,对托运人有效。当承运人因保函范围内的情形遭受损失时,托运人应依据保函予以赔偿。

知识链接与归纳

在国际贸易的实际业务中,货物运输的方式、种类很多,除海上运输外还包括铁路运输、公路运输、航空运输、邮政运输、江河运输、管道运输和国际多式联合运输等。海上货物运输是最古老的运输方式之一,但是,由于海运具有运量大、成本低的优点,目前仍然承担着世界上国际贸易总量的 2/3 的货物运输,是国际货物运输中最重要的方式。

国际海上货物运输在法律上即体现为国际海上货物运输合同。

一、国际海上货物运输合同的概述

国际海上运输合同的种类依运输方式不同,可分为班轮运输合同和租船运输合同。

(一)海上货物运输合同的种类

国际海上货物运输通常依营运方式划分为班轮运输和租船运输,对应不同的运输方式,当事人应签署不同种类的运输合同,即班轮运输合同与租船运输合同。

1. 班轮运输合同

班轮运输也称定期运输,是指托运人将一定数量的货物交由承运人,承运人将众多托运人的货物,按固定航线、船期、港口和运费进行的运输。班轮运输通常适用于数量少、交接港口分散的零货、杂货,因此,又称“件杂货运输”。由于班轮运输合同多以提单为表现形式,故班轮运输又称提单运输。班轮运输是海上货物运输中使用最为广泛的一种方式。

2. 租船运输合同

租船运输又称不定期船运输,是指将船舶的全部、部分或指定舱位出租给承租人而从事的货物运输。这种运输没有固定的航线、船期、港口和运费,运费或租金就行论价。租船运输一般适用于批量大、货种单一、交货港口集中的大宗货物的运输。

(1)租船合同的种类。依据租船不同方式,其又可分为航次租船、定期租船和光船租赁。

航次租船,也称“程租船”,指承租人租用船舶全部、部分或指定舱位,将约定货物运抵指定港口的运输。

定期租船,也称“期租船”,指承租人租用了由出租人配备船员的船舶,在约定期间内按照约定用途从事的运输。

光船租赁是指船舶出租人向承租人提供不配备或配备船员的船舶,在约定的期间内由承租人占有、使用和营运,并向出租人支付租金。

(2)租船合同的主要条款。在租船业务中,为了便于交易的进行,通常都采用某些标准格式的租船合同,这些标准格式合同都是由航运业垄断组织制定出来的,其条款内容一般多是维护船东的利益的。因此,在洽租船只时,租船人为了维护自身的利益,往往要通过谈判斗争,对标准租船合同格式加以修改或补充。目前,在租船市场上,定期租船一般多采用“波尔太姆”期租租船合同格式,航次租船合同一般多采用“金康”程租租船合同格式。

① 航次租船合同的主要条款。一般地说,在航次租船合同中,出租人(通称船方)就是承运人,租船人(通称租方)就是托运人,虽然租方有时也可能把租来的船舶的全部或一部转租出去,或揽运别人的货物,但这并不是这类租船合同的主要目的,因此,航次租船合同通常就是货物的运输合同。双方当事人订妥合同之后,船方应将约定的船只驶往约定的装货港装载货物,然后开往合同规定的目的港交货。

第一,关于船舶的说明。在租船合同的开头,通常都载有关于船舶特征的陈述,其内容主要包括船名、船舶的国籍、种类、船级、载重量以及订约时船舶所处的位置等。这些情况叫做租船合同中的说话,它的作用是把出租的船舶予以特定化,使之成为用以履行该合同的特定船舶。船舶一经特定化后,除合同另有规定外,非经租方同意,船方不得以其他船舶代替该船来履行租船合同。

第二,船舶到达装货港的日期。航次租船合同通常都规定船舶应到达装货港的最迟日期,船方履行这一义务,是租方履行装货义务的先决条件,这个日期的最后一天称为“解约日”。按照一般租船合同的规定,船舶如迟于解约日到达装货港,或者虽已到达装货港但未能在各个方面做好装货的准备工作,租方都有权解除合同。而且租方的这项解约权是绝对的,不受租船合同内一般免责条款的影响。

第三,安全港口和安全泊位。租船合同一般都载明船舶受载的港口,以便船舶驶往该港装货。船方为了保证船舶的安全,一般都在租船合同中规定,船舶只能驶往安全的装货港和目的港装卸货物,而且还规定装卸的地点应当是该船能经常保持漂浮的地点。这里所谓安全,包括政治上的安全和地理上的安全两重含义,就政治上的安全来说,是指租方所指定的装卸港应当是船舶能安全进出,不会遭到扣留、没收或拿捕的危险的港口;就地理上的安全来说,该港应当是船舶能在空载时驶进,也能在满载货物以后安全驶出的港口。所谓经常保持漂浮,是指船舶在满载货物后仍应处于浮泊状态。

第四,装卸时间和滞期费、速遣费。航次租船合同都订有装卸时间和滞期费条款。装卸时间就是允许租船人用于装卸货物而不必支付滞期费的时间总数。租方必须在租船合同规定的装卸时间内完成装卸作业。如果超过约定的装卸时间,就要向船方支付滞期费,但如提前完成装卸作业,则可以向船方取得速遣费。这是因为装卸货物的速度直接影响到船舶的周转。关于滞期费和速遣费的金额,可以由双方在租船合同中规定。如租船合同对此没有作出明确的规定,则按装卸港的惯例办理。按照航运习惯,一般是以船舶每天的维持费计算滞期费,而以滞期费的半数作为速遣费。

第五，货物损害责任。因货物积载不当或疏忽或船舶不适航导致的货物灭失、损坏或延迟交付，且可归咎于船东或船东经理人员本人的行为或过失的，船东承担货物灭失、损坏或延迟交付的赔偿责任。

在以下情况下，免除船东的赔偿责任：

A. 除上述情况外的其他原因引起的货物灭失、损坏或延迟交付，包括船东所雇佣人员在履行职责时的疏忽或过失引起的；

B. 货物损坏是由于与其他货物接触或其他货物的渗透、串味或蒸发或货物的易燃易爆性质或不良包装引起的；并且不得视为积载不当或疏忽。

第六，运费。支付运费是租船人的一项主要义务。租船合同对运费的计算方法和支付方法一般都有具体的规定。运费的支付方法有预付运费和到付运费两种：

预付运费一般在船舶所有人接管货物或签发提单时支付，预付运费可以全部预付，也可以部分预付。预付运费的特点是，不论船舶与货物灭失与否，一概不予退还。但如遇下列三种情况，船方必须退还预付运费：第一，未能提供适航船舶在合理时间内开航；第二，货物由于免责条款以外的事故而招致灭失；第三，货物在预付运费的付款期截止前已遭灭失。

到付运费的支付时间，原则是在船舶抵达目的港交货前付清。在到付运费的情况下，支付运费和交货是对流条件，租船人或收货人如不支付运费，船方就没有义务交货，反之，船方不交货，租方就没有义务支付到付运费。因此，在到付运费的条件下，如果货物在中途灭失，租方就没有支付运费的义务。

第七，责任终止条款和留置权。在航次租船合同中，一般都订有责任终止条款，内容主要规定，在货物装船完毕之后，租方对租船合同的责任即告终止，但是在合同所规定的运费、空舱费和滞期费未付清之前，船方对货物有留置权。这种条款多数在货物的卖方是发货人或代理人，而买方是收货人的情况下采用。其目的是要把运输过程中的一切费用，移转给收货人负担。

② 定期租船合同的主要条款。定期租船合同是指出租人在一定期限内把船舶出租给承租人供其按约定的用途使用的书面协议。在定期租船合同中，出租人出租整个船舶，承租人按月或日支付租金。租船人租进船舶以后，可以用来运送自己的货物，也可以用来经营货物运输业务，承运第三者的货物。

按照定期租船合同，船舶仍属船东所有，船上的人事安排，航行管理等权限仍归船东掌握，船东可以通过他所选任的船长和船员继续保持对船舶的占有权。但是,船舶在业务上应接受租方的指示,如果租方对船长的工作不满意,可以提请船东予以撤换。但撤换与否,应由船东决定。在出租期间,船舶的费用开支,应由船方与租方合理分担。

定期租船合同的条款很多,主要内容如下:

第一,船舶适航。其一是船东保证在交船之日及在整个租期内船舶与船东提供的船舶规范相符,如有不符,租金降至足以赔偿承租人遭受的损失。其二是在交船之日及在整个租期内,船舶紧密坚实、牢固,处于良好的工作状态,在各方面适于货运。船壳、机器、设备处于充分有效状态,并按规定人数配齐合格船长、船员、水手。

想一想

关于船舶的燃油量,必须在合同中说明,为什么? 在航次租船合同中是否需要说明?

第二,航行范围。期租约中,通常船东只保证承租人在有限的营运范围内活动。超出该范围,则由承租人承担船舶保费和其他一切损失。在船东保险人承保的情况下,租船人可到许可以外的地区或在船东支付保险附加保费的地区进行贸易。

第三,交船。船东要向租船人发出预计交船日和确定交船日通知,交船日船东未准备就绪并交付,则承租人有解除租约的选择权。交船时,货仓需打扫干净,适于接收货物。交船港口应是租船人指定的、能安全浮起的港口。租船人接受了交船,不构成承租人放弃其依据租约享有的权利。

第四,船东供应项目。船东供应并支付船长、船员、水手的全部食品、工资、领事费及其他费用;供应并支付甲板、房舱、机舱照明及必需用品;供应并支付全部润滑油及淡水、船舶保险金及修船和保养费。

第五,提单。《海牙规则》不适用租船合同,却适用于租船合同下签发的已转让给第三者的提单。

第六,租船人供应项目。租船人供应并支付航行所需燃油、港口、运河、码头的各种捐、税、费以及装舱、理货、上船执行公务官员所需各种费用。

第七,租金。与航次租船合同不同,租金不考虑货物重量或航线。中国期租约规定的租金是按船舶载重吨每月计算,每半月支付一次,第一次租金在交船后 7 个银行营业日内支付。以后各次在到期日 7 个银行营业日内预付。租船人未履行支付义务时，出租人有权撤船并可对船上货物行使留置权。

第八，停租。在发生以下情况时，承租人有停止支付租金的权利：船东违反船舶规范与适航义务以及其他租约义务，导致停工和时间延误；船舶或货物遇到海损事故及维修造成延误；船长、船员或水手罢工、拒航或失职；因船东及雇佣人员的原因导致船舶被扣留；因恶劣天气发生的绕航、折返或挂靠非租船人指示的港口；因装卸设备损坏导致开工不足或时间延误。

当延误时间达6周以上，租船人有解约的选择权。停租时间可计入租期内，并且因时间延误导致的额外费用（装卸工的停时费、罚金等），由船东承担并可由承担人从租金中扣除。

第九，租期和还船。租期届满，租船人应将预计还船时间和港口提前10天通知船东。返还的船舶应保持与出租时大体相同的良好状态并应在安全、没有冰冻的港口返还。当还船日超过租期时，则按返还时较高租率支付超期租金。

第十，装卸。装卸工和理货员由租船人安排，但作为船东的雇员，接受船长的指示和指导。因此，租船人对装卸人员的疏忽、过失或判断错误，对引水员、拖船或装卸人员因疏忽或装载不良造成船舶灭失或损坏不承担责任。

（二）海上货物运输合同的立法概况

1. 国际公约

目前，生效的有关班轮运输的国际公约最重要的是《海牙规则》、《维斯比规则》和《汉堡规则》。

第一，《海牙规则》。

提单最早出现于中世纪。按照当时英国的普通法，对承运人的责任要求十分严格。后来根据契约自由原则，法律允许承运人和托运人自行商定承运人责任。于是，承运人在提单上列入各种免责条款。到19世纪，承运人加列在提单上的免责条款竟达六七十种。过度免责严重扭曲了承运人和托运人之间的权利与义务关系，使提单的所有权凭证性大大削弱，从而引起了贸易界、保险界、银行界及货方国家的普遍不满。1893年，美国为了抵制提单上免责条款的泛滥，平衡船方、货方利益，制定了《哈特法》，规定了从事美国国内港口之间及美国与外国港口之间货物运输的承运人的最低限度责任，率先确立了以下原则：承运人已经谨慎处理，使船舶在开航前和开航当时是适航的，那么便无需对驾驶或管理船舶中的过失造成的货物灭失或损坏负责。这项原则对以后各国航运立法及国际航运法规产生了深刻的影响。为了缓和船方与提单中各利害关系人之间日益尖锐的矛盾，国际法协会所属的海洋法委员会于1921年在海牙召开会议,拟定了关于提单的规则草案,后于1924年在布鲁塞尔修改定稿,正式名称为《关于统一提单的若干法律规定的国际条约》(即《海牙规则》)。该公约于1931年6月生效,至今已有八十多个国家参加;而且已被世界大多数国家立法所采纳,各远洋运输公司大都也依其确立的原则来制定自己的提单条款。因此,《海牙规则》已成为调整海上货物运输的重要而普遍的法律依据。

《海牙规则》共有16条,主要规定了承运人的最低限度责任与义务、权利与豁免、责任起讫、最低赔偿限额、托运人义务以及索赔与诉讼时效等内容。其主要成就在于限制了承运人单方面任意免责条款的自由,而确定了他的最低责任,规定他同托运人可以协商另订条款,但只可加重而不可减少或免除他的这些最低责任。但是,由于制定《海牙规则》的主要是代表船方利益的海运大国,《海牙规则》明显地偏袒船方的利益。因此代表货主利益的国家和海运业不发达的国家强烈要求修改《海牙规则》。

第二,《维斯比规则》。

第二次世界大战后,《海牙规则》存在的问题日益暴露,广大发展中国家修改《海牙规则》的要求更加强烈。1968年在布鲁塞尔召开的外交会议,通过了起草于维斯比的《关于修改统一提单的若干法律规定的国际公约的议定书》(简称《维斯比规则》,或《海牙—维斯比规则》)。《维斯比规则》于1977年6月生效。由于修改《海牙规则》的方案主要来自英国和北欧一些海运业发达国家,所以《维斯比规则》只是对《海牙规则》做了某些修补,主要是提高了承运人对货物损害赔偿的最高金额,明确了集装箱和托盘运输中计算货物损害最高赔偿责任的数量单位,但对于《海牙规则》中的基本原则和一直存在重大争论的问题,如承运人不合理的免责等没有进行实质性的修改。目前,仅有24个国家参加了《维斯比规则》。

第三,《汉堡规则》。

1971年起,联合国贸法会下设的航运立法工作组继续对《海牙规则》进行修改,旨在以新的公约取代已过时的《海牙规则》,以彻底调整承运人和托运人的责任和义务。1978年3月,将《公约草案》提交联合国主持的有78个国家参加的汉堡会议,并获得通过,即1978年《联合国货物海上运输公约》(简称《汉堡规则》)。《汉堡规则》于1992年11月1日生效,截至1997年5月已有25个参加国。《汉堡规则》分7个部分共34条。对《海牙规则》、《维斯比规则》承运人的责任制度做了重大修改,实行了过失责任制、延长了责任期间、提高了赔偿限额,更体现出船方与货方权利与义务的平衡，更注重保护货主的利益。然而，代表船方利益的海运大国参加《汉堡规则》，有失无得。希望这些国家主动参加《汉堡规则》，显然是困难的。目前，该公约基本上没有海运大国参加。

需要注意的是，2008 年 12 月 11 日，在纽约举行的联合国大会上，《联合国全程或部分海上国际货物运输合同公约》正式得到通过，并且于 2009 年 9 月 23 日在荷兰的鹿特丹举行签字仪式，开放供成员国签署，因而该公约又被命名为《鹿特丹规则》。从内容上看，《鹿特丹规则》是当前国际海上货物运输规则之集大成者，不仅涉及包括海运在内的多式联运、在船货两方的权利义务之间寻求新的平衡点，而且还引入了如电子运输单据、批量合同、控制权等新的内容。该规则一旦生效将对国际海上货物运输制度产生重大影响。

2. 各国法律

随着海上货物运输日益重要，许多国家都专门制定有关海上货物运输的法律规范。美国国会早在 1893 年就通过了《关于船舶航行、提单以及与财产运输有关的某些义务、责任和权利法》，即著名的“哈特法”。受美国的影响，澳大利亚、新西兰等也纷纷制定了海上或水上货物运输法。英国制定了《1924 年海上货物运输法》，该法于 1992 年进行了修订。《海牙规则》生效后，很多缔约国以国内法的形式将《海牙规则》法典化，如美国的《海上货物运输法》等。中国于 1992 年 11 月 7 日通过了《海商法》。该法于 1993 年 7 月 1 日起施行，共十五章，278 条。我国至今尚未参加上述 3 项国际公约，但我国《海商法》在海上货物运输合同当事人的权利义务的规定与《海牙规则》和《维斯比规则》中的很多原则是完全一致的，同时，顺应海上货物运输业的发展，该法在不少方面也吸收了《汉堡规则》的规定。

二、提单

（一）提单的概念及内容

提单是托运人向承运人托运货物，在货物装船后或在承运人收到货物后，由船长或承运人的代理人签发的，证明收到提单上所载明的货物，允诺将货物运至指定的目的地并将货物交付给收货人的凭证。

提单并无统一的格式，可由轮船公司自行制定，目前在远洋运输中所使用的提单，都是由各航运公司按照自己的提单格式事先印刷好的，提单通常是一页纸，有正反两面。在提单的正面，主要载明以下内容：船名和船舶的国籍；承运人名称；装货地和目的地或者运输航线；托运人名称；收货人名称；货物的名称、标志、包装、件数、重量或体积;运费和应当付给承运人的其他费用;提单签发的日期、地点和份数;承运人或其代理人或船长的签字。

在上述九项内容中,第一项至第六项由托运人填写。托运人应向承运人保证其所填报的情况的精确性,如因托运人填写不清楚或不正确,以致引起灭失或损害,托运人应负责赔偿承运人的损失。如果承运人怀疑所收到的货物同提单上所填报的情况不符,得在提单上添加批注。第七项至第九项的内容一般由承运人填写,提单通常是一式三份,但也可以根据托运人的需要适当增加或减少份数。承运人凭其中一份提单交付货物之后,其余提单一律作废。

提单的背面印有详细的运输条款,主要是规定承运人与托运人的权利义务。这些条款由各轮船公司自行拟订,内容繁简不一。一般情况下,主要包括:管辖权和法律适用条款;承运人责任条款;承运人的免责;承运人责任期间条款;赔偿责任限额条款;特殊货物条款;留置权条款;共同海损条款;双方有责碰撞条款。

此外,提单中还有关于战争、检疫、冰冻、罢工、拥挤、转运等内容的条款。

承运人往往力图在提单中列入减免其对所运货物的责任的条款,但如果提单规定适用1924年《海牙规则》,承运人就不能在提单条款中排除其按《海牙规则》所应承担的基本义务,即使承运人在提单中列入了这样的免责条款,按照《海牙规则》的规定,这类免责条款也是无效的。

(二) 提单的法律作用

提单是国际贸易最重要的装运单据之一,按照各国法律,它具有以下三种作用:

1. 提单是托运人、承运人之间订有运输合同的凭证

在班轮运输中,当托运人与承运人已事先就货物运输订有货运协议时(包括订舱单、托运单等),提单是双方运输合同的证明;如事先无货运协议或类似性质的任何协议,则提单就是双方订立的运输合同。当托运人将提单通过背书方式转让给第三者(通常就是收货人)时,在承运人和第三人之间,提单就是承运人与收货人之间的运输合同。

想一想

如果事先的协议与提单不一致,应以提单为准还是以协议为准?

2. 提单是承运人从托运人处收到货物或货物已装船的凭证

在班轮运输中，有权签发提单的是承运人（船长或其代理人）。托运人将货物交给承运人后，承运人签发的提单，证明承运人按提单上所列内容收取了托运货物，日后即按提单所载内容向收货人交付货物。提单中属于证据性的内容主要是指提单正面所记载的有关货物的名称、标志、件数或重量等。这些记载的证据作用对托运人和善意受让提单的第三者有所不同。在托运人与承运人之间，提单所载的内容仅构成对货物状态的初步证据，而当托运人将提单转让给第三者时，提单所载内容则构成终结证据，承运人不得以其他证据对抗第三人。也就是说，对于第三人与承运人来说，货物的状态只能以提单为准。

想一想

为什么承运人不能以托运人出具的清洁提单保函为理由，拒绝赔偿收货人？

3. 提单是代表货物权利的凭证

承运人在收到货物并签发提单之后，负有在目的地只向提单持有人交付货物的义务。谁持有提单，谁就有权提取货物。作为权利凭证，提单可以进行买卖和自由转让。

（三）提单的种类

1. 按货物装船与否，提单可分为已装船提单、收货待运提单

已装船提单是国际海上货物运输中普遍使用的一种提单，指在货物装船以后，承运人签发的载明装货船舶名称及装船日期的提单。

收货待运提单主要适用于集装箱运输，是承运人在收取货物以后，实际装船之前签发的提单。在国际货物买卖中买方和银行一般不接受此种提单。实践中，托运人需要在装货后通过要求承运人在收货待运提单上加注装船名称和装船日期的方法将其变为已装船提单。

2. 按收货人抬头分为记名提单、不记名提单、指示提单

记名提单指托运人指定特定人为收货人的提单，即在提单正面的收货人一栏载明特定的人的姓名或公司名称。这种提单不能通过背书方式转让，因此也称作“不可转让提单”，收货人只能是提单上列明的人。由于此种提单流通性的限制，在国际贸易中使用不广泛，一般只在运送贵重物品、个人物品、展览品或专业用大宗货如矿石、原油等货物时才使用。

不记名提单指托运人不具体指定收货人,在收货人一栏只填写“交与持有人”字样,所以又称作“空白提单”。这种提单不经背书即可转让,凡持有人均可提取货物,因此在国际贸易中因风险太大,很少使用。

指示提单指托运人在收货人栏内填写“凭指示”或“凭某人指示”字样。按指示人的指示交付货物,称为记名指示;收货人栏内仅载明“凭指示”的,称为不记名指示,通常指由银行或托运人指示。指示提单通过背书可自由转让,所以又称作“可转让提单”,在国际贸易中得到普遍使用。

3. 以提单上是否有批注分为清洁提单、不清洁提单

清洁提单,指单据上无明显地声明货物及(或)包装有缺陷的附加条文或批注者。它表明货物已装船并且外观状况良好。

不清洁提单指提单注明“货物外表状况不良”的有批注的提单。如批注“包装已破”、“货物已污损”、“渗漏”、“货物已锈蚀”等。承运人在目的港交货时,对于批注范围内的货物损失,可以免于承担责任。在国际贸易中,除非信用证明确规定可以接受外,买方和银行拒绝接受不清洁提单。此外,不清洁提单也难于作为权利凭证自由转让。应当注意的是,有下列批注,不能算不清洁提单:第一,批注仅是对货物质量或包装情况的客观描述,未表示有不满意的情况。如东北大豆500吨,旧麻袋装;第二,批注表明承运人对货物的内容、数量、质量、特性等不详;第三,批注表明承运人对包装或货物特性引起的损失概不负责。

在国际贸易实践中,银行、买方和提单的受让人只接受已装船的清洁提单。

4. 按运输方式,提单分为直达提单、海上联运提单、多式联运单据

直达提单是承运人签发的,货物从装运港直接运往目的港的提单,但不排除中途挂靠港口。这是最常用的提单。

海上联运提单指的是在海上联运情况下签发的、规定货物从装货港装船后,在中途卸船,交给其他承运人用船舶接运至目的港的提单。签发此种提单的承运人,称为联运承运人;接运货物的承运人称为接运承运人或实际承运人。联运承运人除履行海上联运提单上规定的义务外,应将货物以适当的条件,交由适当的接运承运人接运,并应从接运承运人那里得到已装船提单,以及将接运承运人的名称、接运船舶的名称和预计到达目的港的日期,通知托运人或收货人。接运承运人在接受联运承运人委托运输的货物时,应仔细查看货物,如货物外表状态不良,则在签发给联运承运人的收据或提单中予以注明。

海上联运提单项下承运人的责任承担，主要取决于海上联运提单中的不同规定。

如果联运提单规定，联运承运人仅对自己的船舶完成的一段运输负责；在规定的港口，以托运人的代理人的身份，将货物交由接运承运人运输而不再占有货物后，联运承运人对货物不再负责，则接运承运人对发生在他完成的运输区段的货物损害负责。

如果联运提单规定，联运承运人对货物自接受时起至目的港交付时止，对全程运输负责，则当货物发生损害时，无论货损发生在哪一运输区段，受害人即可向联运承运人索赔；当然如果货损发生在实际承运人的运输区段，受害人也可以直接向实际承运人索赔。联运承运人或接运承运人在赔偿受害人后，相互间再进行追偿。

多式联运单据（或提单）或联合运输单据是指货物由海运和另一种或两种以上不同方式，如海陆、海空、海陆空等方式运输而签发的提单。多式联运由于涉及不同的运输方式，因此承运人承担责任的范围与方式在不同的运输方式下也有所不同，并受到多种国际条约的规范。

5. 其他几种特殊提单

在班轮运输实务中，由于种种原因会出现过期提单、倒签提单、预借提单等情形，对当事人的利益有重大影响。

过期提单是指出口商取得提单后未能及时到银行议付，或过了银行规定的结汇期限而未议付，形成过期提单，习惯上也称为滞期提单。按照《UCP600》的规定，凡超过装运日期 21 天后提交的单据即为过期提单，但如信用证有效期或信用证规定的交单期早于此限期，则以有效期或规定的交单期为最后期限。一般银行不接受过期提单，但过期提单并不是无效提单，提单持有人仍然可以凭其要求承运人交付货物。

倒签提单是指在货物装船完毕后，承运人或其代理人应托运人的要求，由承运人或其代理人签发提单，但提单上的签发日期早于该批货物实际装船完毕的日期，以符合合同或信用证装运期的规定。表面上，倒签提单使得提单的签发日期与合同或信用证规定的装运日期相吻合，方便了议付和结汇，但它改变不了实际装运和抵达日期的真实情况，一旦这种倒签日期事先没有征得收货人同意并被收货人发现，后果是十分严重的。按照国际贸易惯例，倒签提单是违法的。承运人的这种倒签提单行为虽然是在托运人的正式请求下进行的，但是也要承担由此而带来的风险和责任。

由于合同或信用证上的装运日期和交单结汇日期都已到期,而货物因故尚未装船,或已开始装船尚未完毕,在这种情况下,托运人为了议付和结汇往往向承运人或其代理人提出预先签发已装船提单,这种行为称为预借,借得的提单称为预借提单。预借提单必然又是倒签提单,承运人承担的风险更大。按照许多国家的规定,承运人签发预借提单将丧失享受责任限制和免责的权利。

在实践中,为了获得倒签提单或者预借提单,托运人常向承运人出具保函,承诺一旦承运人因为提单遭到受让人索赔,托运人给予承运人赔偿。各国法律都不承认这种保函的效力。

任务2:海上货物运输合同的订立和履行

工作任务(一)

(1) 某货轮起航后,船员在检查船舶和货物时,发现某货舱内有水声,担心海水渗入浸泡货物,迅速打开舱门,发现是货舱内水管中水流动的声音,后关上舱门离开,船到目的港卸货时发现货舱内的货物全部被渗入的海水浸泡,全部损失,调查原因得知是舱门无法关严,船舶在航行中颠簸,打在甲板上的海水渗入所致,货主提出货物损失赔偿。

(2) 某货轮起航后,船员在检查船舶和货物时,发现某货舱内有水声,担心海水渗入浸泡货物,迅速打开舱门,发现是货舱内水管中水流动的声音,后关上舱门离开,船到目的港卸货时发现货舱内的货物全部被渗入的海水浸泡,全部损失,调查原因得知是船员没有将舱门关严,船舶在航行中颠簸,打在甲板上的海水渗入所致,货主提出货物损失赔偿。

请问:

(1) 案例(1)中,承运人是否需要对货主的货损负赔偿责任?法律依据是什么?

(2) 案例(2)中,承运人是否需要对货主的货损负赔偿责任?法律依据是什么?

操作过程

(1) 案例(1)中,承运人应对货主的货损负赔偿责任。根据《海牙规则》,承运人应在开行前和开航时,谨慎处理使船舶适航。船舶的各项设施应能够经受航程中的一般风险，并且能够安全地运送和保管货物是适航性的基本要求。而案例(1)中，该船的舱门无法关严是导致货舱进水的主要原因，因此应属于船舶的设施没有满足适航性的要求，除非承运人能证明舱门在开航前或开航时完好无损，就应当是货主承担赔偿责任。

(2) 案例(2)中，承运人也应对货主的货损负赔偿责任。根据《海牙规则》，承运人负有管货义务。在承运人的责任期间内，承运人应适当和谨慎地装载、搬运、配载、运送、保管、照料和卸载所运货物。案例(2)中，由于船员的疏忽，没有将舱门关严，导致货舱进水，没有尽到管货义务，属于承运人违约，应负赔偿责任。

工作任务(二)

承运人的免责事项

2005 年 12 月 12 日，上海某机械有限公司(以下简称“机械公司”)委托上海某货运有限公司(以下简称“货运公司”)出口运输一批自行车停放用车架、周转箱至日本大阪，收货人为 F 公司。随后，货运公司委托上海某轮船有限公司(以下简称“轮船公司”)实际承运该批货物。但至 2005 年 12 月 31 日，收货人仍未接到被告货运公司的提货通知。2006 年 1 月初，机械公司向货运公司查询得知，装载出口货物的轮船公司的“Y”轮已在日本门司海域附近搁浅，船舶和货物救助工作尚在进行中。2006 年 6 月 16 日，收货人接到“Y”轮船东保险商代理人的通知，告知上述出口货物推定全损。为此，机械公司向上海海事法院提起诉讼，请求判令货运公司与轮船公司连带赔偿货物损失 520 万日元。

货运公司对案件事实没有异议，但辩称：货运公司是原告的货运代理人，在代理活动中不存在过错，故不应承担责任。

轮船公司辩称：(1)涉案的出口贸易条件为 CFR，货交承运人后货物所有权和风险均转移至收货人，所以机械公司无权提起本案诉讼。(2)其与机械公司不存在海上货物运输合同关系，也不是涉案船舶的所有人和光船承租人，因此其不是契约承运人也不是实际承运人，不应成为本案被告。(3)涉案船舶在日本海域发生海难事故，货物推定全损；海难发生是由于船长的航行过失造成的，对此承运人不应承担责任。

法院查明：2006 年 11 月 27 日，日本门司地方海难审判庭就“Y”轮触礁事件在调查了相关证据的基础上对船长王某作出裁决，判决主文是“有关本触礁事件是由于没有充分地确认船体所在位置而发生的”。“指定海难当事人王某在夜间行驶中,未看 GPS 图形显示器,未将雷达的图像和海图作比较来充分确认船体所在位置,以至于过于接近位于大藻路岩灯标以西的干出岩,是本事件发生的原因。"

货运公司具备国际货运代理企业资质,其出具的提单为某远洋运输公司的提单,但货运公司没有提供某远洋运输公司合法存在以及该公司授权货运公司代理签发该公司提单的相关证据。另查明,2004 年 3 月 30 日,轮船公司与永泰国际海运有限公司签订了"Y"轮的定期租船合同。从被告轮船公司提供的网站资料上显示,"Y"轮的登记船东为 H 公司,船舶管理人为 J 公司。

请问:

(1) 货物公司是承运人还是代理人?

(2) 轮船公司是实际承运人吗? 实际承运人应承担什么责任?

(3) 承运人需要为货物损失承担责任吗? 实际承运人需要承担责任吗?

(4) 船长王某需要承担货物损失的责任吗?

操作过程

(1) 货运公司是承运人。我国《海商法》第 42 条第(一)项规定:"本人或者委托他人以本人名义与托运人订立海上货物运输合同的人"为承运人。本案中,货运公司接受机械公司的委托,出运出口合同中的部分货物,并通过传真方式向机械公司出具提单。虽然提单是某远洋运输公司的,但被告货运公司不能证明该公司真实和合法存在,也不能证明代理签发该公司的提单系经过该公司的有效授权,因此被告货运公司未经授权实施签单行为,应认为系以自己的名义接受原告关于货物出运的委托;同时,被告货运公司又以自己的名义作为托运人委托被告轮船公司承运货物,结合上述事实,认定被告货运公司为本案的承运人。

(2) 轮船公司应为实际承运人。我国《海商法》第 42 条第(二)项规定:"实际承运人是指接受承运人委托,从事货物运输或者部分运输的人,包括接受转委托从事此项运输的其他人。"本案中,货运公司以自己的名义委托轮船公司承运货物,轮船公司又与永泰国际海运有限公司签订船舶定期租船合同。根据上述事实,被告轮船公司接受被告货运公司委托后,与永泰国际海运有限公司签订了船舶定期租船合同。根据定期租船合同的特点,被告轮船公司虽不是船舶所有人,但享有船舶经营权,有权就船舶的营运发出指示,参与货物运输环节,应认定从事涉案货物的运输,符合我国《海商法》中有关实际承运人的特征,因此认定为从事货物运输的实际承运人。托运人、收货人与实际承运人之间不存在运输合同关系,但存在法定运输关系,可追究实际承运人的侵权责任,可提起侵权之诉。

(3)承运人不需要承担货物损失的责任。根据《海牙规则》以及我国《海商法》的规定,由于船长、船员、引航员或者承运人的其他受雇人在驾驶或管理船舶中的过失而使货物发生灭失或者损坏的,承运人不负赔偿责任。根据调查笔录及日本有关机构作出的裁决书的内容可知,"Y"轮搁浅的原因是由于船长王某在驾驶和管理过程中存在过失,为此,货运公司作为承运人可以免责。承运人的免责事项是否适用于实际承运人,在我国《海商法》中没有明确规定,但根据国际惯例,实际承运人有权援引承运人的免责事项,因此实际承运人也应不负赔偿责任。

(4)船长王某不负赔偿责任。从合同法原理上讲,承运人的免责事项是运输合同的一部分,因此,只适用于承运人,不能适用于船长、船员等承运人的雇佣人员。但为了避免这些雇佣人员承担赔偿责任,承运人通常会在合同中增加一个条款,明确规定承运人的免责和限制赔偿金额的权利同样适用于雇佣人员和代理人,这就是所谓的"喜马拉雅条款"。《维斯比规则》和《汉堡规则》都承认了喜马拉雅条款的合法性。《维斯比规则》第3条第2款对此作了明确规定:"如果这种诉讼是对承运人的雇佣人或代理人(该雇佣人或代理人不是独立的订约人)所提起,该雇佣人或代理人便有权适用承运人按照《海牙规则》的各项抗辩或责任限制的规定。"

知识链接与归纳

三、海上货物运输合同订立

(一)班轮运输合同的订立

订立班轮运输合同时,托运人(或货代)通常是按照船公司事先公布的船期表和运价,并按照船公司预先给予各家货代的提单号区间编制托运单(简称托单),然后至船公司或船代订舱。订舱时,托运人(或货代)向船公司(或船代)出具托单数联。若船公司(船代)接受订舱,便会在其中一联上加盖公司订舱章作为给货方的回执,并有一联留底。班轮运输合同就此成立。在实践中,双方当事人均可以通过代理人完成上述行为,托运人的代理人称为"货代",船公司的代理人则称为"船代",他们的代理行为及与被代理人的关系等问题应适用代理法的有关规定。由于承运人签发的提单会载明比较详尽的合同条款,具体规定当事人的权利与义务,所以一般情况下,班轮运输不需要另行订立书面合同。提单由承运人单方签发,受有关提单运输的专门法规或国际公约的调整。

(二)租船运输合同的订立

根据租船方式不同而订立的租船合同可分为航次租船合同、定期租船合同和光船租赁合同。租船运输当事人的权利和义务、风险与责任、费用的负担等,均由合同加以规定。各国法律一般都允许双方当事人自由商定租船合同的条款,不受有关提单运输的法律或国际公约的管辖。但是,如果在有租船合同的情况下,船长在收到货物之后,给托运人签发了提单,则这种提单须受有关提单运输的法律或国际公约的管辖。

议一议

为什么关于海上货物运输的法律和国际公约主要以班轮运输为规范对象?

(三)海上货物运输合同当事人

海上货物运输合同的当事人包括承运人与托运人。国际贸易实务中的收货人往往不是托运人,因此其不是合同当事人,而是与合同有紧密联系的关系人。

海上货物运输合同也常常涉及另一个与合同有紧密联系的关系人——实际承运人。根据《汉堡规则》的规定,实际承运人指受承运人委托执行货物运输或部分货物运输的任何人,包括受委托执行这项运输的其他任何人。如果承运人将货物运输或部分货物运输委托给实际承运人,则不论承运人根据海上货物运输合同是否有权这样做,承运人仍须对全部运输负责。

议一议

美国A公司(卖方)与中国B公司(买方)签订了货物买卖合同,双方约定价格条件为CFR(大连),由M公司负责承运该批货物到达美国。但实际上M公司未实际承运这批货物,而是由D.E公司来完成陆海联运的。请问:货物运输合同的双方当事人是谁?如果发生了货损,应由谁承担责任?

我国《海商法》吸收了《汉堡规则》的实际承运人制度。根据《海商法》第60条的规定，在订约承运人将运输的全部或部分委托给实际承运人时，订约承运人仍应对运输的全程负责；第 63 条规定，如承运人和实际承运人均有责任的，二者负连带责任。

四、班轮运输当事人的权利和义务

（一）承运人的基本义务

按照《海牙规则》的规定，承运人必须履行最低限度的义务。

1. 使船舶适航的义务

广义的船舶适航指船舶在各方面都能满足预定航线航行的需要。根据《海牙规则》的规定，适航包括三项内容：

第一，船舶适于航行。狭义的船舶适航指包括船体强度、结构、设备及性能都能满足在预定航线上安全航行的需要。实践中，船舶具备适航证书不能在法律上证明船舶适航。它取决于船舶在航行中是否能抵御通常海上航行中所具有的一般风险，达到安全航行的标准。

第二，船员的配备、船舶装备和供应适当。船员配备适当，指船员在个人素质、资格、人数上都能满足特定航行的要求。例如，船员要具备适合海上航行的健康体魄，取得行使其职能的有效的职务证书。此外，船上要备齐海上航行中应当具备的一定数量的船员等。

船舶装备适当，指船上设备齐全，安全可靠，备齐海上航行必需品，不能缺少的雷达、仪器、仪表、海图等航海资料，且应是最新的，准确无误的。

船舶供应适当，指带足海上航行中必不可少的燃料动力、食品、药物、淡水等供应品，并在开航前将中途补给的来源和地点一一落实。

第三，船舶要适货。货舱、冷藏舱及其他载货处能适宜、安全地收受、运送和保管货物。货仓的消毒、冷藏或排水、通风等要适应所载货物的安全运送和保管。

按照《海牙规则》规定，船舶适航与否，是以开航前和开航时的这段时间为标准，不包括航行中或到达目的地时是否适航。《海牙规则》并不要求承运人承担开航后乃至到达目的地以前整个航程中船舶适航的责任。

按照《海牙规则》的规定，承运人对船舶适航性的责任，并不是要求承运人保证船舶绝对适航，承运人须在开航前和开航时谨慎处理，使船舶适航。如果承运人能够证明船舶不适航是由于某种虽然经过谨慎处理但仍然不能发现的潜在缺陷所造成的，承运人就可以免除责任。

各国法院一般认为,承运人是否已经做到谨慎处理是一个事实问题,要根据具体案件具体分析。在海运业务中,承运人往往以船舶领有适航证书,作为他已履行提供适航船舶义务的依据。适航证书是船舶检验机构对船舶进行检修后,认为该船舶具备适航条件而发给船舶的一种证明文件。但是,如果承运人所委托的验船师或其他代理人为他检验船舶,而这些人没有尽到谨慎处理的责任,承运人也应对他们的疏忽行为负责。

2. 管货义务

承运人应适当和谨慎地装载、搬运、配载、运送、保管、照料和卸载所运货物。适当是从技术方面要求承运人对《海牙规则》所列的装载、搬运、配载、运送、保管、照料和卸载七个工作环节要具备一定的技术知识、技术水平和能力;谨慎是从个人素质方面,要求承运人尽心尽力做好职能范围内的工作。以上七个工作环节是否做到适当的谨慎是个事实问题而不是法律问题。实践中,除取决于承运人的技术水平和个人责任心以外,还要根据装卸码头的习惯做法以及货物的特性加以判断。

3. 货交收货人的义务

承运人有义务将货物运至约定的目的港并将提单上载明的货物交给收货人。假如目的港发生战争、封锁、瘟疫、罢工、冰冻或者承运人无法控制的其他情况,使船舶不能驶入时,船长有权把船舶驶到附近的安全港口卸货,并通知收货人接货,即可认为承运人已履行其交货义务。

(三)承运人的责任限制

承运人的责任限制是指承运人的赔偿限额。一般情况下,如果货物的实际损失低于赔偿限额,承运人按实际损失给予赔偿,若实际损失高于赔偿限额,则承运人只按赔偿限额给予赔偿。

(1)《海牙规则》的规定。按照《海牙规则》的规定,每件货物或每一计费单位的货物的损坏或灭失,其最高的赔偿额以100英镑为限,但托运人在装船前已就该项货物的性质和价值提出声明并已列入提单者,可不在此限。

(2)《维斯比规则》的规定。《维斯比规则》在赔偿限额方面,对《海牙规则》进行了如下主要修改:

第一,采用双重责任限额制,即承运人对于未申报价值的货物,其灭失或损害的最高赔偿限额为每件或每单位10,000金法郎或每公斤30金法郎,两者以高者计。1979年,《维斯比规则》通过了修改议定书,以国际货币基金组织所规定的特别提款权(SDR)为单位来确定承运人对货物损失的最高赔偿限额。以1SDR折合

15 个金法郎,即承运人对于未申报价值的货物,其灭失或损害的最高赔偿限额为每件或每单位 666.67SDRs 或每公斤 2SDRs,两者以高者计。

第二,有关集装箱货物的赔偿限额。如果货物是用集装箱、托盘或类似运输工具集装时,以提单中所载明的该集装箱或托盘内货物件数作为计算赔偿限额的件数;如不注明件数,则以集装箱或托盘为一件计算。

第三,承运人丧失责任限额权利的条件。如经证明,损害是由于承运人故意造成的,或是知道很可能会造成这一损失而毫不在意而引起的,承运人就无权享受责任限制的权利。

(3)《汉堡规则》的规定。

第一,《汉堡规则》规定,以灭失或损坏的货物每件或每一货运单位相当于 835SDRs 或毛重每公斤 2.5SDRs 的数额为限,两者以高者为准。这比《维斯比规则》规定的限额约提高了 25%。

第二,承运人对延迟交付的赔偿责任。所谓迟延交付是指在事先预定的时间内未交付或者按一个负责任的承运人能要求的合理时间范围内未交付的行为。承运人迟延交付货物,以相当于该延迟交付货物应支付运费的 2.5 倍的数额为限,但不得超过海上货物运输合同规定的应付运费总额。

第三,《汉堡规则》还沿用了《维斯比规则》中的关于承运人丧失责任限额权利的规定。

(4)我国《海商法》的规定。

第一,我国《海商法》关于赔偿限额的规定,基本上与《维斯比规则》相同。

第二,延迟交付货物的,赔偿限额为迟延交付货物运费的 2 倍;运输合同或提单中规定的限额超过上述限额的,以该合同或提单的规定为准。

承运人对集装箱装运的货物的责任期间,从装运港接受货物时起至卸货港交付货物时止,货物处于承运人掌管之下的全部期间;承运人对非集装箱装运的货物的责任期间,从货物装上船时起至卸下船时止,货物处于承运人掌管之下的全部期间。但是当事人可以通过协议对上述责任期间进行改变。可见我国《海商法》关于承运人对一般货物的责任期间的规定与《海牙规则》一致,但对集装箱运输下的承运人的责任期间规定又和《汉堡规则》一致。

(四)承运人的免责事项

(1)《海牙规则》中规定的免责事项。《海牙规则》实行的是承运人的不完全过失责任。第 4 条第 2 款和第 4 款列举了在 17 种情况下免除承运人依《海牙规则》应承担的责任。但是根据《海牙规则》的规定,承运人可在提单中明确规定放弃某项权利的豁免或加重自己的责任和义务。依照免责事项的归责原则的不同,这 17 种情形可以分为两大类:

第一,过失免责。

① 船长、船员、引水员或承运人的雇佣的人员在驾驶或管理船舶中的行为、疏忽或过失。与《海牙规则》规定的承运人在开航前或开航时恪尽职守使船舶适航的义务相一致,承运人对船长和船员在开航后船舶操作中的疏忽和过失可以享受免责;船长、船员管理船舶中的行为、疏忽、不履行义务是和承运人的"管货义务"相对应的,对船长、船员管船中的过失,承运人可以免责。

想一想

对于船长、船员在管理或驾驶船舶中的故意行为造成的货损,承运人可以免责吗?

② 火灾。航行中,船上发生火灾,可以免除承运人的责任,除非这种火灾是因承运人的实际过失或私谋引起的。例如,船员在船上吸烟、故意纵火导致火灾,承运人可以免责;如是因承运人违反开航时或开航前船舶适航义务或由承运人指使、纵容引起火灾,则承运人要承担责任。

议一议

A 国的甲公司出售一批货物给 D 国的乙公司,合同履行过程中甲公司找到 C 国的丙远洋运输公司承运这批货物。丙公司在承运过程中因货物装载不当,致使甲公司的货物发生自燃,轮船船员在救火过程中将另一公司丁公司的货物损失了一部分。请问:对于甲公司与丁公司的损失,丙公司是否应承担赔偿责任,为什么?

第二,无过失免责。包括海难;天灾;战争;公敌行为;政府、君主、当权者或人民的扣押或管制或依法扣押;检疫限制;托运人或货主的过失;罢工;暴动和骚乱;救助或企图救助海上人命或财产;货物的固有特点、性质或缺陷引起的体积或重量亏损,或其他灭失或损害;包装不善;唛头不清或不当;虽恪尽职守也不能发现的船舶潜在缺陷;非承运人的实际过失或私谋引起的其他任何原因。

议一议

中国甲轮船将一批饲料从日本东京运至中国威海港，甲船到达目的港后，发现所载饲料因发霉受损。经检验，饲料发霉是由于海上风浪过大，海水浸泡所致。请问：承运人是否需对此损失承担责任？

需要指出的是，承运人如果援引“非承运人的实际过失或私谋引起的其他任何原因”这一条款要求免责，必须举证证明他本人和他的代理人及雇佣人员没有疏忽或过失，而如援引其他免责事项，则无须证明他本人和他的代理人及雇佣人员没有疏忽或过失，只要证明确实发生了免责事故，承运人就可以免责。

（2）《汉堡规则》规定的免责事项。《汉堡规则》摒弃了《海牙规则》的不完全过失责任，删除了《海牙规则》中的一些免责事项，实行了完全的过失责任制度。另外，《汉堡规则》加重了承运人的举证责任，除火灾外，采用推定过失责任制度，即在货损发生后，首先推定是承运人有过失，如承运人主张自己无过失，则必须承担举证责任。根据《汉堡规则》的规定：“除非承运人证明他本人、其他雇佣人或代理人为避免事故的发生及其后果已采取一切所能合理要求的措施，否则，承运人应对因货物灭失或损坏或迟延交货所造成的损失负赔偿责任。

（3）我国《海商法》规定的免责事项。我国《海商法》规定了 12 项免责事项，基本内容与《海牙规则》类似，但在举证责任方面，吸收了《汉堡规则》的内容，即除火灾以外，采用推定过失责任制度，承运人需负举证责任。

根据《海商法》第 51 条，承运人可就下列事项免责：船长、船员、引水员或承运人的雇佣的人员在驾驶或管理船舶中的行为、疏忽或过失；火灾，但承运人本人的过失所造成的除外；天灾、海上或其他通航水域的危险或意外事故；战争或武装冲突；政府或主管部门的行为、检疫限制或司法扣押；罢工、停工或劳动受到限制；在海上救助或企图救助人命或者财产；托运人、货物所有人或他们的代理人的行为；货物的自然特性或者固有缺陷；货物包装不良或者标志欠缺、不清；虽谨慎处理仍未发现的船舶潜在缺陷；非由于承运人或者承运人的受雇人、代理人的过失造成的其他原因。

五、托运人的义务

对于托运人的义务，三个公约并无大的差异，主是包括以下内容：

（1）按约定提交托运的货物。托运人应把约定的托运货物及时运到承运人指定地点,以便装船;同时,应在提单上把货物的品名、标志、号码、件数、重量、装货港与目的港的名称以及收货人的名称填写清楚。假如因资料不正确而造成损失,托运人应当赔偿。托运人应按港口规定办妥货物出港的一切手续并将单证交给承运人。假如因托运人未能及时办妥手续而造成了延滞或其他损失,托运人应承担责任。

(2) 支付运费。运费一般包括货物从装运港到目的港的运输费、附加费、装卸费和港务费等。运费的支付办法有预付运费、到付运费和比例运费。采取何种支付办法可由双方在运输合同中约定。

(3) 按时提货。托运人或收货人应按习惯或承运人的通知及时到指定地点提取货物。

六、索赔与诉讼

(一) 索赔

《海牙规则》规定,收货人在提货时应检查货物,如发生灭失或损坏,应立即向承运人提出书面索赔通知;如果灭失或损坏不明显,则在 3 天内提出索赔;在联合检验的情况下,无须出具索赔通知。收货人未按上述时限提交索赔通知的,即构成承运人所交货物符合提单规定的初步证据。《汉堡规则》规定,索赔通知由 3 日延长到 15 日,延迟交货的索赔通知时限为自收货后 60 日内。

不过,收货人即使没有按期把货损情况通知承运人,也不因此而丧失索赔的权利,但应另行举出充分的证据材料推翻上述初步证据。

我国《海商法》规定,若运送的是非集装箱货物,不明显货损通知时限为从交货次日起的 7 日内,若是运送集装箱货物,则为 15 日。

(二) 诉讼

关于诉讼时效,《海牙规则》规定为 1 年,自货物交付之日起算;在货物灭失的情况下,自货物应交付之日起算。《维斯比规则》对此作两点修改:①诉讼时效为 1 年,双方协商,可延长时效;②对第三者的追偿诉讼,在 1 年的诉讼时效期满后,仍有 3 个月的宽限期。《汉堡规则》延长诉讼时效为 2 年,自承运人交付货物或部分货物之日起;如未交付货物,则自货物应该交付的最后一日起算。

我国《海商法》第 257 条规定:请求赔偿的时效期间为 1 年,自承运人交付或应当交付货物之日起计算;在时效期间内或者时效期间届满后,被认定为负有责任的人向第三人提起追偿请求的,时效期间为 90 日,自追偿请求人解决原赔偿请求之日起或者收到受理其本人提起诉讼的法院的起诉状副本之日起计算;有关航次租船合同的请求权,时效期间为 2 年,自知道或应当知道权利被侵害之日起计算。

我国甲公司购买的一批美国乙公司的货物由韩国 A 远洋运输公司(航次租船方式)运至目的地港上海港,甲公司在上海港于 2007 年 7 月 5 日收货后发现这批货物中有 1/3 的货物发生全损,于是甲公司于 7 月 10 日电告承运人货损情况,并于 2007 年 8 月 11 日向上海市第一中级人民法院提起诉讼。但丙公司认为该纠纷已过诉讼时效期,要求法院驳回原告诉讼请求。经查,双方于运输合同中约定该合同纠纷的解决适用中国法律。请问:我国甲公司的主张能否得到法院的支持?为什么?如果适用《海牙规则》会出现什么样的结果?为什么?如果适用《汉堡规则》又合出现什么样的结果?

七、海运单和电子提单

(一) 海运单

海运单又称运单,是证明国际海上货物运输合同和货物由承运人接管或装船,以及承运人保证将货物交给指定的收货人的一种不可流通的单证。

海运单是在 20 世纪 70 年代以来出现的,是以不可转让的运输单据来代替提单的一种做法,其适应具有船速快、装卸效率高等优点的集装箱货物运输,以及防止海运欺诈的情况。与提单相比,海运单不具有所有权凭证的作用,收货人提货时无须凭海运单,而只需证明其身份,因而海运单具有实现快速提货的特点;海运单不具有流通转让性,即使非法得到海运单,也无法凭以提货,这样就减少了被盗或遗失使船方或货主利益受损的风险。

1990 年 6 月在巴黎举行的国际海事委员会第三十四届大会上,通过了《国际海事委员会海运单统一规则》,试图解决和统一海运单本身的主要法律问题。但这一民间规则不具有强制性的约束力,它只在运输合同中被双方当事人协议采纳时,才能适用。

(二) 电子提单

电子提单,是指通过电子传送的有关海上货物运输合同的数据的单证。电子提单不再像传统提单那样是一种纸面航运单证,而是一系列有关海上货物运输合同的电子数据,按特定的规则组合而成,并以电子计算机通信途径进行传送。

电子提单是当代电子计算机技术和电子通信技术发展的产物。同海运单一样,电子提单是为了解决传统提单主要靠航空邮寄办法进行流转,因而常常出现提单晚于船舶到达目的港的情况而产生的,以满足集装箱货物运输方式对航运单证及其流转途径提出的新要求。此外,电子提单按密码进行流转,能有效地防止航运单证欺诈。1990 年,国际商会的《价格术语解释通则》中承认了当事人以电子提单代替纸提单的约定有效。

1990 年《国际海事委员会电子提单规则》第 6 条明确了电子提单的法律适用、电子提单项下货物支配权的转移和电子提单的书面形式等问题。该规则规定,电子提单应受强制适用于传统提单的国际公约或国内法的制约。电子提单具有传统提单的流转功能,拥有货物支配权的货物所有人可以通过转让这一权利来实现货物的转卖;承运人、托运人及其他有关方,应在计算机储存器中储存的,并可在电子计算机屏幕上用人类语言显示,或已由计算机打印出来的电子数据,视为书面形式。

能力实训

一、实训案例

1. 承运人对一批橘子的托运人口头保证:船舶装货后将直达驶往目的地并卸货。然而该轮出航后却绕航行使至其他港口。结果当托运人的橘子到达目的港时,进口关税提高了,并由于其他橘子大量到货,使橘子的价格下降。托运人认为,如果承运人是依口头约定直达驶往目的港,关税的提高和橘子的跌价都应该发生在该轮到达之后。于是,托运人向法院起诉,要求承运人赔偿其遭受的损失。承运人辩称,提单中载明有规定承运人可以任意地经过任何航线将货物直接或间接地运往目的地的条款,所以认为自己不应为因为绕航而引起的损失负责。

请问:

(1) 双方的口头约定是否有效?

(2) 提单是否是运输合同本身?

(3) 承运人是否应赔偿托运人的损失?

2. 发货人中国土产畜产进出口公司浙江茶叶分公司委托浙江对外贸易运输公司将 750 箱红茶从上海出口运往西德汉堡港。该运输公司接受委托后,向广州远洋运输公司申请舱位,并由后者指派了箱号为 HTMU - 5005420 等 3 个集装箱。根据发货人与浙江对外贸易运输公司的委托合同,由后者作为发货人的代理全权负责对货物的点数、积载,对集装箱的检查、铅封。广州远洋运输公司收到 3 个满载集装箱后签发了清洁提单。货物运抵汉堡,收货人拆箱后发现部分茶叶串味变质。检验表明,250 箱红茶受精萘(有刺激气味)污染。另又查明,该航次装运茶叶的集装箱其中一个箱号为 HTMU-5005420,在前一航次曾装载过精萘从法国的登克尔至上海,其前一次航次残留的精萘气味是本航次 250 箱红茶串味污染的唯一污染源。

请问:如何确定本案的赔偿责任?

3. 中国某工艺品厂与美国某贸易公司长期进行工艺品交易。2006 年 3 月 10 日工艺品厂(以下简称 A 厂)电告贸易公司(B 厂),以 CIF 条件向对方出口一批工艺品,总价值 30 万美元,用不可撤销的跟单信用证支付价款。3 月 15 日 B 厂复电,提出降价至 27 万美元,A 厂经研究同意 B 厂要求,遂于 3 月 19 日发电报通知 B 厂。3 月 20 日 B 厂收到电报。随后,A 厂将货物运到宁波港交由某运输公司 C 承运。整批货物分别装入两个集装箱,并吊装到船上。4 月 4 日承运船舶行至公海上时,由于船长的疏忽,船上发生火灾,其中一个集装箱被火烧毁,另一个完好无损。5 月初,货物运至旧金山港。B 厂拒绝接收货物,并向 A 厂提出索赔,双方诉至中国某法院。

请问:

(1) 双方的合同争议是否应适用《联合国国际货物销售合同公约》来解决? 为什么?

(2) 根据有关法律规定,该合同在何时何地成立? 为什么?

(3) 货物在海上受到损失,B 厂能否要求 A 厂给予赔偿? 为什么?

(4) B 厂能否要求运输公司或船长对货物损失给予赔偿? 为什么?

(5) 假设 A 厂向银行提交了信用证规定的提单等单证,收到货款后,又欲将正在运输途中的货物卖给其他公司,此时 A 厂是否有权向承运人发出指示,要求将货物运回或者交给其他收货人? 为什么?

4. 2004 年 1 月,中国某进出口公司在加拿大购买了一批玉米,交由加拿大某航运公司的 Q 轮承运。同年 3 月,中国公司收到这些货物的两份提单,其上面的首要条款均载明提单的有效性依据《海牙规则》,并受其约束。Q 轮是一艘利比里亚籍散装货轮,船级为挪威船级社十 A。该轮 2 月 12 日在加拿大温哥华港装载中国公司的玉米,分别装于第一、三舱,14 日驶往美国洛杉矶港加载其他货物于第四舱,17 日自航开往中国。开航前船长收到一份远航建议书,提及在 Q 轮预定航线上可能遭遇恶劣天气。Q 轮在驶往中国途中果然遭遇大风浪。驶抵中国海口港后,经有关船检、商检部门对 Q 轮的货舱及货物进行检验,证实:该轮货舱盖严重锈蚀并有裂缝,舱盖板水密橡胶衬垫老化、损坏、脱开、变质,通风箱损坏。开舱时,发现在裂缝、舱盖边缘、舱盖板接缝下以及通风筒下的货物水湿、发霉、发热、结团、变质。中国公司因此对加拿大航运公司提起诉讼,认为被告未能确保船舶适航,要求其赔偿货损。

加拿大公司辩称:Q轮船长富有经验,船舶的各种技术证书都在有效期内,整个航次处于挪威船级社十A级。装货前,大副等船员还对货舱舱盖进行过水密试验,货舱及舱盖板橡胶衬垫处于水密、柔软状态。船舶在开航前和开航当时处于适航状态。货损是由于船舶在航行中遭遇大风暴所致,根据《海牙规则》,被告对此不承担责任。

请问:

(1) 国际海上货物运输合同中,承运人的主要义务是什么?

(2) Q轮在开航前和开航当时是否适航?

(3) 货损应由谁承担?

5. 河北省A贸易公司委托天津B海运公司运输一批大枣。2005年5月14日,B海运公司的H轮在天津新港装载了A贸易公司的5000包大枣,后发现这批大枣有10%霉烂变质。5月25日,H轮大副在收货单上对此作了批注。6月5日,因信用证即将过期,A贸易公司为能及时出口货物及结汇货款,就出具保函要求开出清洁提单。保函言明:"如果收货人有异议,其一切后果均由发货人承担,船方概不负责。"B海运公司接受了保函,并签发了清洁提单。H轮于7月2日到达悉尼。收货人以大枣有霉烂为由,向当地高等法院申请裁定对H轮进行扣押,致使H轮被扣达15天。2006年8月3日,天津海运公司赔付收货人2万美元,收货人遂撤回起诉。2006年8月3日,天津B海运公司向河北省A贸易公司提出赔偿因其货轮被扣造成的经济损失的请求。

请问:

(1) 提单的法律性质如何?

(2) 什么是清洁提单和不清洁提单?

(3) 本案保函是否有效?

6. 英国货轮"ANRONG"号承运一批运往阿姆斯特丹的小麦从印度起航,为搭载船长载科威特的私人物品,该轮离开印度后先进入波斯湾,然后沿正常航线从红海经苏伊士运河及地中海进入大西洋,最后到达阿姆斯特丹,但到港日比预定日期晚了20天,货物市场价格15日前一落千丈。使货主蒙受巨大损失。

请问:

(1) 承运人是否应当承担货主损失?

(2) 上述货轮若在正常航线上遭遇暴风雨,由于运送的货物是小麦,船长为避免小麦受潮绕道100海里,避开雨区,造成迟到3天,是否应当承担由此给货主造成的损失?

二、实训练习

1. 单项选择题

(1) 属于不可转让的提单的是(　　)。

A. 记名提单　　B. 指示提单

C. 不记名提单　　D. 已装船提单

(2) 按承运人在提单上对货物的外表有无批注,提单可以分为(　　)。

A. 记名提单与不记名提单

B. 清洁提单与不清洁提单

C. 已装船提单和收货待运提单

D. 直达提单和联运提单

(3) 有一批货物共1000箱,自A国某港口装运至B国某港口,承运人签发了"已装船清洁提单"。但货到目的港后,收货人发现下列情况:①10箱欠交;②20箱包装严重破损,内部货物大部分已散失;③50箱包装外表完好,箱内货物腐烂变质。上述三种情况,不应属于承运人的责任的是(　　)。

A. ①　　B. ②

C. ③　　D. ①③

(4) 我国《海商法》规定的承运人赔偿限额与(　　)一致。

A.《海牙规则》　　B.《维斯比规则》

C.《汉堡规则》　　D.《华沙-牛津规则》

(5) 下列选项,不是调整班轮运输的法律规范的是(　　)。

A.《海牙规则》　　B.《维斯比规则》

C.《汉堡规则》　　D.《华沙-牛津规则》

(6) 最早采用特别提款权作为赔偿限额的计算单位的国际公约是(　　)。

A.《海牙规则》　　B.《维斯比规则》

C.《汉堡规则》　　D.《华沙-牛津规则》

(7) 海运提单和航空运单两种运输单据(　　)。

A. 均为物权凭证

B. 均为可转让的物权凭证

C. 前者是物权凭证,可转让,后者不是物权凭证,不可以转让

D. 均为不可转让的物权凭证

2. 多项选择题

(1) 在司法实践中,下列哪些保函通常被认定为恶意或无效保函?(　　)。

A. 托运人和承运人明知货物的表面状况有明显的瑕疵,为换取清洁提单,由托运人向承运人出具的保函

B. 托运人为获得预借提单而向承运人出具的保函

C. 托运人为得到倒签提单而向承运人出具的保函

D. 由于缺乏识别手段或计量工具,承运人和托运人出现认识上的偏差,为免去提单上的批注,托运人向承运人出具的保函

(2) 下列关于调整提单运输的三大国际公约的表述正确的有(　　)。

A.《海牙规则》规定的承运人最低限度的义务包括适航、管货义务还有延迟交货的责任

B.《维斯比规则》规定承运人的雇佣人或代理人也可以享受责任限制的保护

C.《汉堡规则》在承运人的责任基础上采用的是完全的过失责任制和推定过失责任制

D. 这三大公约的诉讼时效都相同

(3) 关于承运人的免责问题,采用不完全过失免责的法律制度是(　　)。

A.《海牙规则》　　B.《维斯比规则》

C.《汉堡规则》　　D. 我国《海商法》

(4) 关于提单运输的国际公约,我国没有参加的是(　　)。

A.《海牙规则》　　B.《维斯比规则》

C.《汉堡规则》　　D.《华沙－牛津规则》

(5) 2001 年 4 月 1 日,中国宁波某进出口公司电告澳大利亚某贸易公司,欲向其出售一批服装,价格条件为 FOB 宁波,总价款为 50 万澳元,以不可撤销的即期信用证付款。4 月 7 日澳大利亚公司复电,同意购买,但要求降价至 40 万澳元,宁波公司于 4 月 10 日电告对方同意其要求,澳大

利亚公司于4月11日收到此电报。4月16日，宁波公司将货物装上“利娜塔”号轮船，整批货物分装在三个集装箱中。4月26日，当承运船舶在海上航行时，由于船员疏忽，船上发生火灾，其中一个集装箱被火焚毁，其余两个则完好无损。5月16日货物运至悉尼，澳大利亚公司以货物受损为由拒绝接受货物，并向宁波公司提出索赔。有关本案下列说法正确的有（　　）。

A. 根据《联合国国际货物买卖合同公约》，本案中的买卖合同于4月10日成立

B. 该批货物的运输和保险由澳大利亚公司负责

C. 对本案货物损失，澳大利亚公司无权向宁波公司索赔

D. 澳大利亚公司有理由以货物受损为由要求开证行拒付货款

(6) 中国新新公司与德国RR公司于2001年4月20日签订了购买7000吨化肥的CFR合同，新新公司开出的信用证规定，装船期限为2001年8月10日以前装完。由于RR公司租来的“安达”号货轮在开往某外国港口运货途中遇到飓风，结果使装货至2001年8月20日才完成。承运人在接受RR公司保函的情况下，签发了与信用证条款一致的提单。此后，德国RR公司去Y银行结了货款。依提单上载明的装船日期预计船舶应于9月20日到达目的港，收货人也已安排好了一切接货的工作，但该船却于10月2日才到达目的港，这时正赶上化肥的价格下跌，新新公司不得不降低化肥的出售价格；同时，由于收货人已为接货做好了运输工具和仓库的安排，化肥的延迟到港也引起收货人在这方面的损失。下列说法正确的是（　　）。

A. 被告签发的提单属于预借提单

B. 被告签发的提单属于倒签提单

C. 新新公司就其损失可以向承运人索赔

D. 新新公司就其损失可以向德国公司索赔

(7) 我国迄今还没有参加的有关国际货物运输方面的国际公约有（　　）。

A.《海牙规则》　　B.《汉堡规则》

C.《国际货约》　　D.《华沙公约》

3. 判断题

(1) 根据《海牙规则》的规定，承运人的责任期限为“钩至钩”。（　　）

(2) 根据《海牙规则》的规定,承运人的责任期限为“港至港”。(　　)

(3) 海运单与提单具有同样的作用,都是海上货物运输的单据。(　　)

(4) 承运人签发预借提单属于侵权行为,应对收货人造成的损失承担赔偿责任。(　　)

(5) 根据《汉堡规则》,承运人对其雇佣人员在驾驶和管理船舶中的疏忽和过失可以免责。(　　)

项目八

国际商事代理中的法律问题

学习目标

1. **知识目标**

（1）了解商事代理概念、特征和有关的商事代理的法律规范

（2）掌握代理权产生的方式

（3）掌握代理人、被代理人与第三人之间互相承担的基本义务

（4）熟悉代理法律关系终止的几种情形

（5）掌握狭义的无权代理和表见代理的概念及法律后果

（6）了解对第三人承担特别责任的代理人的主要种类

（7）熟悉我国的外贸代理制度

2. **能力目标**

（1）能依法确认代理人身份及代理权限

（2）能够依法正确签订及履行代理协议

（3）能防范代理业务中的一般法律风险

任务1:认识商事代理

工作任务

某食品公司国外代理人陈某持食品公司代理委托书在A国推销芝麻糊，委托书写明陈某工作是推销芝麻糊。一次他看到A国土产公司削价出售核桃，价格十分便宜，于是以食品公司名义将当时所剩的两千多斤核桃全部购下，以推销芝麻糊收回的款项，交了500元定金，并给对方出示了代理委托书，约好其余的钱由公司再汇来。

请问:

(1) 食品公司、陈某、土产公司之间存在什么法律关系?

(2) 陈某与土产公司的合同对食品公司是否有效? 为什么?

(3) 陈某走后,土产公司发现合同可能是无权代理人签订的,这时他可采取什么行动来予以补救?

(4) 如果食品公司拒收核桃,拒付贷款,是否合法? 在这种情况下,如果造成土产公司的损失,怎么办?

操作过程

(1) 食品公司与陈某之间存在商事代理关系。食品公司是被代理人(或称委托人),陈某是代理人,他们之间的关系以委托合同为准,委托书是委托合同的证明。土产公司是合同相对人(或称第三人),陈某应在食品公司的授权范围内与土产公司签订合同,其法律后果由食品公司与土产公司承担。

(2) 陈某与土产公司的合同对食品公司是否有效应视食品公司是否追认而定。因为陈某的代理权限是推销芝麻糊,其购买核桃的行为超越了食品公司的代理权限。根据各国法律的规定,陈某的行为属于越权代理,应获得被代理人的追认才对被代理人有效。

(3) 土产公司发现陈某可能是无权代理人,可以与食品公司联系,要求食品公司在一定期限内追认陈某的行为(这种要求在法律上称为"催告"),如果食品公司不追认,土产公司有权撤销合同。

(4) 食品公司拒收核桃、拒付货款的行为合法。因为陈某超越代理权限签订合同,被代理人不追认的情况下,该合同对被代理人是无效的。食品公司如果拒收核桃,拒付货款,说明食品公司没有追认陈某的越权代理行为,食品公司不必承担合同责任,如果造成土产公司的损失,应由陈某承担责任。

知识链接与归纳

代理制度是随着社会经济关系的发展而产生的。在古代社会,商品经济不发达,代理制度的产生仅处于萌芽状态。后随着商品经济的发展,社会关系复杂多样,人们不可能事事亲自为之,于是出现了委任合同,即将某种事项委托他人办理,代理制度也随之产生。在欧洲中世纪,贸易往来的增多,直接导致代理在商事活动中的大量运用。到了资本主义时期,代理制度得到极大发展并在法制上逐渐完善。

在国际贸易实务中，许多业务是通过代理人进行的，如普通代理人、经纪人、运输代理人、保险代理人、广告代理人以及银行等。离开了这些代理人，国际贸易将无法顺利进行。

一、什么是商事代理

传统意义上的代理，是建立在民事代理制度的基础之上的，是指代理人以被代理人的名义实施的、其法律后果直接归属于被代理人的行为。在代理关系中，涉及三方面当事人，即被代理人（也称本人）、代理人、第三人（或称相对人），其基本特征为：代理人必须以被代理人的名义行事；代理人要在法律或被代理人的授权范围内完成代理行为；代理人行为后果直接由被代理人承担。另外，并不是所有的委托他人进行的行为都是代理，代理人在代理权限内应有独立的行为，因此，代人传话、代人保管物品等行为不属于代理。

议一议

小王要去某城市商业中心，他的朋友小李请他帮忙买一个价格 700 ~1000 元 MP4，另外，把一本书带给在商业中心工作的小夏。小王帮小李办好了这些事。小王所做的事情属于代理吗？

随着商事活动的发展，代理行为不断突破传统民事领域代理规则的约束，逐渐在商事领域广泛运用，形成了独具特色的商事代理制度。

关于商事代理一词，各国立法并未确定其统一的概念，有的称之为“商务代办”或“商业代理”，而有的却无明确称谓，只是混同于民事代理之中。一般认为，商事代理指的是代理商以自己的名义或以委托人的名义为委托人卖或买或提供服务，并从中获取佣金，其行为后果由自己或被代理人对第三人承担的经营活动。

与传统意义上的民事代理比较，商事代理具有如下的法律特征。

（一）职业性

现代各国商法中一般将商事代理分为两类：一是由商业企业职员实现的代理，二是通过各种代理商（即商事代办）实现的代理。前者属于职务代理或业务代理，这种代理是建立在雇佣关系基础上的隶属关系，其代理权限由法律加以规定，并以企业主或由法定代理人以明示直接的方式授予代理权。对于此种代理是否属于商事代理，在各国法律中是不一样的，大多数大陆法国家一般不认为其属于商事代理。后者则是专业的代理商,是专门从事各种商务代理活动的独立的职业代理商。如保险代理人、货物运输中的货代与船代等。根据各国法律,自然人与法人均可成为代理商,但要取得代理商资格,则应当首先要取得营业资格,因此,代理商和他所代理的企业都是独立的商人,他们在营业活动与营业时间上都具有连续性和持续性。

(二)独立性

商事代理关系中的代理商的法律地位是独立的。这种独立性体现在很多方面,如代理商有自己独立的商号、独立的营业所、独立的账簿,并独立进行商事登记;代理商往往可以自由形成其活动和决定其工作时间;代理商可以以自己的名义与第三人从事本人所委托的事项;当第三人的合法权益受到侵犯时,第三人可以独立自主地进行选择,是向本人求偿,还是向代理商赔偿等。

(三)灵活性

商事代理的形式较之传统的民事代理,显现出更多的灵活性与多样性,代理人既可以以被代理人的名义进行活动,也可以以自己的名义进行活动;商事代理权既可以是一般代理权,又可以是特别代理权;既可以是明示授权,又可以是默示授权;既可以是事前授权,又可以是事后追认。实行如此灵活的制度,主要是为了适应商事活动复杂多变的需要。

(四)有偿性

商事代理都是有偿代理,商事代理人与委托人之间的合同,是为双方共同利益而订立的。代理人有权按交易的数量和价值抽取佣金。

二、有关商事代理的法律规范

(一)各国法律

由于国际商事代理制度在国际商事活动中起到举足轻重的作用,但是到目前为止,调整国际商事代理方面的国际法律规范还十分有限,所以,各国大多以国内立法来调整国际商事代理关系。

1. 大陆法系

在大陆法系国家,法典是其主要渊源,所以这些国家调整国际商事代理关系的法律规范主要表现在民商法典中。现代大陆法系的商事代理立法,以 1897 年《德国商法典》为典型。该法以代理商为出发点对商事代理制度加以规定。根据该法,

"代理商是一种独立的商事经营者，他接受委托，固定地为其他企业主促成交易，或者以其他企业主的名义缔结交易。独立是指代理商基本上可以自由决定自己的活动和支配自己的时间"。此所谓独立商事代理人。另外，在制定民商法典的基础上，有些国家还专门制定了调整商事代理关系的单行法，如德国就在 1953 年通过了《商业代理法》。

2. 英美法系

在英美法系国家，判例是主要渊源，所以判例是调整这些国家国际商事关系的主要法律工具，同时，英美国家也将其重要的典型判例成文化，来调整国际商事代理关系。如英国早在 1989 年制定了《商业代理人法》，以后又陆续制定了《不动产及商业代理人法》(1970 年)、《代理权利法》(1971 年)、《不动产代理人法》(1979 年)等单行法。在美国，法律协会主编的《美国代理法重述》(第二次)成为美国有关代理方面重要的法律渊源，经常被法官加以引用判案。

3. 中国

在我国，从现行立法来看，没有明确区分民事代理与商事代理，《民法通则》、《合同法》、《对外贸易法》等法律、法规对代理制度作出了原则的规定。

《民法通则》奠定了我国代理制度的基本原则和框架。《民法通则》第 63 条第 1 款、第 2 款规定："公民、法人可以通过代理人实施民事法律行为。代理人在代理权限内，以被代理人的名义实施民事法律行为。被代理人对代理人的代理行为，承担民事责任。"根据此项规定可以看出，《民法通则》中规定的代理制度是直接代理或显名代理。除此之外，《民法通则》对代理权的产生、无权代理、代理人与第三人的责任以及代理的终止等作了规定。

《合同法》第 21 章"委托合同"中，对建立在委托合同基础上的代理关系作了明确规定，借鉴了有关代理的国际公约和两大法系的法律制度，有条件地承认了"隐名代理"和"未披露本人的代理"制度，并规定了委托人的介入权和第三人的选择权。另外在《合同法》中，还对表见代理、行纪合同等问题进行了规定。

（二）国际规范

1. 国际公约

在国际公约方面，1961 年，国际统一私法协会制定了《代理统一法公约》、《代理合同统一法公约》两项公约，前者调整直接代理关系，后者调整间接代理关系，由于这两项公约都是建立在大陆法的基础上，因而未能得到普通法系国家的认同。1983 年，该协会公布了《国际货物销售代理公约》，该公约矫枉过正，具有浓厚的英美法系代理法色彩,因此遭到了大陆法系国家的抵制,同样也难逃失败的厄运。因此,到目前为止,这三大公约均为生效。目前已经生效的、具有统一各成员商事代理法作用的公约,只有欧共体 1986 年 12 月 18 日制定的《关于协调成员国自营商业代理人指令》。

2. 国际惯例

在国际惯例方面,国际商会曾于 1960 年拟定了一份《国际商业代理示范合同》,尽管它在内容上,仅仅针对国际商事代理活动中的本人和代理人之间的内部关系提供一些建议,也只适用于直接代理关系,但在促进国际商事代理活动中发挥了积极作用。另外,2004 年出台的《国际商事合同通则》(修订版)在其 1994 年版本上增加了代理权一章,这是国际统一私法协会统一国际代理制度的最新努力。《国际商事合同通则》由于可以适用于各类国际商事合同,所以它可以在国际商事代理关系中,作为框架性规则来确定代理当事人之间的权利和义务。根据《国际商事合同通则》的规定,代理制度只适用于被代理人与第三人或者代理人与第三人的外部关系。

三、商事代理的种类

对于商事代理行为,依据不同的标准可以有不同的分类。

(一) 显名代理与非显名代理

根据代理名义的不同,商事代理可以分为显名代理与非显名代理。

1. 显名代理

显名代理在大陆法国家被称为“直接代理”,是指商事代理人在代理权限内,以被代理人的名义同相对人进行商事交易活动,其法律后果直接由被代理人承担的商事代理。在直接代理的情况下,由于商事代理人事实的代理行为是以被代理人的名义进行的,法律后果直接归于被代理人,第三人也直接与被代理人发生权利义务关系。

2. 非显名代理

非显名代理有两种情况:一是隐名代理,是英美代理法的概念,是指代理人仅表明代理身份,但并不指明被代理人的身份;二是代名代理,在大陆法中称为“间接代理”或“行纪”,在英美法中则称为“未披露本人的代理”,是指商事代理人在代理权限内,以自己的名义同相对人进行商事交易活动的商事代理。需要指出的是,虽然两大法系中均有代名代理制度,但在代理行为的法律效果上,却存在很大差异。

关于这个问题，在“商事代理中的权利与义务”中，将做较为详细的说明，因此，此处不做赘述。

（二）一般代理与全权代理

依据代理权限的大小，商事代理可以分为一般代理与全权代理。

1. 一般代理

一般代理是代理权限受到一定限制的商事代理。一般代理有地区及业务范围的限制，必须在被代理人明确授权范围内实施代理行为。在实务中，如无特别说明，商事代理应为一般代理。

2. 全权代理

全权代理是指代理人的代理权限不受特别限制，可以实施法律允许的一切行为的商事代理。全权代理必须由被代理人在授权委托书中有明确规定，否则只能是一般代理。

（三）总代理与分代理

依据代理业务的范围，商事代理可以分为总代理与分代理。

1. 总代理

总代理也称“全部代理”，是指商事代理人在确定的区域内，可以代理被代理人从事全部业务活动的商事代理。

2. 分代理

分代理也称“部分代理”，是指代理人在确定的区域内，只能代理被代理人从事某些业务活动的商事代理。

总代理商可选任自己的次级代理商，次级代理商经授权又可再选任自己的次级代理商，如复代理商、再代理商等。在商事代理中，除非合同中有禁止性约定，代理商有权选任自己的代理商。这样，实践中就可以形成由一级代理商、二级代理商等构成的多层次的代理商金字塔结构。

（四）独家代理与多家代理

依据代理权是否具有排他性，商事代理可以分为独家代理与多家代理。

1. 独家代理

独家代理是指具有排他性的商事代理。在独家代理的情况下，被代理人在约定的地区只能将代理权委托给一个代理人，该代理商独自享有代理权，其代理权具有排他性，被代理人不得另行委托其他代理人为其办理商事代理业务。

2. 多家代理

多家代理是指不具有排他性的商事代理。在多家代理的情况下,被代理人可以将代理权委托给两个或两个以上的代理人,各代理人的代理权限都不具有排他性,各个代理人只能在各自的授权范围内实施代理行为,相互间并不发生任何法律关系。

想一想

1980年,某国一家出口商根据当地市场销售情况,建议我国某家进出口公司生产一种成药,条件是要求作为销售该货物的独家代理,我国进出口公司欣然同意,并与该商人签订了独家代理协议。后来,当另一公司委托该进出口公司生产并供应该种货物时,该进出口公司又与某国另一家商人签订了该商品的独家代理协议,于是形成了一种商品在当地有两家“独家代理”的情况。我国某进出口公司是否违法?

任务2:代理关系法律实务分析

工作任务(一)

代理人权利与义务实务分析

A委托B为销售代理人,合同期为3年。根据代理协议,B的代理业务包括收集订单、交货和收款,A按销售额的8%支付佣金。代理协议还规定,B须缴纳10万元保证金,保证金在合同期满,且在合作过程中无违约行为,将全额退还保证金;如在合同期限内发生违约行为,则不得要求退还保证金。代理协议签订后,B开始为A销售产品。B将所有销售款存入自己的私人账户,每月月底又从该账户中取出与销售款等额的现金交与A。A对于B的上述收款与交钱程序一无所知。由于经济不景气,A授权所有的销售代理人对订单打8折,B却对客户打9折,并将另外的10%折扣装进了自己的腰包。尽管如此,由于B的积极努力,其所获得的订单量仍位于A的所有销售代理人之首。后来,A从其他销售代理人处了解了真相,撤销了B的代理权,并要求B退还10%销售款,否则将拒绝支付佣金。B对此非常不满,认为自己出色地完成了代理任务,行为并无不当。现在,合同期限未满,A就撤销合同,是违约行为,应返还10万元保证金,并按合同支付销售额8%的佣金,如果A不支付佣金,他将扣留A存放在自己这里的货物,用以冲抵佣金。

请问：

（1）B 的行为是否违反代理人的义务？

（2）A 是否有权撤销 B 的代理权并要求 B 退还 10% 销售款？

（3）A 有权拒绝支付佣金吗？

（4）B 有权要求返还保证金吗？有权扣留 A 的货物吗？

操作过程

（1）B 的行为违反了代理人的义务。根据代理法，代理人应勤勉、忠诚地完成代理实务。商事代理人应将自己的财产与被代理人的财产分开，并有义务对一切代理交易保持正确的账目，以便根据代理合同的规定或在本人提出要求时向本人申报账目。B 却把销售款存入自己的私人账户，且并没有取得 A 的同意，这种做法不利于 A 对其销售状况进行监督，是违反法律规定的。另外，作为代理人应在被代理人的授权范围内活动，且不应从被代理人处获得佣金之外其他利益。B 在 A 授权所有代理人打 8 折的情况下，擅自对客户打 9 折，并将多获得的 10% 销售额据为己有，超越了代理权限，且多获得了 10% 的利益，也是违反代理法的行为。

（2）A 有权撤销 B 的代理权。代理关系产生的前提是被代理人对代理人的信任。在 B 作出了上述违反代理人义务的行为之后，被代理人 A 有充分的理由对其忠诚性产生怀疑，解除代理协议是符合法律规定的。在与 A 的代理协议中，B 有权获得的报酬是销售额的 8%，即佣金，因此 B 无权获得多出的 10% 销售款，所以 A 有权要求 B 退还。

（3）A 无权拒绝支付佣金，因为在代理关系终止前，B 一直在为 A 销售产品，A 从中获得了利益，应当为 B 支付合同中约定的佣金，这也是被代理人的主要义务和代理人的主要权利。但是，鉴于 B 违约在先，A 可以要求在 B 返还 10% 销售款之后再支付 B 应得的佣金。

（4）B 无权要求退还保证金。关于代理保证金问题，在我国没有明确的法律规定，一般依照代理合同执行。根据合同约定，B 在合同期限内存在违约行为，则保证金不得要求返还。B 有权扣留 A 的货物。根据法律规定，在被代理人不支付佣金或其他费用时，代理人有权行使留置权，即扣留被代理人的货物，在扣留一定期限后，被代理人仍不支付时，有以该货物折价并优先受偿的权利。当然，如果被代理人 A 支付了以销售货物的佣金，B 则必须把 A 的货物还给 A。

工作任务(二)

表见代理行为的处理

某木材器具厂(以下简称"木材厂")与某家具城多次有业务往来。在2005年3月双方第一次签合同时,木材厂经理对家具城说,以后业务均由该厂业务员姚某代理。之后,木材厂每次与家具城签订业务合同,都是由其业务员姚某办理,并带有介绍信、加盖公章的空白合同书、授权委托书。2009年2月前,姚某又与家具城签订了加工家具合同,总价款12万元,40日内交货,预付款4万元。当天家具城将4万元预付款汇入姚某提供的银行账户里。由于与姚某是老关系,家具城这次没有要求姚某出示厂方介绍信及授权委托书,只是在姚某提供的加盖木材厂公章的空白合同书中与姚某签订合同并签名盖章。两个月过后,家具城不见木材厂发货,便到木材厂询问,得知姚某早在2008年12月就离开了木材厂。家具城要求木材厂履行合同,遭到拒绝。

请问:

(1) 姚某的行为在法律上属于什么性质?

(2) 木材厂是否应履行姚某与家具城签订的合同?

(3) 姚某需要承担什么责任?

操作过程

(1) 姚某的行为是发生在代理权终止之后的行为,应是无权代理行为。但是和一般的无权代理行为不同,姚某的行为构成表见代理。所谓表见代理,是指行为人虽无代理权,但善意第三人客观上有充分理由相信行为人具有代理权,而与其为法律行为,该法律行为的后果直接由被代理人承担的行为。本案中,姚某在签订合同时已经不是木材厂的业务员了,说明其已经丧失了代理权,但其依然以木材厂的名义对外签订合同,而此时家具城并不知情,也没有理由怀疑姚某的身份,且从姚某的表现上看,他依然能够提供加盖木材厂公章的空白合同书,因此,姚某的行为属于表见代理。

(2) 木材厂应当履行姚某与家具城签订的合同。根据各国法律的一般规定,表见代理行为签订的合同有效,被代理人应当承担合同责任。本案中姚某的行为构成表见代理,木材厂作为被代理人应当履行姚某签订的合同。

(3) 在确定了木材厂对家具城的履行合同的责任后,姚某要向木材厂承担还款的责任。如果A公司不承担对B的付款责任,则甲应向B公司承担付款责任。从另一角度上说,甲骗得货物逃之夭夭,若构成诈骗,则同时要负刑事责任。

知识链接与归纳

四、商事代理权的产生

(一) 大陆法系

大陆法系国家把代理权产生的原因分为两种:一种是由于本人的意思表示而产生的,称为意定代理或委托代理;另一种是根据法律的直接规定而产生的,称为法定代理。

1. 意定代理

意定代理是指由被代理人的意思表示产生的代理权,又称之为委托代理。此种意思表示可以用书面形式,也可以用口头形式;既可以向代理人表示,也可以向同代理人打交道的第三人表示。

被代理人授予代理人代理权限时需表明是一般授权还是特别授权。一般授权指授予代理人处理一项或数项事务的代理权,特别授权授予代理人处理一切事务的代理权。

2. 法定代理

凡不是由于本人的意思表示而由法律直接规定产生的代理权称为法定代理。法定代理人的产生主要有以下几种情况:①根据法律的规定而产生,例如,根据民法典的规定,父母对于未成年的子女有代理权;②根据法院的选任而产生,例如,法院指定的法人清算人;③因私人的选任而产生,例如,亲属所选任的监护人及遗产管理人等。

此外,公司法人必须通过代理人来处理各种业务,其代理人就是公司的董事。除董事是公司法人的第一位代理人外,董事还可以授权第三人为代理人。

需要指出的是,以上分类是针对广义的代理而言的,商事代理由于具有职业性、有偿性等特点,一般都是意定代理,需要由代理人与被代理人签订委托代理合同。

(二) 英美法系

1. 明示授权

明示授权就是由本人以明示的语言方式指定某人为他的代理人。按照英美的规定,明示代理权的表达形式一般是授权委托书或在合同中的授权条款。代理协议的成立并不要求特定形式,既可以采用书面方式,也可以采用口头方式。即使代理人需要以书面方式同第三人订立合同,本人仍然可以采用口头方式授予代理权。

2. 实际授权

实际授权又称为"默示授权",是指明示授权之外,被代理人使代理人有合理根据相信自己有代理权的行为。代理人所依据的合理根据主要是本人使用的语言、当事人的行为、当事人的身份、法律规定、行业习惯或职业惯例等进行推断的。如夫妻之间代购日常生活用品、任一合伙人订立的合伙经营合同对其他合伙人均产生代理的效力。

3. 必要的授权

必要的代理权,又称紧急处分代理权,是指在紧急情况下,某人虽然没有得到别人关于如何行事的明示授权,但由于客观情况的需要,应视为具有这种授权。例如,承运人在遇到紧急情况时,有权采取超出他的通常权限的、为保护委托人的财产所必须采取的行动,如出售易于腐烂或有灭失可能的货物,并有权抵押船舶以清偿为完成航次所必需的修理费用。但要取得这种代理权是相当困难的,英美法院一般也不愿意不适当地承认这种代理权。根据英美法院的判例,行使这种代理权必须具备以下三个条件:(1)行使这种代理权是实际上和商业上所必需的;(2)代理人在行使这种权力前无法同本人取得联系以得到本人的指示;(3)代理人所采取的措施必须是善意的,并且必须考虑到所有有关各方当事人的利益。

原告货主委托被告铁路公司运西红柿至B地,半路遭遇铁路工人罢工,被告担心西红柿腐烂,未联系原告就地卖掉了西红柿(价格大体合适)。请问:被告是否具有卖掉西红柿的代理权?

4. 不容否认的授权

不容否认的授权又称为表面代理权,在大陆法系被称为表见代理,是指当代理人或许拥有或许不拥有为本人行事的实际代理权限,但因为本人的行为,使第三人基于善良的信用而认为该代理人拥有一定的代理权限。表面代理权的基础在于,本人对第三人的有意识的行为或语言,自然地导致或允许第三人相信有代理关系的存在。表面代理权具体表现为以下情形:①本人向第三人表示代理人有代理权或者代理人自己向第三人表示有代理权而本人不作反对;②本人对代理人的代理权限有限制,但未通知第三人;③本人已撤回代理人的代理权限,但未通知第三人。因表见授权产生的表见代理虽然属于无权代理,但各国都规定,一旦表见代理成立,就产生与有权代理相同的法律效力,即在本人和第三人之间产生法律关系,本人对第三人负授权的责任。

5. 追认的授权

追认的授权是指代理人无权或越权实施代理行为,本人予以追认或者不明示否认而产生的一种代理权。在一般情况下,无权代理所作的代理行为,如与第三人订立合同或处分财产,对本人是没有约束力的,由代理人本人负责给第三人造成的损失,除非符合表见授权或经本人追认。

追认授权应当符合下列条件:①代理人所实施行为必须是有效的法律;②代理人必须申明其为代理人,追认应当由代理人指明的本人或未指明的本人进行;③本人在追认时,必须充分了解代理人代理行为的全部;④追认必须是代理行为的全部内容,不能只追认对本人有利的部分。

（三）中国法

我国在代理权的产生问题上,基本上与大陆法国家类似,不同的是,把法定代理又细分为法定代理和指定代理。根据《民法通则》,指定代理是指根据人民法院或者行政主管机关的指定而产生的代理关系。指定代理主要适用于在社会生活或民事诉讼过程中需要代理人代为法律行为,而没有代理人或无法确认代理人的特殊情况。从商法的角度看,此种指定代理不会运用在商事代理中。

五、商事代理关系中的权利义务

代理是一种特殊的民事法律关系。他的特殊性在于由三方当事人相互关系组成。其中,被代理人与代理人之间为代理的内部关系;被代理人与第三人之间、代理人与第三人之间为代理的外部关系。

（一）被代理人与代理人的权利与义务

被代理人与代理人之间的关系就是代理关系。由于代理权是被代理人基于对代理人人身信任而设定的权利,这种权利的内容、利益和风险往往存在不确定性,只能根据代理权行使的具体情况予以确定。因此,被代理人与代理人的权利与义务并不限于双方代理合同中约定的义务,还应负担法律上规定的特定的义务。根据各国法律规定,代理人不履行职责而给被代理人造成损害的,应当承担民事责任;代理人和第三人串通,损害被代理人的利益的,由代理人和第三人负连带责任。

1. 代理人对被代理人的代理义务

(1) 代理人应勤勉地履行代理职责。代理人应在本人授权的范围内从事代理事务,并服从本人合法及合理的指示。代理人在处理代理事务时应竭尽其能力和经验,完成代理事务;代理人应尽到相当的注意义务,即应如同处理自己事务一样或以善良管理人的注意处理代理事务。由于商事代理为有偿代理,有偿代理人在完成委托时,必须尽到为妥善处理委托事务、履行受托职责通常所需要的技巧、注意及勤勉。

(2) 忠实诚信地履行代理职责。代理人需向被代理人公开其所掌握的有关客户的一切必要的情况,以便让被代理人考虑是否同该客户签订合同。代理人不得从代理业务中谋取被代理人给付的佣金之外的其他利益;不得收取贿赂和秘密佣金;不得篡夺公司机会或利用代理人地位损害被代理人的利益,如与第三人恶意串通损害被代理人的利益。在未经被代理人同意的情况下,代理人不得自己购买代理标的;不得向被代理人出售自己的财产(禁止自己代理),即代理人不得以被代理人的名义同代理人自己订立合同;代理人不得同时做与被代理人利益对立关系的第三人的代理人(禁止双方代理)。一般情况下,基于信任关系,代理人不得将代理事务委托给他人(禁止转委托),但若有被代理人的事先允许,或在特殊情况下为保护被代理人的利益,或被代理人事先未禁止而贸易习惯允许这样做除外。此外,代理人不得泄露被代理人的商业秘密,也不得利用这些信息从事其他任何有悖于委托人利益的行为。代理人还要承担竞业禁止义务,即在代理期间和代理关系终止之后的合理期限内,不得与被代理人竞争等。

(3) 完成因代理活动中的日常事务而产生的管理职责。为防止代理人滥用代理权,各国法律均规定,代理人有义务对一切代理交易保持正确的账目,并根据代理合同的规定或在本人提出要求时向本人申报账目。代理人应将自己的财产与被代理人的财产分开,如果发生混淆以至于无法分开,被代理人可以向代理人主张全部财产。代理关系终止时代理人应将有关文件提交给被代理人。

议一议

某公司于8月15日举行开业典礼,8月10日,甲被授权购买10台X牌空调安装在公司,后董事长赴国外出差,甲发现X牌空调在市面上断货,至8月13日,与董事长一直联系不上,甲于是购买其他品牌的空调安装,董事长回来后,认为甲擅自做主,须承担赔偿责任。请问:(1)甲是否承担赔偿责任?(2)如果甲有一商场,把自己的春兰空调卖给该公司,该行为是否合法?

2. 被代理人对代理人的义务

代理关系中，代理人在执行代理事务中必须对本人忠诚，但本人对代理人却没有这样的义务，即在代理事务中本人并不需要完全从代理人的利益出发来活动。但本人对代理人也负有一定义务。

（1）向代理人支付佣金。向代理人支付佣金是被代理人最重要的一项义务。所谓佣金，是商业活动中的一种劳务报酬，是具有独立地位和经营资格的中间商（包括代理商）在商业活动中为他人提供服务所得到的报酬。被代理人的报酬给付义务是以代理人完成代理任务为前提的，如果代理人没有完成代理任务，被代理人就不负有报酬给付义务。被代理人必须按照代理合同的规定及时、足额地支付给代理人佣金或其他约定的报酬，若代理协议中无佣金条款或约定不明确，则依据通常的惯例或习惯办理。一般而言，佣金的高低应视交易特点、市场情况、交易金额、竞争程度等因素决定计算方法，可按交易金额，也可按成交数量。支付方式可以逐笔结算、逐阶段支付，也可定期结算、累计总付。另外，根据国际商会《国际商业代理示范合同》的规定，佣金包括代理人为履行本合同项下义务产生的一切开支，比如电话费、电传费、办公费用、旅行开支等。

在商事代理实践中，关于佣金经常会遇到以下三个问题：

第一，被代理人不经代理人的介绍，直接与代理人代理的地区内的第三人达成交易合同时，被代理人是否仍须向代理人支付佣金？

有些大陆法系国家规定，凡是在指定地区享有独家代理权的独家代理人，对于被代理人同指定地区的第三者所达成的一切交易，不论该代理人是否参与，该代理人都有权要求佣金。为保护商业代理人的利益，在被代理人终止商业代理合同时，商业代理人对其在代理期间为本人建立的商业信誉，有权请求给予赔偿。

议一议

德国某一商人根据当地市场销售情况，建议德国A公司生产一种玩具，条件是要求作为销售该货物的独家代理人，A公司同意并签立合同。后来A公司与当地某一公司直接签订订货合同，没有经过代理人，该商人向A公司索要佣金，A公司以合同没有通过代理人为由，拒不支付佣金。A公司是否要给代理商佣金？

根据英美法国家的判例，如果被代理人与第三人达成的交易是代理人努力的结果,代理人就有权获得佣金。但如果被代理人没有通过代理人而直接同代理地区的买主达成交易,代理人就无权索取佣金。不过,这些法律规则可以因双方的协议或行业习惯而改变。

第二,代理人介绍的客户在代理关系终止后,连续直接同被代理人达成交易,被代理人是否仍然必须支付佣金?

大陆法和英美法对此采取了不同的解决办法。根据《德国商法典》规定,代理商对于代理合同终止后所达成的交易,在下列情况下享有佣金请求权;A. 代理商曾参与该项交易的洽谈与准备工作;B. 该项交易主要是归因于代理商的活动而达成的;C. 该项交易是在代理合同终止后的合理期间内达成的。但在英国,根据判例规则,如果代理合同没有规定期限,则在代理合同终止后,如本人接到买主再次订货,仍须向代理人支付佣金;如果代理合同规定了期限,则代理人在期满终止合同后不能对再次订货要求佣金。不过,根据这些原则,代理人即使有权取得佣金,他也只能要求对再次订货的佣金损失给予金钱补偿,而不能要求未来的佣金和利益。

根据《国际商业代理示范合同》的规定"本合同终止或者失效之前,由代理人转交的或者委托人直接收到的在指定地区内客户的订单,如果导致在本合同终止后6个月之内订立销售合同,代理人有权得到此订单相应的佣金"。

第三,被代理人拒绝了代理人征集的订单,是否应支付佣金?

根据英美判例,代理人把买主介绍给本人后,本人有权决定接受或拒绝买主的订单。被拒绝的订单,代理人不得索取佣金。但这一规则,也可因双方协议或行业习惯而改变。

《国际商业代理示范合同》也允许在代理合同中规定,如果是代理人转交了订单,而订立的合同最终没有执行,则代理人有权获得佣金,除非合同的不履行是由委托人责任之外的原因所导致。

(2) 偿还代理人因履行代理义务而产生的费用及损失。一般情况下,除非有特别约定,代理人履行代理业务时所开支的费用是不能向被代理人要求偿还的,因为这是属于代理人的正常业务支出,是代理人从事代理业务的成本,应已包含在佣金当中了。但是如果代理人因执行被代理人指示的任务或不可归责于自己的事由而支出了费用或遭到损失时,则有权要求本人予以赔偿。例如,在美国《代理法重述》就列举了代理人有权请求本人偿还的各类费用:第一,代理人为了本人的利益在授权范围内向第三人支付的费用;第二,代理人根据本人的授权订立了自己负责的合同,或者代表本人对物进行占有和控制而因此承担的债务;第三,代理人被授权实施的行为构成了侵权行为或违约行为,致使代理人对第三人承担的损害赔偿之债;第四,第三人就代理人被授权的行为而提起了诉讼,尽管第三人败诉,但由于其起诉并非出于恶意,而由代理人承担的部分诉讼费用;第五,为使本人受益而由代理人支付的费用,如果不能从本人那里获得补偿将显失公平。但是,对于由代理人自己的错误或者疏忽所引起的费用支出,则不得要求赔偿。

(3) 尊重代理人的留置权。所谓留置权是一种法定的担保方式,是指债权人合法的占有债务人的动产,在债务人没有履行债务时,债权人有权扣留该动产的权利。如果被代理人拖欠代理人的佣金或其他费用时,代理人可以对被代理人交给其管理的财产行使留置权,以清偿其应获得佣金或费用。

(4) 被代理人有义务让代理人检查核对其账册。一些大陆法系国家法律作出强制性的规定,代理人有权查对本人的账目,以便核对本人支付给他的佣金是否准确无误。

(二) 被代理人、代理人与第三人的权利与义务

按照代理的法理,代理人在授权范围内以被代理人的名义与第三人从事民事法律行为,则代理的后果归属于被代理人,代理人不承担责任,也就是说,承受合同权利与义务的是被代理人和第三人,而不是代理人。但如果代理人在代理过程中未披露被代理人的身份,应当如何承担责任呢?对此,两大法系国家有不同的规定。

1. 大陆法系

大陆法系国家根据代理人是以被代理人的名义还是以代理人自己的名义,将代理分为直接代理和间接代理。

(1) 直接代理。代理人在代理权限内以被代理人的名义同第三人订立合同,合同效力直接及于被代理人,这种代理称为直接代理。在直接代理的情况下,由被代理人与第三人承担合同义务,代理人不对第三人负责。若代理人无代理权、超越代理权或超越代理期限行代理,代理人就承担相应的责任。至于说代理人承担责任的形式,在各国法律中的规定不完全相同,有的国家规定,由代理人承担合同义务;有的国家则规定由代理人负赔偿之责;还有的国家允许第三人在承担合同义务与赔偿损失之间选择其一。

(2) 间接代理。代理人以自己的名义为了被代理人的利益而与第三人订立合同,称为间接代理,也称为行纪。在间接代理中,合同的双方当事人是代理人和第

三人,被代理人不能仅凭合同直接对第三人主张权利。反之亦然,第三人也只能对代理人主张权利。只有当代理人把他从此合同中所取得的权利通过另一个合同转让给被代理人后,被代理人才能与第三人发生法律上的关系。因此,在间接代理情况下,需要经过两道合同手续才能在被代理人与第三人之间建立法律关系。第一个是间接代理人与第三人订立的合同,第二个是代理人把有关权利转让给本人的合同。根据德国、瑞士、日本等国法律规定,行纪人的主要业务是买卖货物和有价证券;法国则未对行纪人的业务作出限制。

2. 英美法系

英美法国家根据代理人在与第三人签订合同时是否披露代理关系的存在,以及由谁最终承担合同的义务,将代理分为显名代理、隐名代理和未披露本人的代理。

(1) 显名代理。代理人与第三人订立合同时指明了被代理人的姓名或名称,为显名代理。在显名代理情况下,如同大陆法系的直接代理,这个合同就是被代理人与第三人之间的合同,由被代理人和第三人承担合同义务。代理人在订立合同后,即退居合同之外,代理人不承担个人责任。

(2) 隐名代理。隐名代理,是指代理人在同第三人签订合同时表明他是代理人,但没有指出被代理人的姓名或名称。在此种情况下,这种合同依然为被代理人与第三人之间的合同,应由被代理人对合同负责,代理人对该合同不承担个人责任。但在下列两种情况下,代理人要承担个人责任。一是代理人在合同签上了自己的名字,但未注明自己是代理人,或仅注明自己是经纪人或经理人;二是代理人在签字蜡封合同上签了名,尽管注明自己为代理人,他也要对此合同负责。

(3) 未披露本人的代理。代理人拥有被代理人的授权,但在进行代理行为时既未指出被代理人的姓名或名称,也未申明自己是代理人,这在英美法系称为未披露本人的代理。在此种情况下,代理人当然要对合同负责。但未披露的被代理人可以通过行使介入权,直接向第三人请求或对第三人起诉,要求其在合同中的当事人权利和义务。另外,为了保护第三人的利益,法律还赋予第三人选择权,即第三人在发现被代理人后,可以选择代理人或被代理人承担合同的义务,也可以向被代理人或代理人起诉。若第三人选择了代理人作为合同的当事人,则实际上就否定了被代理人的介入权。第三人的选择权是不可撤销的,一旦选择了代理人,就不得选择被代理人,反之亦然。

按照英国法律，在下列两种情况下，未被披露的被代理人不得行使介入权：一是如果未被披露的本人行使介入权会与合同的明示或默示条款相抵触时；二是如果第三人是基于信赖代理人的才能或清偿能力而与其订立合同时。

想一想

间接代理与未披露本人的代理有什么区别？

3.《国际货物销售代理公约》

《国际货物销售代理公约》虽然尚未生效，但在协调两大法系的冲突方面作出了有益的努力，值得借鉴。该《公约》第 13 条规定："间接代理人在其授权范围内的行为将只约束代理人和第三人。""然而，(a)若代理人由于第三人不履行或其他任何原因而未履行或无法履行他对本人所应承担的义务时，本人可以对第三人行使代理人在代理中所取得的权利，应受第三人对代理人提出抗辩的限制；(b)若由于代理人未履行或无法履行他对第三人所应承担的义务，第三人可以对本人行使他应当从代理人的代理行为中所取得的权利，但应受到代理人和本人对第三人提出抗辩的限制。"可见，《代理公约》一方面引入了普通法上隐名代理中"直接介入权"的思想，同时又对此作了一定的限制，即本人实现这种"直接介入权"是以有违约事实的出现为条件，只有在不正常履行合同时，为了自身利益的保护，本人或第三人方可选择超越代理中转和合同的表面特征，直接向对方行使请求介入的权利。

除了以上被代理人须承担合同责任外，被代理人在以下情况下还要替代理人对第三人的侵权承担民事责任：被代理人指使代理人向第三人侵权；被代理人疏忽地允许代理人开动危险设备，造成对第三人的侵害；被代理人未适当地监督代理人在代理工作中的不轨行为，致使代理人造成对第三人的损害；在严格产品责任制度下，被代理人要对代理人代理销售的缺陷产品造成的侵权负责。

4. 中国法

如前所述，我国的代理法最初受大陆法国家影响较深，但随着时代的发展，也有条件地接受了国际公约与英美法的一些制度。表现最明显之处在于，《合同法》第 402 条、第 403 条的规定中，有条件地接受了英美法的"隐名代理"与"未披露本人的代理"的做法。《合同法》第 402 条规定："受托人以自己的名义，在委托人的授权范围内与第三人订立的合同，第三人在订立合同时知道受托人与委托人之间的代理关系的，该合同直接约束委托人和第三人，但有确切证据证明该合同只约束受托人和第三人的除外。"第 403 条第 1 款、第 2 款规定:"受托人以自己的名义与第三人订立合同时,第三人不知道受托人与委托人之间的代理关系的,受托人因第三人的原因对委托人不履行义务,受托人应当向委托人披露第三人,委托人因此可以行使受托人对第三人的权利,但第三人与受托人订立合同时如果知道该委托人就不会订立合同的除外。受托人因委托人的原因对第三人不履行义务,受托人应当向第三人披露委托人,第三人因此可以选择受托人或者委托人作为相对人主张其权利,但第三人不得变更选定的相对人。"

议一议

甲建筑公司为承建某项建设工程,委托乙物资公司购买 2000 吨钢材,乙物资公司以自己的名义与丙钢铁公司签订了买卖合同,合同中注明钢材是乙公司为甲建筑公司购买,由丙钢铁公司直接向甲建筑公司发货,货到后 10 日内付清全部货款。后丙钢铁公司按照合同约定的时间,向甲发出合同中约定型号、规格的钢材 2000 吨,同时告知甲付货款。因此时钢材价格回落,甲建筑公司则以该合同非其所签订为由拒收,并告知丙应向乙索要货款。丙钢铁公司要求乙履行合同,乙公司则以该合同应由甲履行为由拒绝。无奈,丙钢铁公司诉到法院,要求甲履行合同,接受钢材,支付货款。请问:甲公司应否履行乙公司以自己名义为甲公司与丙钢铁公司订立的买卖合同?

另外,我国《合同法》中还规定了行纪合同制度,根据第 414 条中规定,行纪合同是行纪人以自己的名义为委托人从事贸易活动,委托人支付报酬的合同。通过行纪合同建立起来的关系类似于大陆法系的间接代理,也就是说需要通过两个合同,才能在委托人与第三人之间建立关系,行纪人在委托人或第三人不履行合同义务时,承担合同当事人的责任。

六、商事代理法律关系的终止

(一)代理关系终止的原因

1. 根据当事人的行为或协议终止代理关系

(1)代理期限届满。代理人和被代理人在合同中约定了代理期限,则代理期限一经届满,代理关系就自然终止。

(2) 代理目的的实现。代理目的的实现一般是指代理任务的完成,代理任务完成即告代理关系的终止。

(3) 代理人与被代理人双方协议终止。除法定代理外,无论代理期限是否届满或代理任务完成,双方都可以达成协议终止代理关系。

(4) 代理人或被代理人单方终止代理关系。在代理期限内,一方单独要求终止代理关系,另一方不能强制要求实际履行,只能请求对方赔偿损失。各国法律规定原则上允许被代理人在代理存续期间内撤回代理权,但被代理人在终止代理关系时,应事先在合理的时间内通知代理人。如果被代理人在代理关系存续期间不适当地撤销代理关系,被代理人需赔偿代理人的损失,其中包括代理人的佣金、商誉的损失或其他报酬。需要指出的是,在特殊的情况下,有些国家限制代理人单方面撤销代理权。根据英美法系国家或地区法律规定,不允许被代理人单方面撤回与代理人利益结合在一起的代理。例如,甲向乙借款,并指定乙为代理人代其收取房地产租金,以清偿其借款,乙的这种代理与他对甲的债款利益结合在一起,在该借款全部清偿前,甲不能单方面终止乙的代理权。

2. 根据法律的直接规定而终止

(1) 被代理人丧失行为能力、死亡或破产。代理关系是一种委托合同关系,被代理人需要承担代理的行为后果,因此在被代理人丧失行为能力、死亡或破产后,实质上已无法承担法律责任,因此,代理的法律效果已无法实现,应当终止代理关系。但是,根据某些大陆法国家民商法的规定,上述情况只适用于民法上的代理权,至于商法上的代理权,则应适用商法典的特别规定,不因本人的死亡或丧失行为能力而消灭。《德国民法典》规定,受任人(代理人)死亡,其继承人在特殊情况下可继续处理受任事务。

(2) 代理人的死亡、破产或丧失行为能力。根据各国的法律,当代理人死亡、破产或丧失行为能力时,无论是民事上的代理权或商事上的代理权均因之而消灭。

(3) 其他原因导致代理关系的终止。在代理关系存续期间,由于出现其他原因,导致代理关系不能存在的,代理关系终止。如法律的改变使代理成为非法、主要标的物灭失等。

(二) 代理关系终止的效果

1. 代理人与被代理人的效果

在代理关系存续期间,除非双方达成协议并采取了正当的程序,或存在法定的免责事由,一方单独终止代理关系,属于违约,应赔偿给对方造成的损失。代理关系终止后,代理人不再拥有代理权,若代理人仍继续从事代理活动,则属于无权代理,须向被代理人或第三人承担相应的义务或责任。

值得注意的是,在有些大陆法国家,如德国为保护商业代理人的利益,其商法规定,在代理合同终止时,代理人对于其在代理期间为被代理人建立的商业信誉,有权要求被代理人予以补偿。法律还规定,代理人对商业信誉的赔偿请求,必须在代理合同终止后3个月内提出。目前,除德国以外,法国、瑞士、意大利等国的法律均有类似的规定,但英美等国的法律都没有这个规定。

2. 对第三人的效果

被代理人撤回代理权或终止代理合同,对第三人是否有效,取决于第三人是否知情。当代理关系终止时,被代理人须通知第三人才能对其发生法律效力;若被代理人未通知第三人,第三人不知道或不应知道代理权被终止从而与代理人订立合同,则该合同仍然对被代理人发生效力。如《日本民法典》规定,对代理的限制或撤销,不得用以对抗第三人。《国际货物销售代理公约》、《国际商事合同通则》也有类似规定。

七、无权代理

(一) 无权代理的概念及种类

无权代理是指欠缺代理权的人所进行的代理行为。

无权代理的种类主要有:不具备明示授权或默示授权的代理,但无权代理人自称是代理人;授权行为无效或被撤销;超越授权范围的代理;代理权消灭后的代理。

(二) 无权代理的法律后果

议一议

A公司委托B与C公司签订一份合同,于是写了一份委托书,说明从5月8日至5月18日由B处理一批服装出卖事宜,并交给B一份盖好A公司合同专用章的空白合同书。C公司迟至5月20日才派人来签订合同,B出示了委托书与空白合同,于是在5月21日双方签订了买卖合同并即时钱货两清。后A公司认为服装出卖价格低于向B交代的最低价格,于是否认合同有效。请问:该合同是否有效?为什么?假设合同未履行给C公司造成损失,可否要求有关当事人承担赔偿责任?

对于无权代理行为,各国法律在原则上,均允许被代理人选择是否接受无权代理的法律后果,如果接受(即所谓"追认"),则产生与有权代理一样的法律后果,被代理人应直接对第三人负责;如果不接受,则代理行为对被代理人无效,由代理人承担责任。但在具体制度上,各国又有所不同。

1. 大陆法系

(1) 本人的追认权。所谓追认权是指被代理人对无权代理人的代理行为有追认其效力的权利。追认权可以是明示的,也可以是默示的。从法律效果上看,一经追认,代理人的行为自始直接约束本人和第三人。追认权必须在一定期限内作出,否则就丧失追认权。

(2) 第三人的催告权。所谓催告权是指第三人可以自行规定一个合理的期限,催告本人明确地承认或否认无权代理的代理行为,但如果代理人逾期不作表态,应视为否认。如根据德国法的规定,在发生无权代理的情况时,第三人有权催告被代理人表示是否追认。追认的表示应在收到催告后两周之内作出。

(3) 第三人的撤回权。所谓撤回权是指在本人对无代理权行为进行追认之前,第三人有权撤回与无代理权人所为的行为。

2. 英美法的规定

英美法把大陆法的无权代理称为"违反有代理授权的默示担保"。根据英美法的解释,当代理人与第三人订立合同时,代理人对第三人有一项默示的担保,即保证他是有代理权的。因此,如果某人冒充别人的代理人,但是实际上并没有得到本人的授权,或者是超越了他的授权范围行事,则与其订立合同的第三人就可以其违反代理授权的默示担保对他提起诉讼;该冒牌的代理人或越权的代理人就必须对第三人承担责任。

英美法也承认追认的效力,但不是任何无权代理都能追认,根据英美法,只有无权代理人以代表的身份(即显名代理和隐名代理)情形为法律行为时,才有可能得到追认。

3. 中国法

我国法律也规定有追认、催告及第三人撤回权等制度。例如,《民法通则》规定:"没有代理权、超越代理权或者代理权终止后的行为,只有经过被代理人的追认,被代理人才承担民事责任。未经追认的行为,由行为人承担民事责任。本人知道他人以本人名义实施民事行为而不作否认表示的,视为同意。"我国《合同法》规定:"相对人可以催告被代理人在1个月内予以追认。被代理人未作表示的,视为拒绝追认。合同被追认之前,善意相对人有撤销的权利。撤销应当以通知的方式作出。"

(三) 表见代理

1. 表见代理的概念和构成要件

表见代理是指行为人虽无代理权,但善意第三人客观上有充分理由相信行为人具有代理权,而与其为法律行为,该法律行为的后果直接由本人承担的行为。

构成表见代理应该具备以下的要件:

(1) 必须以被代理人的名义,即具有出示能够证明自己有代理权的授权书或声称代理被代理人行为。

(2) 第三人在行为时必须是善意的并且无过失。如果第三人明知他人无代理权,而仍与他进行法律行为,则不构成表见代理。在判断第三人是否善意时,以"客观上足以使第三人信赖"和"第三人主观上善意且无过失"这两个条件共同进行判断。英美法对表见代理的认定原则是:当本人提供"信息",并且第三人有理由相信此事而遭受损害时,即产生不容否认的代理或表见代理。

(3) 必须是被代理人以其行为表示授予行为人以代理权。这一表示可以是作为的或不作为的,只要使第三人相信无权代理人具有代理权就可以了。例如,被代理人撤回代理权后,未及时收回代理证书;被代理人与代理人具有亲属关系、劳务合同,等等。至于是否要求被代理人有过错,各国法律规定不统一。如《国际商事通则》主张,行为人应有过错。我国一般认为只要表象上具有代理权即可,不论被代理人有无过错。

(4) 必须是委托代理。在法定代理之中,因不存在授权行为,所以也就不存在表见代理。

2. 表见代理的法律后果

包括我国在内的各国法律都规定,一旦表见代理成立,就产生与有权代理相同的法律效力:即在本人和第三人之间产生法律关系,本人对第三人负授权的责任(即履行责任而非损害赔偿责任)。如果本人因向第三人承担责任之后遭受损失,则他有权向无权代理人请求赔偿。

议一议

甲委托乙前往丙厂采购男装,乙对丙生产的女装市场看好,便自作主张以甲的名义向丙订购。丙未问乙的代理权限,便与之订立了买卖合同。请问,乙的行为是越权代理还是表见代理?

八、几种特殊的国际商事代理

由于国际商事活动的当事人往往分处不同国家，他们对于彼此的资信能力和经营作风都不大了解，而对与他们常有往来的代理人则往往比较熟悉，因此，他们在进行交易时，往往对代理人的信任多于对交易对方的信任，所以他们有时会要求代理人对他们承担个人责任，使之能放心地同对方进行交易。另外，由于国际贸易的环节较多，诸如运输、保险等环节还具有非常强的专业性，当事人亲自办理业务的难度较大。为了使交易能够顺利进行，在国际市场上，除了普通的代理商以外，还有一些承担特别义务的代理商，如信用担保代理人、保付代理人、保兑银行、保险代理人、运输代理人等，他们在现代国际商务活动中起着非常活跃和越来越重要的作用。

（一）对被代理人承担特别责任的代理人

1. 信用担保代理人

信用担保代理人的责任是，在他所介绍的买主（即第三人）不付货款时，由他赔偿委托人（即被代理人或卖方）因此而遭受的损失。在国际贸易中，由于委托人对国外市场情况了解不多，无法判断代理人所在地区的买方的资信如何，而且由于竞争的需要，往往要用赊销方式销售货物，一旦买方破产或拒付货款，委托人就会遭到重大损失。因此，如果代理人同意为国外的买方保付，委托人就可以避免这种风险。从法律上看，在委托人与代理人之间除了普通的代理合同，还存在另一个合同，即信用担保合同，代理人根据担保合同对委托人承担个人的责任。

想一想

如果因卖方违约而导致买方拒付货款，信用担保人需要为卖方承担责任吗？

2. 出口保理人

出口保理是20世纪60年代发展起来的一种国际贸易结算方式。它是国际贸易中在承兑交单、赊销方式下，保理公司对出口商应收账款进行核准或购买，从而使出口商获得出口后收回货款的保证。国际保理业务在欧美国家间的贸易结算中，大有取代信用证的趋势，保理占据了越来越重要的地位。

在国际保理中，对委托人承担特别责任的代理人（保理公司）称为出口保理人。出口保理人是在信用担保代理人的基础上发展起来的。出口保理人向出口商提供一套包括对买方资信调查、全额的风险担保、催讨债款、进行财务管理及融通资金等综合性的代理服务。

(二) 对第三人承担特别责任的代理人

1. 保付代理行

保付代理行的业务通常是代表国外的买方(委托人),向本国的卖方(第三人)订货,并在国外买方的订单上加上保付代理人自己的保证,由他担保国外的买方将履行合同。如果国外的买方不履行合同或拒付货款,保付代理人负责向本国的卖方支付货款。因此,保付代理行的作用是确保第三人及本国的卖方在国际贸易中不致因国外的买方信用问题而遭受损失。

想一想

保付代理与信用担保有什么区别?

2. 保兑银行

在国际贸易中,使用商业跟单信用证成为一种普遍的支付货款方式。在采用这种支付方式时,卖方为了保证收款安全,往往要求买方通过银行对他开出保兑的、不可撤销的信用证。具体办法是:由国外的买方通过进口地的银行向出口地的往来银行或代理银行开出一份不可撤销的信用证,委托该出口地的代理行对其不可撤销的信用证加以保兑,即在其上加上"保兑"字样,并将该信用证通知卖方(即第三人,在银行业务上称为受益人)。卖方只要提交信用证所规定的单据,就可以向设在出口地的保兑银行要求支付货款。在这里,开证银行是被代理人,保兑银行是代理人,卖方是第三人。

3. 货物运输代理人

在国际贸易中,运输代理人起着重要的作用。这些货物运输代理人对海、陆、空运输的复杂知识非常精通,特别是关于国内外海关手续,运费和运费回扣,海港和机场的习惯、惯例和业务做法,海空货物集装箱运输的组织以及出口货物的包装和装卸等。运输代理人有时还承担代验商品、代办投保和催收债款的业务。

根据国际运输行业的惯例和参照英国的运输代理机构制定的标准交易条件,运输代理人受客户(被代理人)的委托,向运输公司(第三人)预订舱位。若届时客户未装运货物,代理人须向承运人(运输公司)支付空仓费。若客户拖欠代理人的佣金、手续费或其他费用,代理人有权留置被代理客户的货物,直到客户付清各项费用为止。

4. 保险经纪人

在国际贸易中,许多国家规定,进口人或出口人在投保货物运输保险时,一般不能直接同保险人(如保险公司)订立保险合同,而必须委托保险经纪人代为办理。例如,英国海上保险法的规定,凡海上保险合同由经纪人替被保险人(被代理人)签订时,经纪人须对保险人(第三人)就保险费直接负责;保险人则对被保险人就保险金额直接负责。根据这一规定,如果被保险人不交纳保险费,经纪人须直接负责对保险人交纳保险费。如果保险标的物因承保范围内的风险发生损失,则由保险人直接赔付被保险人。

根据保险行业的惯例,保险经纪人接受投保人(被代理人)的委托后,保险经纪人(代理人)的佣金是由保险人(第三人)支付。与此显著不同的是,其他行业的代理人的佣金或报酬通常由被代理人(委托人)支付。

任务3:外贸代理实务分析

工作任务

甲公司是一家经营服装的国内企业,乙公司是一家设在上海的外贸公司。甲企业通过乙公司对外开展服装进出口贸易,双方订立了代理协议。作为甲公司的代理人,乙公司在外贸业务中是以自己的名义与外商订立合同的。2008 年5 月,甲公司通过乙公司向某国的丙公司出口一批服装,丙公司收货后以服装质量不合格为由,未支付货款。甲乙公司均认为质量肯定没问题。因此乙公司希望甲公司能在某国起诉,主张自己的权利。但甲公司迟疑之后认为费用过高,拒绝了乙公司的提议。后乙公司自己对丙公司提起了诉讼并获得了胜诉,得到了大笔的赔偿。甲公司得知这一消息后,要求乙公司返还这笔服装款。

请问:

(1) 甲公司有权以自己的名义起诉丙公司吗?

(2) 为什么作为代理人的乙公司可以直接起诉丙公司?

(3) 甲公司有权要求乙公司返还服装款吗?

操作过程

(1) 甲公司是否可以以自己的名义起诉丙公司,应视不同国家的法律制度而定。根据大陆法国家的规定,代理人以自己的名义订立合同,属于“间接代理”,合同的当事人是代理人与第三人,被代理人与第三人不发生合同关系。因此,虽然乙公司是甲公司的代理人,但由于乙公司是以自己的名义订立与丙公司(第三人)的合同,因此,甲公司不是合同当事人,不能以自己的名义起诉丙公司。根据英美法国家的规定,代理人以自己的名义订立合同,属于“未披露本人的代理”,当第三人不履行合同义务时,被代理人享有介入权,可以直接行使合同权利,也可以直接对第三人起诉。因此,甲公司作为被代理人,在丙公司不履行合同义务时,有权直接起诉丙公司。我国《合同法》的规定,与英美法相似,也规定了代理人以被代理人的名义与第三人签订合同,被代理人的介入权。因此,根据我国法律,甲公司也有权直接起诉丙公司。

(2) 乙公司是甲公司的代理人,但乙公司以自己的名义与丙公司签订合同,乙公司是直接的合同当事人,在丙公司不履行合同义务时,乙公司有权要求丙公司履行合同,也可以直接起诉丙公司。

(3) 甲公司有权要求乙公司返还服装款。虽然在与丙公司的合同中,乙公司是直接的合同当事人,且甲公司没有行使介入权,但甲乙公司之间有委托合同,乙公司在这项合同中只是甲公司的代理人,因此其从丙公司处获得的赔偿应当归属于甲公司。

知识链接与归纳

九、我国的外贸代理法律制度

(一) 我国外贸代理制度的概念及其法律依据

外贸代理制,就是由我国的外贸公司充当国内用户和供货部门的代理人,代其签订进出口合同,并按销售额提取佣金和代理费的制度。我国的外贸公司,在代理国内企业进出口业务时,通常由双方签订协议规定代理佣金比率,而对外报价时,存在“暗佣”和“明拥”两种形式。佣金率不明示在价格中,这种佣金称之为“暗佣”。如果在价格条款中,明确表示佣金多少,称为“明佣”。在我国对外贸易中,明佣主要出现在我国出口企业向国外中间商的报价中。佣金通常以英文缩写字母C表示。比如每公吨1000美元CFR西雅图包含佣金2%,可写成:每公吨1000美元 CFRC2 西雅图。其中的"C2"即表示佣金率为 2%。卖方应在收妥货款后，再向中间商支付佣金。

目前，我国外贸代理制度的法律框架主要包括《民法通则》、《合同法》、《中华人民共和国对外贸易法》和与之配套的《对外贸易经营者备案登记办法》等。根据《对外贸易法》第 12 条的规定，对外贸易经营者，可以接受他人委托，在经营范围以内代为办理对外贸易业务。

（二）外贸代理的形式

我国的外贸代理制推行始于 1984 年，形成了包括直接代理、间接代理、部分披露本人身份的代理和不披露本人身份的代理等多种形式的外贸代理模式，逐渐形成了具有中国特色的外贸代理制度。根据我国《合同法》第 21 章委托合同和第 22 章行纪合同的规定，我国外贸代理的形式主要有两种。

1. 委托合同形式

委托合同形式是指受托人以代理人的身份进行外贸代理活动的外贸代理形式。委托合同形式又可以分为三种情况：

（1）直接代理模式，即受托人以委托人的名义，在授权范围内与第三人签订外贸合同，其法律后果直接由委托人承受。

（2）隐名代理模式，即受托人以自己的名义在授权范围内与第三人签订外贸合同，且第三人知道受托人与委托人之间的代理关系的，则其法律后果直接由委托人承受，但有确切证据证明该合同只约束受托人与第三人的除外。

（3）未披露被代理人的代理模式，即受托人以自己的名义，在授权范围内与第三人签订外贸合同，且第三人不知道代理关系存在的，则法律后果由受托人承担。在这种模式下，如果受托人因第三人的原因对委托人不履行义务，则委托人享有介入权，可以直接对第三人行使权利；如果因委托人原因，受托人对第三人不履行义务，第三人享有选择权，有权选择委托人或受托人作为相对人行使权利。

2. 行纪合同形式

行纪合同形式是指受托人以自己的名义为委托人从事外贸活动，委托人支付相应的报酬的外贸代理形式。

行纪合同形式与委托合同形式中的第二、第三种形式类似，但也存在着一些区别，主要体现在以下几个方面：(1)行纪合同的受托人大多是专业性的外贸公司，而委托合同中的受托人在身份上没有特殊要求，具有外贸经营权单位或者个人都可以作为受托人签订外贸合同;(2)行纪合同允许受托人作为买受人或出卖人来完成交易,而委托合同中的受托人不允许这么做,否则即构成"自己代理",属于滥用代理权的行为;(3)行纪合同形式中,委托人不享有介入权,第三人也不享有选择权,受托人直接对委托人和第三人承担合同义务。相比之下,外贸公司在此种方式下,承担的风险是比较大的,如最终用户刻意吹嘘欺诈,被代理人盲目签约,最终用户与被代理人内外勾结等,因此,在操作时要特别引起注意。

议一议

A 公司委托中国机械进出口公司从德国 S 公司进口一套啤酒生产线,进出口公司根据 A 公司的要求,以自己的名义与 S 公司签订合同后,S 公司如期交货,但设备在生产中出现质量问题。问:(1)A 公司能否向法院起诉 S,要求 S 公司承担责任?(2)假设 A 公司收货后不付款,S 公司能否要求 A 公司承担违约责任?(3)假设 S 公司起诉 A 公司,但 A 已破产,于是 S 想起诉进出口公司,这是否可以?

能力实训

一、实训案例

1. 甲公司准备向国外的乙公司出售一批货物。由于甲公司与乙公司不是很熟悉,且又没有国际贸易的经验,于是委托丙公司与乙公司签订合同。由于该批货物是由丁公司给甲公司供货,再由甲公司销售给乙公司的,于是,甲公司要求丁公司将该货物运至乙公司并直接交予乙公司。

请问:甲公司与乙公司、丙公司、丁公司存在何种关系?

2. 李某受单位委派到某国考察,王某听说后委托李某代买一种该国产的名贵药材。李某考察归来后将所买的价值 1500 元的药送至王某家中。但王某的儿子告诉李某,其父已于不久前去世,这药本来就是给他治病的,现在父亲已去世,药也就不要了,请李某自己处理。李某非常生气,认为不管王某是否活着,这药王家都应该收下。

请问:

(1) 李某的行为的法律后果到底应由谁来承担?

(2) 药是否应由王家出钱买下?为什么?

3. 甲、乙、丙三人是同事。甲被单位派往深圳学习，乙、丙各拿出5000元钱，委托甲购买进口摄像机，甲应允。到深圳后，甲因为学习任务较重而且应酬颇多，少有余暇，临走时甲便转托其在深圳认识的丁购买。后来甲与丁联系，却再找不到其人。乙、丙要求甲赔偿损失，甲声称他也是受了丁的欺骗，乙、丙应该向丁要求赔偿。

请问：乙、丙的损失应由谁赔偿？

4. 美国舒亚纳公司想从中国进口一批计算机元件，因不熟悉中国的市场行情，便找到它的中国的合作伙伴克雷特计算机网络公司（以下简称"舒亚纳公司和克雷特公司"）。

舒亚纳公司委托克雷特公司在中国市场代购总价约50万人民币的计算机元件。双方并于某年3月签署了一份委托代理协议，协议规定了代理的佣金为总款的2%。因当时舒亚纳公司与克雷特公司一直保持着良好的业务往来，基于相互的信赖。在委托代理协议上对代购的商品只原则性地规定了各种元件的品名，但对数量和质量方面未做具体规定。协议签订后，舒亚纳公司当即向克雷特公司汇款50万元，作为代理人的克雷特公司便开始积极寻找货源，因正值计算机价格飞涨之际，故克雷特公司迟迟未行使代理权。

而此时舒亚纳公司与克雷特公司则因其他业务矛盾，双方关系开始出现裂痕。

8月，计算机元件生产厂家A公司找到克雷特公司，称如果可让它们的产品出口到国外，其可以给克雷特公司回扣和优惠的价格（此时计算机元件价格因竞争激烈而开始下跌）。克雷特公司因担心与舒亚纳公司的关系的突然破裂而得不到利益，因此也决心孤注一掷，它要求A公司将合同单价提高一倍，不变更元件的数量，并将另一半货物发给自己或折价退回。以此为条件，否则它将不与A公司办理此业务，A公司同意。

于是，克雷特公司以代理人的身份，并以舒亚纳公司的名义与A公司签订了一份购销协议。协议签订后，双方各自按约履行，克雷特公司将一半货物折价返还给A公司，并扣下近一半的货款和佣金，共计25万元。

货到舒亚纳公司后，舒亚纳公司经市场调查发现，此时计算机元件的价格已经下跌，而合同的单价几乎是市场价的3倍，始知受到克雷特公司的愚弄，遂向法院提起诉讼。

请问：谁应当为舒亚纳公司的损失承担责任？法律依据是什么？

5. 甲长期担任A公司的业务主管,在A公司有很大的代理权限。在甲的努力下,A公司生意兴隆,新老客户遍及世界。由于甲公司的董事长嫉妒甲的才能,无理解雇了甲。甲怀恨在心,于是在遭解雇一个月后,继续假冒A公司的名义从老客户B公司处骗得货物,逃之夭夭。B公司要求A公司付款,A公司则以甲假冒公司名义为由拒绝付款。B公司坚持认为在其与甲做生意期间,他并不知甲已被A公司解雇,并且也未收到关于A公司已解雇甲的任何通知,故B公司是不知情的善意第三人,A公司仍应对甲的无权代理行为负责。双方相持不下,对簿公堂。

请问:

(1) 按照国际商法的代理法原则,A公司是否要为甲的无权代理行为负责?

(2) 甲是否也要承担责任?

6. 1997年6月12日,冯某、王某夫妻二人与重庆市垫江某公司签订了一轮胎销售门市部承包经营协议,协议约定:由重庆市垫江某公司将该公司的某轮胎销售门市部交冯某、王某夫妻承包经营,并提供销售的轮胎货源。1999年4月6日,重庆市垫江某公司又与冯某重新签订协议。协议约定:冯某缴纳风险金12万元,同时再加上价值12万元的房产进行抵押担保,一方终止协议,应提前15天书面通知对方,未售出的轮胎交还公司,如交还数少于领出数,则视为已经售出,销售款从所交风险金和抵押房产的拍卖款中扣出。在上述两个协议的履行过程中,冯某、王某夫妻均直接参与了轮胎销售经营活动。后来,重庆市垫江某公司要求各门市部在2000年12月15日前将未售出轮胎全部交回公司,当月15至20日为结算缴款时间,2001年3月20日前缴清欠款。此间,因冯某、王某夫妻尚有部分欠款未收回,王某于2001年3月10日与重庆市垫江某公司达成了21.3202万元欠款的还款协议。后冯某、王某夫妻反悔,未履行该还款协议。2002年3月8日,冯某、王某以该还款协议系受该公司欺骗、胁迫所签,王某是无权代理为由,诉至法院,请求确认还款协议无效,由双方重新结算。

请问:王某签订的还款协议是否有效?为什么?

7. 某公司受国内用户委托,以本公司名义与国外一公司签订一项进口某种商品的合同,支付条件为“即期付款交单”。在履行合同时,卖方未经该公司同意,就直接将货物连同单据都交给了国内用户,但该国内用户在收到货物后由于财务困难,无力支付货款。在这种情况下,国外卖方认为,我外贸公司作为合同的买方,根据买卖合同的支付条款,要求我公司支付货款。

请问:外贸公司是否有义务支付货款?

8. A是一家外贸公司。2009年8月,A公司接受B公司的委托,为B公司代理出口某产品。2010年1月,A公司以自己的名义与德国M公司签订出口合同,出口200万件B公司的某产品。但在合同履行时,M公司只支付了80%的货款,其余20%的货款以质量不合格为由,拒不支付。A公司在得知这一情况后,即向M公司说明了,自己实际上是B公司的代理商。B公司即以M公司为被申请人,依照合同中的仲裁条款,向中国国际贸易仲裁委员会提出仲裁申请。但M公司认为,B公司不是合同当事人,无权申请仲裁。

请问:B公司是否有权提出仲裁申请?

9. 某建筑公司委托某贸易公司购买标号500的水泥1000吨,双方在行纪合同中约定了报酬、水泥的价格、交货时间等,但未约定若水泥质量、数量不合要求时如何处理。合同订立后,建筑公司将约定的报酬支付给贸易公司,贸易公司就按照行纪合同中约定的价格与某水泥厂签订了买卖水泥的合同。水泥厂按照合同的约定将水泥直接发往某建筑公司。建筑公司收货后发现,水泥的标号达不到要求,要求贸易公司降价。贸易公司则认为,水泥厂所供的水泥不符合合同约定的标准,建筑公司应当要求水泥厂更换,既然建筑公司已经接受该水泥,建筑公司就应向其支付价款。水泥厂在交货后,向贸易公司催要货款,贸易公司则提出水泥已为建筑公司接受,由于建筑公司未付款,因此,它未能付款。水泥厂转向建筑公司索要货款,建筑公司则以与水泥厂没有关系而拒绝。三方为水泥的质量与货款发生争执。

请问:贸易公司对于水泥厂所供水泥不符合约定的质量标准应否向建筑公司承担责任?水泥厂可否直接向建筑公司索要水泥款?

10. 浙江省国际贸易有限公司(简称:国贸或原告)与浙江集运有限公司(简称:集运或被告)于1994年5月3日签订了委托代理合同,约定国贸公司委托集运公司在宁波口岸出口货物,合同对代理的业务范围、分工、费用结算等作了具体明确规定。尔后,国贸公司委托集运公司出运一只20`集装箱(真丝夹克衫;货值60300美元)。

5月14日,中国宁波外轮代理公司(简称船代)签发了已装船提单(中国远洋运输公司CPl27B提单),托运人为国贸公司,收货人凭EXISTENCEENTERPRISES-LTD的指示,船名为“熊岳城”565航次。

5月21日,浙江集运公司未经浙江国贸公司授权,超越代理合同规定的权限,擅自传真提单签发人中国宁波外轮代理公司称:“该票正本提单在寄香港途中,能否烦请港商给予担保提货”。同日,根据宁波外代公司要求,浙江集运公司又传真宁波外代公司称:"因客户寄香港正本提单尚未收到,烦请传真港商能否以正本提单传真件,银行担保提货,由此产生的一切责任由我司承担。"并加盖了浙江集运公司的章。

宁波外轮代理公司接浙江集运有限公司传真后,于同日向港商发出传真称:"烦请货主凭公司担保B/L传真件提货,由此产生的后果由我公司负责。"

5月24日,浙江国贸有限公司将发票为G4N104H全套单据(包括3/3正本提单)委托中国银行浙江省分行向香港代收行托收;因港商根据宁波外轮代理公司的指令,让客户凭公司担保及提单传真件将货物提走。由于客户未赎单提货,中国银行浙江省分行将用于办理结汇手续的全套单证退还浙江国贸公司,造成浙江省国贸公司货款损失60,300美元,利息损失10万余元人民币。

浙江国贸公司为追回货款,在多次向客户追讨无果的情况下,委托某国际追账公司向客户追账,由于追索未成功,浙江国贸公司决定通过诉讼途径挽回损失。请裁决。

二、实训练习

1. 单项选择题

(1) 依据大陆法,由于被代理人的意思产生的代理是(　　)。

A. 法定代理　　B. 意定代理

C. 表见代理　　D. 自己代理

(2) 依据大陆法,代理人为了被代理人的利益,以他自己的名义与他人签订合同,日后在把该合同的权利义务通过另一个合同转移给被代理人,这种行为被称为(　　)。

A. 法定代理　　B. 意定代理

C. 隐名代理　　D. 间接代理

(3) 甲是小雅公司的销售业务代表,甲在授权范围内以小雅公司的名义签订了销售合同,则该合同的权利与义务应由(　　)承担。

A. 甲　　B. 甲和小雅公司

C. 小雅公司　　D. 甲或小雅公司

(4) 根据大陆法,被代理人不应承担的义务是(　　)。

A. 支付佣金

B. 偿还代理人因正常业务而支出的费用

C. 偿还代理人因执行本人指示而支出的费用

D. 尊重代理人的留置权

(5) 甲厂业务员张某开除后,为报复甲厂,用盖有甲厂公章的空白合同书与乙厂订立一份购销合同。乙厂并不知情,并按时将货送至甲厂所在地。甲厂拒绝引起纠纷。下列说法中,正确的是(　　)。

A. 张某的行为为无权代理,合同无效

B. 张某的行为为表见代理,合同有效

C. 张某的行为为表见代理,合同无效

D. 张某的行为为委托代理,合同有效

(6) 甲的下列哪一行为属于民事代理行为(　　)。

A. 代理公民乙买一台旧电脑

B. 代理公民丙草拟一份重要的买卖合同

C. 代理公民丁向法院出示了一份丁的证言

D. 代理公民戊进行结婚登记

(7) 甲委托乙到某地购良马,乙到某地后,因未遇甲所需要的良马,便以自己的名义购置良骡一口。乙到家后,甲赶到。乙对甲说,如你觉得骡子好,就将骡子牵走。甲当即付款,并将骡子牵走。甲牵走骡子的行为属于(　　)。

A. 委托代理　　　　B. 越权代理的追认

C. 表见代理　　　　D. 买卖合同

2. 多项选择题

(1) 在民事代理过程中,代理人负有(　　)义务。

A. 亲自履行其代理职责

B. 不能同时代理双方当事人为同一法律行为

C. 不能与第三人恶意串通损害被代理人的利益

D. 在因故暂时无法履行代理职责时,应当转托他人代理

(2) 甲原籍是山区茶乡。春节期间,甲回原籍探亲,同事乙委托甲买上等茶叶10斤,并付款1000元。春节期间因无茶叶出卖,甲将情况告乙,乙说你转托一人在春天3月再买吧。甲在回城前的一天晚上,丙正好前来探望甲,于是甲便委托丙代乙买10斤上等茶叶,丙应允。甲将1000元放在信封里交付给丙。丙在当晚回家途中,1000元被人所抢,抢劫案未侦破。甲

回城后将此事告知乙,为此引起纠纷。乙起诉到法院,法院对乙的哪些请求不予支持(　　)?

A. 请求甲赔偿损失1000元

B. 请求丙赔偿损失1000元

C. 请求甲、丙各赔偿损失500元

D. 请求甲、丙对1000元损失负连带责任

(3) 甲委托乙采购自行车,并给了乙一份无期限的授权委托书。10月份,甲通知乙取消委托,并要求乙交回授权委托书,乙因故未交。11月,乙以甲的名义与不知情的丙订立了一份价值10万元的自行车订购合同,在这一实例中,下列表述正确的是(　　)。

A. 乙的行为不发生代理效力,由乙自行承担行为后果

B. 该合同对甲没有约束力

C. 乙的行为发生表见代理的法律效果

D. 丙有权要求甲承受该合同

(4) 某甲以自己的名义代理某乙与某丙签订合同。根据英美法的规定,如果乙不履行合同义务,则(　　)。

A. 由甲承担合同责任

B. 丙可以要求乙承担合同义务

C. 丙可选择甲或乙承担合同义务

D. 丙只能要求甲承担合同义务

项目九

国际商事仲裁的法律问题

学习目标

1. **知识目标**

(1) 熟悉国际商事仲裁的特点

(2) 掌握有关国际商事仲裁协议的内容及法律效力

(3) 了解仲裁机构的法律规则

(4) 掌握国际商事仲裁程序的基本内容

(5) 了解国际商事仲裁裁决的承认和执行的相关规定

2. **能力目标**

(1) 能够依法申请仲裁及积极应对他方申请

(2) 能够依法参与仲裁程序,有效保护自身合法利益

任务:运用仲裁程序解决国际商务纠纷

工作任务

2005 年 2 月,美国 A 公司与日本 B 公司订立了一份医用手套的买卖合同。该合同中有一项仲裁条款:与本合同有关或执行本合同中的一切争议应通过友好协商解决;如无法达成协议,争议问题应提交美国仲裁协会仲裁;仲裁裁决是终局的,对双方有约束力。2005 年 3 月 25 日,双方又签订了一份修改上述买卖合同的更改书。该更改书包含了货物的价格和交货条件。后来,因合同履行中发生了一些争议,于是 A 公司向美国仲裁协会提交了仲裁申请。但是 B 公司认为,2005 年 2 月的合同已经被后来"更改书"所取代,更改书中无仲裁条款,因此不能仲裁。但仲裁机构驳回了 B 公司的申请。于是,双方当事人各自选择了一名仲裁员,并共同选择一名仲裁员为首席仲裁员,组成仲裁

庭审理此案。在审理过程中,A 公司的代理人发现,B 公司的代理人与首席仲裁员曾经是同事,于是向仲裁机构提出回避申请。仲裁机构批准了 B 公司的申请,指定甲为首席仲裁员,继续案件的审理。经过仲裁庭的审理,最后于 2006 年 3 月 5 日作出裁决,由 B 公司于 2006 年 4 月 5 日前履行交货义务,A 公司于 4 月 15 日支付全部货款。4 月 5 日,B 公司未交货,A 公司欲向日本法院申请强制执行,但发现 B 在日本已经没有可供执行的财产了。后来 A 公司调查到 B 在中国上海的某仓库中存有一批货物,于是,A 于 10 月 20 日向上海第二中级人民法院提出执行仲裁裁决的申请。

请问:

(1) A 与 B 之间的仲裁协议有效吗?它们之间的争议应由哪个机构审理?

(2) B 公司认为合同已经变更,新合同中没有仲裁条款,因此不能仲裁。有道理吗?

(3) 仲裁机构同意 A 公司申请回避有道理吗?

(4) 美国仲裁协会的裁决能够在我国获得执行吗?

(5) A 公司向我国法院提出的强制执行申请能否获得法院的支持?为什么?

操作过程

(1) A 与 B 的仲裁协议有效。根据大多数国的仲裁法,当事人之间有将争议提交仲裁的意思表示,仲裁事项属于法律或仲裁机构的仲裁范围,且对仲裁机构、仲裁地点、仲裁裁决的效力等达成一致意见的,属于有效的仲裁协议。有效的仲裁协议可以排除法院的管辖。该案当事人在合同中订立仲裁条款,且对机构和仲裁裁决的效力都进行了约定,符合法律规定。它们之间的争议应由当事人选定的美国仲裁协会审理。

(2) B 公司的说法于法无据。根据仲裁法律制度,仲裁协议的效力具有独立性,主合同无效、变更或解除不影响仲裁裁决的效力。本案中,A 与 B 之间的买卖合同曾发生变更,虽然在新的合同中没有提到仲裁条款,但它们之间已经达成了仲裁协议,主合同虽然变更了,但仲裁条款依然有效。

(3) 仲裁机构同意 A 公司申请回避是正确的。在仲裁过程中,仲裁员的中立性对案件的公正审理起到至关重要的作用，因此各国法律均要求仲裁员不得与案件当事人有利害关系，如当事人及代理人的近亲属或与当事人有其他关系，可能影响案件公正审理的，都不能担任仲裁员。本案仲裁员曾经与当事人是同事，关系比较密切，有可能影响案件的公正审理，因此，仲裁机构的做法是正确的。

（4）美国仲裁机构作出的仲裁裁决能够在我国获得执行。因为我国与美国都参加了《纽约公约》，根据该公约，缔约国之间的仲裁裁决都应彼此承认并执行，除非存在法定的不予执行的理由。

（5）A公司向我国法院提出的强制执行申请不能获得法院的支持。根据我国《民事诉讼法》的规定，在我国申请执行外国仲裁裁决，应当直接向被执行人住所地或者其财产所在地的中级人民法院申请。被执行人在我国无住所、居所或者主要办事机构，但有财产的，为其财产所在地的中级人民法院。双方是法人或者其他组织的为6个月，自法律文书规定履行期间的最后1日起算。本案被执行人B公司是日本公司，在我国无住所，但查明其在上海市某仓库存有货物，属于在我国有财产，因此，申请人A公司有权在法定期限内，向上海市中级人民法院提交申请。我国规定的法定期限是6个月，即10月5日前提出申请，但A公司在10月20日才提出，超过了法定期限，因此，A公司的申请不能得到法院的支持。

知识归纳与链接

一、认识国际商事仲裁

（一）国际商事仲裁的概念

在国际商事活动中，如果当事人就有关合同事项发生争议或纠纷，主要通过协商、调解、仲裁和诉讼四种方式解决。不同的解决方式，由于其程序和结果强制执行不同，对双方的影响也不同。协商、调解虽然能在双方互谅的基础上达成协议，但该协议不能申请强制执行；以诉讼的方式解决国际经济纠纷，涉及诉讼管辖、法律的适用及判决的执行，都会增加诉讼结果的不确定性。因此，在通常情况下，当事人在订立合同时，往往都在签订合同中订立仲裁条款，以便在发生纠纷时，按照合同的规定将争议提交合同指定的仲裁机构解决。国际商事仲裁已成为各国解决国际商事争议的一种重要方式。

仲裁，也称公断，是解决争议的一种方式，是由双方当事人将他们之间发生的争议交付第三者居中评断是非，并作出裁决，该裁决对双方当事人均具有约束。

国际商事仲裁是仲裁的一种类型,是指在国际商事交易中的当事人在争议发生前或争议发生后,达成书面协议,按照协议的方式自愿将双方之间商事方面权利义务的争议提交双方所同意的仲裁机构审理,并由该仲裁机构依法予以裁决的解决争议的方式。

作出仲裁裁决的仲裁机构的性质属于民间机构,而不是国家法院,这种民间机构一般是国际性的仲裁机构、区域性的仲裁机构、国家性的仲裁机构或专业性机构。尽管仲裁机构具有民间性,但仲裁裁决对争议各方均具有法律约束力和终局性。

(二) 国际商事仲裁的特点

国际商事仲裁吸取了协商与调节的自愿性,又吸取了诉讼判决的强制性,是一种自愿与强制性相结合的争议解决的方式。与诉讼相比较,仲裁有如下特点:

1. 自愿性

首先,当事人是否选择仲裁方式是自愿的,只有在当事人于商事争议发生之前或之后自愿达成了仲裁协议,有关仲裁机关才有权对该争议进行审理和裁决,仲裁协议是通过仲裁方式解决争议的基本前提。如无此项协议,就不可能有仲裁程序的发生;另外,当事人选择仲裁机构、仲裁地点、仲裁员、仲裁内容等也是自愿的,即当事人可以在仲裁协议中明确约定仲裁机构、仲裁地点、仲裁规则、仲裁所使用的语言及仲裁费用的承担等事项;最后,当事人还可以选择仲裁的程序以及仲裁所适用的法律。这些规定充分体现了对当事人意思自治的尊重。

2. 强制性

一方面,国际商事仲裁的强制性体现在,仲裁程序一经开始,当事人均无权单方面终止仲裁程序,任何一方不参加或拒绝参加仲裁程序,仲裁庭有权作出缺席审理和裁决;另一方面,仲裁裁决一经作出,便具有与法院判决相同的法律强制力,由法院来强制执行。与法院判决相比,仲裁裁决如须在外国执行时,外国法院一般根据有关国际条约或互惠原则予以执行,因此具有更大的优势。

3. 保密性

除非双方当事人另有约定,仲裁一般均采用不公开审理的方法,同时在仲裁程序中,任何一方当事人或仲裁员或仲裁机构案件管理人员都负有保密的责任,这样,当事人的商业信誉和商业秘密就有可能得到较好的保护。而在司法诉讼中,除非法律的特别规定,诉讼一般是公开的。

议一议

某跻身世界500强的大型外贸公司与外商发生了纠纷，进入仲裁程序。一家报纸的记者小黄听说这个消息后，准备追踪报道此事。在仲裁庭开庭审理的当天，小黄跑到仲裁庭的开庭处想旁听这次仲裁审理活动，但现场保安及有关人员不允许其入场。小黄很不服气，他认为自己是记者，国家的宪法和法律赋予了其采访报道的权利，竟然不让其入场，于是与相关人员争吵起来请问：仲裁庭外的相关人员不让记者小黄入场的行为对不对？为什么？

4. 快捷性

世界上大多数国家都承认国际商事仲裁的一裁终裁制，即仲裁裁决一经作出便具有法律效力，不得上诉，而国际商事诉讼在很多国家至少是两审终审。因此，国际商事仲裁不仅减少了当事人的时间成本，也减少了当事人的经济成本。

议一议

日本韩舟苑公司与北京茂和公司于2003年8月签订了一份购销合同，合同约定，双方对于该合同的内容、履行等发生争议时，由北京市仲裁委员会仲裁。后在合同履行的过程中，双方就合同履行地发生了分歧，2003年11月8日，韩舟苑公司就争议事项向北京市仲裁委员会提出了仲裁申请，仲裁委员会作出了支持申请人韩舟苑公司的仲裁裁决，茂和公司不服，于是向人民法院提起了诉讼。问：人民法院应否受理？为什么？

5. 灵活性

仲裁的灵活性很大，它不像法院那样要严格遵守程序法，特别是在临时仲裁中更是如此。例如，仲裁可以和调解结合起来，仲裁的审理气氛也较法院宽松，有利于双方当事人达成和解意见。

正是由于国际商事仲裁有上述的特征，目前它已成为国际商事纠纷中最常见的解决途径。

（三）国际商事仲裁立法概况

1. 国际公约

目前,关于国际商事仲裁的国际公约有很多。有些是区域性的,如《关于国际商事仲裁的欧洲公约》、《美洲国家间关于国际商事仲裁的公约》、《美洲国家间关于外国判决和仲裁裁决域外效力的公约》等。影响比较大的世界范围内国际公约主要有《关于仲裁条款的协定书》、《关于执行国外仲裁裁决的公约》、《关于承认和执行外国仲裁裁决的公约》、《关于解决各国与他国的国民投资争端的公约》等。我国参加了《关于承认和执行外国仲裁裁决的公约》和《关于解决各国与他国的国民投资争端的公约》两项公约,其中,前者是我国处理一般国际商事仲裁的承认和执行问题的主要法律依据之一。

《关于承认和执行外国仲裁裁决的公约》又称《纽约公约》,签订于 1958 年 6 月 10 日。《纽约公约》1987 年 4 月 22 日对我国生效,目前包括我国在内的一百多个国家和地区参加了此公约。《纽约公约》适用范围比较广泛,包括在一国领土内作成而在另一国领土内请求承认和执行的关于自然人和法人之间争议的仲裁裁决,以及在一国作成并在该国承认和执行,而该国又不认为是其国内裁决的仲裁裁决。不过该《公约》也允许缔约方于加入该《公约》时声明保留,将《公约》对其适用范围以互惠为条件,或者限于依其本国法为商事关系的裁决。我国参加该《公约》时就作出了这两项保留。在其他方面,该《公约》也比以前的有关公约有所进步,主要是放宽了仲裁裁决承认和执行的限制条件,并简化了执行裁决的程序。实践证明,《纽约公约》对国际商事仲裁的生存和发展做出了重大的贡献。

2. 各国仲裁法

由于仲裁是解决国际商事纠纷的常用手段,国际商事仲裁本身也是一项可创汇的重要服务,因此世界上很多国家都非常重视国际商事仲裁立法,并注重顺应时势地加以修改,希望因本国具有良好的法律环境而成为国际商事仲裁的中心。很多大陆法国家都把仲裁法收编到《民事诉讼法典中》,如法国、德国、意大利等。英美等国则是制定单行的《仲裁法》,如英国的《1950 年仲裁法》和《1996 年仲裁法》,美国的《联邦仲裁法》等。

在各国的仲裁制度中,法国的仲裁法对国际商事仲裁表现了相当大的宽容性,除非裁决的执行违反了法国的公共秩序,即使仲裁裁决存在明显的错误,法院也无权推翻仲裁裁决。而英国的仲裁制度则赋予了法院太多的干预权,尤其是《1950 年仲裁法》,规定仲裁要受到法院的严格监督。有鉴于此,国际商事仲裁的当事人大多不愿意选择英国为仲裁地。为了扭转这种局面,英国于1979年和1996年两次修改仲裁法。在《1996年仲裁法》中明确规定,在国际仲裁中,当事人可以在任何时间内以协议排除法院的司法审查。

我国目前的国际商事仲裁法律制度主要有下列法律中的有关规定所构成:我国缔结或参加的国际条约或公约、《民事诉讼法》、《仲裁法》和《合同法》。总的来说,我国关于国际商事仲裁方面的法律规定与世界上很多国际商事仲裁大国的通行制度是一致的。因此,我国也是重要的国际商事仲裁中心之一。

3. 联合国《国际商事仲裁示范法》

尽管世界上已经出现了某些区域性或全球性的仲裁公约,但他们往往只涉及国际商事仲裁的某方面问题,而且其中一些公约的缔约国也为数不多。因此,联合国国际贸易法委员会于1985年主持制定了《国际商事仲裁示范法》,供各成员国制定国内法时参考之用。很多国家和地区都根据此《示范法》制定了其国内的仲裁法,如俄罗斯、澳大利亚、加拿大和中国香港等。我国1994年制定的《仲裁法》也深受其影响。

(四)国际商事仲裁的分类

国际商事仲裁的种类很多,按照不同的分类标准,可作出不同的分类。但一般而言,主要有四种分类方法。

(1)按照国际商事仲裁协议主体一方是否是国家,分为不同国家的国民之间和国家与他国国民之间的商事仲裁

我们通常所说的国际商事仲裁,绝大多数属于不同国家的国民之间的仲裁。

(2)根据参与仲裁程序的利害关系人人数的不同,可以分为双方和多方当事人仲裁

仲裁庭的管辖权来自双方当事人的协议,一般情况下的争议,均为双方当事人之间的争议;但如果由三方或多方当事人共同签署了一项含有仲裁条款的合同,就可能会涉及多方位同一仲裁程序当事人的情况。

(3)根据仲裁员是否必须按照法律作出裁决为标准,可以将国际仲裁分为一般仲裁和友好仲裁

一般仲裁又称依法仲裁,是指仲裁庭必须根据法律而不能依据公平原则作出裁决的仲裁;友好仲裁是指仲裁员有权根据公平合理的原则,作出具有约束力裁决的仲裁。世界上承认友好仲裁制度的国家很多,包括法国、德国、意大利、荷兰、比利时、西班牙、葡萄牙、瑞士、希腊、土耳其、阿根廷、古巴、罗马尼亚、乌克兰、匈牙

利、波兰等。但由于友好仲裁不必依据法律,而依据的“公平合理”原则又无客观标准,因此,仲裁的裁决结果可能会因人而异,所以,大多数英美法系国家和我国至今尚未采纳友好仲裁制度。

(4) 依据仲裁机构的组织形式,可分为临时仲裁机构和常设仲裁机构

临时仲裁机构是根据当事人之间的仲裁协议而临时设立的审理特定案件的机构,即事实上的仲裁庭。临时仲裁的仲裁庭是为审理具体个案而成立的,争议解决后,该仲裁机构即自行解散。虽然这种机构比常设仲裁机构更加灵活,但是由于缺乏必需的办公配备,也没有自己的仲裁程序,因此,对于当事人之间的合作状况要求相对较高,否则,仲裁就难以进行。我国《仲裁法》没有就临时仲裁作出规定,而目前我国设立诸多的仲裁委员会,均为常设仲裁机构。

常设仲裁机构是依据国际公约或一国国内法设立的审理国际商事仲裁案件的机构。这些机构有其特定的组织形式、固定的仲裁地点、特定的名称、章程、特定的仲裁规则,还有一定的仲裁员名册。由于常设仲裁机构的仲裁具有许多优点,在国际商事仲裁实践上,一些重大的仲裁案件,一般均由常设仲裁机构进行裁决解决。

世界上比较有影响的常设仲裁机构主要有国际商会仲裁院、伦敦仲裁院、美国仲裁协会、汉堡商会仲裁庭、日本国际商事仲裁协会、瑞典斯德哥尔摩商会仲裁院、瑞士苏黎世商会仲裁院。其中瑞典斯德哥尔摩商会仲裁院在国际上声誉颇佳,该院已逐渐发展成为东西国际经济贸易仲裁的中心,与世界各国仲裁机构联系紧密。我国有中国国际经济贸易仲裁委员会和中国国际海事仲裁委员会,总部设在北京。我国各大中型城市一般都设有仲裁委员会,可以受理涉外经济案件。

二、国际商事仲裁协议

(一) 国际商事仲裁协议的概念及作用

国际商事仲裁协议是指国际商事关系的当事人表示愿意将他们已经发生的或将来可能发生的争议提交仲裁解决的共同意思表示。它是仲裁机构或仲裁员进行仲裁的主要依据。

根据各国立法、司法与仲裁实践,以及有关的国际公约,有效的仲裁协议的作用主要表现在以下几个方面。

1. 对各方当事人具有约束力

仲裁协议是当事人自愿约定的解决争议的方式,除协议无效,对各方当事人均产生约束力。任何当事人在发生仲裁协议中约定的争议事项时,向法院起诉后,另

一方当事人可根据仲裁协议要求受理法院终止诉讼。如果有关法院无视有效的仲裁协议而作出判决,那么当事人可以以有效的仲裁协议作为拒绝执行判决的抗辩理由。

2. 使仲裁员和仲裁庭取得对有关争议案件的管辖权

只有经有效仲裁协议的指定,仲裁机构才有权对仲裁协议中规定的纠纷事项进行仲裁;仲裁机构所进行的仲裁不得与仲裁协议规定的内容相冲突。仲裁管辖的唯一依据是当事人之间存在将他们之间已经发生的争议通过仲裁解决的有效的仲裁协议,根据无效的仲裁协议,仲裁庭是不能取得管辖权的。

3. 有效的仲裁协议排除法院的管辖权

这一作用已得到包括我国在内很多国家的广泛承认。这就是说,只要双方订立了仲裁协议,法院就无权受理该争议案件,如果任何一方违反仲裁协议,向法院提起诉讼,对方可根据仲裁协议要求法院停止司法诉讼程序,并将该案交予双方约定的仲裁机构进行仲裁审理。对此,各国法律均作出了不同的规定。法国 1980 年的《仲裁法令》规定:"当一项根据仲裁协议提交仲裁机构的争执又被提交到国家的法院时,该法院应宣布无权受理。"德国《民事诉讼法》规定:"法院受理诉讼,而当事人就诉讼中的争议订有仲裁契约时,被告提出仲裁契约,法院应以起诉不合法驳回之。"美国的《仲裁法》规定:"当事人一方出示仲裁协议申请仲裁,而对方当事人拒绝时,法院应命令双方进行仲裁。但是,如果对方当事人否认仲裁协议存在,法院即对此争执作出决定;如果决定有利于申请仲裁一方,就应命令进行仲裁,否则,驳回申请。"我国《民事诉讼法》第 255 条第 1 款也规定:"涉外经济贸易、运输和海事中发生的纠纷,当事人在合同中订有仲裁条款或者事后达成书面仲裁协议,提交中华人民共和国涉外仲裁机构或者其他仲裁机构仲裁的,当事人不得向人民法院起诉。"

4. 保证仲裁裁决具有强制执行力的基本前提

对于仲裁庭作出的仲裁裁决,如果一方未能自动执行,另一方当事人可请求法院强制执行此项裁决。但法院在执行此项裁决时,如果认定该项裁决根据无效的仲裁协议作出,按照《纽约公约》第 5 条第 1 款的规定,被请求执行该裁决的法院也会拒绝承认与执行此项裁决。

(二) 国际商事仲裁协议的形式

国际商事仲裁协议有两种表现形式:仲裁条款和专门的仲裁协议书。合同中的仲裁条款是合同双方当事人在争议发生之前订立的将合同执行过程中可能发生的争议提交仲裁解决的协议。它通常是当事人之间在争议发生之前所达成将争议提交仲裁解决的约定,另外,它不是一个独立的文件,而是主合同中的一个条款,所以一般称之为仲裁条款。

仲裁协议书是指当事人之间订立的将已经发生的争议提交仲裁解决的协议。它有两个特点:第一,它是当事人之间在争议发生之后所达成将争议提交仲裁解决的约定;第二,它是一个独立的文件,其内容是将特定的争议提交仲裁解决的单独的一项协议。对于仲裁条款和仲裁协议书两者的效力是否有所区别,尤其是在合同书中已包含仲裁条款的情形下,在仲裁解决双方纠纷时,是否还需要另行提交仲裁协议书的问题,目前各国的法律尚存在不同的规定。

根据《中国国际经济贸易仲裁委员会仲裁规则》的规定,仲裁协议既包括合同中的仲裁条款,也包括可以证明双方当事人同意将争议提交仲裁的书面文件如往来函件、电报、电传等仲裁协议书。有的国家却把合同的仲裁条款与争议发生后订立的仲裁协议严格区别开来,如法国法律的规定,即使双方当事人已在合同中订立了仲裁条款,但在争议发生后,如要正式提出仲裁,双方还要再签订一项提交仲裁的协议,而且必须在协议中载明争议的具体内容和仲裁员的姓名。当然,目前大多数国家,如美国、英国、德国、日本、瑞典、荷兰等均规定,只要在合同中订有仲裁条款,在解决争议需要仲裁时,就无需另行提交仲裁协议。

另外,需要指出的是,包括我国在内的世界上绝大多数国家的仲裁法都规定仲裁协议必须采用书面形式。

(三)仲裁协议的主要内容

无论是合同中的仲裁条款,还是当事人之间就已经发生的争议订立的单独的仲裁协议书,都必须包括如下内容。

1. 仲裁的意思表示

仲裁的意思表示即双方当事人同意选择仲裁方式解决争议的约定。这是仲裁协议最为重要的内容。如无该项约定,便不可能有仲裁的发生。

2. 仲裁的事项

仲裁的事项即要求仲裁机构解决争议的具体内容。这是对仲裁机构行使管辖权的范围所作的限定。如果仲裁庭裁决的事项超出了该项协议的范围,则对于超出仲裁协议约定的事项所作的裁决就不能得到法院的承认与执行。

根据各国仲裁法,当事人选择的仲裁事项不得违反法律规定,否则,仲裁协议无效,据以作出的裁决也是无效的。如很多国家都规定,以下民事、商事纠纷不得提交仲裁:当事人权利能力和行为能力的民事地位关系纠纷;配偶关系、收养关系和监护关系等亲属关系有效性纠纷;工业产权和版权有效性纠纷、涉及公共利益的破产案件、证券交易案件和反垄断案件;仲裁过程中涉及的财产保全程序和裁决后的执行程序等。我国《仲裁法》第3条规定,下列纠纷不能仲裁:婚姻、收养、监护、扶养、继承纠纷;依法应当由行政机关处理的行政争议。

除了依据有关法律外,当事人还应根据自身利益和具体案情来选定仲裁事项,因为有些事项交付仲裁对当事人而言,可能要比诉讼更为不利。例如,将产品责任的赔偿额交给承认友好仲裁国家的仲裁人作出友好仲裁时,缺陷产品的受害者就可能面临比诉讼更不利的后果。因为,即使在承认友好仲裁的国家,其法律也大多赋予受害者获得最低赔偿额的权利,但友好仲裁可以不依据法律,因此,受产品缺陷轻微伤害的受害人依据裁决可能就得不到法定的最低赔偿。

议一议

韩国甲公司与中国乙公司签订一项合同,合同中的仲裁条款规定:“产生于本协议履行过程中的任何性质的任何争议应提交中国国际经济贸易仲裁委员会进行仲裁。”后来韩国甲公司认为合同的陈述中存在欺诈,于是向中国国际经济贸易仲裁委员会提请仲裁,请求确认合同无效。而中国乙公司则向法院提出仲裁管辖权的异议,认为甲公司的请求事项超出了仲裁事项的范围,对于合同的有效性问题仲裁机构没有管辖权。请问:超出仲裁事项的仲裁申请是否有效?该案是否超出仲裁事项?

3. 仲裁地点

仲裁地点是仲裁条款的主要内容。交易双方一般都力争在本国进行仲裁,这一方面是由于当事人对自己所在国家的法律和仲裁做法比较了解和信任,而对外国的仲裁制度则往往不大了解,难免有所疑虑;而实际上,本国法在不影响对外交往的情况下也总是较多的考虑本国人的利益。另一方面是由于仲裁地点涉及法律适用问题。在国际商事仲裁中,在何地仲裁就要遵守该地的仲裁法已成为普遍的做法,另外仲裁员和仲裁庭在当事人未选定准据法时,往往会根据仲裁地的冲突规则来确定准据法,而准据法的适用对争议的裁决具有决定作用。但是,如果各方都要求在本国仲裁将难以达成协议,为了避免这种情况,当事人可选择被索赔人的所在地仲裁,如涉及货物品质不良、迟延交货或不交货、不开信用证等问题时,就常常采用这种选择。当事人做出这种选择时往往还考虑到为了便于财产保全程序或仲裁裁决的执行等因素。另外,有时为了获得权威性的公正,当事人也可以选择所在国以外的第三国作为仲裁地。需要特别注意的是,在选择仲裁地时,当事人一定要事先了解有关地区的仲裁法,特别是其中的强制性规定。另外,选择外国作仲裁地时,当事人还应考虑有关仲裁费用和有关花费以及往来签证的容易与否等因素。

4. 仲裁机构和仲裁程序规则

国际贸易仲裁有两种做法:一种是在常设的仲裁机构进行仲裁;另一种是临时仲裁,即不要常设仲裁机构的主持,直接由双方当事人制定的仲裁员自行组成仲裁庭进行仲裁,案件处理完毕即自动解散。因此,当事人在仲裁协议中只约定仲裁地点,不约定仲裁机构,有关争议仍无法提交仲裁。当事人应在仲裁协议中明确约定仲裁机构,否则视为没有约定仲裁。

仲裁机构的正确认定,是各仲裁机构在案件受理和解决仲裁机构与法院管辖冲突中的关键环节。我国《仲裁法》第 16 条规定,仲裁协议应当具有下列内容:(1)请求仲裁的意思表示;(2)仲裁事项;(3)选定的仲裁委员会。第 18 条规定,仲裁协议对仲裁事项或者仲裁委员会没有约定或者约定不明确的,当事人可以补充协议;达不成补充协议的,仲裁协议无效。根据上述规定,对仲裁机构的明确约定成为认定仲裁协议效力的一个重要条件。

仲裁程序规则是当事人提交仲裁和仲裁员进行仲裁时必须履行的手续和准则。各常设的国际商事仲裁机构一般都订有仲裁程序规则,并大多规定,若选择该机构仲裁,则必须适用其仲裁程序规则。但是也有些仲裁机构允许当事人选择其他组织制定的仲裁规则,如瑞典斯德哥尔摩商会仲裁院、美国仲裁协会等都允许当事人选择《联合国国际贸易法委员会仲裁规则》。中国国际经济贸易仲裁委员会也允许当事人在与强行法不抵触的情况下选其他仲裁程序规则。

另外,需要指出的是,各国仲裁法对仲裁协议的具体内容的规定是有差异的。如我国《仲裁法》就规定,影响仲裁协议的效力的内容是请求仲裁的意思表示、仲裁事项及选定的仲裁委员会,而其他事项原则上不影响仲裁协议的效力。

议一议

1990年1月5日，齐鲁制药厂与美国安泰国际贸易公司签订一份合资经营安平制药有限公司合同，合同中约定在山东省济南市平阴县合资成立安平制药有限公司。该合资合同的第54条约定："凡因执行本合同发生的或与本合同有关的一切争议，双方应通过友好协商解决；如果协商不能解决，应提交中国国际贸易促进委员会对外经济贸易仲裁委员会，或瑞典斯德哥尔摩仲裁院，根据该机构的仲裁程序规则进行仲裁，仲裁裁决是终局的，对双方都有约束力。"后双方在投资过程中产生纠纷，齐鲁制药厂遂向山东省济南市中级人民法院提起诉讼。但美国安泰公司则提出了管辖权的异议，认为双方合同中已约定了通过仲裁解决与合同有关的一切争议，山东省济南市中级人民法院无权受理该案。请问：该案的争议应通过法院以诉讼方式解决，还是通过仲裁机构以仲裁的方式解决？如果仲裁，应选择哪一个仲裁机构进行仲裁——中国国际贸易仲裁委员会，还是瑞典斯德哥尔摩仲裁院？

（四）仲裁协议的效力

1. 仲裁协议的有效条件

各国法律对仲裁协议应具备的具体条件规定不尽相同，但是从多数国家仲裁实践来看有效的仲裁协议必须具备下列基本条件。

（1）当事人双方必须具备合法的资格和能力。这是当事人从事包括订立仲裁协议在内的民商事活动的前提。很多国家的法律都规定，未成年人、禁治产人、破产者都不具备订立仲裁协议的资格；尚未成立而处于创建阶段的公司也不能签订仲裁协议。比利时、阿根廷等国还规定，国家、国有企业等签订仲裁协议属于无效协议。

（2）仲裁协议的形式必须合法。大多数国际公约和国内法都规定，仲裁协议必须采用书面形式。1958年《纽约公约》第2条、《国际商事仲裁示范法》第7条第2款都有类似的规定。《中国国际经济贸易仲裁委员会仲裁规则》第5条第2款规定：仲裁协议系指当事人在合同中订明的仲裁条款，或者以其他方式达成的提交仲裁的书面协议。但是对于"书面"的解释，各国立法和国际公约并不完全一致。《纽约公约》规定书面的仲裁协议包括：当事人签订的仲裁条款或仲裁协议书；当事人虽未直接签署，但在往来函电中书面载明的仲裁条款或仲裁协议书。目前各国对书面含义的解释，越来越灵活和宽泛。

(3) 仲裁协议的内容必须合法。这是构成仲裁协议有效性的一个实质性要件。首先,提交仲裁的事项必须是依仲裁地或裁决执行地国法律能够提交仲裁的事项;其次,协议的内容不得与仲裁地国法律中的强制性规定以及该国的公共秩序相抵触。由于各国法律规定的差异,同样内容的仲裁协议,在一些国家是有效合法的,在另外一些国家很可能就被视为非法。例如,我国《仲裁法》中是将仲裁机构的约定以及约定的明确性作为仲裁协议是否有效的一项认定因素。还有些国家的仲裁地法规定,协议中必须载明仲裁员的姓名和地址,或者是指定仲裁员的方法,否则协议无效,然而国际上通行做法只是将仲裁意思表示和仲裁事项确定作为仲裁协议的内容。但无论如何,仲裁协议的内容至少不得违背仲裁地国法律中的强制性规定。

(4) 仲裁协议必须是双方当事人真实意思表示。意思表示真实是指当事人同意提交仲裁及所接受的仲裁协议的内容不是欺诈、胁迫或误解的结果。很多国家的法律规定,以欺诈、胁迫的手段诱使对方当事人订立的仲裁协议无效。我国的司法实践也是如此。

需要指出的是,为了减少法院对仲裁的干预,也为了保障对方当事人获得预期的解决争议的方式的权利,很多国家对于基于误解而订立的仲裁协议并不一概认定无效,须产生误解的当事人无任何过错的情况下才能认定仲裁协议无效。而在大多场合,法院认为,发生误解本身即是当事人自己的过错。

想一想

哪些仲裁协议是无效的?

2. 仲裁条款的独立性

仲裁条款是合同的一个组成部分,是当事人为解决主合同中可能出现的争议而达成的协议,它因主合同而生,对合同具有依附性。合同有效,仲裁协议因主合同有效而有效,但如果主合同不存在、无效、解除、终止,是否该合同中的仲裁条款也随之无效?按照传统的合同法理论,因为仲裁条款是合同的一部分,对主合同具有附属性而仲裁协议又是针对合同的法律关系而起作用的,主合同不存在,附属于合同的仲裁协议也因此丧失了存在的基础,主合同无效,仲裁协议尤其是合同中的仲裁条款当然应该归于无效。因此,合同不存在、无效、解除、终止等,仲裁协议也应该因此而具有这些效果。

随着社会的发展和商事仲裁法律制度的发展,仲裁协议的效力依附于主合同的传统理论受到了"仲裁协议自治权理论"的挑战。仲裁协议自治权理论,又称商事仲裁协议的独立性、可分离性，是指商事仲裁协议与包含它的主合同的关系上的自治或相分离，其法律效力应该独立于主合同的效力，仲裁协议的效力不因主合同不成立、不存在、无效而受任何影响。这一理论的实质是将合同订立的内容与仲裁协议的订立及内容区别开来，承认当事人在争议解决方式问题上的自由意志及其独立性，这有利于当事人之间的有关法律争议的解决，也有利于仲裁制度的发展。

现代商事仲裁立法和司法实践中，已经充分肯定了仲裁协议的自治权理论。如 1989 年《瑞士联邦国际私法》第 178 条第 3 款规定："不得基于主合同无效对仲裁协议的有效性提出异议"；1998 年比利时《司法法典》第 1697 条第 2 款规定："合同无效的裁决不应当在法律上导致其中的仲裁协议无效"；德国 1998 年《民事诉讼法典》第 1040 条第 1 款中规定："仲裁庭可以决定自己的管辖权，并同时对仲裁协议的存在或效力作出决定。为此，构成合同一部分的仲裁条款应被视为独立于合同其他条款的协议"；瑞典《1999 年仲裁法》第 3 条规定："构成其他协议一部分的仲裁协议，其效力如必须和仲裁庭的管辖权同时确定，则仲裁协议视为独立的协议。"我国 1995 年开始实施的《仲裁法》和 1999 年开始实施的《中华人民共和国合同法》也明确承认了商事仲裁协议自治权原则，并同时适用于国内和国际商事仲裁协议。如《仲裁法》第 19 条第 1 款规定："仲裁协议独立存在，合同的变更、解除、终止或者无效，不影响仲裁协议的效力。"《中华人民共和国合同法》第 57 条规定："合同无效、被撤销或者终止的，不影响合同中独立存在的有关解决争议方法的条款的效力。"

议一议

A 公司 B 公司签订一份工程建筑合同，合同中订有仲裁条款。合同签订后双方发生纠纷，A 公司于是申请仲裁。在审理过程中，B 公司并入 C 公司而被注销。C 公司以其与 A 公司间并无仲裁协议为由，向该仲裁委员会所在地人民法院提出管辖权异议，认为仲裁委员会对本案已无管辖权。请问：仲裁委员会是否有权继续审理此案？

三、仲裁庭和仲裁员

（一）仲裁庭的组成

根据组成仲裁庭的仲裁员人数的不同，可以分为由一位仲裁员组成的独任仲裁庭、有两位仲裁员组成的仲裁庭和由三人或三人以上的仲裁员组成的仲裁庭。

在国际商事仲裁实践上,由两名仲裁员组成仲裁庭的情况并不多见。英国1996年《仲裁法》第22条第1款就两名仲裁员组成仲裁庭的情况作了规定:“在当事人同意设两名或两名以上仲裁员但无首席仲裁员或公断人的情况下,当事人可自由约定仲裁庭如何作出决定、命令和裁决。”此项规定包括了有两名仲裁员组成的仲裁庭的情况。

仲裁庭的组成,常见的是独任仲裁庭和由三位仲裁员组成的仲裁庭。我国《仲裁法》第31条第1款规定:“当事人约定由三名仲裁员组成仲裁庭的,应当各自选定或者各自委托仲裁委员会主任指定一名仲裁员,第三名仲裁员由当事人共同选定或者共同委托仲裁委员会主任指定。第三名仲裁员是首席仲裁员。”如果被诉人未按规定指定或者委托仲裁委员会主席指定仲裁员的,由仲裁委员会主席为被诉人指定一名仲裁员。

根据《中国国际经济贸易仲裁委员会仲裁规则》的规定,双方当事人可以在仲裁委员会仲裁员名册中共同指定或者共同委托仲裁委员会主席指定一名仲裁员作为独任仲裁员,成立仲裁庭单独审理案件。如果双方当事人约定由一名独任仲裁员审理案件,但在被诉人收到仲裁通知之日起20天内未能就独任仲裁员的人选达成一致意见,则由仲裁委员会主席指定。

仲裁案件有两个或两个以上申请人或被申请人时,申请人或被申请人之间应当经过协商,在仲裁委员会名册中各自共同指定一名仲裁员。如果申请人之间未能在提交仲裁申请书时共同指定一名仲裁员或被申请人之间未能在最后一个被申请人收到仲裁通知之日起20天内共同指定一名仲裁员,则由仲裁委员会主席指定。

(二)仲裁员的资格

在解决国际商事争议的实践上,作为解决争议的仲裁员一般都是为当事人所信任并能够对争议的解决作出独立公正判断的人。因此,各国法律和常设仲裁机构的仲裁规则一般对仲裁员的任职资格有一定的要求,其目的是保证仲裁的公正性。但也有的国家法律本身对此没有严格的限制,例如,荷兰1986年《民事诉讼法》第1023条规定:“任何有法律行为能力的自然人均可被指定为仲裁员。除非当事人另有约定,任何人不应由于其国籍的原因而妨碍指定。”有些国家还对没有资格担任仲裁员的人作了规定,如意大利《民事诉讼法》第812条规定:“未成年人、无法律行为能力人、破产者即被开除公职的人,不能担任仲裁员。”

我国《仲裁法》对仲裁员的资格作了比较严格的限制。按照该法第13条第1款、第2款的规定:仲裁委员会应当从公道正派的人员中聘任仲裁员。仲裁员应当符合下列条件之一:从事仲裁工作满8年的;从事律师工作满8年的;曾任审判员满8年的;从事法律研究、教学工作并具有高级职称的;具有法律知识、从事经济贸易等专业工作并具有高级职称或者具有同等专业水平的。

仲裁员除具有丰富的专门知识和经验外,还应具有良好的道德品质,否则有关人员也不能取得仲裁员资格,这也是仲裁的独立性和公正性所要求的。根据《联合国国际贸易法委员会仲裁规则》第10条第1款的规定,对于具有不良品质而取得仲裁员资格的人,任何人都可以提出异议。美国仲裁协会与美国律师协会还曾于1977年制定了一个《在商事争议中仲裁员的道德法典》,它在有关下列事项上为仲裁员提供了指导原则:披露影响公正和产生偏向印象的利害关系;独立、公正、勤勉地受理案件;在仲裁中保守秘密。

四、仲裁程序

(一)仲裁申请、答辩和反诉

1. 仲裁的申请

仲裁申请是指达成仲裁协议的一方或双方根据仲裁协议的内容,将已经发生的争议事项提交仲裁机构进行裁决的意思表示。这是启动仲裁程序的第一个环节。

各国仲裁机构均要求提请仲裁的当事人必须作成仲裁申请书,同时对申请书的内容也均有一定要求。《中国国际经济贸易仲裁委员会仲裁规则》规定,申请书应包括以下事项:①申请人和被申请人的名称和住所(如有邮政编码、电话、电传、传真、电报号码或其他电子通信方式,也应写明);②申请人所依据的仲裁协议;③案情和争议要点;④申请人的请求及所依据的事实和理由。仲裁申请书应由申请人及/或申请人授权的代理人签名及/或盖章。

在提交仲裁申请书时,申请人还需附具请求所依据的事实的证明文件,包括仲裁协议、合同、文件、往来信函以及其他作为证据的单证。

在申请仲裁时,申请人还必须按照仲裁委员会制定的仲裁费用表的规定预缴仲裁费。在仲裁程序结束后,申请人如最后获得了有利的裁决,可要求败诉方承担该项费用。

2. 仲裁的答辩与反诉

仲裁的答辩是指被申请人针对申请人的申请事项所作的书面辩解文件。该文件与申请书相对应,一般称为答辩书。

各仲裁机构的仲裁规则对被诉人提交答辩的时间大多进行了具体规定。如根据我国《国际经济贸易委员会的仲裁规则》的规定,被申请人应在收到仲裁通知之日起45天内向仲裁委员会秘书局提交答辩书和有关证明文件。

与诉讼一样,在仲裁过程中被申请人也可以提出反诉的请求。仲裁的反诉是指被申请人针对申请人的请求,以申请人为被申请人,就同一合同关系或侵权关系所提出的与申请人相对抗的反请求。

被申请人对仲裁委员会已经受理的案件,如有反请求,最迟应在收到仲裁通知之日起60天内以书面形式提交仲裁委员会。仲裁庭认为有正当理由的,可以适当延长此期限。

被申请人提出反请求时,应在其书面反请求中写明具体的反请求及其所依据的事实和理由,并附具有关的证明文件。但被诉人不提交答辩,或申诉人对被诉人的反诉未提出书面答辩,均不影响仲裁程序的进行。

被申请人提出反请求,应当按照仲裁委员会的仲裁费用表的规定预缴仲裁费。

(二) 仲裁员回避和披露制度

为了保证仲裁机构能够公正审理所受理的仲裁案件,各国仲裁法及仲裁规则规定了仲裁员的回避制度。按照《中国国际经济贸易仲裁委员会仲裁规则》第28、29条规定,被指定的仲裁员,如果与案件有利害关系,应当自行向仲裁委员会披露并请求回避,当事人如有正当理由怀疑被指定的仲裁员的公正性和独立性时,也有权向仲裁委员会提出书面申请,要求该仲裁员回避。仲裁员有下列情形之一的,必须回避,当事人也有权提出回避申请:(1)是本案当事人或者当事人、代理人的近亲属;(2)与本案有利害关系;(3)与本案当事人、代理人有其他关系,可能影响公正仲裁的;(4)私自会见当事人、代理人,或者接受当事人、代理人的请客送礼的。

对仲裁员回避的请求,应当在案件第一次开庭审理之前提出。回避事由在第一次开庭后知道的,可以在最后一次开庭审理终结以前提出。至于仲裁员是否应当回避的决定,应由仲裁委员会主席作出。这些规定的目的是确保仲裁的公正性,避免由于有利害关系的仲裁员参与仲裁而可能发生的偏差。

议一议

A 与 B 订立了买卖合同，后发生了纠纷，A 按照合同中约定的仲裁条款向某仲裁委员提交了仲裁申请。在第一次开庭结束后，A 得知该案的独任庭仲裁员 C 是 B 的债权人。于是其向该仲裁委员会提交了回避申请。请问：该案中 A 有权申请 C 回避吗？

（三）仲裁审理

仲裁审理是指仲裁庭对当事人所提交争议的案件所进行的审查活动。仲裁审理可分为口头和书面两种方式。口头审理又称为听证。在此种方式下，应由仲裁员做口头查问，当事人做口头陈述。目前，世界上只有斯德哥尔摩商会仲裁院等常设的仲裁规则硬性规定仲裁庭应安排口头听证。在书面审理的方式下，当事人不需要共同出庭陈述，仲裁员只根据当事人提交的书面材料进行审理。按照《中国国际经济贸易仲裁委员会仲裁规则》第 32 条的规定，仲裁庭应当开庭审理案件。但是，如果双方当事人同意或提出申请，仲裁庭也可以不开庭审理，只依据书面文件进行审理，并作出裁决。

仲裁庭第一次开庭审理的日期，由仲裁委员会秘书局决定，并于开庭前 30 天通知双方当事人。当事人有正当理由的，可以请求延期，但必须在开庭前 12 天以书面向秘书局提出；是否延期由仲裁庭决定。第一次开庭审理以后的开庭审理日期的通知，不受 30 天期限的限制。

开庭审理的地点可以依照当事人的协议确定，如无协议时，各常设机构的仲裁规则一般规定，仲裁员有权决定仲裁审理地点。《中国国际经济贸易仲裁委员会仲裁规则》规定由仲裁委员会受理的案件应当在北京进行审理，经仲裁委员会主席的批准，也可以在其他地点进行审理。由仲裁委员会分会受理的案件应当在该分会所在地进行审理，经分会主席批准，也可以在其他地点审理。仲裁庭在开庭审理案件时，不公开进行，如果双方当事人要求公开审理，则由仲裁庭作出是否公开审理的决定。仲裁开庭时，如果一方当事人不出席，仲裁庭可以进行缺席审理和作出缺席裁决。

在仲裁审理中，调解是一种常用的手段，包括我国在内的很多常设机构的仲裁规则都赋予仲裁庭以调解权，有些仲裁机构的规则直接将调解规则与仲裁规则合并规定。《中国国际经济贸易仲裁委员会仲裁规则》规定，如果双方当事人有调解愿望,或一方当事人有调解愿望并经仲裁庭征得另一方当事人同意的,仲裁庭可以在仲裁程序进行过程中对其审理的案件进行调解。无论双方当事人在仲裁庭上达成和解,还是在仲裁庭之外达成和解,均为在仲裁庭调解下达成和解。经仲裁庭调解达成和解的,双方当事人应签订书面和解协议;当事人可以约定不将和解协议由仲裁庭作出裁决书,如果当事人无此约定,仲裁庭则应根据书面和解协议作出裁决书。调解过程中,任何一方当事人提出终止调解或仲裁庭认为已无调解成功的可能时,应停止调解,继续进行仲裁。

(四) 仲裁裁决

仲裁裁决是指仲裁庭对当事人提出仲裁的争议问题,经审理后所作出的书面处理结论。

仲裁裁决可被分为全票裁决和多数票裁决。采用全票裁决的国家很少。多数票裁决又可分为绝对多数票裁决与相对多数票裁决两种。包括我国在内的大多数国家为便于裁决的快速作成而规定,裁决可根据过半数的仲裁员的共同意见作出,除非当事人约定了更高的比例要求。《中国国际经济贸易仲裁委员会仲裁规则》规定,由三名仲裁员组成的仲裁庭审理的案件,裁决依全体仲裁员或多数仲裁员的意见作出。少数仲裁员的书面意见应当附卷,并可以附在裁决书后,但该书面意见不构成裁决书的组成部分。仲裁庭不能形成多数意见时,裁决依首席仲裁员的意见作出。仲裁庭对其作出的仲裁裁决,应当说明裁决所依据的理由,并由仲裁庭全体或多数仲裁员署名。作出裁决书的日期,即为仲裁裁决生效的日期。仲裁裁决是终局的,任何一方当事人都不得向法院起诉,也不得向其他机构提出变更仲裁裁决的请求。

议一议

我国某外贸公司与某德国公司的合同纠纷到中国国际经济贸易仲裁委员会仲裁。该仲裁委员会受理案件并组建了仲裁合议庭,由甲、乙、丙三人担任仲裁员,其中甲是外贸公司选任的,乙是德国公司选选任的,丙是双方共同选任的。经过审理,在裁决时,参加合议庭的三位成员的意见都不一致,一人一种意见。最终由于甲是资深仲裁员,于是仲裁庭以其意见进行裁决。收到裁决书后,德国公司不服。认为裁决有问题。请问:裁决是否存在问题?为什么?

当事人应当依照仲裁裁决书写明的期限自动履行裁决。裁决书未写明期限的,应当立即履行。一方当事人不履行的,另一方当事人可以根据中国法律的规定,向中国法院申请执行,或者根据1985年《承认及执行外国仲裁裁决公约》或者中国缔结或参加的其他国际条约,向外国有管辖权的法院申请执行。

（五）简易程序

在我国,鉴于仲裁委员会受理的案件数量不断增多,工作压力较大,而其中有些案件争议的金额较小,案情较简单,参照国际上一些仲裁机构关于"简易仲裁"或"快速仲裁"的做法,可以简化程序,以便尽快结案。因此,按照《中国国际经济贸易仲裁委员会仲裁规则》的规定,除非当事人另有约定,凡争议金额不超过人民币50万元的,或虽超过50万元,但经一方当事人书面申请并征得另一方当事人同意的,均可采用简易程序处理。

简易程序的特点是:(1)由一名独任仲裁员组成仲裁庭;(2)提交答辩及反诉的时间缩短为收到仲裁通知之日起30天;(3)仲裁庭可以仅依据当事人提交的书面材料及证据进行书面审理,不一定都要开庭审理,如需开庭审理,也只需提前10天通知双方当事人;(4)作出裁决的时间也大大缩短,凡需开庭审理的案件,应于开庭之日起30天内作出裁决,如属于书面审理的案件,则应于仲裁庭组成之日起90天内作出裁决。

五、国际商事仲裁裁决的承认和执行

（一）仲裁裁决的效力

仲裁裁决一经作出,对双方当事人具有法律上的约束力,当事人应自觉履行裁决书的内容,否则另一方当事人可请求法院强制执行。从理论上讲,各国法律和仲裁规则大多承认仲裁裁决的终局性,并对仲裁裁决的上诉程序都有一定的限制。有些国家原则上不允许对仲裁裁决上诉,有些国家虽然允许当事人上诉,但法院一般只审查程序,不审查实体。但按照各有关国家的仲裁立法和实践,如果裁决存在着法律规定的可以撤销的理由,当事人则可以在法律规定的期限内,向有管辖权的法院申请撤销该仲裁裁决。有些国家的仲裁法规定,如法院发现有下列情况之一的,有权撤销仲裁裁决:(1)仲裁裁决所依据的仲裁协议无效;(2)仲裁员行为不当或越权作出裁决;(3)仲裁裁决的事项超出了当事人在仲裁协议中规定的事项;(4)仲裁程序不当或仲裁裁决不符合法定的要求;(5)仲裁裁决违反该国的公共秩序。

关于仲裁裁决的撤销问题,我国《仲裁法》第58条规定:“当事人提出证据证明裁决有下列情形之一的,可以向仲裁委员会所在地的中级人民法院申请撤销裁决:(1)没有仲裁协议的;(2)裁决的事项不属于仲裁协议的范围或者仲裁委员会无权仲裁的;(3)仲裁庭的组成或者仲裁的程序违反法定程序的;(4)裁决所根据的证据是伪造的;(5)对方当事人隐瞒了足以影响公正裁决的证据的;(6)仲裁员在仲裁该案时有索贿受贿,徇私舞弊,枉法裁决行为的。人民法院经组成合议庭审查核实裁决有前款规定情形之一的,应当裁定撤销。人民法院认定该裁决违背社会公共利益的,应当裁定撤销。”

按照联合国国际贸易法委员会《国际商事仲裁示范法》第34条的规定,当事人申请撤销仲裁裁决应当在收到裁决书之日起3个月内提出。我国《仲裁法》第59条规定:“当事人申请撤销裁决的,应当自收到裁决书之日起6个月内提出。”

(二) 国际商事裁决的承认和执行

国际商事仲裁裁决的承认与执行,是法院或其他法定的有权机关承认国际商事仲裁裁决的终局约束力,并予以强制执行的制度。

1. 对本国的国际商事仲裁裁决的承认与执行

对于依本国法确认为本国的国际商事仲裁裁决的承认和执行,很多国家采取与本国的国内商事仲裁裁决的承认和执行制度一样,按照该国的有关法律程序进行处理。我国《民事诉讼法》第258条规定,对中华人民共和国涉外仲裁机构作出的裁决,被申请人提出证据证明仲裁裁决有下列情形之一的,经人民法院组成合议庭审查核实,裁定不予执行:①当事人在合同中没有订有仲裁条款或者事后没有达成书面仲裁协议的;②被申请人没有得到指定仲裁员或者进行仲裁程序的通知,或者由于其他不属于被申请人负责的原因未能陈述意见的;③仲裁庭的组成或者仲裁的程序与仲裁规则不符的;④裁决的事项不属于仲裁协议的范围或者仲裁机构无权仲裁的。

另外,人民法院认定执行该裁决违背社会公共利益的,裁定不予执行。

2. 对外国的国际商事仲裁裁决的承认和执行

对外国仲裁裁决的承认与执行,涉及本国的国家主权、国家利益和当事人的利益,情况比较复杂,因此,许多国家在法律中对于执行外国的仲裁裁决,都规定了一些限制,如要求以互惠为条件,或以外国的仲裁裁决不违反执行国的“公共秩序”为前提条件等。

为了解决各国在承认和执行外国仲裁裁决问题上存在的分歧,协调各国对外国的国际商事仲裁裁决的承认和执行，以达到维护本国国家利益和当事人的切身利益，国际上缔结过三个有关承认和执行外国仲裁裁决的国际公约即《仲裁条款议定书》、《关于执行外国仲裁裁决的公约》和《纽约公约》。

《纽约公约》首先要求公约各缔约国承认和执行对方国家作出的仲裁裁决，表现在：①《公约》明确规定，各缔约国应当相互承认仲裁裁决具有约束力，并应依执行地的程序规则及公约所载的条件予以执行，并规定在承认和执行对方国家的仲裁裁决时，不应该在实质上比成人和执行本国的仲裁裁决提出更为麻烦的条件或征收更高的费用；②《公约》第 4 条规定，申请承认和执行裁决的一方当事人，应提供经过适当证明的仲裁裁决的正本和副本，以及据以裁决的仲裁协议的正本和副本，必要时还应附具译本，改译本应经外交、领事或有关译员的认证。

议一议

中国 A 公司与日本 B 公司签订了买卖合同，合同履行过程中发生争议，A 公司遂向合同中约定的中国国际经济贸易仲裁委员会提出仲裁申请。经过审理，仲裁庭作出 A 公司胜诉的裁决。后 A 公司向日本法院申请执行该裁决。B 公司于是向法院提出抗辩，认为法院应拒绝执行该项裁决，理由是：A 公司是隶属于中国外经贸部的一家经营性机构，而外经贸部则是中国国际贸易促进委员会的上级主管机关，中国国际经济贸易仲裁委员会又是贸促会的工作机构之一，因此不可能作出公正的裁决。请问，B 公司的理由成立吗？根据《纽约公约》，日本法院有权拒绝执行该裁决吗？

此外，《纽约公约》允许各缔约方在公约规定的情形内，可以拒绝承认和执行其他缔约方的商事仲裁裁决。根据《公约》第 5 条的规定，缔约方只有在下列情况下，法院方可拒绝承认和执行该外国的仲裁裁决。这五种情况是：(1) 被申请人证明仲裁协议的当事人无行为能力，或根据仲裁协议选定的准据法，或根据作出裁决国家的法律，该项仲裁协议是无效的；(2) 被申请人未接到关于指定仲裁员或仲裁程序的适当通知，或者由于其他原因而不能对案件进行申辩；(3) 裁决的事项超出仲裁协议所规定的范围；(4) 仲裁庭的组成或仲裁程序与双方当事人的协议不相符合，或者在双方当事人无协议时，与仲裁地国家的法律不相符合；(5) 裁决对当事人各方尚无约束力，或者已经裁决地国家或据其法律作出裁决的国家的主管机关撤销或停止执行。

《公约》还规定,如果执行地的法院认定,被请求承认和执行的仲裁裁决按照执行地的法律为不可通过仲裁解决的事项,或者承认与执行此项裁决与法院地国的公共政策相抵触,也可以拒绝承认与执行该仲裁裁决。

2. 我国法院对外国仲裁裁决的承认和执行

我国承认和执行外国仲裁裁决的依据是我国的《民事诉讼法》中的有关规定和我国缔结和参加的双边和多边的国际公约。我国在加入《纽约公约》时作出了两点公约允许的保留声明:第一,互惠保留声明,即我国仅对在另一缔约国领土内作出的仲裁裁决承认与执行上适用公约;第二,商事保留声明,即我国仅对按照我国法律属于契约性和契约性商事关系所引起的争议适用该公约。因此,只有外国仲裁机构在中国或其他缔约国作出的国际商事仲裁裁决才适用公约的规定,而其他外国仲裁裁决将依我国法律予以承认和执行。前者我们称之为公约裁决,后者称之为非公约裁决。

(1) 公约裁决在我国的承认与执行。公约裁决在我国的承认与执行将严格按照《纽约公约》的规定办理。

第一,承认与执行公约裁决的申请程序。

在我国申请执行外国仲裁裁决,申请人可按照我国《民事诉讼法》的规定,应当直接向被执行人住所地或者其财产所在地的中级人民法院申请。如果被执行人是自然人的,为其户籍所在地的中级人民法院;被执行人为法人的,为其主要办事机构所在地的中级人民法院。被执行人在我国无住所、居所或者主要办事机构,但有财产的,为其财产所在地的中级人民法院。

在我国申请执行仲裁裁决的期限,无论是本国裁决,还是外国裁决,按照我国《民事诉讼法》第 219 条的规定,双方或一方当事人是公民的,申请执行的期限是 1 年,双方是法人或者其他组织的为 6 个月,自法律文书规定履行期间的最后 1 日起算。凡是向法院申请执行的仲裁裁决经法院审查后准许执行的,由法院作出予以执行的裁定,并向被执行人发出执行通知,责令其在指定的期限内履行,逾期不履行的,由法院强制执行。

申请当事人如委托律师提出如上申请,必须委托中华人民共和国律师。

第二,人民法院对承认和执行公约裁决申请的审查。

我国有管辖权的人民法院接到一方当事人的申请后,如果认为不存在《纽约公约》第 5 条第 1、2 款所列的情形,应当裁定承认其效力,并且按照《民事诉讼法》规定的程序执行;如果认定有第5条第2款所列情形之一的,或者根据被执行人提供的证据证明是有第5条第1款所列情形之一者,应当裁定驳回申请,拒绝承认和执行。

第三,公约裁决的承认与执行程序。

人民法院对公约的裁决进行了审查后,可作出如下三种裁定之一:A. 经审查符合公约的规定的条件和我国的法律、裁定,予以执行。B. 经审查被申请人抗辩成立;或者认定裁决的执行有违我国的社会公共利益,裁定驳回申请,拒绝承认和执行。C. 被申请人已在有关国家提起了撤销裁决或停止裁决执行之请,且提供了担保,裁定延缓执行。

对于裁定予以执行的决定,被申请人如仍不如期履行,申请人可以交人民法院强制执行,强制执行的方式与判决的执行方式相同。对于裁定拒绝执行的决定,申请人可以就有关争论重新订立仲裁协议,申请仲裁,也可以直接向有管辖权的人民法院起诉但不得上诉。对于裁定延缓执行的决定,人民法院可以根据有关情况,最终裁定予以执行或拒绝执行。

(2) 非公约裁决在我国的承认与执行。非公约裁决是指外国仲裁机构在《纽约公约》非缔约国领土内做成的仲裁裁决或外国仲裁机构在缔约国领土做成的非商事仲裁裁决。根据我国《民事诉讼法》规定,对于非公约裁决也可以得到承认和执行,不过其审查程序及条件均与公约裁决的承认和执行不同。

首先,对于承认和执行非公约裁决的申请程序,申请人可直接向被执行人所在地的中级人民法院提出承认与执行裁决的申请。申请期限仍为6个月或1年。

其次,在审查程序方面,法院应申请进行互惠审查,被申请人应提供裁决国与我国在承认与执行仲裁裁决方面存在互惠的证据。这种互惠一般是双边条款或协议中的条款规定。同时,我国法院还应就争议的可仲裁性及裁决的执行是否有违公共政策方面对裁决予以审查。

最后,对于非公约裁决的执行程序,法院在作出执行程序后,可将非公约裁决视同外国判决予以执行。当事人对驳回申请的裁定不得上诉,但可以重新订立仲裁协议仲裁,也可以向人民法院起诉。

能力实训

一、实训案例

1. 中国内地以玩具制造厂与日本某株式会社签订了玩具加工定做合同,后因产品规格等问题,双方发生争议。根据合同规定,玩具厂向某仲裁委员会申请仲裁。仲裁委员会受理后,为节省时间该仲裁委员会主任直接指定了3名颇具声望的仲裁员组成合议仲裁庭,考虑案件的典型性和较大的影响力公开开庭审理了本案,事后有关新闻媒体做了详细报道。

请问:该仲裁委员会在仲裁程序上有哪些不符合法律规定的地方?为什么?

3. 申请人×××私人有限公司和被申请人××有限公司于1997年2月24日在××签订了97-BAX-24号合同及1997年3月31日签订了97-BAX-331A、97-BAX-331B、97-BAX-331C号合同。在上述四份合同中第11条规定:凡因执行本合同所发生的或与本合同有关的一切争议,应由双方通过友好协商解决,如果协商不能解决,应提交中国国际贸易促进委员会对外经济贸易仲裁委员会根据该会的仲裁程序暂行规定进行仲裁。仲裁裁决是终局的,对双方都有约束力。申请人就此于1998年3月31日向中国国际经济贸易仲裁委员会提交仲裁申请书,请求裁决被申请人支付欠款。被申请人提出管辖异议,理由是:被申请人和申请人之间无贸易契约。申请人提交的97-BAX-24号合同中买方签名和盖章是被申请人的真实行为,但被申请人将买方为空白的要约传真给申请人后,申请人未就该要约回复被申请人。另外三份合同是被申请人将要约传真给申请人,同样没有得到申请人的回复。合同不是双方真实意思表示,其中的仲裁条款对双方没有约束力。申请人随后又提交两份证据:证明被申请人于1997年12月9日致函申请人,声称资金周转困难,只能于1998年4月底向申请人支付欠款;1998年5月27日被申请人致函申请人,再次确认了欠款事实,并明确了欠款金额是USD64699。仲裁委员会认为双方存在合同关系,被申请人有权签订仲裁协议,因此,合同中的仲裁条款有效,仲裁委员会有管辖权。

请问:

(1) 仲裁协议的有效要件有哪些?

(2) 本案中签署对于仲裁条款的作用是什么?相关公约和我国的法律及司法解释对于这个问题是如何规定的?

3. 深圳某公司与韩国某株式会社之间签订了购销甲苯的合同,合同中包含了有关纠纷向中国国际经济贸易仲裁委员会进行仲裁的条款。2006年6月,该韩国株式会社向中国国际经济贸易仲裁委员会提请仲裁。在仲裁审理的过程中,深圳公司提出了甲仲裁员回避的申请,理由是甲仲裁员与韩国株式会社的仲裁代理人曾是师生关系。仲裁委员会经审查后认为,甲仲裁员只是在该仲裁代理人大学本科期间给其上过课,无证据表明存在可能影响公正审理的利害关系,深圳公司对甲仲裁员的公正性和独立性产生怀疑的理由不充分,故仲裁委员会作了甲仲裁员不予回避的决定。2007 年 8 月,仲裁委员会作出终局裁决。2007 年 11 月,深圳公司向北京市第二中级人民法院申请撤销该裁决。

请问:

(1) 仲裁庭的组成或者仲裁程序与仲裁规则不符合是否属于可以撤销涉外仲裁裁决的条件之一?

(2) 本案中,仲裁委员会的做法有无不当?

4. 利行公司是一家在马来西亚登记注册的航运公司,2001 年 11 月,其与中国的宇宙公司签订了一份代理协议,约定由宇宙公司作为利行公司的中国境内代理人接受托运人的订舱并代利行公司收取运费。协议履行至 2004 年,经核对账目,利行公司认为宇宙公司共计拖欠运费 78,643.80 美元。为此,利行公司向上海海事法院提起诉讼。上海海事法院在审理中查明:当事人双方签订的代理协议的第 17 条明确约定了因履行本协议而产生的纠纷提交马来西亚仲裁的仲裁条款,条款译文为:"任何与本协议本身或相关条款有关的以及终止或无效等的争议、分歧或纠纷应由马来西亚的独任仲裁员进行仲裁解决。仲裁员的裁决为最终裁决并对双方产生效力",同时协议的第 18 条也明确本协议的效力及履行应适用马来西亚法律。

请问:

(1) 利行公司的起诉能够得到法院的支持吗?

(2) 利行公司在订立了仲裁条款后,又改变初衷,向中国的法院起诉的目的是什么?(3)订立仲裁条款时应注意哪些问题?

二、实训练习

1. 单项选择题

(1) 在下列选项中,(　　)并非国际商事仲裁的特点。

A. 自治性　　B. 灵活性

C. 管辖权的强制性　　D. 专业性

(2) 仲裁协议的有效要件分为实质要件和形式要件,在下列选项中,属于形式要件的是(　　)。

A. 仲裁机构　　B. 仲裁地点

C. 仲裁程序规则　　D. 仲裁协议的形式

(3) 在下列仲裁协议效力的选项中,属于对法院的效力的选项是(　　)。

A. 对当事人效力　　B. 受理案件的依据

C. 排除司法管辖权　　D. 限定案件的审理范围

(4) 在下列选项,(　　)被认为是仲裁法律制度的基石。

A. 仲裁机构　　B. 仲裁协议

C. 仲裁规则　　D. 仲裁程序

(5) 在下列选项中,不属于我国《仲裁法》规定的有效仲裁协议的要素是(　　)。

A. 请求仲裁的意思表示　　B. 选定的仲裁机构

C. 仲裁地点　　D. 仲裁事项

(6) 根据我国《仲裁法》,在下列选项中,(　　)不属于仲裁庭的权力。

A. 确定仲裁庭管辖权的权力

B. 指定仲裁员的权力

C. 确定仲裁程序性事项的权力

D. 作出仲裁裁决的权力

(7) 在仲裁审理的方式上,规定必须进行听证的是(　　)。

A. 瑞士　　B. 日本

C. 英国　　D. 中国

(8) 我国《仲裁法》第34条以列举方式规定了仲裁员回避的情形,在下列选项中,不属于回避的情形是(　　)。

A. 本案的当事人或代理人的近亲属

B. 与本案有利害关系

C. 与本案当事人、代理人有其他关系,可能影响公正仲裁的

D. 会见当事人、代理人的

(9) 根据《中国国际经济贸易仲裁委员会仲裁规则》的有关规定,仲裁裁决应当在仲裁庭组成之日起(　　)内作出仲裁裁决书。在仲裁庭的要求下,仲裁委员会秘书长认为确有必要和正当理由的,可以延长该期限。

A. 三个月　　B. 六个月

C. 九个月　　D. 一年

(10) 根据我国《仲裁法》的规定,当事人可以向人民法院提起撤销仲裁裁决之诉。当事人申请撤销仲裁裁决的,应当自收到裁决之日起(　　)内提出。

A. 三个月　　B. 六个月
C. 九个月　　D. 一年

2. 多项选择题

(1) 根据我国《仲裁法》,下列争议可以适用仲裁方式解决的有(　　)。

A. 张小三与李小玉之间于婚前签订了婚前财产协议,后在离婚时对此发生了争议

B. 交警小张对违章司机小赵出具了罚款200元的处罚决定书,小赵不服气,认为自己即便超速也不应罚那么多钱,于是产生了纠纷

C. 小明不小心把停在路边小强的一辆电动车碰倒了,双方对小明应赔偿的金额发生了争议

D. 某一外资企业工作的美国人Tom在佳花商场买了一台咖啡炉,但在使用过程中,咖啡炉爆炸,将TOM家厨房内的吸排油烟机及其他一些厨房用具给炸坏了,双方对赔偿责任产生了争议

(2) 国际商事仲裁既不同于诉讼,也不同于国内仲裁。它的特点主要有(　　)。

A. 管辖权的非强制性　　B. 自治性
C. 灵活性　　D. 专业性

(3) 同一般的民事合同相比较,仲裁协议具有自己的特征,这些特征有(　　)。

A. 补充性　　B. 独立性
C. 专业性　　D. 书面性

(4) 在有关的函件及文件中载明仲裁的约定,也是一种仲裁协议,往往被归类为其他书面文件中所包含的仲裁协议。这类文件主要包括(　　)。

A. 信函　　B. 电报
C. 传真　　D. 电子邮件

(5) 仲裁员的指定是仲裁程序中极为重要的关键环节,也是仲裁有别于诉讼的本质差异。仲裁员的指定方式主要有(　　)。

A. 由当事人协议指定
B. 由仲裁机构指定
C. 由法院指定
D. 由仲裁员选定的首席仲裁员指定

(6) 仲裁审理的方式主要可分为(　　)。

A. 书面审理　　B. 口头审理

C. 简易审理　　　　D. 合议审理

(7) 我国于 1986 年加入承认和执行外国仲裁裁决的《纽约公约》。在加入时,我国作了如下几项保留(　　)。

A. 互惠保留　　　　B. 公共秩序保留

C. 商事保留　　　　D. 反致保留

(8) 中国公司与新加坡公司协议将其货物买卖纠纷提交设在中国某直辖市的仲裁委员会仲裁。经审理,仲裁庭裁决中国公司败诉。中国公司试图通过法院撤销该仲裁裁决。据此,下列选项中哪一项是正确的?

A. 中国公司可以向该市中级人民法院提出撤销仲裁裁决的申请

B. 人民法院可依"裁决所根据的证据不充分"这一理由撤销该裁决

C. 如有权受理该撤销仲裁裁决请求的法院作出了驳回该请求的裁定,中国公司可以对该裁定提起上诉

D. 受理该请求的法院在裁定撤销该仲裁裁决前须报上一级人民法院审查

(9) 根据我国《仲裁法》的规定,在下列事项中可导致仲裁协议无效的有(　　)。

A. 约定的仲裁事项超出法律的仲裁范围

B. 无民事行为能力人订立的仲裁协议

C. 限制民事行为人设立的仲裁协议

D. 采取胁迫手段签订的仲裁协议

3. 判断题

(1) 当事人申请国际商事仲裁必须签署合法有效的仲裁协议。(　　)

(2) 仲裁庭审理案件可以开庭也可以不开庭。(　　)

(3) 当事人不服仲裁裁决,有权在一定期限内向法院上诉。(　　)

(4) 主合同不成立,合同中的仲裁也无效。(　　)

(5) 对于外国仲裁机构作出的国际商事仲裁裁决,各国法院必须执行。(　　)

三、小组活动

查找案例,根据某一案例草拟一份仲裁协议和仲裁申请书。

参 考 文 献

1. 冯大同. 国际商法. 北京:对外经济贸易大学出版社,2002.
2. 王志伟主编. 商贸法律实务. 北京:中国纺织出版社,2010.
3. 金春主编. 国际商法. 北京:北京大学出版社,2008.
4. 陈迎主编. 国际商法. 北京:首都经济贸易大学出版社,2007.
5. 杨国明主编. 国际商务法律法规. 北京:清华大学出版社,2010.

教师反馈及教辅申请表

北京大学出版社本着“教材优先、学术为本”的出版宗旨，竭诚为广大高等院校师生服务。为更有针对性地提供服务，请您认真填写以下表格并经系主任签字盖章后寄回，我们将按照您填写的联系方式免费向您提供相应教辅资料，以及在本书内容更新后及时与您联系邮寄样书等事宜。

<table>
<tr><td>书名</td><td></td><td>书号</td><td>978-7-301-</td><td>作者</td><td></td></tr>
<tr><td colspan="2">您的姓名</td><td colspan="2"></td><td>职称职务</td><td></td></tr>
<tr><td colspan="2">校/院/系</td><td colspan="4"></td></tr>
<tr><td colspan="2">您所讲授的课程名称</td><td colspan="4"></td></tr>
<tr><td colspan="2">每学期学生人数</td><td colspan="2">______人_____年级</td><td>学时</td><td></td></tr>
<tr><td colspan="2">您准备何时用此书授课</td><td colspan="4"></td></tr>
<tr><td colspan="2">您的联系地址</td><td colspan="4"></td></tr>
<tr><td colspan="2">邮政编码</td><td></td><td>联系电话
（必填）</td><td colspan="2"></td></tr>
<tr><td colspan="2">E-mail（必填）</td><td></td><td>QQ</td><td colspan="2"></td></tr>
<tr><td colspan="4">您对本书的建议：</td><td colspan="2">系主任签字

盖章</td></tr>
</table>

我们的联系方式：

北京大学出版社经济与管理图书事业部

北京市海淀区成府路 205 号，100871

联 系 人：徐 冰

电 话：010-62767312 / 62757146

传 真：010-62556201

电子邮件：em_pup@126.com em@pup.cn

Q Q：5520 63295

新浪微博：@北京大学出版社经管图书

网 址：http://www.pup.cn